KB244633

강산 이서구의 삶과 문학세계

The Life and Literature of Lee, Seo-gu's

저자 **남재철**(南在澈, Nam, Jae-Cheol)은 1969년 순천에서 태어나 연세대 국문학과 및 동
대학원 석·박사 과정을 마친 다음 성균관대 한문학과로 옮겨 문학박사 학위를 취득
하였다. 연세대를 비롯한 여러 대학의 시간강사를 역임하다가 고려대 연구전임강사를
거쳐 현재 한림대 강의전임교수로 재직중이다.
논문으로는 「菊圃 姜樸의 詩觀」, 「허난설헌 시문학 텍스트의 몇 국면」, 「李書九 詩에
나타난 經世濟民 의식」, 「四家의 交遊樣相과 그 詩의 연구」 등이 있고, 편저서로 『大
學漢文 길라잡이』가 있다.

강산 이서구의 삶과 문학세계

1판 1쇄 발행 2005년 6월 30일
1판 2쇄 발행 2006년 10월 20일

지은이 / 남재철
펴낸이 / 박성모
펴낸곳 / 소명출판
출판고문 / 김호영
등록 / 제13-522호
주소 / 137-878 서울시 서초구 서초동 1621-18 (란빌딩 1층)
대표전화 / (02) 585-7840
팩시밀리 / (02) 585-7848
somyong@korea.com / www.somyong.com

ⓒ 2005, 남재철

값 20,000원

ISBN 89-5626-162-8 93810

강산 이서구의 삶과 문학세계

The Life and Literature of Lee, Seo-gu's

남재철

소명출판

을사늑약의 수모를 당한 지 한 세기가 지났고, 광복을 맞은 지도 60주년이 되었다. 그러나 과거사 문제는 여전히 현안으로 남아 있다. 반민족, 반민주 세력의 여얼들이 사회 곳곳에 잔존하며 민족의 통일과 민주주의의 발전을 저해하고 있다. 이제는 꼭 청산해야 한다. 청산할 대상이 있으면 계승할 대상도 있을 터, 민족의 해방과 민주주의의 발전을 위해 스스로를 희생하였던 분들의 업적이 빠짐없이 발굴되어 정당한 평가를 받길 기대해본다. 근현대사를 연구하는 분들의 책임은 말할 것도 없거니와, 저 멀리 봉건 시대의 인물과 그들의 문학세계를 대상으로 삼는 한국한문학 연구자들도 역사적 책무가 없을 수 없다.

필자는, 이 책에서 사대부로서의 역사적 사명을 깊이 자각하여 세도 정권의 불의한 탄압에 굴하지 않고 경세제민의 의지를 적극 실천하려 했던 봉건시대 사대부의 한 전형을 조명함으로써, 이 시대를 사는 학인(學人)으로서의 책무에 조금이나마 답하고자 하였다. 비록 타고난 재주는 미약하더라도 소명의식이 투철하다면, 역사 앞에 부끄럽지는 않을 수 있으리라는 것이 필자의 소박한 생각이기 때문이다. 이를 위해 강산(薑山) 이서구(李書九, 1754~1825)의 삶과 문학세계를 연구의 대상으로 삼았다. 제1부에서는 이서구의 설화·시화·시론에 대해서, 제2부에서는 이서구의 삶과 시문학에 관련되는 전반에 대해서 주목하였다.

이서구는 경제실용(經濟實用)의 학문정신을 바탕으로 하여 정조의 우문정치에 적극 기여한 실학자였으며, 순조 대에는 외척세도정권과 타협하지 않고 경세제민의 의지를 몸소 실천한 경세가이기도 하였다. 그러한 까닭에 산림(山林)에 의해서는 전철(前哲) 중에서도 찾아보기 힘든 유상(儒相)의 한 분으로 칭송되었고, 당대의 사대부 관료들에 의해서는 위기에 처한 국가적 난맥상을 해결해줄 탁월한 경륜가로 추대되었으며, 농공상의 기층민들에 의해서는 자신들의 피폐한 삶을 구원해줄 이인(異人)으로 숭앙되었다. 이로 인해 현재까지도 설화 속의 주인공으로 남아서 핍박받는 사람들의 구원자이자 민족의 미래를 전망하는 탁월한 예지자로 숨을 쉬고 있다.

이서구는 사가시인(四家詩人)의 일원으로서 멀리는 김창협·김창흡 형제와 이병연에 의해 주도되었던 진경시 운동을, 가까이로는 박지원의 문학정신을 계승하여 전대(前代)의 의고적 시풍을 일소하고 우리시를 확립하였다. 그뿐 아니라 서얼출신으로서 하급관료에 그쳤던 사가의 다른 인물들과는 달리, 명문 경화사족 출신으로서 내외요직을 두루 거친 현달한 정치가이자 진보적 경세가였으며, 이러한 인물적 특성으로 인해 그의 시문학에는 경세적 주제의식을 담은 작품이 많이 남아 있다. 표현 미학적 측면에서의 사실성과 주제의식적 측면에서의 경세성을 겸비하였다.

그 동안 우리 학계에는 이서구의 인물 됨됨이나 그의 문학세계에 대해 다소 과소평가하려는 경향이 있었던 것이 사실이다. 심지어는 청산의 대상 인물로 오해되는 경우까지도 있었다. 이러한 부정적인 인식들이 공식적인 연구논문들에서는 어느 정도 해소되어 가고 있는 상황이지만, 비공식적 견해들에서는 여전히 맹위를 떨치고 있다. 이 책을 공간함으로써 이러한 오해들이 다소나마 해소되어, 이서구의 인물 됨됨이와 문학세계에 대한 정당한 평가가 보편화되기를 기대해 본다.

이 책은 필자가 기존에 발표하였던 논문들 가운데 몇 편을 추려서 일부는 개고의 수준으로, 일부는 퇴고의 수준으로 수정하여 묶은 것이다. 막상 묶어놓고 보니 부족한 부분이 많다. 넓은 아량으로 눌러봐 주시기 바란다. 숙맥도 구분 못하는 제자 때문에 고생하시는 송준호 선생님, 불길을 피해 날아든 새를 기꺼이 거두어서 키워주시는 이민홍 선생님, 송재소 선생님, 임형택 선생님 이하 여러 선생님들의 가르침에 고마운 마음 금할 길이 없다. 자애로운 어머니, 어진 아내, 딸 유림이, 아들 기문이 모두에게 이 책이 조금이나마 기쁨이 되었으면 한다. 자식에 대한 희망의 끈만은 결코 놓지 않으셨던 선친의 영전에 삼가 이 책을 바친다.

아울러 어려운 출판 여건 속에서도 본서를 출판해주신 소명출판의 박성모 사장님께도 고마움을 전한다. 사계제현의 질정을 바란다.

2005년 6월
춘천의 봉산 기슭에서
남 재 철

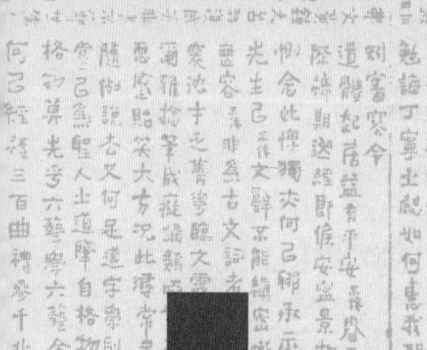

강산 이서구의 삶과 문학세계

차례

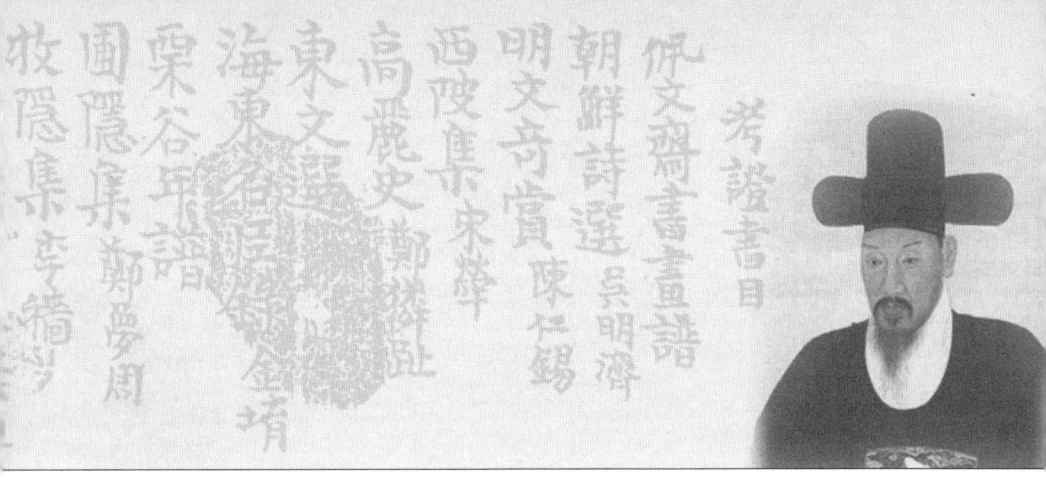

1부

이서구의 설화·시화·시론 연구

이서구 설화의 역사적 배경

『강산필치』 연구

이서구의 시어론

이서구 설화의 역사적 배경

1. 연구를 시작하며

이서구(李書九, 1754~1825)는 선조의 제12자인 인흥군(仁興君) 이영(李瑛)의 6세 종손(宗孫)이다. 자를 낙서(洛瑞), 호를 강산(薑山) 등으로 썼으며 시호는 문간(文簡)이다. 벼슬은 내외요직을 두루 거쳐 우의정에 이르렀다. 안동김씨를 중심으로 하는 외척 세도정권에 의해 장기간 정치적 방폐(放廢)를 겪기도 하고, 사후에는 추탈관작의 위기에 처하기도 하였다. 매산(梅山) 홍직필(洪直弼)은 그를 일러 '당세(當世)의 유상(儒相)'으로 추숭하였고, 더 나아가 전철(前哲) 중에서 가려 뽑더라도 필적할 만한 이가 드문 인물이라고 극찬하였다.[1] 또한 전대의 의고적(擬古的) 시풍을 일소하고

---

1) 洪直弼, 『梅山先生文集』 권11 「答金正宅(乙酉八月)」. "薑山丈人, 竟不起疾, 既能終孝, 又克正終, 翛然觀化, 身全名完, 在當人, 亦復何憾, 而奈斯世斯民何. 愚於此翁,

이른바 '우리 시[我詩]'를 확립한 '사가(四家)'의 일인으로도 국내외에 명성이 자자하였다.[2] 이렇듯 이서구는 경세제민의 정치가이자 사실주의적 시인으로 널리 알려져 있는 인물이다.

한편 이서구는 설화 속의 '이인(異人)'으로 알려져 있기도 하며, 이와 관련한 연구 성과도 제출된 바 있다.[3] 최소한 전라북도와 경기도 포천 지역에서는 '박문수(朴文秀) 설화'보다도 더 많이 유전되는 것이 이서구 설화임에도 불구하고, 현재까지의 이서구 설화에 대한 연구는 양적 측면에서도 부족한 편이고 내용적 측면에서도 더 심화된 검토를 요하는 것이 사실이다. 기초적 자료 조사도 충분한 상태에 이르지 못한 것으로 보인다. 예컨대 이서구의 은거지인 경기도 포천 지역에서 이병찬(李秉讚) 교수(대진대 국문과)가 수집한 이서구 설화 10편[4]은 선행 연구자의 검토

無半面之雅, 而實心愛好者, 爲其晚節末路, 究竟得眞也. 嘗謂庚申後元祐完人, 當以此老當之, 雖謂之當世之儒相, 可也. 居家, 感異顏之親, 立朝, 盡匪躬之節. 且讀書明理, 綜事經物, 洵適用之學, 需世之才也. 若是者, 歷選前哲, 鮮與倫比. 惜乎, 半生嶔崎, 俾其滿腔輪困, 無地可布, 隨造化而冥漠也."

2) 白斗鏞 편, 『箋註四家詩』 「箋註四家詩序(尹喜求)」. "之四家者, 天分高獨詣深, 而讀書又多, 多不貌襲也, 不空鑿也. 謂今不可唐, 而我不可不別, 於是乎始有我, 我始有我詩, 而四家立矣."

3) 최삼룡 교수는 『금계필담(錦溪筆談)』과 『대동기문(大東奇聞)』에 수록된 설화적 성격의 필기류 기록, 『한국구비문학대계』에 수록된 17편의 설화, 자신이 직접 채록한 14편의 설화, 『고산읍지(高山邑誌)』에 수록된 1편의 설화를 바탕으로 하여 그 양상을 소개하며, 이서구 설화의 사상적 배경이 도가(道家)에 있다는 주장을 도출하였다(崔三龍, 「全羅監司 李書九의 人物과 說話에 대한 硏究」, 『全羅文化論叢』 4집, 전북대 전라문화연구소, 1990.12). 김윤조 교수는 최삼룡 교수의 연구 성과를 바탕으로 삼아, 『계압만록(鷄鴨漫錄)』과 『매천야록(梅泉野錄)』에 수록된 설화적 성격의 필기류 기록, 『한국구전설화(韓國口傳說話)』(임석재 편)에 수록된 3편의 설화, 『한국구비문학대계』에 수록되었지만 최삼룡 교수가 미처 언급하지 않았던 6편의 설화들을 추가하여 그 양상을 상세히 소개하며, 이들 설화를 통해 이서구 개인의 치밀한 능력, 19세기 정치 사회상의 일단을 파악할 수 있다는 측면에서 의미를 부여하였다(金允朝, 「李書九 관계 說話의 樣相과 意味」, 『語文學』 63, 한국어문학회, 1998). 박주희 선생은 『한국구비문학대계』와 『한국구전설화』에 수록된 설화, 최삼룡 교수가 채록한 설화에 『전주야사』(이철수 저)에 수록된 3편의 설화를 추가하고, 자신이 전라도 지역에서 직접 채록한 47편의 설화도 새롭게 소개하며, 이들 설화의 전승유형을 분석하여 이서구 설화만이 갖는 특이성의 고찰을 시도하였다(朴珠喜, 「李書九 傳說 硏究」, 충남대 석사논문, 1998.10).

대상에서 누락된 실정이다. 이 외에 설화의 새로운 유통공간으로 자리를 잡은 인터넷에서도 이서구 관련 설화가 심심찮게 발견된다.

필자는 이서구 설화와 그 연구 성과들을 접하면서 몇 가지 의문이 생겼다. 그 중에서도 특히 이서구 설화가 왜 형성되었는가 하는 점이 가장 중요한 것이었다. 어떤 종류의 설화에 대해 그 양상을 검토하여 의미를 찾아내는 작업도 중요하겠지만, 특히 역사적인 인물과 관련되는 경우에는 그 설화의 형성 요인을 파악하는 작업이 더 중요한 의미를 지닐 수 있다. 역사 속에서 뚜렷한 위치를 차지하고 있는 이서구와 같은 현실적인 인물의 경우에는 더욱 그러할 것이다. 이서구의 행적을 살펴보면, 그는 설화적 공간에서 벗어나 있는 지극히 역사적인 인물이었다. 그러한 인물이 무슨 이유로 설화적 공간 속의 이인으로 변화되었을까? 이러한 의문을 해결해보고자 본 연구는 시도되었다.

이서구가 설화적 이인으로 변화된 요인을 규명하기 위해서는 우선 그의 역사적 행적을 추적해보아야 할 것이다. 그렇지만 본고에서는 논의의 효율성을 위해, 그를 설화적 이인으로 그리고 있는 이야기들이 21세기를 맞이한 현 상황에서도 끊임없이 재생산되고 있는 사실에 먼저 주목하고자 한다. 이서구 당대로부터 논의를 시작하다보면, 아무래도 그의 면모가 역사적 현실적인 측면으로 한정되어 그려지기 쉬울 것이기 때문이다. 이를 위해 이서구의 설화적 이인으로서의 면모 가운데서도, 가장 강한 추동력을 지닌 채 현재까지 전승되고 있는 예언자로서의 측면에 초점을 맞추고자 한다.

---

4) 인터넷, http://www.pcs21.net/sub03/download/sul8.hwp 참조.

2. 예언자로서의 이서구

1) 이(李)스트라다무스의 실체

'잠서(潛書)'라는 괴문서와 함께 '이(李)스트라다무스'라는 말이 정가(政街)의 화제가 된 적이 있었다. 『굿데이신문』은 2003년 1월 6일자 기사에서 '잠서'의 일부 내용을 사진 자료와 함께 소개하였는데, 이 내용이 제16대 대통령선거 결과를 족집게처럼 예언하였다는 것이다.5) 필자가 이 기사에 대해 관심을 가졌던 것은 '잠서'의 저자가 다름 아닌 이서구로 명시되어 있었기 때문이다. 그런데 얼마 후 이 괴문서의 출처가 한 역학자의 집안에 전해져 온다는 『송하돈결(松下豚訣)』이라는 책으로 밝혀졌다는 후속 기사가 나왔다. 『송하돈결』의 내용 가운데 일부분을 누군가가 발췌하여 '잠서'라는 제목을 붙이고 저자 이름도 이서구로 조작하였다는 것이다. 결국 이서구는 '이스트라다무스'가 아닌 것으로 밝혀진 셈이었다. 이와 같은 기사들을 접하며 의문이 일어나지 않을 수 없었다. 왜 '잠서'라는 괴문서의 저자가 이서구로 조작되었던 것일까?

필자는 이서구가 지었다고 하는 『춘산채지가(春山採芝歌)』라는 작품을 본 적이 있다. 『춘산채지가』는 1945년 해방 이후 증산도 계열의 배동찬(裵東燦)이란 분이 포교활동 도중 최초로 입수한 책이라 한다. 모두 6편으로 구성된 이 예언서는 이서구가 창생 구원의 천명(天命)을 받들고 천

---

5) 이 문서에 대통령선거 기간인 임오(2002)년을 '黑馬之歲'라 하였고, 또 "木下添子, 木加丙國, 尊邑鼎覆"이라는 문구가 있는데, 이것이 대선 결과에 대한 정확한 예언이라는 것이다. 이는 곧 '흑마(黑馬)'를 검다는 뜻을 지닌 노(盧)자의 의미로 풀이하고, '이씨(李氏)가 병국(柄國)을 하려고 하는데 그만 '정씨(鄭氏)가 왕위(王位)를 엎어버린다'는 식으로 해석한 것이다. 그러나 '흑마(黑馬)'를 노씨(盧氏)와 연관시킨 것이 억지스러울 뿐만 아니라, "木下添子, 木加丙國, 尊邑鼎覆"이라고 한 구절 역시도 정도령이 출현하여 언젠가는 이씨왕조를 무너뜨릴 것이라는 『정감록』 사상의 일종으로 보는 것이 합리적이라는 것이 필자의 생각이다.

상선관(天上仙官)이 전해준 소식을 언문가사로 적은 것이라 알려져 왔다. 일각에서는 지금까지도 이서구가 『춘산채지가』를 지었다는 것이 정설로 인정되며 유포되고 있는 실정이다. 그렇지만 정작 증산도 측의 전언에 따르면, 이 작품은 조선말 전라감사였던 이서구 선생의 소작(所作)이라는 설이 있기는 하나, 내용상으로 보면 그 뒤에 지어진 것이 확실하다고 해명하고 있다. 필자의 소견으로도 『춘산채지가』를 이서구가 지었다는 설은 허무맹랑한 이야기로 보인다. 여기에서도 의문이 남는 것은 이 작품의 저자가 왜 이서구로 알려져 있는가라는 점이다.

필자는 '잠서'나 『춘산채지가』 외에도 이서구가 지었다고 하는 비결(秘訣)들을 볼 기회가 있었다. 대부분 한시 형태로 된 것들인데, 그 출처가 모호하고 내용도 황당하여 기억 속에 담아 두지는 않았다. 구태여 그 내용을 돌이켜보자면, 한일합방, 남북분단, 6·25 동란, 민족통일 등 국운(國運)과 관련되는 일대 사건들을 예언하는 내용들이 주를 이루고 있다. 이들 비결의 수준은 이서구를 노스트라다무스나 남사고(南師古)에 버금가는 예언가로 인정할 수 있도록 해주는 엄청난 것들이다. 무슨 이유로 이서구가 이와 같은 대예언가로 둔갑하게 되었을까?

흥미로운 사실은 이서구가 비결을 지어 뭔가를 예언하였다는 식의 이야기가 나름대로의 오랜 연원을 가지고 있다는 점이다. 다음은 매천(梅泉) 황현(黃玹)의 동학농민전쟁에 관한 기록인 『오하기문(梧下記聞)』 중 일부 내용이다.

> 전해오는 말에, 전주성(全州城)이 함락되어 다가정(多佳亭)이 불탔을 때, 그 대들보 사이에서 정승 이서구가 전라도관찰사로 있을 적에 남겨놓은 참서(讖書)를 얻었는데, 그 중에 "홍(洪)은 장수직(將帥職)을 감당하기 어려우니, 여섯 번째 일어나는 자가 진짜이다"라는 내용이 들어 있었다고 한다.[6]

---

6) 黃玹, 『梧下記聞』「首筆」. "傳全州之陷, 多佳亭燬, 其樑間, 得李相書九完伯時留識, 有曰：'洪不堪將, 六起者眞.'"

갑오년인 1894년 4월 27일 전봉준(全琫準)의 농민군이 전주성을 함락시킨다. 이때 농민군이 전주성 경내의 다가정(多佳亭) 대들보 속에서 이서구가 전라도관찰사로 재직할 때에 남겨뒀다는 예언서를 발견했다는 것이다. 여기에서의 '홍(洪)'은 당시 양호초토사(兩湖招討使)로 급파되어 전주성을 탈환하였던 홍계훈(洪啓薰)을 지칭하는 것으로 보인다. 농민군이 전주성을 점령한 다음날 홍계훈의 경군(京軍)은 전주성 밖에 이르러 완산(完山)에 포진하여 포격을 가하고 있었다. 예언서의 내용대로라면 여섯 번째 오는 장수가 농민군을 진압할 것이지만 이는 먼 미래의 일일 뿐이고, 현재 대적하고 있는 홍계훈은 농민군의 적수가 되지 못한다는 말이 된다.

여기서 짚고 넘어가야 할 부분이 있다. 정말로 이서구가 전라도관찰사 재직 시절인 순조 대에 이런 예언서를 지어 다가정 대들보 속에 남겨두었을까 하는 점이다. 언뜻 보기에는 앞서 언급하였던 '잠서'나 『춘산채지가』에 비해 신빙성이 있는 것 같기도 하다. 동학농민전쟁의 격전지였던 전라도 출신의 매천이 직접 들은 이야기를 기술한 것이기 때문이다. 그러나 미산생(彌山生)이란 호를 가진 이가 갑오농민전쟁이 발발하기 이전에 썼던 『강산필치(薑山筆多)』(규장각본)의 발문을 보게 되면, 매천이 들었다는 이야기도 실상 농민군 측에 의해서든 혹은 정부군 측에 의해서든 나름의 목적을 띠고 조작된 것이 아니었을까 하는 의심을 품게 한다.

일찍이 듣기로, 상국(相國) 이서구가 술수(術數)에 통달하여 스스로 참서(讖書)를 지어서 세상에 전하여 술자(術者)들이 자주 일컫는다고 한다. 참서는 환담(桓譚)도 읽지 않은 것인데, (이서구) 스스로 그것을 지어서 사람들로 하여금 현혹하게 하였다고 하니, 그 설이 어찌 그리도 떳떳하지 못한가?[7]

---

7) 李書九, 『薑山筆多』(규장각본) 「書薑山筆多後」(彌山生). "嘗聞李相通術數, 自爲讖書, 傳於世, 術者多稱焉. 讖書, 桓譚之所不讀者, 而自爲之使人惑, 其說, 何其不經也."

이는 1890년에 작성된 기록이다.[8] 동학농민전쟁이 발발하기 이전인 1890년 이전부터 이서구가 술수에 통달하여 직접 예언서를 지어 세상에 유포시켰다는 소문이 널리 퍼져 있었음을 확인시켜준다. 그러나 미산생은 이서구가 환담(桓譚)[9]과 같은 유학자임을 들어 그가 예언서를 지었다는 식의 이야기를 허황된 것으로 결론짓고 있다. 필자 역시도 미산생의 견해와 같은 생각을 갖고 있다.

이를 통해 추론해 보건대, 1890년 이전부터 이서구가 예언서를 지어 세상에 전하였다는 이야기가 존재하고 있었기 때문에, 갑오농민전쟁 시기에 전주성의 다가정 대들보 사이에서 그가 지은 예언서가 나왔다는 이야기가 재생산될 수 있었을 것이다. 또 이러한 재생산된 이야기를 바탕으로 삼아 이서구가 『춘산채지가』니 '잠서'니 하는 예언서를 지었다는 이야기가 조작될 수 있었을 터이다.

2) 나합 출현의 예언과 그 의미

이서구가 예언서를 지어 세상에 유포시켰다는 풍문이 1890년 이전부터 널리 퍼지게 되었던 이유는 무엇일까? 이러한 의문은 이서구에 대한 필기류 기록과 그를 이인으로 묘사한 설화와 그 내용들과 관련된 역사적 사실을 고찰해봄으로써 해명될 수 있을 것이다. 우선 이서구 관련 필기류 기록들 가운데 설화적 성격이 강하면서도 예언과 관련이 되는 이야기

---

8) 발문(跋文)의 '相純祖'라고 한 것과 '庚寅仲秋彌山生書'라고 한 언급을 통해, 이 글이 '1890년'에 써진 것임을 확인할 수 있다.
9) 한(漢) 나라 때의 유학자. 왕망(王莽)이 천하를 찬탈하였을 때 장악대부(掌樂大夫)와 중대부(中大夫)가 되었으며, 광무제(光武帝) 때에는 의랑급사중(議郞給事中)에 발탁되었으나, 광무제가 참위(讖緯)를 이용하여 정사를 펴자 이것을 유학의 입장에서 저지하려다 노여움을 사서 육안군(六安郡)의 승(丞)으로 좌천되어 부임 중에 죽었다. 『신론(新論)』 29편을 지었다.

를 이와 상관된 설화 및 역사적 사실들과 연관시켜 살펴보도록 하자.

　　① 강산 이서구는 이인(異人)이라 평소에 사람들을 놀라게 하는 일이 많았다. 일찍이 전라도관찰사가 되었을 때에 (……) 하루는 아이의 울음소리를 듣고 탐문하게 하였는데, 곧 서문 밖에서 어떤 사람이 딸을 낳은 것이었다. 안고 오라고 명하여 상(相)을 보고는, "훗날 반드시 조정(朝廷)의 권세를 쥘 수 있을 것이니, 시사(時事)를 알 수 있겠구나"라고 하였다. (……) 여자 아이는 곧 하옥(荷屋) 김좌근(金左根) 정승의 첩으로 나주댁[羅州家]으로 일컬어졌다. 조정의 권세를 쥐어 내외의 직책이 대부분 그 사람에게서 결정되어, 권세가 온 나라를 진동시켰다.10)

　　② 書九爲全羅監司에 一日에 見天罡星이 落於羅州地方이어늘 招營隸喩之曰 : "汝往羅州某人家하면 其婦必生産矣리니 若生男이어든 必殺之하고 生女어든 勿殺而歸하라." 營隸歸報曰 : "果生女라" 하니 書九曰 : "若生男則必亂國命이어니와 區區女子야 何足爲也리오 然이ㄴ 必爲權貴妾하야 勢傾一時也라"하더니 其後에 果爲荷屋金相國妾하니 是爲羅閤이러라.11)

　　나합(羅閤)은 철종 대 안동김씨 세도정권의 중심 인물이었던 하옥(荷屋) 김좌근(金左根)의 애첩으로 성은 양씨(梁氏)로 알려져 있다. 나합이라는 말은 양씨가 나주(羅州) 출신 기생이고 김좌근이 영합(領閤)이었으므로 붙여진 이름이다. 즉 나주합하(羅州閤下)의 준말이다.12) 당시 세속에서는 그녀를 '羅蛤'이라 불러 풍자하였다고 전하니, 조정을 좌지우지하는 막강한 실력을 행사한 데다가 매관매직에 깊숙이 관여하여 백성들의 원성 대상이 되었던 까닭으로 '나주조개'라는 추명(醜名)까지 들어야 했던 것

---

10) 『鷄鴨漫錄(乾)』. "李薑山書九, 異人也, 平日多有駭人之事. 曾爲完伯時 (……) 一日聞兒啼聲, 探之, 則西門外, 有某人生女, 命抱來, 相之曰 : '後必能執朝權, 而時事可知也.' (……) 女兒, 卽荷屋金相公左根副室, 而稱以羅州家也. 能執朝權, 內外職, 多出其人, 權動一國."
11) 姜斅錫, 『大東奇聞』 권4 「純祖朝」.
12) 朴齊炯, 『朝鮮政鑑』(上). "荷屋妾, 羅州妓也, 姓梁. 當哲宗時, 荷屋以金族之長, 權傾朝廷, 梁以寵於荷屋, 故亦賣官納賄, 家資鉅萬. 是時, 荷屋已老耄, 而梁色不衰, 便慧善奉承, 荷屋惑溺甚, 非梁則寢食靡安, 國人呼梁爲羅閤, 言羅州閤下尊之也."

18　　강산 이서구의 삶과 문학세계

이다.

인용문에 의하면 이서구가 순조 대에 이미 나합의 출현을 예언한 것으로 되어 있다. ①의 기록에서는 아이의 울음소리와 관상(觀相)을 통해서, ②의 기록에서는 천강성(天罡星)이 나주지방에 떨어지는 것을 보고서 나합 탄생의 조짐을 알았다고 하였다. 그 어느 경우이든 쉽사리 이해되지 않는 대목들이다. ①의 경우 선화당(宣化堂)이 있는 전주와 나합이 태어난 나주13)의 물리적 거리를 염두에 두고 볼 때 합리성이 결여되어 있고, ②의 경우도 천문(天文)의 관찰만을 통해 미래의 사건을 이렇듯 정확하고 구체적으로 예언할 수 있다는 사실이 믿기지 않는다.

위 필기류 기록들은 백성들 사이에서 형성되어 유전되고 있던 설화가 문인의 필치로 정리된 것으로 보인다. 구비설화 중에서도 이서구가 추수법(推數法)에 능통하였음을 보여주는 이야기, 그 중에서도 나합의 출현을 예언하였다는 식의 이야기가 적지 않게 전한다. 이 중『한국구비문학대계』에 기록된 한 가지를 요약하여 제시하면 다음과 같다.

> 전라도관찰사 이서구가 추수법(推數法)을 잘해서 세상사를 다 알았는데, 하루는 괘(卦)를 벌여보니 나주 이방(吏房)의 집에서 역적이 태어나는 것으로 나왔다. 하인을 시켜서 그곳에 찾아가 남자가 태어났거든 죽이고 여자가 태어났거든 내버려두라고 하였는데, 가서 보니까 여자가 태어나 있기에 그대로 두고 왔다. 이서구가 예언하기를, 그 아이가 커서 국권을 흔들 거라고 하였는데, 과연 천하일색으로 자라 기생질을 하다가 나주목사로 온 김좌근의 첩이 되었다. 김좌근이 영의정이 되어 세도정치를 폈을 때 이 여자가 조정을 뒤흔들어, 김좌근의 누이인 김대비에 의해 쫓겨났다. 이 여자가 바로 나합이다.14)
>
> — 「이서구와 나합」

---

13) 나합은 나주(羅州)의 삼영동(三榮洞)에서 태어난 것으로 알려져 있다. 그녀가 이곳 삼영동 '도내기샘'을 이용한 까닭에 그 지역 총각들의 마음을 온통 사로잡아 "나주 영산 도내기샘에 상추 씻는 저 처자야"로 시작하는 민요가 나돌 정도였다고 한다.

14) 徐大錫,『韓國口碑文學大系』4-3(충청남도 牙山郡篇), 한국정신문화연구원, 1980, 678~680면 참조.

이 설화에서는 이서구가 점괘(占卦)를 통해 나합 탄생의 조짐을 알게 된 것으로 되어 있다. 박주희 선생이 채록한 설화들에서는 이서구가 '천기(天機)'를 보고서 나합이 태어날 것을 알게 된 것으로 되어 있다.15) 이서구가 은거하였던 경기도 포천 지역에서 채록된 이야기에서는 '나합' 대신 '장록수'가 등장하기도 한다.16) 이는 물론 구연자의 착각에 의한 결과이겠지만, 둘 다 나라를 망친 요녀라는 측면에서는 같은 성격을 지닌 인물이다. 하여튼 이서구가 나합 출현을 예고하였다는 식의 이야기는 다양한 변이를 보이며, 전라도를 중심으로 하여 드물기는 하지만 포천 지역에 이르기까지 백성들 사이에 폭넓게 유포되어 있던 설화였던 것이다.

그러나 나합이 실존 인물이고, 그가 김좌근의 애첩이 되어 권세를 부리며 조정을 뒤흔든 것은 역사적 사실이지만,17) 이서구가 나합의 출현을 예언하였다는 현실적인 증거는 그 어디에서도 발견되지 않는다. 상식적으로 생각해보아도 인간의 능력으로 이와 같은 구체적인 사실을 예언할 수 없는 법이다. 그러므로 이 이야기들이 형성된 시점은 김좌근을 비롯한 안동김씨 세도정권의 전횡이 절정에 달하였던 철종 대 무렵으로 보는 것이 합리적인 추론일 것이다.

그렇다면 이서구의 예언과 관련되는 이런 이야기들은 한낱 허구에 불과한 것일지도 모른다. 철종 대 무렵 안동김씨 세도정권과 나합에 대한 백성들의 원성이 극에 달하던 때에 누군가가 혹은 어떤 집단이 이서구를 주인공으로 끌어들여 이러한 이야기를 만들어냈을지도 모른다. 그러나 이것이 허구라 하더라도 나합 출현과 이서구 사이에는 필연적 관

---

15) 朴珠喜, 「李書九 傳說 硏究」, 충남대 석사논문, 1998.10, 부록자료(8), 「이서구와 나합」; 같은 논문, 부록자료(29), 「이서구와 나합」 참조.
16) 인터넷, http://www.pochun.kyonggi.kr/sub03/download/sul8.hwp, 「양문대신(이서구) 8」 참조.
17) 黃玹, 『梅泉野錄』 권1(상). "羅閤者, 故金相左根妾也. 以羅州妓, 入左根家, 饒智數, 善伺候. 左根始迷其蠱, 久後, 爲其所制, 與議國政. 方伯守宰, 多出其手, 儼然通賓客, 一時勢焰熏灼. 無恥者, 視以媚寵, 號曰羅閤."

련성이 있어야 한다. 이서구 이외의 그 누군가가 나합의 출현을 예언하였다는 이야기가 따로 발견되지는 않기 때문이다. 이 시점에서 다시 설화의 줄거리로 돌아가 볼 필요성을 느끼게 된다.

위에 든 필기류 기록과 설화들에서도 그렇거니와, "엄청나게 센 여자였어, 말하자면, 어느 정도 센 여자냐면 전라감사도 그 여자한테 돈을 갖다 주면은 벼슬을 살 수가 있었어"[18]라거나, "거그가 김좌근 마누래 아녀. [마누라가 아니고 첩이지?] 첩, 그것이 거 요술을 다 부렸지. [그것이 첩이 돼가지고 우리나라를 다 망쳐버렸어. 매관매직을 다 해먹고]"[19]라고 한 설화의 내용 등에서도 보듯, 나합은 안동김씨 세도정권의 부패를 총체적으로 상징하는 악녀로 형상화되어 있다. 여기에서 추정해볼 수 있는 것은 이서구가 실제로 예언한 것이 나합 출현이라는 구체적 사건이 아니라, 안동김씨 세도정권의 전횡과 관련된 그 어떤 것이 아니었을까 하는 것이다. 안동김씨 세도정권이 펼쳐나갈 미래의 암울한 정국에 대한 이서구의 염려 섞인 예견이, 당대의 백성들에 의해 그가 나합 출현을 예언하였다는 방식으로 변형되어 표현된 것일 수 있다는 것이다.

그렇다면 이서구는 심지어 사후인 헌·철종 대까지도 안동김씨 세도정권과 맞서 대항하였던 백성들의 예지자 역할을 한 셈이 된다. 최소한 설화적 맥락에서만 보자면 예지자의 수준을 훌쩍 뛰어 넘어 구원자의 역할까지도 담당하고 있다. 그러나 이러한 논리가 설득력을 얻기 위해서는 이서구가 역사적으로도 안동김씨 세도정권과 맞서는 위치에 있으면서 백성들이 그러한 것처럼 그도 수난을 당했어야 하고, 아울러 백성들에 의해 자신들을 구제할 수 있는 인물로 인정받았어야 한다. 정말 그러하였던가. 이러한 사실은 이서구의 행적과 그와 관련되는 설화들을 살펴봄으로써 밝혀질 것이다.

---

18) 朴珠嬉, 앞의 논문, 부록자료(8), 「이서구와 나합」 참조.
19) 朴珠嬉, 위의 논문, 부록자료(29), 「이서구와 나합」 참조.

3. 이서구의 삶과 설화의 형성배경

1) 수난자로서의 역정

이서구와 안동김씨 세도정권의 관계를 파악하기 위해서는 우선 이서구의 정치적 행적에 대해 살펴볼 필요가 있다. 안동김씨 중심의 세도정권이 수립되기 이전이었던 정조 대의 경우에는 이서구의 삶도 비교적 순탄한 편이었다.[20] 반면 순조가 즉위한 이후 이서구의 정치적 역정은 안동김씨를 중심으로 하는 외척세도가에 의한 수난으로 점철되었다. 그는 순조가 즉위한 이후부터 외척 세력의 각축으로 인해 발생한 폐해를 세도조상(世道朝象)이 회복될 여지가 없는 극한적 상황으로 인식하였다.[21] 이러한 상황에서 그는 정조에 의해 천명되었던 우현좌척(右賢左戚)의 원칙을 견지하며, 시벽(時僻)을 불문하고 외척 세력에 대해서는 그 어떤 제휴제안도 단호히 거절하였다.[22] 이러한 처신에도 불구하고 1804(순조 4)년의 권유옥사(權裕獄事), 1806(순조 6)년의 병인경화(丙寅更化) 이전까지는 이조판서, 호조판서 등의 요직을 두루 역임했던 것에서 보듯, 이서구의 삶도 큰 수난을 없었다고 평가할 수 있다.

그러나 권유옥사와 병인경화 이후 안동김씨를 주축으로 하는 시파(時派)의 외척 세력이 정권을 완전히 장악하면서부터는, 이서구에 대한 그들의 공격이 본격화되었다. 이서구가 1805(순조 5)년 대부인(大夫人)의 회갑 때문에 평안도관찰사에서 잠시 물러나 있는 상황에서,[23] 이경신(李敬臣)이 그를 역적 권유의 와굴(窩窟)이라는 내용의 상소를 올렸다. 물론 순

---

20) 李書九, 『惕齋自述』, 20 · 24~25면 참조.
21) 李書九, 『惕齋自述』, 61면 참조.
22) 李書九, 『惕齋自述』, 47~48 · 53~56 · 61~63면 참조.
23) 『순조실록』 권7 '5년 윤6월 경술(29일)' 참조.

22   강산 이서구의 삶과 문학세계

조는 이서구의 죄를 인정하지 않았다.[24] 그러나 회갑일이 지났음에도 불구하고 조정으로부터 다시 출사하라는 기별이 오지 않았고, 이로 인해 그는 선영이 있는 영평(永平, 현 경기도 포천 지역)으로 돌아와 은거할 수밖에 없는 처지가 되었다.[25]

은거 이후 안동김씨를 중심으로 하는 외척 세력이 장악한 조정은 일제히 이경신의 상소를 빌미로 삼아 이서구를 성토하기 시작하였다. 이러한 탄핵 상소들에 대해 순조는 오히려 상소를 올린 이들을 벌주거나, 혹은 '남을 죄로 몰아넣으려는 의도'로 규정하기도 하였다.[26] 이어 1806 (순조 6)년 병인경화 이후 그에 대한 성토가 더욱 거세어지는바, 탄핵상소의 내용은 그를 권유·김달순의 근와(根窩)이자 심환지(沈煥之)의 혈당 (血黨)으로 규정하는 치명적인 것들이었다. 그럼에도 불구하고 순조는 이들 상소에 대해 단 한 번도 윤허하지 않았다.[27]

이처럼 이서구가 벽파의 일원으로 지목되어 극도의 공박을 받았던 것은 그에 대한 죄안(罪案) 때문이 아니라, 외척 세력에 대한 그의 비타협적 태도 때문이었다. 그러나 외척 세력들도 자신들에게 아부하지 않는다는 것을 구실로 삼아 이서구를 죽일 수는 없음을 알았고,[28] 이로 인해 결국 성토가 다소 가라앉았다가, 1818(순조 18)년에 이르러 그에 대한 대계(臺啓)가 정지되었다.[29]

1806(순조 6세)년 병인경화 이후 안동김씨 세력과 연립하여 왔던 반남 박씨 세력이 1817(순조 17)년 12월 박종경의 사망과 함께 정치적 영향력을 상실하여 안동김씨 세력이 정국을 완벽하게 장악하게 되자, 김조순

---

24) 『순조실록』 권7 '5년 7월 경신(10일)' 참조.
25) 『惕齋先生年譜』 '순조 5년' 참조.
26) 『순조실록』 권7 '5년 7월 계해(13일)', '을축(15일)', '8월 병술(6일)', '10월 갑오(15일)' 참조.
27) 『순조실록』 권8 '6년 3월 신해(3일)', '계축(5일)', '갑인(6일)', '4월 정유(20일)', '6월 무술(22일)', '10월 경자(27일)' 참조.
28) 『惕齋先生年譜』 '순조 6년' 참조.
29) 『순조실록』 권21 '18년 9월 병신(1일)' 참조.

은 정치적 유화국면을 조성함으로써 정국의 안정을 도모하게 된다.[30] 1811(순조 11)년 홍경래의 난 이후 파탄으로 치닫던 정국의 난맥상을 바로잡기 위해서는 이서구와 같은 경륜가의 역할이 필수적이었던 것이다. 이로 인해 이서구는 1819(순조 19)년부터 1825(순조 25)년 그가 사망할 때에 이르기까지 안동김씨 세도정권으로부터 수난이 아니라, 오히려 끈질긴 구애(求愛)를 받게 된다.

1819(순조 19)년 6월 이후 이서구는 형조판서 · 도총관 · 사헌부대사헌 · 예문관제학에 연이어 임명되었으나, 모두 응하지 않았다.[31] 순조는 그가 연이어 출사하라는 명에 응하지 않자, 1820(순조 20)년 3월 19일에 그를 전라도관찰사로 임명했다. 이서구가 또 응하지 않자, 25일에는 그를 아예 삼례역(參禮驛)에 귀양 보낸 다음, 그 이튿날 용서하여 유임(留任)하되 하직인사는 생략하고 부임하라 명하고는 선전관에게 표신(標信)을 가지고 가서 전하도록 조치하였다.[32] 그야말로 억지 임명이었다.

그렇다고 하여 이 당시 안동김씨 세도정권의 이서구에 대한 태도가 본질적으로 바뀌었던 것은 아니다. 김윤조 교수가 이서구의 방후손 이윤응(李允應)씨로부터 구전(口傳)을 들었다고 하는데, 그 내용을 보면 당시의 사정을 짐작할 수 있다. 이서구가 두 번째 전라감사를 지내고 돌아오는 길에 반대파들이 암살하려고 미리 지나는 길목에서 기다리고 있었는데, 하루 종일 기다려도 아무 인적(人跡)이 없고 다만 벌떼가 하나 지나갈 뿐이더라는 것이다. 이서구가 미리 알고 벌떼로 화(化)해서 지나갔던 것이다.[33] 당시 안동김씨 세도정권의 입장에서 이서구는 필요에 의해서 어쩔 수 없이 등용하였지만, 내심 제거하지 않을 수도 없는 골치

---

30) 유봉학, 「楓皐 金祖淳 연구」, 『韓國文化』 19, 서울대 한국문화연구소, 1997.6, 267면 참조.
31) 『순조실록』 권22 '19년 6월 을묘(25일)', '8월 경술(21일)', '10월 무술(9일)', '병오(17일)' 참조.
32) 『순조실록』 권23 '20년 3월 을해(19일)', '신사(25일)' 참조.
33) 金允朝, 「薑山 李書九의 生涯와 文學」, 성균관대 박사논문, 1991.9, 71면 참조.

아픈 존재였음을 알 수 있다.

이서구는 전라도관찰사의 임기가 끝나고 난 뒤인 1822(순조 22)년에 사헌부대사헌·광주부유수·예문관대제학에 임명되고, 1823년에 세자좌부빈객, 1824년에 한성부판윤·사헌부대사헌·예문관제학에 연이어 임명되었으나 모두 나아가지 않았고, 이어 9월 22일에는 마침내 우의정에까지 임명되었다.[34] 이후 이서구는 무려 일곱 번에 걸쳐 사직상소를 올렸으나, 순조는 모두 허락하지 않았고 별도로 수차에 걸쳐 빨리 출사하라는 유시를 내리기까지 하였다.[35] 그야말로 전례를 찾아보기 어려울 정도의 특별한 대우였음에도 불구하고 그는 끝내 응하지 않았다.

그리고 1825(순조 25)년에는 좌의정 이상황(李相璜)의 건의로 추은예우(推恩禮遇)의 명이 내렸다.[36] 이어 10월 2일 이서구는 72세를 일기로 하여 파란만장했던 삶을 마친다. 순조는 성복일(成服日)에 승지를 보내어 치제(致祭)하고 조부(弔賻) 등의 절차를 예에 의해 거행할 것 등을 명하는 특은을 베풀었다.[37] 1819년 이후로부터 이때까지의 사건만 보아서는 이서구와 안동김씨 사이의 악연도 모두 해소된 것으로 보인다. 그러나 이서구에 대한 안동김씨 세도정권의 이와 같은 끈질긴 구애도 그가 사망한 후 참담한 배신으로 얼룩지고 만다.

1829(순조 29)년 신의학(愼宜學)이 벽파의 의리를 다시 천양할 것을 요구하는 상소를 올렸다가 처형당하는데, 그 상소 중에 이서구를 언급하는 내용이 들어 있었다.[38] 이에 효명세자는 대소신료들에게 순조가 연전에 그를 탁배(擢拜)했던 사실을 들어 또다시 사변이 발생해서는 안 될 것이

---

34) 『순조실록』 권25 '22년 윤3월 계사(18일)', '6월 정묘(25일)', '7월 을해(3일)', '9월 을유(14일)', '10월 갑진(3일)', '11월 정해(17일)'; 『순조실록』 권26 '23년 9월 갑오(29일)'; 『순조실록』 권27 '24년 2월 임술(28일)', '4월 무오(25일)', '6월 임인(10일)', '9월 신해(22일)' 참조.

35) 『순조실록』 권27 '24년 9~11월' 참조.

36) 『惕齋先生年譜』 '순조 25년' 참조.

37) 『순조실록』 권27 '25년 10월 을묘(2일)' 참조.

38) 『순조실록』 권30 '29년 11월 정미(17일)', '무오(28일)' 참조.

라고 유시하게 된다.39) 그럼에도 불구하고 옥당과 삼사에서는 이서구에게 추탈관작의 법을 시행하라 청하게 되고, 이서구가 우의정에 임명되었을 때 각각 영의정과 좌의정이었던 남공철(南公轍), 이상황(李相璜) 등도 탄핵의 대열에 합류한다.40) 이어 이서구에 대한 탄핵과 관련된 문제는 순조 재위 마지막 해인 1834년까지도 계속된다.41) 1854(철종 5)년에 이르러서야 이서구의 죄안이 정계(停啓)되고,42) 안동김씨 세도정권이 종말을 고하고 난 뒤인 1871(고종 8)년에 이르러서야 문간(文簡)이란 시호가 추증되어,43) 명예 회복이 온전하게 이루어진다.

이와 같이 이서구는 우현좌척의 신념을 지키고자 반외척세도의 태도를 고수하였던 이유로, 잠시 유화적 국면이 없지는 않았지만, 생전에는 13년 동안 방폐되어 극률(極律)의 위기 속에서 숨을 죽여야 했고, 사후에도 25년 동안이나 추탈관작의 위험에 노출되어 편히 잠들지 못하였던 것이다. 이서구의 은거지였던 경기도 포천에는 그 안동김씨 세도정권에 의해 당했던 수난을 웅변해주는 설화가 몇 편 남아 있다.44) 이 중 하나를 소개하기로 한다.

강상대신의 비석은 1950, 60년 경에 세워졌다. 그 아들이 "만일 아버님께서 돌아가시면 비석을 언제쯤 세울까요"라고 여쭈었더니 강상대신이 말했다. "비석을 만들어 두었다가 세상이 평탄해지면 그때 세우거라" 또한 관에다 쓰는 관상명중에 '현고학생부군'이라 쓰라고 했다. 비석을 세우지 않고 관상명중을 그렇게 썼기 때문에, 나중에 부관참시를 면했다고 한다. 후손 중에 이재향, 이재풍이라는 형제가 있었는데, 산에 가서 쇠꼬챙이로 찔러보니 강상대신의 비석이

39) 『순조실록』 권30 '29년 11월 임자(22일)' 참조.
40) 『순조실록』 권30 '29년 11월 계축(23일)', '갑인(24일)' 참조.
41) 『순조실록』 권34 '34년 9월 임오(20일)' 참조.
42) 『철종실록』 권6 '5년 4월 갑오(26일)', '5월 경자(2일)' 참조.
43) 『고종실록』 권8 '8년 3월 16일' 참조.
44) 인터넷, http://www.pochun.kyonggi.kr/sub03/download/sul8.hwp, 「양문대신(이서구) 5」, 「양문대신(이서구) 7」, 「양문대신(이서구) 8」. 본문에 소개한 설화는 이 중 「양문대신(이서구) 7」이다.

나왔다. 그런데, 이 사람들은 집이 가난하여 공부를 하지 못한 사람들이라 비석을 거꾸로 세웠다. 후에 그것이 거꾸로 세워졌다는 것을 후손들이 알아서 1950년에 다시 세웠다 한다.

— 「양문대신(이서구) 7」

물론 여기에서의 강상대신(綱常大臣)은 이서구를 지칭하는 것이다. 이서구의 묘역은 강원도 춘성군에 위치하는데, 현재는 그의 묘갈(墓碣)도 세워져 있는 상태이다.[45] 원래 이서구의 묘갈문은 그의 평생 지우인 남공철이 찬한 것으로, 이서구가 사망한 이듬해인 1826(순조 26)년 가을에 세워졌다. 그러다가 1829(순조 29)년에 이르러 남공철이 이서구에 대해 추탈관작하라는 상소를 올리게 되자, 이서구의 집안에서 그 묘갈문이 시휘(時諱)에 걸린다고 보아 묘 앞에 묻어버렸던 것이다.[46] 남공철은 안동 김씨 세도정권하에서 영의정에 이어 봉조하(奉朝賀)가 된 인물이었으면서도 이서구의 평생 지우이기도 하였으니, '우도소지(友道掃地)'의 참혹한 사연이 아닐 수 없다.

인용한 설화의 내용은 어디까지나 설화적인 맥락으로 이해해야 한다. 이서구가 자신의 비석을 만들어 두었다가 세상이 평탄해진 다음에 세우라고 유언하였다는 대목은 분명히 사실과 다르며, 명정(銘旌)에 '현고학생부군'으로 쓰라고 유언하였다는 부분도 믿을 수 없는 내용이다. 더군

---

45) 辛鍾遠, 「李遠과 그 子 李書九 墓碑」(『江原史學』 1집, 강원대 사학회, 1985)에 따르면, 이서구의 비(碑)가 발견된 것은 논문 집필 시점의 10여 년 전인 1975년 정도라고 한다. 당시 박광칠(朴光七)이란 사람이 이서구의 비(碑)가 무덤 근처에 묻혀 있다고 주장하여 동민(洞民)들이 곧이듣지 않자 꼬챙이를 눌러 무덤 앞 5m 되는 곳에서 혼자 파냈다는 것이다. 또한 비가 발굴된 이듬해 그 후손이 찾아와 마을 사람들과 함께 비를 세우고, 묘역의 관리를 부탁하고 갔다고 한다. 현재 이서구의 비는 전후가 바뀌어 제3면이 전면(前面)으로 나와 있다고 한다. 이 논문에는 남공철이 찬한 이서구의 묘갈문 전문(全文)도 소개되어 있는데, 이 묘갈문이 남공철의 『금릉집(金陵集)』에는 수록되어 있지 않다.

46) 『惕齋先生行錄撫遺(坤)』 36張. "南相公轍所撰, 而後以己丑賓啓之嫌怨, 与碣銘之間涉時諱, 埋置于墓前."

다나 부관참시라는 언급까지 나오는 것은 더욱 사리에 맞지 않는다. 이는 어디까지나 죽어서조차 안동김씨 세도정권으로부터 억울하게 당해야 했던 이서구의 수난(受難)을 웅변하기 위해 만들어진 이야기일 것이다. 안동김씨 세도정권의 악행을 상징하는 나합이, 만약 자신이 남자로 태어났을 경우에 자기를 죽이려고 하였던 이서구에게, 뒤에 가서 앙갚음을 하였다는 내용의 설화가 전하는 것도 같은 이유일 것이다.[47]

그러나 이서구가 안동김씨 세도정권으로부터 갖은 수난을 당했다는 사실들만을 가지고서는, 백성들이 그의 수난을 자신들의 수난과 동일시했으리라는 결론을 도출하기 어렵다. 안동김씨 세도정권에 의해 극률에 처해지거나 추탈관작까지 당한 인물도 없지 않지만, 이러한 사람들이 모두 백성들의 신망을 얻은 것은 아니기 때문이다. 그럼에도 불구하고 이서구의 이러한 삶은 최소한 백성들의 주목을 끌기에는 충분한 것이었다고 본다. 세도정권의 폭압 아래에서 억울한 삶을 살아야 했던 백성들의 입장에서 보면, 이서구의 수난 역시도 자신들과 마찬가지로 지극히 억울한 것이었기 때문이다.

이제 이서구가 백성들로부터 주목을 받는 수준을 넘어, 그들의 억울함을 풀어주고 그들의 소망을 이루어주는 구원자로까지 인식되게 되었던 근본적인 요인을 살펴볼 단계에 이르렀다. 이서구가 백성들에 의해 자신들의 구원자로 인식되기 위해서는 그가 백성들과 더불어 수난을 함께 한, 이를테면 '여민동고(與民同苦)'의 수준을 넘어서는 적극적인 그 무엇이 필요하다. 이에 대한 이해를 위해 이제 경세가로서의 이서구에 대해 주목해 보기로 하자.

---

47) 朴珠喜, 앞의 논문, 부록자료(8), 「이서구와 나합」. "아, 여자를 낳기 때문에 놔두고 왔어. 그래서 나중에 나합이 이러한 내용을 알아 가지고 이서구씨를 상당히 그랬다고 해."

2) 구원자로서의 경륜

이서구는 안동김씨 세도정권에 의해 온갖 수난을 다 당했으면서도, 순조 대의 백성들에게는 그들의 고통 받는 삶을 소생시킬 수 있는 구원자로 인식되었다. 이는 그가 정조 대 이후 보여주었던 탁월한 경륜을 바탕으로 한 경세제민의 적극적 실천에서부터 비롯되었다.

이서구는 1787(정조 11)년 경상우도암행어사가 되었을 때에 지방의 진정(賑政)·환곡(還穀)·군정(軍丁)·노비(奴婢) 등 제 폐단을 상세히 목도하고 바로잡음으로써, 백성들의 득실(得失)에 대해 구체적으로 이해하게 되었다 한다.[48] 경상도 함양군에는 「여장군 넋을 달랜 이서구 군수(담이 큰 선비의 모험)」[49]라는 제목으로 신원담의 전형적 구조를 갖춘 설화가 전해져 오는데, 이 이야기는 이서구가 경상우도암행어사 시절에 행한 치적과 관련하여 형성된 것으로 보인다. 그가 백성들의 억울함을 풀어주었던 치적이 신원담의 설화로 변화하여 지금까지 전승되어 오는 것이다.

또한 이서구는 1790(정조 14)년 평안도의 영변부사로 부임하였을 때에 굶주리는 백성 7~8천 명을 구휼하였을 뿐만 아니라, 탐관오리들에 의해 조작되는 세금장부를 조사하여 바로잡기도 하였다.[50] 이때의 경험을 바

---

48) 『정조실록』 권23 '11년 5월 경오(4일)' : 李書九, 『惕齋屏居錄』, 3면 참조.

49) 인터넷, http://www.hamyang.go.kr〉문화관광〉문화유산〉문화유산〉전설〉휴천면. 그 내용을 요약하면 다음과 같다. 휴천면 목골에 고려 말 이성계와 함께 왜구를 격파한 함양 여씨(咸陽呂氏) 여장군의 묘가 있다. 그가 세상을 떠난 뒤 아무도 그의 묘를 관리하지 않고 제사도 받들지 않게 되었다. 그런데 함양에 군수가 부임하면 오는 사람마다 첫날밤에 죽게 되어 아무도 부임하려 하지 않았다. 이때 이서구가 함양군수로 부임하기를 자청하였다. 부임 후 여장군의 혼령과 만나 그간의 사연을 전해 듣고는 묘역을 단장하고 제사를 지내게 하여 그의 혼령을 위로하였다. 그 후 함양고을이 평화롭게 되었다. 金榮振, 『韓國口碑文學大系』 3-4(충청북도 永同郡篇, 한국정신문화연구원, 1980)에 「여장군 넋을 달랜 이서구」라는 제목으로 위와 비슷한 설화가 수록되어 있는데, 이는 구연자가 함양에 가서 들었던 이야기라고 한다.

50) 李書九, 『惕齋屛去錄』, 3~4면 참조.

탕으로 하여 1791(정조 15)년에는 좌부승지로서 영변부에 군량미를 비축해 둘 것을 아뢰어 국방문제에 대해서도 관심을 기울였다.[51]

1793(정조 7)년 전라도관찰사로 나갔을 때에는 창고와 녹봉을 모두 털어 백성들을 진휼하였다.[52] 또한 1797(정조 21)년 비변사유사당상으로 있을 때에는 영호남의 흉년과 관련하여 분등법(分等法) 등 훌륭한 계책들을 아뢰어 민읍(民邑)의 폐해를 시정하게 하였다.[53] 1798(정조 22)년에는 제언당상(堤堰堂上)으로서 전라도의 제방을 수축하는 일에 대해 아뢰어 굶주리는 백성들을 먹여 살리고 농민들에게 이익이 돌아가도록 조치하였으며, 1799(정조 23)년에는 비변사유사당으로서 전라도의 부역에 대한 폐단을 시정하는 데에도 이바지하였으며, 1798~1799년 간 정조의 거국적 농서(農書) 편찬사업 때에도 주도적 역할을 맡는 등 많은 기여를 하였다.[54]

순조 초기, 이서구는 세 차례에 걸쳐 호조판서로 재임하며 탁월한 행정 능력을 발휘한다.[55] 당시 그는 국가재정에 있어서의 문제점들을 많이 바로잡았는데, 재용(財用)이 국가의 근본이므로 국가에서부터 절생(節省)하는 것이 근본이라는 관점을 가지고 있었다.[56] 내수사의 노비공(奴婢貢)을 폐지한 뒤 정순왕후가, 종전에 받던 보(保)까지 호조에 소속시켜 내수사 원역배(員役輩)의 요포(料布)를 마련하는 일까지 곤란하게 되었다며 이것을 도로 내수사에 소속시키는 것이 좋겠다고 하교하였는데, 이서구는 공사(公私)의 한계를 들어 그 불가함을 아뢰었다.[57] 또한 정순왕

---

51) 『정조실록』 권32 '15년 5월 경자(26일)' 참조.
52) 『정조실록』 권38 '17년 8월 병자(16일)'; 『순조실록』 권42 '19년 2월 신유(9일)'; 『惕齋先生年譜』 '정조 18년' 참조.
53) 『정조실록』 권47 '21년 9월 병자(10일)', '10월 경자(5일)' 참조.
54) 『정조실록』 권48 '22년 1월 병자(11일)'; 『정조실록』 권51 '23년 5월 기묘(22일)'; 李書九, 『惕齋屏去錄』, 24~25면 참조.
55) 1차는 1800(순조 즉위)년 10월부터 1802년 2월까지, 2차는 1802(순조 2)년 9월부터 1803년 2월까지, 3차는 1803(순조 3)년 8월부터 10월까지이다.
56) 『순조실록』 권3 '1년 10월 계유(30일)' 참조.

후가, 숙선옹주방(淑善翁主房)의 전결(田結)을 정할 때에 다른 옹주방에 비해 결수(結數)가 부족함을 지적하자, 그는 그 동안 옹주방·군주방(郡主房)의 전결이 정해진 수량을 초과한 경우가 많았던 것을 문제삼으며, 준례를 따라 거행하도록 요구하여 수용하도록 만들었다.58)

이처럼 이서구가 왕실을 상대로 해서까지 재정상의 문제점을 바로잡을 수 있었던 것은 그의 탁월한 행정 능력 때문이었다. 김매순(金邁淳)은 이서구의 관리로서의 재주가 유성룡(柳成龍)과 비견할 수 있을 뿐만이 아니라 도리어 더 뛰어나다고 평가하였고, 당시 호조의 노회한 주사(籌士)들까지도 그의 탁월한 업무장악 능력에 감탄하였다 한다. 실로 이서구는 사무를 요량하는 능력이 '신인(神人)'과 같았다고 하며, 혹자 중에는 그가 '전지추보지술(前知推步之術)'을 지녔다고 말하는 경우까지 있었다고 한다.59)

이서구는 1804(순조 4)년 5월에 평안도관찰사로 나간다. 그가 이때 행한 치적60)에 대해서는 굳이 나열할 필요도 없이, 정약용의 『목민심서』에 기록된 내용만 보더라도 쉬이 짐작할 수 있다. 평양의 대화재로 인해 고통 받던 수많은 백성들이 이서구의 수습으로 말미암아 구원을 받았으며, 이로 인해 『목민심서』가 완성되던 해인 1818(순조 18)년 즈음까지도 그곳 백성들이 이서구의 은혜를 못 잊고 있었다 한다.61) 이서구의 평안도관찰사 시절의 치적과 관련하여 많은 설화가 형성되었을 것으로 여겨

---

57) 『순조실록』 권4 '2년 9월 계미(15일)' 참조.
58) 『순조실록』 권4 '2년 12월 임자(15일)' 참조.
59) 洪翰周, 『智水拈筆』 권8 「惕齋吏才」. "金臺山邁淳, 常言惕齋吏才, 可比柳西厓, 反復勝焉. (……) 又戶曹老籌士, 亦言吾輩閱歷宰相鋸公之爲戶判者, 甚多, 而其洞曉文簿, 若不經意, 而瞭如指掌者, 惟永平李相一人云. 惕齋, 英廟庚寅, 年十七, 登文科立朝, 垂六十年, 踐歷內外, 每料事如神人. 或謂公有前知推步之術, 然是蓋才智也."
60) 이에 대해서는 李書九, 『惕齋屛去錄』, 49~51면에 자세히 수록되어 있다.
61) 丁若鏞, 『牧民心書』 권3 「愛民六條」 「救災」. "李判書書九, 爲平壤府尹(卽監司)時, 平壤失火, 公私廬舍, 延燒殆盡, 府尹, 措畫有方, 營葺有法, 官廨數十區, 民家萬餘戶, 一時頓新, 而民無蕩析者, 至今猶思其惠."

지지만, 분단현실로 인해 확인할 길이 없어 아쉽다. 그러나 다음의 필기류 기록을 보면, 평안도에도 이서구 설화가 유전하였으리라는 확신을 갖게 된다.

운광대사(雲光大師)는 총림의 명승(名僧)이다. 입적할 때 작은 궤짝을 절 안에 남겨두며, "백년 뒤에 반드시 열어볼 자가 있으리라"고 말하였다. 궤짝은 목침처럼 작았고 옆에 구멍 하나가 뚫려 있었는데, 들여다보아도 다른 물건은 없고 오직 종이 한 뭉치만 있었다. 자물쇠로 봉하여 엄히 비장해 두고는 절의 승려들끼리 다른 데로 움직여가지 못하도록 경계하였다. 문간공 이서구가 사성(使星)으로서 이 절에 묵으면서, 궤짝을 찾아오게 한 다음 주머니 속의 열쇠를 꺼내어 시도해보니 열쇠가 한 번 들어가자 곧 열렸다. 이서구가 그 종이를 가져다 보고는, "이것이 여기에 있었구나"라고 말하였다. 승려들의 말로는, 이것이 전신(前身)과 후신(後身)의 전심(傳心)하는 일이라고 한다.[62]

비록 필기류 기록이지만, 설화적 성격이 매우 강한 기록이다. 이서구가 사성(使星 : 임금의 사자)이 되어 묘향산 근처를 순행한 때는 평안도관찰사 재임 시절이다. 100년 전의 명승(名僧) 운광대사가 남겼다는 궤짝 속의 종이에 무슨 내용이 기록되어 있었는지는 알 수 없으나, 혹 비결이 아니었을까 하고 추측할 수는 있다. 하여튼 이것이 오로지 이서구를 위해 준비되었다는 사실에서 우리는 평안도 백성들의 이서구에 대한 기대를 짐작할 수 있다. 운광대사의 법력이 이서구 관찰사를 통해 재현되기를 바라는 백성들의 마음이 이 이야기 속에 내재되어 있다고 읽히기 때문이다.

이서구의 목민관으로서의 경륜은 1820(순조 20)년 그가 전라도관찰사로 재 부임하였을 때에도 유감 없이 발휘되었다. 당시 외척 세도정권이

---

62) 李裕元, 『林下筆記』 권27 『春明逸史』 3 「香山古櫃」. "雲光大師, 叢林中名釋也. 臨寂時, 留小櫃於寺中曰 : '百年後, 必有開之者.' 櫃子小如木枕, 傍有一竅, 見無他物, 惟紙一堆也. 封鑰嚴秘, 寺僧相戒莫動. 李文簡書九, 以使星宿是寺, 覓櫃子來. 仍出囊中鑰匙試之, 一入卽開. 取見其紙, 笑曰 : '此在斯矣.' 僧言是前後身傳心之事云."

이서구를 전라도관찰사로 임명할 수밖에 없었던 것은 당시의 최대 현안이었던 전라도의 양전(量田) 문제를 해결하는 것이 중요한 이유였는데,[63] 그가 부임하고 나서 보니 전라도 백성들의 삶은 참혹하기 이를 데 없었다 한다. 십 수 년 동안 흉년이 들어 죽거나 흩어진 백성을 이루 다 헤아릴 수 없었으며, 그로 인해 군적(軍籍)이 텅 비고 적정(糴政)도 문란하기 이를 데 없었다 한다. 이에 이서구는 양전의 본질적인 목적이 백성을 구휼하는 데에 있지 나라를 부유하게 하려는 데에 있지 않다고 주장하며, 우선 흩어진 백성들이 다시 모일 수 있도록 선정을 베푼 다음 농사가 완전하게 된 뒤에 양전을 다시 논할 수 있을 것이라고 주청하여 그대로 시행하게 되었다.[64] 그야말로 백성들의 편에 서서 문제해결의 실마리를 찾았던 것이다.

또한 환곡 운영과 관련해서도 이서(吏胥)들의 농간을 방지하여 백성들에게 이익이 돌아가게 함과 아울러 앞으로의 흉년을 대비하는 데에 유효한 계책을 상소하여 그대로 시행하게 되었다.[65] 아전들에게는 간악한 착취를 못하게 하였고 백성들로 하여금 지나친 세금을 내지 않게 함으로써 칭송이 자자하였던 것이다.[66] 전라도 일대에는 이서구의 치적을 기리는 선정불망비(善政不忘碑)가 무려 13기나 수립되어 오늘날까지 보존되어 오고 있다.[67] 이서구가 당시 세도정권과 비우호적인 관계를 맺고 있었음을 생각한다면, 이 불망비들은 여느 경우와는 달리 백성들의 진심에 의해 세워졌을 것이다.

전라도 일대에는 이서구가 전라도관찰사 시절에 남긴 선정과 관련하여 수많은 설화가 전하고 있다. 이서구 설화의 다수가 전라도관찰사 시절의 그와 관련되어 있는 것이다. 박주희 선생이 채록한 설화 중에

63) 『순조실록』 권23 '20년 3월 을해(19일)' 참조.
64) 『순조실록』 권23 '20년 8월 을유(2일)' 참조.
65) 『순조실록』 권23 '21년 3월 신해(1일)' 참조.
66) 『惕齋先生年譜』 '순조 20년' 참조.
67) 金東福, 『朝鮮善政不忘碑羣叢錄』, 이화문화사, 2000 참조.

는 「가사좌향」이라는 제목으로 6편이 있는데,[68] 그 중 첫째 편을 예로
들어본다.

> 옛날에 전주가 참 가난했어. 그리고 모든 집들이 지금은 남쪽으로 돼 있지만,
> 그때는 모두 서편으로 방향을 잡았단 말이지. 이서구가 전라감사로 와서 보니
> 까 아 가난한 게 다 그거 때문이란 말이야. 그래서 남쪽으로 남문을 짓고, 풍남
> 문 말이야. 그리고 나서 모든 집들을 남쪽으로 방향을 틀었어. 그래서 전주가
> 가난을 면했다는 얘기가 있어.

전라도관찰사 이서구가 전주성 내의 가사좌향(家舍坐向)을 서향에서
남향으로 고쳐서 전주 백성들이 가난을 면하게 되었다는 것이 요지인
데, 이 이야기가 사실인지는 고증할 수 없다. 그러나 최소한 그가 풍남
문(豊南門)[69]을 지었다는 말은 오류임이 분명하다. 그럼에도 불구하고
이런 설화가 형성되었던 것은 이서구의 탁월한 선정 때문이었을 것이
다. 이 설화의 맥락대로라면 현재까지도 전주 백성들이 가난을 면할
수 있는 것이 오로지 이서구 때문인 것이다. 전주 백성들의 이서구에
대한 인식이 어떠했는지 알 수 있다. 전라도 백성에게 있어서 이서구
는 "남한티 못하게 떠어 먹"는 국사철과 같은 탐관오리를 "백성들은
그 먹고 살라고 그렇게 피땀을 흘려서 해준 걸 니가 그렇게 해서 쓰것
냐고. 니가 한 번만 더 그러면 쥑여 버린다"고 위협하며 통렬하게 징
치하는 존재이고,[70] 더 나아가 "즘생 소리까지 다 알아 들으니까는 이
서구씨 앞에서는 거짓말이라는 것은 일전어치도 못"하게 되는 신이한
존재였다.[71]

---

68) 朴珠喜, 앞의 논문, 부록자료(1·10·18·23·41·47), 「가사좌향」 참조.
69) 옛 전주부성의 남문(南門)으로 현재 보물 제308호로 지정되어 있다. 원래는 1389(공양왕
  1)년 전라관찰사 최유경(崔有慶)이 전주부성과 함께 창건하였는데 임진왜란 때 대화재로
  파괴되었다. 1734(영조 10)년 영조의 명으로 개축되었다가 화재로 소실된 것을 1768(영조
  44)년에 관찰사 홍낙인(洪樂仁)이 재건하면서 지금의 이름을 갖게 되었다 한다.
70) 朴珠喜, 앞의 논문, 부록자료(20), 「이서구와 국사철 II」 참조.

이후 이서구는 1824(순조 24)년에 71세의 고령임에도 불구하고 우의정으로 등용된다. 안동김씨 세도정권의 입장에서도 당시 난맥상을 보이고 있던 국정을 쇄신하는 데에 그가 전라도관찰사로서 보여주었던 탁월한 경륜을 필요로 하지 않을 수 없었을 것이다. 그러므로 순조는 국가가 총체적으로 위망에 처하게 된 난맥상을 전하면서, 이서구에게 "오직 경은 경개(耿介)하고 청염(淸恬)한 지조가 있어 선조(先朝) 때부터 명성을 크게 떨쳤고, 내가 즉위함에 미쳐서는 치적이 더욱 성하고 덕이 날로 진보되어 명망(名望)이 드러났었다"고 하며, 빨리 우의정으로서 출사하라 간청하였던 것이다.[72]

당시 안동김씨 세도정권의 수장 김조순조차도 이서구의 우의정 임명을 축하하는 서신을 보내어, 이서구가 출사하는 날에는 비록 자신의 손발이 부르트고 온몸이 다 닳는 한이 있더라도 받들어 돕겠다고 다짐하면서 화해의 손짓을 보냈다고 한다.[73] 그리고 안동김씨 세도정권에 적극 협력하였던 남공철도 당시의 사대부들뿐만 아니라 굶주리고 헐벗은 하층민들 또한 이서구가 우의정으로서 조정으로 들어오면 국가가 크게 힘입어서 백성들이 반드시 소생할 수 있을 것이라고 말하고 있다고 전하고 있다.[74] 이서구의 『실록』 졸기(卒記)에서도 그가 사무를 처리하는 데에 재주와 식견이 넉넉한데다가 청렴(淸廉)·검약(儉約)하여 백성들의 기대가 온통 그에게 쏠려 있으므로 특별히 방폐를 풀고 다시 등용하였다고 하였다.[75] 이 졸기의 기록이 이서구의 정

---

71) 朴珠喜, 위의 논문, 부록자료(16), 「구렁이의 원한을 밝힌 이서구」 참조
72) 『순조실록』 권27 '24년 9월 계축(24일)' 참조
73) 『惕齋先生行錄撫遺(坤)』 29張. "先生大拜之初, 永安有賀書曰: '東山雅望, 竟膺金甌之卜, 區區攢賀, 豈餘人比哉. 閤下出仕之日, 僕雖手足胼胝, 頂踵俱磨, 唯當奉, 而周旋云云.'"
74) 『惕齋先生行錄撫遺(坤)』 35張. "墓表曰 (……) 始命下之日, 卿士大夫皆曰: '聖主今得第一流爲相, 爲朝廷賀.' 輿儓農商之民曰: '李相國至, 國家大賴, 百姓必得更甦.' 及聞其不至, 則無不咨嗟太息云云."
75) 『순조실록』 권27 '25년 10월 을묘(2일)' 참조

치적 반대파인 안동김씨 세도정권에 의해 기술된 것임을 염두에 두고 본다면, 그에게 쏠렸던 당시의 민망(民望)이 어느 정도였는지 쉬이 짐작할 수 있다.

이처럼 이서구는 정조 대와 순조 대 초기에 보여주었던 탁월한 경륜을 바탕으로 하여, 안동김씨 세도정권으로부터 온갖 수난을 당하는 와중에서도 평안도관찰사, 전라도관찰사 등으로 재직하며 백성들의 편에 서서 크나큰 선정을 베풀었으며, 이로 인해 위망에 처한 국가를 되살리고 질곡에 빠진 백성들을 구제할 수 있는 인물로 부각되어 우의정으로 등용되기에까지 이른 것이다. 그러나 그는 끝내 우의정으로 나아가지 않고 선영이 있는 영평에 은거하며 외척 세도정권하에서 자정지의(自靖之義)를 지켰다.

이서구가 세상을 떠나기 전까지 은거하였던 곳인 경기도 포천에는 그의 고매한 인품을 보여주는 설화가 적잖게 전하고 있다. 이서구는 우의정도 마다하고 영평에 은거하며 초라한 행색으로 낚시질을 하다가는 자신을 업고 월천(越川)해달라는 젊은이를 만나면, 아무 말 없이 업어서 개울을 건네주곤 하였다. 그 젊은이가 뒤에 자신을 월천해준 분이 이서구 대감이라는 것을 알고 사죄하였을 때에는, "사람은 누구나 자기 마음에 내키지 않는 일은 남에게도 하지 않는 것이 좋"다고 타이르며, 너그러운 마음으로 "자네는 장차 훌륭한 사람이 될 것이네"라고 깨우쳐주기도 하였다.[76] 또는 "앞으로 혹 가다가 어떠한 고을의 책임자가 되면 선정을 하도록 하여라"고 당부하여 결국 그 젊은이로 하여금 훌륭한 목민관이 되게 해주기도 하였다.[77]

이서구는 분명 안동김씨 세도정권에 의해 고통 받는 백성들에게 그들의 구원자로 인식될 만한 존재였다. 안동김씨 세도정권과 맞서는 위치에 있으면서 백성들이 그러한 것처럼 그도 온갖 수난을 다 당해야 했

---

76) 인터넷, http://www.pochun.kyonggi.kr/sub03/download/sul8.hwp, 「양문대신(이서구) 2」 참조
77) 인터넷, http://www.pochun.kyonggi.kr/sub03/download/sul8.hwp, 「양문대신(이서구) 6」 참조

고, 아울러 백성들에 의해 자신들을 구제할 수 있는 인물, 청렴한 경세가로 인정받았던 것이다. 이와 같은 인식은 헌·철종 대 이후까지도 계속되어, 안동김씨 세도정권에 의해 고통 받던 백성들로 하여금 이서구를 세도정권의 상징적 인물인 나합의 출현을 예언할 수 있는 탁월한 예지력을 갖춘 설화적 이인으로 수용하도록 하였던 것이다. 이러한 토대위에서 무수한 이서구 설화가 형성되었다고 볼 수 있다.

4. 이서구 설화와 이조 말기 변혁운동

지금까지는 이서구가 설화적 이인으로 변화된 요인을 주로 그 자신의 행적을 중심으로 하여 살펴보았다. 이서구가 설화적 이인으로 변화된 원인을 더욱 총체적으로 파악하기 위해서는 그 설화를 생산하고 유통하고 향유하였던 백성들의 역할도 간과해서는 안 될 것이다. 이서구 설화 중에는 그의 설화적 이인화 요인을 더 효과적으로 파악하기 위해 이서구 자신보다는 오히려 백성들에게 초점을 맞추어야 하는 경우도 많다.

> 扶安郡內에 白山이라는 野山이 있다. 넓은 들판에 조그만 동산으로 우뚝 서있넌디 李書九 監司가 보고 저 산 이름이 멋이냐고 따러간 사령보고 물응게 白山이라고 대답힜다. 감사는 "응 그려. 인제 앉이면 竹山이고 서면 白山이 될 때가 오겠구나" 하고 혼잣말로 지껄였다. 그런디 그 후 甲午年이 되어 東學亂離가 일어났일 때 동학군들이 竹槍을 깎어들고 이 白山에 集結힜넌디 동학군이 쉬니라고 앉어 있이면 竹槍만 우그로 솟아올라서 그러서 竹山이 되었고, 동학군이 일어서면 허건 옷 입은 사람헌티 가려서 竹槍은 안 비여서 白山이 됐다고 헌다. 그러서 李書九 감사가 말헌 그대로 앉이면 竹山, 서면 白山이 용케

도 잘 맞어떨어졌다고 헌다.[78]

―「李書九의 知鑑」

이 설화는 갈대만 가득 자란 질펀한 땅을 보고서 이서구가 만호부동
(萬戶富洞)이 될 지형이라고 예언하여 지금은 신태인역(新泰仁驛)이 되었
다거나, 그 전에는 조수가 들락날락하는 곳을 보고서 조선 사람이 사흘
먹을 쌀을 생산할 들이 된다고 예언하여 지금은 쌀의 명산지인 가다리
들이 되었다는 설화와 한 묶음으로 구성되어 있는 이야기이다. 그러나
각 설화가 형성되었던 시점과 원인은 다를 것이다. 이서구가 신태인역
이나 가다리들을 예언하였다는 식의 이야기는 열차(列車)의 등장이나 간
척사업과 관련하여, 문화적인 충격을 해소하기 위해 혹은 개발사업의
정당성을 합리화하기 위해 만들어진 설화일 것이다.

이러한 이야기는 현재까지도 끊임없이 재생산되고 있거니와, 특히 전
라북도에서의 경우에는 이서구를 끌어들이는 경우가 태반이다. 진안군
의 용담댐은 1990년부터 2001년 12월에 걸쳐 건설되었는데, 건설 기간
중에 벌써 예전에 이서구가 이 댐의 출현을 예언하였다는 설화가 형성
되었다.[79] 이런 설화는 단지 탁월한 예지력을 갖춘 인물의 대명사가 된
이서구의 이름만을 빌려온 셈이다. 결국에는 건설사업의 정당성을 합리

---

78) 任晳宰 편, 『韓國口傳說話』 全羅北道 篇I(『任晳宰全集』 7), 117면. 이 설화와 비슷
한 내용이 『한국구비문학대계』에도 수록되어 있다. 朴順浩, 「이서구의 예지」, 『韓國口
碑文學大系』 5-5(전라북도 井邑郡篇), 한국정신문화연구원, 1980. "부안 백산(白山)을
보고, '저 산이 뭔 산이냐?' 그러닌게, '백산이올소이다.' 헌게, '허허, 앉으면 죽산(竹山)
이고 서먼 백산이로구나.' 근디 갑오동란때 거그 와서 동학군이 죽창을 깎어갖고 백산
와서 절진을 하고 있을 적이 앉으면은 대창만 올라서닌게 죽산이고, 서먼 백산이고 그
려서 죽산 백산이 거그 맞었다고."
79) 朴珠喜, 앞의 논문, 부록자료(7), 「용담댐을 예언한 이서구」. "긍께 지금 언늠 얘기하
면 진안에 가면 용담댐이라고 댐을 막고 있거든 용담댐이라고 하는 댐을. 뭐 거기를
그 가서 그 분이 한 얘기가 뭔고 하니, 지금부터 백 한 30, 40년 전 분 아녀. 근데 그때
예언을 했어. 앞으로 댐이 생긴다. 말하자면 왜냐하면 용담이라는 건 용의 집이라는
얘기여."

화하려는 목표로 만들어진 이야기에 불과하다. 이런 설화의 경우에는 이서구가 이인으로 묘사되었다 하더라도, 이서구 자신보다는 오히려 백성들에게 초점을 맞추어 형성 원인을 파악하는 것이 훨씬 효과적이다.

위에 인용한 설화에서는 이서구를 단순한 예지자의 차원으로만 수용하는 차원을 넘어, 동학농민전쟁의 발생을 예언한 선각자로 탈바꿈시키고 있다. 백산(白山)은 동학농민전쟁에서 중요한 의미를 지닌 곳이다. 1894(고종 31)년 1월부터 고부(古阜)에서 무장봉기를 주도하였던 전봉준이 다시 인근의 접주들에게 통문(通文)을 돌려 궐기할 것을 호소한다. 마침내 1894년 3월 하순, 인근 지역의 접주들이 병력을 이끌고 전봉준이 점령한 백산으로 모여들었다. 전봉준이 대오를 정비한 다음 거사(擧事)의 대의를 선포하여 이 소식이 각 고을에 전해지자, 인근 각처의 동학군과 농민들이 새로운 희망을 품고 앞을 다투어 백산으로 모여들었다.

매천 황현은 열흘 정도에 수만 명이 모여들었고 동학이 농민들과 함께 어우러진 것이 이때부터였다고 당시 상황을 생생하게 전하고 있다.[80] 이서구가 예언하였다는 그대로, 앉으면 죽산이 되고, 서면 백산이 되는 장엄한 상황이 현실화된 것이다. 그렇다면 이러한 설화를 누가 무슨 이유로 만들어냈을까? 아마도 전봉준을 중심으로 하는 동학농민군의 지도부에서 그 당시든 혹은 차후의 전쟁 기간 동안이든 간에 농민군의 사기진작을 위해 혹은 백성들을 선동·규합하기 위해 만들어낸 이야기일 수 있다. 혹은 당시의 장엄했던 상황을 잊지 않으려는 목적으로 훨씬 후대에 만들어졌을 수도 있겠다. 그 어느 경우이든 순조 대 이후의 일반 백성들에게 그들의 구원자이자 예지자로 각인된 이서구의 이미지를 적극 활용하여 자신들의 목적에 합치되는 새로운 설화를 만들어낸 것이다.

동학농민전쟁이 본격적으로 발발하기 이전인 1893(고종 30)년 보은에

---

80) 黃玹, 『梧下記聞』「首筆」. "愚民響應, 右沿一帶十餘邑, 一時蜂起, 旬日間, 至數萬人, 東學之与亂民合, 自此時."

서 있었던 교조신원운동에도 이서구 설화가 많은 영향을 미친다. 1893
년 2월 동학도들이 광화문 앞에서 교조신원을 청하는 상소를 올렸으나
아무런 효과가 없자, 최시형은 전국에 통문을 돌려 교도들의 집결을 명
하였다. 이 당시의 상황에 대해 매천 황현의 기록을 보면, 동학의 지도
층이 무장(茂長)의 산속 절벽 속에서 검단선사(黔丹禪師)[81]의 비결서를 얻
었으므로 거사를 할 수 있게 되었다며, 시기를 놓쳐서는 안 된다고 선동
하였다 한다. 이때 동학인들은 서쪽 임피·함열로부터 동남쪽 광양·순
천에 이르기까지 모두 소와 전답을 팔아서 보은에 집결한 사람이 무려
8만 명이나 되었다고 한다.[82] 그렇다면 그 많은 백성을 모을 수 있도록
해주었던 비결서란 무엇인가?

동학도들이 검단선사의 비결서를 얻었다고 하는 때는 1892(고종 29)년
8월이다. 동학도들이 검단선사의 비결을 꺼내려 했다는 이 이야기는 당
시 그 일을 목격한 오지영의 『동학사』에 상세히 소개되어 있다.

先是壬辰年八月間의일이다 全羅道茂長縣禪雲寺兜率菴南便數十步쯤되는
곳에 五十餘丈이나되는層巖絶壁이있고 그ㅣ絶壁바우前面에는 큰ㅣ佛像하나
이삭여있었다 傳說에依하면 그ㅣ石佛은距今三千年前黔堂禪師의眞像이라하
며 그ㅣ石佛의배곱속에는 神奇한秘訣이들러있다고하며 그ㅣ秘訣이나오는날
은漢陽이다된다는말이藉藉하였다 그ㅣ證據로는距今一百三年前全羅監司로
살러온李書九라고하느니가到任한後몇철만에望氣를하고 南으로나려가 茂長禪
雲寺에이로러 兜率菴에있는石佛의배곱을떼고 그ㅣ秘訣을내여보다가 그때마
침雷聲霹靂이일러나므로 그ㅣ秘訣冊을 못다보고도로封해두었다하며 그ㅣ秘
訣의첫머리에씨여있으되 全羅監司李書九開坼이라고한글字만을보고마렀다고

---

81) 『오하기문』의 원문에는 용당선사(龍塘禪師)로 되어 있지만, 검단선사(黔丹禪師)로
바로잡아야 한다. 검단선사는 선운사(禪雲寺)를 창건한 백제의 고승이다.
82) 黃玹, 『梧下記聞』, 「首筆」. "訛言'茂長山壁中, 得龍塘禪師讖訣, 可以擧事, 時不可
失.' 私通傳告, 使以癸巳二月, 都會湖西之報恩縣. (……) 是時, 東學人, 西自臨陂咸
悅, 東南至光陽順天, 皆賣牛賣田, 資裝贏糧, 負瓢荷鉢囊, 刻日赴期, 塡塞道路. (……)
會報恩者, 八萬人."

하는것이며 그後에도어느사람이여러보고저하였으나 霹靂이무서워서못한다고 말하는것이였다 어느날孫和中接中에서는 禪雲寺石佛秘訣의이야기가나왔다 그l秘訣을내여보았으면좋기는하겠으나 霹靂이또이러나면걱정이라고하였다 그座中에吳河泳이라고하는道人이말하되 그l秘訣을꼭보아야할것같으면 霹靂이라고하는것은걱정할것이없는것이다 나는들으니그러한重大한것을封眞할때는 霹靂殺이라는것을넣어擇日하여封하면 後人이함부로여러보지못하게되는것이라하는말을들렀다 내生覺에는至今여러보아도아무일없으리라고한다 李書九가 여러볼때에임이 霹靂이이러나없어졌는지라 어떻한霹靂이또다시있어나올것인가 (……) 青竹數百介와藁索數千把를求하야 浮械를마드려그l石佛의前面에 安眞하고 石佛의배꼽을독기로부수우고 그속에있는것을꺼내였다 (……).[83]

물론 여기에서의 석불(石佛)은 선운사도솔암마애불(禪雲寺兜率庵磨崖佛-보물 제1200호)을 뜻한다. 이 이야기에서 이서구가 차지하는 역할은 무엇인가? 전설에 의하면, 이 미륵불의 배꼽 속에 들어 있는 검단선사의 비결이 세상에 출현하는 날 한양이 망한다고 하였다는데, 일반 백성들의 입장에서는 그곳에 정말로 비결이 들어있을까 하는 의문이 생겼을 것이다. 그런데 그 의문을 풀어준 인물로 이서구를 등장시키고 있다. 이서구가 순조 대에 전라도관찰사로 왔을 때 그 미륵불 배꼽을 실제로 떼어내고 그 비결을 보려 했다는 것이다. 만약 이서구가 그 비결을 다 보았다면 천지가 뒤집혔을 터이다. 그런데 아쉽게도 그가 그 비결을 보려는 순간 벼락이 쳐서 도로 봉해버렸다는 것이다. 이서구가 본 것은 그저 '전라감사이서구개탁(全羅監司李書九開坼)'이라 한 아홉 글자뿐이었던 것이다. 다소 비현실적으로 보이는 미륵불의 전설에 그들의 구원자이자 예지자로 각인된 이서구를 끌어들임으로써 그 전설의 신빙성 강화시켰던 것이다.

동학도들은 이 미륵불의 배꼽을 열어보는 시늉은 하였으나, 결국 아무 것도 나오지 않았을 것이다. 이 비밀을 아는 사람은 비결을 꺼내는

---

83) 吳知泳, 『東學史』 제2장 「石佛秘訣」.

작업을 맡았던 오하영(吳河泳), 그리고 손화중(孫和中) 등 극소수의 동학 지도부에 불과하였을 것이다. 송기숙 교수는 이 일을 맡았던 오하영이 미륵의 배꼽을 도끼로 부수고 보니 아무것도 없어, '천금의 침묵'을 통해 '설화와 역사, 천신과 현실이 만나 이 세상을 구원할 제세의 영웅을 탄생시키는 대드라마의 절정'을 이루었다고 하였다.[84] 그러나 꺼내는 시늉만으로는 백성들이 쉽사리 비결의 출현을 믿어줄 리 없었을 것이다. 그럼에도 불구하고 일반 백성들은 그 비결이 출현하였다고 생각하였다. 이는 이서구가 예전에 그 비결의 존재 여부를 분명히 확인하였다고 믿고 있었기 때문이다. 그 결과 이 비결의 출현으로 이제는 한양이 망하리라는 신념을 안고, 매천의 전언대로 무려 8만 명에 이르는 백성들이 보은에 집결하였던 것이다.

이서구는 남조선신앙에도 깊숙이 관여되어 있다. 남조선신앙은 남조선이라는 이상향이 있어서 때가 되면 그 곳의 진인(眞人)이 나타나, 우리를 그곳으로 인도하여 이상적인 생활을 할 수 있게 해준다는 믿음이다. 이조 후기에 그 많던 민란이 일어날 때면 진인이 나타났다는 소문이 돌았고, 민란 주동자들은 이 말로 민심을 선동하고 규합하려고 했다. 진인은 신이한 능력을 지니고 어딘가에 숨어서 군사를 거느리고 있다가, 민심이 흉흉하고 난리가 날 조짐을 보이면 마침내 나타나서 나라를 차지하기까지 할 것이라고 했다.[85] 다음의 필기류 기록은 바로 이 남조선신앙과 관련되어 있다. 필기류 기록이기는 하지만 설화적 성격이 강한 이야기이다

남조선(南朝鮮)은 남해 바다 안 제주도 바깥쪽에 있다. 지역이 매우 넓고 토지도 비옥하여 살만한 곳이지만 언제 점유되었는지는 알 수 없다. 연일정씨(延

---

84) 宋基淑, 「한국설화에 나타난 민중혁명사상—선운사 미륵비결 설화와 동학농민전쟁의 민중적 전개」, 『우리시대 민족운동의 과제』, 한길사, 1986, 229~232면.
85) 趙東一, 「진인출현설의 구비문학적 이해」, 『한국설화와 민중의식』, 정음사, 1985, 84면.

日鄭氏) 후예들이 들어와 살며 무리를 모아 대사(大事)를 경영하고 있는데, 이는 뒷날 계룡산으로 도읍을 옮기게 될 조짐이라고들 하였다. 이런 일이 있은지 이미 백여 년이나 되었기에 정조는 늘 이 일을 근심하였다. 정승 이서구는 이인이다. 상(上)은 그가 식견이 많음을 알고 이 일을 정탐하기 위하여 특별히 그를 호남감사로 제수하였다. 이공(李公)이 부임한 뒤에 감영에 소속된 귀도 먹고 말도 못하는 자를 불러서 비밀스러운 글을 써주었다. 그 사람이 개봉해서 본 뒤에 그 섬으로 들어가 보니, 과연 모인 무리가 크게 준비되어 있었는데 그 수효를 알 수도 없을 정도였다. 사람들은 모두 재주와 지혜가 출중하고 무기도 완비되어 있어서, 그 자체로서 국도(國都)를 이루고 있었다. 만나게 된 어떤 사람에게 가서 필담으로 문답을 하였다. 그 사람이 글로 써서 주며 이르기를, "머물러 있는 것이 이롭지 않으니 곧바로 빨리 떠나가라. 네가 이 아무개를 만나거든, '공연히 걱정하지 말라. 아직은 시운(時運)이 돌아오지 않았다'고 전하라"고 하였다. 그 벙어리가 돌아와서 필담 내용을 바치며, "사또 생전에는 다른 염려는 없을 듯합니다"라고 하였다. 공(公)도 "나도 또한 그렇게 생각하고 있었노라"라고 하였다.[86]

제주도 남쪽에 남조선이란 곳이 있는데, 연일정씨의 후예들이 모여 살면서 한양을 정벌하고 계룡산으로 도읍을 옮겨 새 세상을 열기 위해 준비하고 있다는 것이다. 연일정씨의 후예가 살고 있다면 '정도령'과 그의 친척들이 모여 사는 곳으로 볼 수 있다. 한양의 이씨 도읍이 열린 후 몇 백 년이 지난 뒤에는 계룡산(鷄龍山)의 정씨 도읍이 열릴 것이라는 『정감록』의 내용과 같은 맥락이다. 그래서 정조가 이서구를 전라도관찰사로 임명하여 이를 정탐하게 하였던 것이다. 이서구가 정탐꾼을 보내

---

86) 『鷄鴨漫錄(乾)』. "南朝鮮者, 在南海中濟州之外, 而地方絶大, 土沃可居, 而未知何時所占. 延日鄭氏之後裔, 入處聚黨, 經營大事, 此是后日移都鷄龍之兆也云. 有此事, 已爲百餘年矣, 正廟, 每以此事憂之. 李相國書九, 異人也. 上知以多識見, 爲探此事, 特除湖南伯. 李公赴任后, 招其營下聾啞者, 書給密紙. 那人開見后, 入其島, 果有大設聚徒, 不知其數. 人皆英俊, 器械无不完備, 自成國都也. 往其所逢一人, 以筆談問答. 那人書給曰: '留之无益, 卽速出去, 汝見李某, 言以勿爲空然思慮也, 姑无年運之回云云.' 那啞還來, 因以筆談納之, 其曰: '使道生前, 似无他慮矣.' 公曰: '吾亦料之云矣.'"

살펴보게 하였더니, 과연 한양으로 쳐들어 올 준비가 완벽하게 되어 있었다. 문제는 아직 시운(時運)이 돌아오지 않아 기다리고 있을 따름이라는 것이다. 그렇다면 언제 남조선의 군사들이 쳐들어올 것인가? 최소한 이서구가 살아 있는 동안은 아니라고 하였다. 여타의 남조선신앙과 관련된 설화들 가운데 이 이야기처럼 실제로 남조선을 찾아가서 견문하였다는 이야기는 흔하지 않은 것으로 보인다.

이 이야기는 이서구 사후에 형성된 설화로 보인다. 김윤조 교수는 이 기록에서 이서구가 조선조 지배 체제의 안정이라는 임무를 띠고 전라감사로 파견된 것이라고 하였다.[87] 그러나 이 설화는 지배층의 입장에서 해석할 성질의 것이 아니다. 이서구가 세상을 떠난 뒤인 그 언젠가 민란(民亂)을 획책하던 어떤 세력의 입장에서 이 이야기를 바라볼 필요가 있다. 최소한 이서구가 살아 있는 동안에는 남조선의 군사가 쳐들어올 가능성이 없으나, 이서구가 이미 세상을 떠난 뒤라면 언제든지 쳐들어올 수 있는 것이다. 이러한 관점에서 본다면, 이서구는 오히려 멀지 않아 남조선의 군사가 쳐들어 올 것이라는 비밀을 알려주는 예지자의 성격을 지닌다. 이 설화를 만든 이들의 입장에서는, 이서구라는 인물을 정탐의 주인공으로 끌어들임으로써 백성들에게 남조선의 존재에 대한 믿음을 갖도록 유도하는 것이 중요하였을 것이다.

또한 우리는 이서구가 정조 대 전라도관찰사로 재직하던 시절에 겪었던 한 가지 사연을 참고할 만하다. 이조 후기의 왕조실록 기록을 보면, 유구국(琉球國) 사람이 우리나라에 표류해온 일이 몇 번 있었다. 그러나 그 사람들로부터 유국국에 대한 상세한 정보를 얻어낸 경우는 거의 없다. 그러나 표류해온 유구인에 관해 1794(정조 18)년 9월에 11일에 전라도관찰사 이서구가 치계(馳啓)한 내용에는 전무후무할 정도로 자세한 필담이 소개되어 있다. 정조도 "옛날에는 유구 사람들이 우리나라에 왕래

---

87) 金允朝, 「李書九 관계 說話의 樣相과 意味」, 『語文學』 63, 한국어문학회, 1998, 98~99면 참조.

하여 우리나라에서도 그곳의 소식을 알고 있었는데, 근자에 와서는 그렇지 못하다"고 하였을 만큼 당시에는 유구국에 대한 정보가 부족하였는데, 이서구가 예전에 제주에 표류해 왔던 유구인에게서 말을 배웠던 이익청(李益靑)이라는 사람을 시켜서 그곳의 여러 가지 실정을 알아냈던 것이다.[88]

이 일은 당시로서는 매우 이례적인 사건이었으므로 백성들로 하여금 여러 가지 궁금증을 자아내게 하기에 충분하였을 것이다. 통신이 발달하지 못하였던 당시의 상황에서는 이 일이 조금만 와전된다면 이서구가 누군가를 시켜 남조선의 실정을 정탐했다는 풍문으로 비화될 수도 있었을 것이다. 이서구가 당시의 백성들에게 예지자로 강하게 인식되고 있던 상황 외에, 이러한 상황도 그를 설화의 주인공으로 등장시켰을 때 백성들로 하여금 남조선의 존재에 대한 강렬한 믿음을 갖도록 유도할 수 있는 중요한 이유가 되었을 것이다.

5. 결론을 대신하여

이상에서 우리는 이서구라는 역사적 인물이 설화적 공간 속의 이인으로 변화되게 된 역사적 배경에 대해 살펴보았다. 이제 이상의 논의를 정리함으로써 결론을 대신하고자 한다.

이서구는 최근에 이르기까지도 특정 예언서의 저자로 조작된 경우가 많았다. 1890년 이전부터 이서구가 예언서를 지어 세상에 유포하였다는 이야기가 존재하고 있었기에, 갑오농민전쟁 시기에도 그가 지은 예언서

---

88) 『정조실록』 권41 '18년 9월 을미(11일)' 참조.

가 출현했다는 이야기가 재생산될 수 있었다. 또 이러한 재생산된 이야기를 바탕으로 삼아 최근에도 그가 이러저러한 예언서를 지었다는 이야기가 조작될 수 있었던 것이다.

이서구가 예언서를 지었다는 풍문이 1890년 이전부터 널리 퍼지게 되었던 이유는 백성들 사이에서 그가 그 이전부터 나합의 출현을 예언하는 것과 같은 신이한 인물로 널리 알려져 있었기 때문이다. 이러한 설화는 안동김씨 세도정권하에서 신음하던 헌·철종 무렵의 백성들에 의해 형성되었던 것으로 보인다. 안동김씨 세도정권이 펼쳐나갈 미래의 암울한 정국에 대한 이서구의 염려 섞인 예견이, 당대의 백성들에 의해 그가 나합의 출현을 예언하였다는 방식으로 변형되어 표현되었던 것이다.

이서구가 선정을 베풀었던 경상도, 전라도, 평안도 지역 그리고 그의 은거지인 경기도 포천 지역에는 그의 치적이나 인품과 관련하여 많은 설화가 전한다. 역사적 맥락에서 보았을 때 이서구는 안동김씨 세도정권과 맞서는 위치에 있으면서 당대의 백성들이 그러한 것처럼 그 역시 온갖 수난을 겪었다. 그러한 와중에서도 자신의 탁월한 경륜을 바탕으로 하여 경세제민을 적극 실천함으로써 백성들에 의해 자신들을 구제할 수 있는 인물, 청렴한 경세가로 인정받았다. 이서구의 이러한 삶은 백성들로 하여금 그를 수난자, 구원자의 표상으로 인식하게 만들었거니와, 이러한 인식은 헌·철종 대 이후까지도 계속되어 안동김씨 세도정권에 의해 고통 받던 백성들로 하여금 이서구를 세도정권의 상징적 인물인 나합의 출현을 예언할 수 있는 탁월한 예지력을 갖춘 설화적 이인으로 수용하도록 만들었던 것이다.

백성들의 이서구에 대한 인식은 이조 말기에 이르러 동학농민운동이나 남조선신앙에도 많은 영향을 미쳤다. 백성들에게 예지자이자 구원자로 각인되어 있었던 이서구의 이미지가 동학농민군을 포함한 변혁운동 세력의 지도부에 의해 적극 활용되었다. 백성들 속에서 이미 설화적 이인으로 각인되어 있던 이서구라는 인물의 이미지가 당시 변혁운동의 주체들에 의해 적극적으로 활용되어 백성들을 선동·규합하는 효과적인 수단으로 이용되었던 것이다.

마지막으로 덧붙이자면, 이서구 설화 중에는 그의 능력에 대해 직접적으로 언급한 경우가 있는데, 이는 백성들이 그에 대해 어떤 방식으로 인식하고 있었는지 알게 해준다. 설화 속에서 이서구는 생이지지(生而知之)의 완벽한 존재로 인정될 때도 있고,[89] 비록 뛰어난 인물이기는 하였으나 결국에는 한계에 봉착하고 마는 미완의 영웅으로 인정될 때도 있다.[90] 그의 설화에는 이 두 가지 측면이 모두 나타난다. 그러기에 우리는 설화 속의 이서구를 신인(神人)이나 영웅이 아닌 이인으로 인식하게 된다.

89) 李鉉洙, 「이서구 선생」, 『韓國口碑文學大系』 6-5(전라남도 海南郡篇), 한국정신문화연구원, 1980 참조.
90) 崔來沃, 「이서구가 읽은 통감 세 권」, 『韓國口碑文學大系』 5-3(전라북도 扶安郡篇), 한국정신문화연구원, 1980; 朴順浩, 「이서구의 구 년 공부」, 『韓國口碑文學大系』 5-7(전라북도 井邑郡篇), 한국정신문화연구원, 1980 참조.

『강산필치』 연구

1. 연구의 목적

『강산필치(薑山筆豸)』는 강산(薑山) 이서구(李書九, 1754~1825)의 저술로, 전겸익(錢謙益, 1582~1664)의 『열조시집(列朝詩集)』과 주이준(朱彝尊, 1629~1709)의 『명시종(明詩綜)』에 수록된 우리나라 시인들에 대한 잘못된 기록을 바로잡은 고증전문 시화집이다. 이 시화집은 이서구가 25세 되던 1778년 6월에 완성한 것이다. 이서구는 젊었을 때부터 고증(考證) 부분에서 탁월한 능력을 인정받았다.[1] 그는 실제로 우리의 지리와 관련된 그릇된 사실들을 고증하여 바로잡았을 뿐만 아니라,[2] 역사와 관련해서도

---

1) 李德懋, 『靑莊館全書』 권19 『雅亭遺稿』 11 「李雨村調元」. "不佞, 海外腐儒, 天下陳人, 數理之精, 不如彈素, 辨駁之博, 不如薑山, 溫潤之姿, 不如惠風. 超邁之氣, 不如楚亭."

많은 오류를 바로잡은 바 있다.[3]

시화(詩話)에서의 경우, 고증이란 작품의 진위(眞僞)와 자구의 와전(訛傳), 성률(聲律)의 옳고 그름, 작품의 고실(故實)과 원류(源流) 등등 작품을 둘러싼 여러 문제들을 다루는 것을 말한다. 이조 중기 이수광(李睟光)의 『지봉유설(芝峯類說)』(「문장부(文章部)」)에 이르러 고증이 시화의 가장 중요한 부분을 차지하게 되었고, 18세기 중엽 이후 이익(李瀷)의 『성호사설(星湖僿說)』(「시문문(詩文門)」), 이덕무(李德懋)의 『청비록(淸脾錄)』, 박지원(朴趾源)의 『피서록(避暑錄)』, 이서구의 『강산필치』, 19세기 이규경(李圭景)의 『시가점등(詩家點燈)』, 남희채(南羲采)의 『구간시화(龜磵詩話)』 등으로 이어지는 고증적 시화의 흐름이 뚜렷이 형성되었다.[4] 이처럼 『강산필치』는 이조 후기 고증적 시화의 흐름 속에서 중요한 위치를 차지하는데, 19세기 고증적 시화의 대표작 『시가점등』에서도 『강산필치』를 최치원의 『계림필경(桂林筆耕)』, 서거정의 『필원잡기(筆苑雜記)』, 호응린의 『산방필총(山房筆叢)』과 함께 우수한 저작으로 꼽고 있다.[5]

『강산필치』가 점유하고 있는 이와 같은 중요한 위상에도 불구하고, 이규경은 우리나라 사람들이 『강산필치』라는 책의 가치를 제대로 인지하지 못하는 현실을 지적하였다.[6] 이는 순조 대 이후 『강산필치』를 비롯한 이서구의 저서들이 사장되는 경우가 많았음을 염두에 둔 언급일 것이다.[7] 이서구의 저작들이 빛을 보지 못하였던 원인 가운데 하나는

---

2) 李書九, 『惕齋屛居錄』, 61~62면. "余於東國輿地誌, 少頗究心, (……) 是皆前人之所未詳, 而自余發之, 考據明白. (……) 皆有所分析於心中者, 嘗欲纂次成書, 以補史傳之闕誤."

3) 李書九, 위의 책, 62면. "以歷代正史東國列傳, 多少錯誤, 欲依裴松之『三國志注』, 吳縝『新唐書糾謬』之例, 博攷中外之書, 補苴刊正, 以成一書."

4) 안대회, 『조선후기시화사』, 소명출판, 2000, 161~261면 참조.

5) 李圭景, 『詩家點燈』 권4 「筆多」. "凡著述, 華東人, 以筆, 爲其標幟者, 甚多, 不能枚擧, 而幷板俗, 不鮮. 然如崔孤雲之『桂林筆耕』, 徐四佳之『筆苑雜記』, 胡應麟之『筆叢』, 李薑山之『筆多』, 稍雅."

6) 李圭景, 위의 글. "世人不知有此書, 故今畧示其槩耳."

7) 이서구 편저인 『丁未傳信錄』(규장각소장)은 현재까지도 저자미상으로 알려진 경우

그가 사후(死後)에 벽파(辟派)로 몰려 외척세도정권에 의해 끊임없이 공격받았던 정치적 수난과 연관되어 있는데, 미산생(彌山生)이라는 호를 쓰는 이의 「서강산필치후(書薑山筆豸後)」를 보면 이러한 사정의 일단을 읽을 수 있다.8) 『강산필치』는 이조 말기뿐만 아니라 현재에 이르기까지도 그 가치를 제대로 인정받지 못하고 있는 것이 사실이다. 그러나 미산생처럼 이서구와 정치적 반대파의 후손으로 보이는 이조차도 『강산필치』의 가치를 크게 인정하고 있는 사실에 주목할 때,9) 이 시화집에 대한 본격적인 검토의 필요성을 절감하게 된다.

『강산필치』에 대한 연구는 아직 본격화되지 않았지만 몇몇 의미 있는 업적이 있었다. 이수봉 교수는 자신이 소장한 『강산필치』 자필초고본을 영인하여 발표하고 간략한 해제를 덧붙였는데,10) 이러한 작업은 새로운 자료의 소개라는 점에서 의미가 적지 않다. 박현규 교수는 청초인(淸初人)들이 간행한 각종 조선시선집(朝鮮詩選集)을 검토함에 있어서, 『강산필치』의 기록을 수차 인용하였다.11) 『강산필치』는 이조 후기 시화사(詩話史)뿐만 아니라, 한·중 양국의 문화교류를 이해하기 위해서라도 반드시 검토되어야 할 저서이다. 본고는 『강산필치』의 서지사항, 경위, 의의 등을 구체적으로 검토함으로써, 이 시화집이 갖는 문학사적 가치를 가늠해 볼 것이다.

가 있다. 李書九, 『惕齋屛去錄』, 17~18면. "顯宗丁未, 有漂人林寅觀等, 送北之事, 余於少時, 蒐輯其時事實, 編成一書, 名曰『丁未傳信錄』. 上偶覽其書, 嘗教賤臣曰: '其事不可泯, 編書之意, 甚善. 予始見其書, 慷慨悲憤, 不忍竟讀也.'"

8) 彌山生, 「書薑山筆豸後」(『薑山筆豸』, 규장각본). "然李相立朝, 所秉一差, 而卒不得免其禍. 吾先世, 亦斥其人不容, 而未嘗斥其文. 以人廢文, 則是王半山, 無傳於後世, 余所以愛其文, 而非愛其人也. 嘗聞李相通術數, 自爲讖書, 傳於世, 術者多稱焉. 讖書, 桓譚之所不讀者, 而自爲之, 使人惑其說, 何其不經也."

9) 彌山生, 위의 글. "余從人舊篋, 得此書而喜之. 其行文雅潔, 掌古該博, 錯亂顚倒者, 一歸於正. 使錢朱復起, 必愧謝之矣."

10) 『開新語文研究』 12집, 개신어문연구회, 1995, 259~325면.

11) 朴現圭, 『중국 명말 청초인 朝鮮詩選集 연구』, 태학사, 1998.

2. 시화집의 서지사항

『강산필치』는 현재 규장각 소장본, 이수봉(전 충북대 국어교육과 교수) 소장본, 장서각 소장본, 존경각 소장본 이상 4종이 알려져 있다. 이 중 비교적 선본에 해당하는 것은 존경각 소장본과 장서각 소장본이다.

규장각 소장본(이하 규장각본)은 후대의 사본(寫本)으로, 결자와 오자가 너무 많아 자료적 가치가 떨어지는 편이다. 다른 본에는 모두 실린 「고증서목(考證書目)」이 실려 있지 않을 뿐만 아니라, 소인(小引)에서도 30자 가량에 이르는 글자가 누락되어 있고 일부 오자(誤字)도 발견된다.[12] 본문 내용에서도 오자와 결자가 빈번하게 보이며,[13] 이는 문맥의 이해를 심각하게 방해하는 것들이다. 다만 규장각본에는 다른 본에 없는 후서(後序)(「書薑山筆豸後」)가 실려 있고,[14] 하권 「허흡」조의 경우 다른 본들에 비해 내용이 확대되어 있어서 참고를 요한다.[15] 특히 후서의 내용은

---

12) "遂取此二書, 略爲辨蘗"과 "摠四十則" 사이에 "至若大而宗國之誣, 細而字句之訛, 并姑存而不論, 實寓著書之微旨也"(장서각본) 혹은 "至若大而宗國之誣, 細而字句之訛, 并姑存而勿論, 盖有所不敢, 亦有所不屑也"(존경각본)이라 한 내용이 누락되었고, '駁正'이 '較正'으로, '秒夏'가 '抄夏'로 잘못되어 있다.

13) 몇 가지 예만 들더라도, '對讀官'을 '對讀卷'(「남곤」조)으로, '立祠'를 '立祀'(「조운흘」조)로, '永樂中'을 '禮樂中'(「신광한」조)으로, '李少婦'를 '李少娟', '李淑卿'을 '李淑'(「최경창」조)으로, '獨鶴盤雲去'를 '鶴盤雲去'(「허균」조)로, '崔匡裕'를 '崔光裕'(「윤국형」조)로, '朝鮮詩選'을 '朝選詩選'(「정」조)으로, '贗鼎'을 '膺鼎'(「허매씨」조)으로, '古訓'을 '古馴', '華國器'를 '華國哭', '譯官'을 '驛官'(「이희보」조)으로, '恭憲王'을 '恭獻王'(「고경명」조)으로 잘못 기록했다.

14) 후서(後序) 말미에 '庚寅仲秋 彌山生書'라 되어 있다. 후서 본문에 '순조(純祖)'라는 표현이 나오는 것으로 보아 경인년(庚寅年)은 1890(고종 27)년이다. '미산생(彌山生)'이 누구를 가리키는 것인지에 대해서는 아직 상고하지 못하였다.

15) 다른 본들에 비해 "余生長漢城, 未聞酒岩在漢江之側. 若果有之, 但當日醉其下, 左揖山劉, 右招嵇阮, 何勞傾家釀耶"와 "且漢江之距平壤, 幾六百里許, 詩不當引用"이라 한 내용이 첨가되었다. 이 부분은 초고본(이수봉 소장본)의 수정 중 삭제된 내용을 필사자가 재정리한 것으로 보인다. 이 부분이 장서각본과 존경각본에서 보이지 않는 것은 이서구 자신의 의도가 반영된 결과로 보인다. 이는 『薑山筆豸』「許洽」조를 그대로 인용한 李圭景, 『詩家點燈』 권4 「西京酒岩」조에 이 부분이 빠져 있는 사실에서 확

『강산필치』의 성격을 이해하는 데에 있어 중요한 자료로 평가된다.

이수봉 소장본(이하 초고본)은 『개신어문연구(開新語文硏究)』(제12집)에 영인되어 있다. 이 본은 인기(印記)들로 보아 자필본임을,[16] 원고 도처에 산재하는 수정 흔적들로 보아 초고본임을 알 수 있다. 초서가 섞여 있기는 하지만, 판독하기에는 용이한 편이다. 그러나 초고본인 까닭에, 저자의 자필임에도 불구하고 한두 가지 오류가 발견되며,[17] 체제상으로도 아직 정리되지 않은 부분이 많다.[18]

장서각 소장본(이하 장서각본)과 존경각 소장본(이하 존경각본)은 비록 자필본이 아닌 후대의 사본이긴 하지만, 정본(定本)에 근거해서 필사된 선본(善本)으로 분류될 수 있다. 이들 사본은 체제가 정연하게 갖추어져 있을 뿐만 아니라, 내용상의 오류도 조금밖에 발견되지 않는다. 물론 초고본과 비교해서 본다면, 자구의 변화가 없는 것은 아니다. 그러나 자구의 변화가 있더라도, 이는 문맥을 분명하고 자연스럽게 하기 위해 저자 스스로 수정한 결과가 반영된 것으로 판단하는 것이 옳다.[19]

장서각본과 존경각본을 직접 비교해보면, 저자 표시가 장서각본에서

인할 수 있다.

16) 상권 첫 면에 '味不味齋', '李書九印'이 양각으로 찍혀 있고, 하권 첫 면에 '李書九印'이 음각으로 찍혀 있고, 하권 끝 발문 뒤에 '李書九印'이 음각으로, '洛瑞'가 양각으로 찍혀 있다.

17) 「이달」조의 '憶昔行贈申正渫'은 '憶昔行贈申正郎渫'으로, 「최수성(崔壽峸)」조의 제목 '崔壽城'은 '崔壽峸'으로 바로잡아야 한다.

18) 하권 첫 면 '明詩綜' 아래에 '卄三則' 부분이 표시되지 않은 것, '薑山筆豸 上終', '薑山筆豸 下終'과 같은 권수(卷數) 종결표시가 없는 것 등 아직 정본(定本)의 형식을 갖추지 못한 부분이 발견된다.

19) 가령 '有集行世'를 '有集二卷'(「정」조)으로, '藝林'을 '香奩'(「허매씨」조)으로 바꾼 것 등은 문의(文意)를 구체화시키기 위한 의도로 볼 수 있다. '百或作伯'(「설손」조), '注說止此'(「이자민」조)와 같이 세주(細注)가 첨가된 경우 등도 문의를 명확하게 하려는 의도로 볼 수 있다. 또 '本集作'을 '本作'(「정몽주」조)으로, '家世本交河人'을 '本交河人'(「노공필」조)으로, '卒贈'을 '贈'(「이이」조)으로, '箕雅作'을 '一作'(「기준」조)으로 축약한 경우 등도 문장 서술의 통일성을 부여하기 위한 조정으로 보인다. 이러한 문맥으로 이루어진 다른 문장들의 경우, 거의 대부분 후자의 방식으로 구성되어 있기 때문이다.

는 '조선(朝鮮) 이서구낙서(李書九洛瑞)'로 되어 있고, 존경각본에서는 '석모외사(席帽外史)'로 되어 있다. 낙서(洛瑞)는 이서구의 자(字)이고 석모외사(席帽外史)는 그의 별호(別號) 중 하나이다. 소인(小引) 부분에서는 두 본사이에 다소의 차이가 존재하는 것이 사실이다.[20] 장서각본의 해당 부분은 초고본의 그것을 수용한 것이며, 존경각본의 해당 부분은 장서각본의 그것을 선명하게 부연한 것으로 보인다. 존경각본의 내용은 후대의 필사자에 의해 변개되었다기보다는, 이서구 자신의 또 다른 의도를 반영한 것으로 보는 편이 옳다고 여겨진다.

그 외에 두 본 사이에는 본문 중에서도 약간의 차이가 발견되는바, 그 대부분은 오류로 단정하기에는 어려운 사소한 것들이다.[21] 다만 이 두 본에는 극히 일부이기는 하지만 후대 필사자의 실수로 인해 발생한 것으로 보이는 심각한 오류도 발견되거니와, 이에 대해서는 연구자의 주의를 요한다. 즉 장서각본의 '양급사유예(梁給事有譽)'(「허매씨」조)는 '양급사유년(梁給事有季)'으로, '지제고(知製誥)'(「임제」조)는 '지제고(知制誥)'로 바로잡아야 한다. 또한 존경각본의 '채풍집목정시(采風集牧婷詩)'(「정」조)는 '채풍집수정시(采風集收婷詩)'로, '조원(趙媛)'(「옥봉이씨」조)은 '조원(趙瑗)'으로, '진도미공계(陳都眉公繼)'(「최전」조)는 '진미공계유(陳眉公繼儒)'로, '고려서경, 인종시시, 위지제고(高麗西京, 仁宗時時, 爲知制誥)'(「임제」조)는 '고려서경인, 인종시, 위지제고(高麗西京人, 仁宗時, 爲知制誥)'로 바로잡아야 한다. 또한 존경각본의 「무명씨」조에서는 필사 과정에서 통째로 한 줄이 누락되었거니와,[22] 이 부분도 반드시 원래대로 복원하여 검토해야 한다.

20) 장서각본에서는 "并姑存而不論, 實寓著書之微旨也"라고 한 부분이 존경각본에서는 "并姑存而勿論, 盖有所不敢, 亦有所不屑也"라고 되어 있다.
21) 예컨대, 장서각본의 '佔畢齋 (……) 贈諡文簡'(「김정」조)이 존경각본에서는 '佔畢齋 (……) 諡文簡'으로, 전자의 '有集行世'(「이달」조)가 후자에서는 '有集行于世'로, 전자의 '適進士金成立'(「허매씨」조)이 후자에서는 '適于進士金成立'으로, 전자의 '蘭雪許氏'(「서경덕」조)가 후자에서는 '蘭雪'로, 전자에서의 '贈領議政'(「이이」조)이 후자에서는 '卒贈領議政'으로, 전자에서의 '聖學之學'(「이이」조)이 후자에서는 '聖賢之學'으로 되어 있다.

『강산필치』는 총 2권으로 권차(卷次)는 상(上)·하(下)로 되어 있다. 전체적인 체제를 살펴보면,[23] 먼저 '고증서목(考證書目)' 38종이 기록되어 있다. 그 다음에는 '『강산필치(薑山筆豸)』 상(上)'이라는 권수제 및 권차 표시에 이어 저자로 '조선(朝鮮) 이서구낙서(李書九洛書)'가 적혀 있다. 그리고 소인(小引)이 있다. 소인 말미의 '무술초하입유칠일(戊戌杪夏卄有七日)'이라는 언급을 통해서, 우리는 이 시화집이 정조 2(1778)년 6월에 완성된 것임을 확인할 수 있다. 다음으로는 '『열조시집(列朝詩集)』 십칠칙(十七則)'이라는 표시와 함께 '정몽주(鄭夢周)' 이하 17조목이 차례로 기술되어 있다. 하권 역시도 '『강산필치(薑山筆豸)』 하(下)'라는 권수제 및 권차 표시에 이어 '『명시종(明詩綜)』 입삼칙(卄三則)'이라는 표시가 나와 있다. 이어 '설손(偰遜)' 이하 23조목이 차례로 기술되어 있다. 즉 『강산필치』 상권은 『열조시집』의 오류에 대한 고증으로 총 17칙으로, 하권은 『명시종』의 오류에 대한 고증으로 총 23칙으로 이루어져 있는 것이다.

3. 시화집의 경위

1) 『열조시집』의 고증

먼저 『강산필치』 상권의 대상 텍스트인 『열조시집(列朝詩集)』에 대해 살펴보자. 『열조시집』은 전겸익(錢謙益, 1582~1664)이 편찬한 시선집으로, 건(乾)·갑(甲)·을(乙)·병(丙)·정(丁)·윤(閏) 이상 총6집으로 구성되어 있

---

22) '當(本作開)筵歡(本作揖)'과 '本集中' 사이에 "酒先投轄(本作皆豪俠), 不醉應知客不歸, 此卽鄭東溟斗卿詩, 見"이 누락되어 있다.

23) 이는 최선본으로 보이는 장서각본을 기준으로 하였다.

다. 이 책은 명조(明朝) 시인 약 2천여 명의 대표작을 수록하였으며, 1652
년에 완성되었다. 『열조시집』 윤집(閏集) 제6편에는 「조선(朝鮮)」이라는
편목이 마련되어 있다. 여기에는 고려·조선 시인 42명의 시 170수가 수
록되어 있다. 전겸익은 「조선」 부분을 적으면서 만력 연간에 편찬된 오
명제(吳明濟)의 『조선시선(朝鮮詩選)』을 주된 참고 서적으로 삼았고, 때로
는 다른 조선인의 시문집과 중국 속의 한국 관련 자료들을 부분적으로
활용했다.[24] 뒤에서 상론하겠거니와, 남방위(藍芳威)의 『조선시선(朝鮮詩
選)』도 중요한 자료로 사용되었다.

　『강산필치』 상권은 『열조시집』 「조선」 편목에 수록된 고려·조선 시
인 관련 기록 가운데서 오류로 여겨지는 부분을 찾아서 하나하나 바로
잡은 것이다. 기본적으로는 『열조시집』 17조목을 대상으로 한 것이지만,
실제로는 『열조시집』 18조목과 『명시종』 7조목을 대상 텍스트로 하였
다.[25]

(1) 정몽주(鄭夢周)

　『列朝詩集』 閏集 第六 「朝鮮」 「守門下侍中 鄭夢周」조 小傳과 「感
遇四首」, 「望景樓」, 「偶題」 등 16수의 시 수록.[26]

　○「감우사수(感遇四首)」 시가 정몽주의 시문집에는 수록되어 있지 않음
을 지적하였다. 전겸익은 이 시를 오명제의 『조선시선』에서 뽑았을 터
인데, 오명제는 이 시를 어디에서 구했는지 알 수 없다고 의문을 표시하

---

24) 朴現圭, 앞의 책, 65~77면 참조.
25) 『薑山筆豸』 「崔慶昌」조의 경우, 『列朝詩集』 「崔慶昌」조와 함께 「崔孤竹」조도 다루
　고 있다. 그리고 「허균」조에서 『明詩綜』 「許筠」조를, 「김시습」조에서 『明詩綜』 「梅月
　堂詩」조를, 「이달」조에서 『明詩綜』 「蓀谷集詩」조와 「李達」조를, 「정」조에서 『明詩
　綜』 「月山大君 婷」조를, 「옥봉이씨」조에서 『明詩綜』 「趙瑗妾 李氏」조를, 「허매씨」조
　에서 『明詩綜』 「許景樊」조를 함께 다루었다.
26) 여기에 언급된 부분은 『강산필치』의 대상 텍스트에 나타난 관련 내용을 표시한 것이
　다(이하 모두 같음).

였다.27) ◎ 이서구의 지적과는 달리『열조시집』소재「감우사수」시28)는 오명제의『조선시선』에 수록되어 있지 않다. 대신 남방위의『조선시선』에「감우(感遇)」라는 제목으로 수록되어 있는데,29) 제3수와 4수가 한 수로 통합되어 총 3수로 되어 있는 점이 다를 뿐이다. 여러 자료들을 검토해보면, 이서구가 직접 보았다고 한 오명제의『조선시선』이 실제로는 남방위의『조선시선』이다. 그러므로 이서구의 언급은『열조시집』에 실린 이 작품이 남방위의『조선시선』을 원천으로 하고 있음은 알겠는데, 정작 남방위는 이 시를 어디에 얻었는지 모르겠노라는 의문을 표시한 것에 다름 아니다. 그렇다면 이 시는 어디에서 온 것인가?『열조시집』의 경우에는 이 시의 아래에 "고려 신우왕(辛禑王)이 음란하고 덕이 없어서 시중 이성계가 다른 마음을 품었다. 정몽주가 한 나라의 중신(重臣)으로서 권력이 아래로 옮겨감을 근심하여 슬퍼하면서 이 시를 노래하였다. 그 뜻이 깊다"30)라는 내용의 주석이 붙어 있어,「감우사수」시는 정몽주의 시대 인식과 충절의식을 살필 수 있는 중요한 자료로 여겨질 수도 있다. 규장각에 소장된『열조시집』은 두 부인데, 이 가운데 한 부에는『집옥재(集玉齋)』(주장인) 등이 찍힌 것으로 보아 어람용(御覽用)이고, 다른 한 부는 일반 신료용(臣僚用)이었던 것으로 보인다. 이 가운데 신료용에

---

27) ○ 표시 이하 부분은『강산필치』의 내용을 필자가 요약한 것이고, ◎ 표시 이하 부분은『강산필치』의 내용을 필자가 보완한 것이다(이하 모두 같음).

28)「感遇四首」(其一). "北風何慘裂, 吹折松與栢, 溟海亦震蕩, 魚龍失其宅, 天地將窮閉, 聖賢徒歎息, 黃(唐−남방위,『朝鮮詩選』)虞邈難逮, 行矣西山客." (其二). "西山何所有, 深谷多芳薇, 采采者誰子, 叔齊與伯夷, 食粟良可恥, 采薇非爲機(飢−남방위,『朝鮮詩選』), 姬氏除暴亂, 八百會不期, 天下皆稱聖, 斯人獨是非, 高節凜千祀, 綱常以扶持." (其三). "淳風去已遠, 世道日幽昧, 征伐降殷周, 祥麟竟遇害, 鳳凰化鷄鶩, 蘭蕙爲蕭艾, 嗟哉孔與孟, 天(大−남방위,『朝鮮詩選』)意屢顚沛, 時運旣如此, 生民復何賴." (其四). "人心如雲雨, 飜覆忽須臾, 素絲變其色, 安能復其初, 啞啞群飛鳥, 集我田中廬, 雌雄竟莫辨, 泣涕空欷戱."

29) 藍芳威,『朝鮮詩選』「五言詩」.

30) "高麗辛禑王, 淫而不德, 侍中李成桂, 有異志. 夢周, 一國之重臣, 憂權之下移, 悲而歌之. 其志遠矣."

해당하는 『열조시집』에는 이 주석 부분에 흑칠이 되어 있다. 이조의 신하들이 함부로 보아서는 안 되는 불온한 내용으로 여겨졌던 셈이다. 그러나 필자가 고증한 바로 「감우사수」시는 정몽주와 하등 관련이 없는 작품으로, 최경창의 「감우십수기정계함(感遇十首寄鄭季涵)」31) 가운데 제2·3·4·5수를 그대로 옮긴 것에 불과하다. 정리하자면 「감우사수」시는 원래 최경창의 작품인데, 이것이 남방위의 『조선시선』에서 정몽주의 작품으로 와전되었고, 이것이 다시 『열조시집』에도 그대로 수용되었던 것이다. 이와 같은 작자 와전의 중심에는 남방위의 『조선시선』이 자리하고 있다. 남방위의 『조선시선』에는 정몽주 소작으로 소개된 시뿐만이 아니라, 작자가 와전된 채로 수록된 많은 작품이 실려 있다. 이러한 일환에서 최경창의 작품이 정몽주의 시로 둔갑한 것이다.32)

○「망경루(望景樓)」시가 전주(全州)의 망경대(望京臺)에서 지어진 것임을 지적하며, 제목이 「망경루(望景樓)」로 와전됨으로 인해 시의 본의가 훼손되었다고 하였다. ◎ 정몽주의 시문집에 「등전주망경대(登全州望景臺)」라는 제목으로 실려 있다.33) 시제(詩題)의 '경(景)'자는 이서구의 지적을 수용하자면 '경(京)'자로 바꾸는 것이 옳다.34) 이 시는 『신증동국여지승람』에도 실려 있는데,35) 여기에는 '망경대(望京臺)'로 옳게 되어 있다.

○ 정몽주의 시로 제시된 「우제(偶題)」시가 이숭인(李崇仁)의 작품임을 지적하였다. ◎ 이숭인의 시문집에는 무제시(無題詩) 3수 가운데 두 번째로 실려 있다.36)

---

31) 崔慶昌, 『孤竹遺稿』 「五言古詩」.
32) 이상의 내용과 관련된 구체적인 사항은 필자, 「허난설헌 시문학 텍스트의 몇 국면」 (『민족문학사연구』 제26호, 민족문학사학회, 2004.11)을 참조할 것.
33) 鄭夢周, 『圃隱先生集』 권2 「詩」.
34) 이 시의 제하주(題下註)에 "歲在庚申, 倭賊, 陷慶尙全羅諸州, 屯于智異山, 從李元帥, 戰于雲峯, 凱歌而還. 道經完山, 登此臺"라고 하였다.
35) 『新增東國興地勝覽』 권33 「全州府」 「山川」 「望京臺」. "在高德山北麓. 有石峯, 奇秀, 狀如層雲, 其上可坐數十人. 四面林木森鬱, 石壁如畵, 西望群山島, 北通箕準城, 東南負太山, 氣象千萬. ○鄭夢周詩 : (…시 생략…)."

(2) 남곤(南袞)

『列朝詩集』閏集 第六「朝鮮」「附見 南袞」조[37] 小傳과「鄭夢周死節詩二首」 수록. 小傳. "吏曹叅判兼同知書筵事五衛都摠管, 正德九年, 重輯三綱行實, 壬午年, 以議政府左議政, 爲讀卷官."

○ 남곤이 '이조참판(吏曹參判)'으로서 '오위도총부도총관(五衛都摠府都摠管)'을 겸임하였다고 한 것에 대해, '이조참판'은 '도총관'을 겸임할 수 없다고 지적하였다. 아울러 '독권관(讀卷官)'은 실직(實職)이 아니라고 하였다.

(3) 이숭인(李崇仁)

『列朝詩集』閏集 第六「朝鮮」「簽書 李崇仁」조 小傳과 4수의 시 수록. 小傳. "崇仁, 天資英銳, 文詞典雅. 李穡, 稱之曰 : '山子文章, 求之中國, 不多得也.' (……)."

○『열조시집』의 '산자문장(山子文章)'이라는 구절이 해석되지 않음을 지적하고는,『고려사(高麗史)』의 기록을 근거로 '차자문장(此子文章)'으로 바로잡았다.

(4) 조운흘(趙云仡)

『列朝詩集』閏集 第六「朝鮮」「趙云仡」조. 小傳과「卽事」시 수록. 小傳. "嘉靖中, 爲江履道江陵府使, 有惠政, 邑人爲立祠."

○ 조운흘의 인적 사항을 소개하였다. 이어『지봉유설』의 기록을 인용하여「즉사(卽事)」시가 지어진 내력을 소개하였다. ◎ 관련 내용은『지봉유설』의「동시(東詩)」조를 발췌한 것이다.[38]

---

36) 李崇仁,『陶隱先生詩集』권3.
37) 이는 '守門下侍中 鄭夢周'조에 대한 '부견(附見)'이다.

○ '강리도(江履道)'를 '강원도(江原道)'로 바로잡았다. 또 조운흘이 홍무(洪武, 1368~1398) 연간에 해당하는 고려 말에 생장했음을 밝히며, '가정(嘉靖, 1522~1566)' 연간에 벼슬했다고 되어 있는 것이 오류임을 지적하였다.

(5) 김정(金淨)

『列朝詩集』閏集 第六「朝鮮」「金淨」조「遊鄭氏池亭」,「禱龍潭」등 5수의 시 수록.

○ 김종직의 시문집에 실린「유정통찬지정시일급우(遊鄭通贊池亭是日急雨)」시와「도용담(禱龍潭)」시를 소개하고 나서, 이 시들이 김정(金淨)의「유정씨지정(遊鄭氏池亭)」시와「도용담(禱龍潭)」시로 잘못 실려 있음을 지적하였다. 오류의 원인을 김종직과 김정의 벼슬과 시호가 동일함으로 인해 발생한 혼란에서 찾았다. 오명제가 허균 등으로부터 시를 전송(傳誦)받을 때 생긴 혼란이 그의 『조선시선』에 적용되고, 그 오류가 『열조시집』에서도 반복된 것이라는 것이다. ◎『열조시집』의「유정씨지정」시와「도용담」시는 오명제의 『조선시선』과[39] 남방위의 『조선시선』에도 김정의 작품으로 실려 있다.[40]「도용담」시는 김종직의 시문집에「칠월이십팔일도우용유담(七月二十八日禱雨龍遊潭)」시 5수 중「기사(其四)」로 실려 있고,[41]「유정통찬지정시일급우(遊鄭通贊池亭是日急雨)」시도 동일한 제목으로 실려 있다.[42] 앞서 말한 바와 같이 이서구가 실제로 목도한 『조선시선』은 오명제의 저서가 아니라, 남방위의 것이다. 그러나 이 시들의 원 출처는 오명제의 『조선시선』이다. 남방위의 『조선시선』에 수록된 일부 시들은 오

---

38) 李睟光, 『芝峯類說』 권13 「文章部」 6 「東詩」. "麗季, 趙云仡, 退居于廣州夢村, 一日見被罪謫去者, 有詩曰 : "柴門日午喚人開, 步出林亭坐石苔, 昨夜山中風雨惡, 滿溪流水泛花來."
39) 吳明濟, 『朝鮮詩選』 上 「五言古詩」.
40) 藍芳威, 『朝鮮詩選』 「五言詩」.
41) 金宗直, 『佔畢齋詩集』 권7.
42) 金宗直, 『佔畢齋詩集』 권5.

명제의 『조선시선』에서 그대로 옮겨 온 것들인데, 이 시들이 바로 그러한 경우이다. 남방위의 『조선시선』이 갖고 있는 문제의 상당수는 이 시집의 원천 자료 중 하나인 오명제의 『조선시선』에서 발생한 오류를 그대로 답습한 것이다. 정리하자면 김종직의 시가 허균의 그릇된 전송으로 인해 김정의 시로 와전되고, 이것이 오명제의 『조선시선』에 그대로 수용되고, 다시 남방위의 『조선시선』에 이어 『열조시집』에도 그릇 수용되었던 것이다.[43]

(6) 신광한(申光漢)

『列朝詩集』閏集 第六「朝鮮」「申光漢」조 小傳과 7수의 시 수록. 小傳. "庚午會試進士, (……)."

○ 우리나라의 과거제도를 소개하며, '진사(進士)'라는 명칭이 중국과 우리 나라에서 같이 사용되기는 하지만 실질적으로는 다른 것임을 지적하였다. 이어 신광한이 정묘(丁卯, 1507)년에 성균진사(成均進士)로 뽑혀 경오(庚午, 1510)년에 급제하였음을 밝히며, '경오진사(庚午進士)'라고 한 것이 오류임을 지적하였다.

(7) 최경창(崔慶昌)

『列朝詩集』閏集 第六「朝鮮」「崔慶昌」조「李少婦詞」시 수록.「李少婦詞」小引. "鐵原李淑卿, 歸梁文學無何, 梁文學, 應試漢京, 遂及第, 擢弘文館, 不還. 淑卿, 懷之鬱抑而死. 聞者, 悲而哀之, 作歌, 以表其貞靜專一之志云.";『列朝詩集』閏集 第六「朝鮮」「崔孤竹」조 1수의 시 수록.

---

43) 이상의 내용과 관련된 구체적인 사항은 필자, 「허난설헌 시문학 텍스트의 몇 국면」 (『민족문학사연구』 제26호, 민족문학사학회, 2004.11)을 참조할 것.

○최경창의 인적 사항을 소개하였다. 그리고 「최경창(崔慶昌)」조와 「최고죽(崔孤竹)」조를 나누어 수록한 사실, 즉 이름과 호를 가지고서 별개의 사람으로 나누어 놓은 오류를 지적하였다.

○'이숙경(李淑卿)'이라는 성명에 대하여, 우리나라의 예법으로는 부인의 명자(名字)가 외부로 나올 수 없음을 지적하며 의아함을 표시하였다. ◎「이소부사(李少婦詞)」시는 남방위의 『조선시선』에도 동일한 제목으로 수록되어 있는데, 여기에도 『열조시집』과 같은 소인(小引)이 실려 있다.44) 최경창의 시문집에는 시만 실려 있고 이 소인(小引)이 없어 주목을 요한다.45)

(8) 허균(許筠)

『列朝詩集』 閏集 第六 「朝鮮」 「許筠」조 小傳과 「陪吳叅軍子魚登義城」 등 10수의 시 수록; 『明詩綜』 卷九十四 「朝鮮」 「許筠」조 小傳과 「陪吳叅軍子魚登義城」 등 3수의 시 수록.

○「배오참군자어등의성(陪吳叅軍子魚登義城)」시가 설장수(偰長壽)의 「춘일감우(春日感遇)」시를 표절하였음을 지적하였다. 아울러 허균 삼형제와 난설헌이 중국에서 명성을 떨치고 있는 사실에 대해 비웃을 일이라고 혹평하였다. ◎「배오참군자어등의성」시는 오명제의 『조선시선』에 「배오참군자어보등의성(陪吳叅軍子魚甫登義城)」이란 제목으로,46) 남방위의 『조선시선』에도 「등의성(登義城)」이라는 제목으로 실려 있다.47) 설장수의 「춘일감우」시는 『기아』 등에 실려 있다.48) 오명제의 『조선시선』에 실렸다가 남방위의 「조선시선』과 『열조시집』등에 옮겨 실린 작품이다. 허균이 오

---

44) 藍芳威, 『朝鮮詩選』 「七言古詩」.
45) 崔慶昌, 『孤竹遺稿』 「七言古詩」.
46) 吳明濟, 『朝鮮詩選』 上 「五言律詩」.
47) 藍芳威, 『朝鮮詩選』 「五言律詩」.
48) 南龍翼, 『箕雅』 권5 「五言律詩」.

명제를 수행하고 의주성에 올라가서 직접 지은 시인데, 이처럼 설장수의
작품을 표절하였던 것이다.

(9) 이수재(李秀才)

『列朝詩集』閏集 第六「朝鮮」「李秀才」조「呈吳子魚先生」시 수록.
○「정오자어선생(呈吳子魚先生)」시가 『기아』 등에 실려 있는 고려 정
윤의(鄭允宜)의 「서강성현사(書江城縣舍)」시를 표절하였음을 지적하였다.
◎정윤의의 「서강성현사」시는 『기아』 등에 실려 있다.[49] 이수재가 누구
인지에 대해서는 미상이거니와, 허균과 어울렸던 인사 중에 한 명이 아
니었던가 한다.

(10) 남수재(藍秀才)

『列朝詩集』閏集 第六「朝鮮」「濫秀才」조「席上賦呈吳子語先生」시
수록.
○「석상부정오자어선생(席上賦呈吳子語先生)」시가, 『신증동국여지승람』
을 근거로 춘정(春亭) 변계량(卞季良)의 「철관도중(鐵關道中)」시를 표절한
것임을 지적하였다. ◎『신증동국여지승람』에 따르면 「철관도중」시는
춘당(春堂) 변중량(卞仲良)의 작품으로 되어 있다. 이서구의 고증에 착오
가 있었던 것이다.[50] 남수재가 누구인지에 대해서는 미상이거니와, 역
시 허균과 어울렸던 인사 중에 한 명이 아니었던가 한다.

---

49) 南龍翼, 『箕雅』 권2「七言絶句」.
50) 『新增東國輿地勝覽』 권49「安邊都護府」「山川」「鐵嶺」.「철관도중(鐵關道中)」시
　　가 변중량(卞仲良)의 작품이라는 사실에 대해서는 안대회, 앞의 책, 188면에서 언급된
　　바 있다.

(11) 윤국형(尹國馨)

『列朝詩集』閏集 第六「朝鮮」「尹國馨」조「感懷呈子魚吳叅軍」시 수록.

○「감회정자어오참군(感懷呈子魚吳叅軍)」시가 신라 최광유(崔匡裕)의「장안춘일유감(長安春日有感)」시를 표절하였음을 지적하였다. 아울러 윤국형이 오명제와 교제할 수 있었던 상황을 간략히 소개하고 나서, 전쟁 중에 이런 식의 표절로 농지거리를 한 것에 대해 비판했다. ◎ 윤국형 본인의 기록에 따르면, 자신은「감회정자어오참군」시를 지은 적이 없다고 하였다.[51] 그 진위 여하에 대해서는 상고할 길이 없다. 최광유의「장안춘일유감」시는『기아』등에 실려 있다.[52]

(12) 김시습(金時習)

『列朝詩集』閏集 第六「朝鮮」「梅月堂詩」조 小傳과 2수의 시 수록. 小傳. "朝鮮『梅月堂詩』二卷, 不知何人之作. (……).";『明詩綜』卷九十五「朝鮮下」「梅月堂詩」조 1수의 시 수록.

○시문집에 찬자(撰者)의 성명을 기록하지 않는 우리나라의 관습으로 인해, 그 시문집이 국외로 나가면 찬자를 알 수 없게 되는 폐단을 지적하고는,『매월당시』의 찬자가 미상으로 처리됨으로 인해 김시습의 청풍고절(淸風高節)이 민멸된 상황에 대해 개탄을 표시하였다. 이어 김시습의 인적 사항을 소개하였다.

(13) 이달(李達)

『列朝詩集』閏集 第六「朝鮮」「蓀谷詩」조 小傳과「渡淸川江」,「題

---

51) 尹國馨,『甲辰漫錄』. "追思則余於戊戌在京時, 不知某將軍幕下, 有所謂吳明濟者能文人也, 與余所寓相近, 時或來見者, 數三度矣, 至如別章, 余所不能, 實無是事."
52) 南龍翼,『箕雅』권7「七言律詩」.

清道李家壁」,「客懷」,「贈樂師許憶鳳」,「悼亡」 등 36수의 시 수록. 小傳.
"朝鮮『蓀谷詩集』六卷, 不載姓氏, 觀其「憶昔行贈申正郎渫」云, (……) 知
其爲萬曆間陪臣, 當神廟興復屬國之後, 而作詩以誦也. 天啓中, 毛總兵
文龍, 守皮島, 屬訪求東國圖籍, 以此集, 見寄. (……).";『明詩綜』卷九十
五「朝鮮下」「蓀谷集詩」조 小傳과「渡淸川江」,「題淸道李家壁」,「客
懷」,「贈樂師許憶鳳」,「悼亡」 이상 5수의 시 수록. 小傳. "不詳其名.";
『明詩綜』卷九十五「朝鮮下」「李達」조「病中對雨」시 수록.

○이달의 인적 사항을 소개하였다. 그리고『손곡시집』에 찬자가 기
록되어 있지 않다는 사실, 천계(天啓, 1621~1627) 연간에 이 시집이 중국에
유입되었음을 밝힌『열조시집』의 기록을 소개하였다. 이어『명시종』에
도『손곡시집』의 찬자가 미상으로 처리되어 있음을 소개하였다.『명시
종』「손곡집시(蓀谷集詩)」조가『열조시집』을 인용한 것으로 파악한 것이
다. ◎『명시종』「손곡집시」조에 수록된 시 5수는 모두『열조시집』「손
곡시(蓀谷詩)」조에 실려 있다.

○『명시종』「이달(李達)」조에 실린, 손개사(孫愷似)의『조선채풍록(朝鮮
采風錄)』으로부터 뽑은「병중대우(病中對雨)」시를 소개하였다. 그리고 주
이준이 이달의 시문집을 보지 못하였으며, 또『명시종』「손곡집시」조에
실린 시는『열조시집』의「손곡시」조에서 인용한 것이라고 결론지었다.
주이준은 이달의 호가 손곡이라는 사실을 몰랐기 때문이다. 만약 주이
준이 이달의 시문집을 보았다면「병중대우」시를 별도의 조목에 실지 않
았을 것이라고 하였다. ◎『명시종』의「병중대우」시가 이달의 시문집에
는「병중절화대주음(病中折花對酒吟)」으로 되어 있다.53) 시 본문으로 미루
어볼 때, '대우(對雨)'라는 표현은 옳지 않다.

---

53) 李達,『蓀谷詩集』권6「七言絶句」.

(14) 정(婷)

『列朝詩集』閨集 第六「朝鮮」「婷」조 小傳과 1수의 시 수록. 小傳. "『詩選』, 不載姓氏, 應是朝鮮女子."; 『明詩綜』 卷九十五「朝鮮下」「月山大君 婷」조 詩話와 1수의 시 수록. 詩話. "詩話, 婷詩一首, 見吳子魚 『朝鮮詩選』, 近有人云 : '應是朝鮮女子.' (……)『采風集』, 收婷詩, 婷上, 冠以月山大君字, 當是東國尊稱, 殆非民間女子也."

○ '정(婷)'에 대해, 『열조시집』에서는 오명제의 『조선시선』에 성씨가 기록되어 있지 않음을 인용하며 조선의 여자로 판정하였고, 『명시종』에서는 『조선채풍록』의 근거를 추가하여 '월산대군(月山大君)'을 덧붙여 '월산대군(月山大君) 정(婷)'이라 칭하고는 민간여자가 아닐 것이라고 추측하였음을 소개하였다.

○ 월산대군 이정의 인적 사항과 우리나라 전례(典禮)에서의 대군에 대해 소개하였다. 그리고 『열조시집』과 『명시종』이 오류를 일으키게 된 이유를 제시했다. 우리나라는 서적에 종실(宗室)의 성을 쓰지 않는 관습이 있고, 『조선시선』, 『조선채풍록』 등도 이를 따랐을 뿐이라는 것이다. 그런데 '정(婷)'이라는 명자(名字)가 마침 여방(女傍) 부수여서 전겸익과 주이준이 이와 같이 우스꽝스러운 설을 만들게 되었다고 보았다.

(15) 옥봉이씨(玉峰李氏)

『列朝詩集』閨集 第六「朝鮮」「趙瑗妾 李氏」조 小傳과「斑竹怨」, 「採蓮曲」, 「秋恨」, 「寶泉灘卽事」 등 11수의 시 수록. 小傳. "李淑媛, 自號玉峰主人, 承旨學士趙瑗之妾, 遭倭亂死之."; 『明詩綜』 卷九十五「朝鮮下」「趙瑗妾李氏」조 詩話와「采蓮曲」 등 2수의 시 수록. 詩話. "詩話, 瑗官, 學士承旨, 死倭亂. 妾李, 自號玉峰主人, 詩如'兩兩鸕鶿失舊磯, 啣魚飛入菰蒲去', 是亦其佳句也."

○『열조시집』에 운강(雲江) 조원(趙瑗)의 첩 옥봉이씨의 이름이 '숙원 (淑媛)'이라고 되어 있는 것에 대해, 『경국대전』을 근거로 숙원은 민간여 자에게 붙여질 수 없다고 지적하였다. ◎ 남방위의 『조선시선』에서도 옥 봉이씨를 '조원첩(趙瑗妾) 이숙원(李淑媛)'이라고 호칭하였다.[54]

○『열조시집』과 『명시종』에서 조원의 벼슬을 '승지학사(承旨學士)' 혹 은 '학사승지(學士承旨)'로 칭한 것에 대해, 우리나라 관제(官制)에는 이런 직임이 없다고 지적하였다. 또 『열조시집』에서는 옥봉이씨를, 『명시종』 에서는 조원을 들어 둘 다 임진왜란 때 죽었다고 한 것에 대해, 이는 사 실이 아니라고 하였다. 이는 『가림세고(嘉林世稿)』를 근거로 한 주장이다.

○『열조시집』에 뽑힌 시 11수 가운데 「반죽원(斑竹怨)」과 「채련곡(採蓮 曲)」시는 이달의 시문집에 있고, 또 「추한(秋恨)」시는 난설헌의 시문집에 있고, 또 「보천탄즉사(寶泉灘卽事)」시는 김종직의 시문집에 있다고 지적하 였다. ◎ 「반죽원」시는 동일한 제목으로, 「채련곡」시는 「채릉곡(采菱曲)」 이라는 제목으로 이달의 시문집에 실려 있다.[55] 「추한」시도 동일한 제목 으로 난설헌의 시문집에 실려 있다.[56] 「보천탄즉사」시도 「보천탄즉사이 수(寶泉灘卽事二首)」 중 제1수로 김종직의 시문집에 실려 있다.[57] ◎ 남방 위의 『조선시선』에서도 「반죽원」시와 「채련곡」시의 작자를 옥봉이씨로 보았다.[58]

○다른 사람들의 시가 옥봉이씨의 작품으로 둔갑한 이유를, 그녀가 평소 이 시들을 좋아하여 상자 속에 넣어 두었는데, 그것을 발견한 자들 이 이씨의 작품으로 착각하여 중국에 전해주었을 것이라고 설명하였다.

---

54) 藍芳威, 『朝鮮詩選』「五言詩」.
55) 李達, 『蓀谷詩集』 권1 「古風」.
56) 許蘭雪軒, 『蘭雪軒詩』 「七言絶句」.
57) 金宗直, 『佔畢齋詩集』 권7.
58) 藍芳威, 『朝鮮詩選』 「五言詩」.

(16) 허매씨(許妹氏)

『列朝詩集』閏集 第六「朝鮮」「許妹氏」조 小傳과 19수의 시 수록. 小傳. "許景樊, 字蘭雪, 朝鮮人. 其兄筬筠, 皆狀元. 八歲作「廣寒殿玉樓上樑文」, 才名出二兄之右, 適進士金成立, 不見答于其夫. 金殉國難, 許遂爲女道士. 金陵朱狀元, 奉使東國, 得其集以歸, 遂盛傳于中夏. 柳如是曰: '許妹氏詩, 散華落漢, 膾炙人口, 然, 吾觀其「游仙曲」: '不過邀取小茅君', '便是人間一萬年', 曹唐之詞也. 「楊柳枝詞」: '不解迎人解送人', 裴說之詞也. (……).'";『明詩綜』卷九十五「朝鮮下」「許景樊」조 小傳, 詩話와 5수의 시 수록. 小傳. "景樊, 字蘭雪, 筬筠之妹, 適進士金成立, 後成立殉國難, 遂爲女道士, 有集." 小傳細注. "陳臥子云: '許氏學李氏, 而合作, 有盛唐之風. 外藩女子, 能爾, 可見本朝文教之遠.'" 詩話. "詩話, 明閨秀詩, 類多僞作, 轉相附會, 久假不歸. (……) 吾於許景樊之詩, 見其篇章句法, 宛然嘉靖七子之體裁, 未應風教之訖, 符合如是, 不能無贗鼎之疑也."

○ 난설헌의 이름을 '경번(景樊)'이라 한 것이 오류임을 지적하였다. 난설헌이 남편 김성립(金誠立)에게 사랑 받지 못하여 '인세에서 원하건대 김성립과 이별하여, 저승에선 길이길이 두목지를 따르리라[人間願別金誠立, 地下長隨杜牧之]'라는 구절을 지어서, '번천(樊川, 두목(杜牧)의 호)을 우러러 사모한다[景仰樊川]'는 의미를 지닌 경번당(景樊堂)이라 불리게 되었다는 세전(世傳)을 소개하고는, 경번(景樊)이라는 이름이 호사가들이 만들어 낸 이야기에서 나온 것일 뿐인데, 『열조시집』과 『명시종』에까지 잘못 실리게 되었다고 보았다. 또 난설헌의 자를 '난설(蘭雪)'이라 한 것에 대해, 호라고 지적하였다. 또 김성립(金誠立)—『열조시집』과 『명시종』에서 '김성립(金成立)'이라고 한 것도 오류임을 지적함—의 벼슬이 '진사(進士)'로 되어 있는 것에 대해, 그의 벼슬이 정자(正字)에 이르렀으므로 옳지 않다고 지적하였다. 또 김성립이 국난 때 순사하자 난설헌이 '여도사

'(女道士)'가 되었다고 한 것에 대해, 우리나라에는 도사(道士)가 없다고 지적하였다. ◎ 남방위의 『조선시선』에서도 난설헌을 '허경번(許景樊)'이라고 칭하였다.[59] 오명제의 『조선시선』에는 '허매씨(許妹氏)'로 칭하였다.

○ 난설헌의 시집이 중국에 알려져 명성이 자자했으나, 그의 시 대부분이 고인(古人)의 명구를 표절한 것인지라, 유여시(柳如是, 전겸익의 첩)에게 적발되어 문단의 웃음거리가 되었다고 혹평하였다. 아울러 난설헌의 시를 가정칠자(嘉靖七子)[60]의 위작 내지는 모조품으로 본 『명시종』의 평가, 그녀의 시 대부분을 위작으로 본 『지봉유설』의 평가도 덧붙였다. ◎ 『지봉유설』 관련 내용은 「규수(閨秀)」조에서 발췌한 것이다.[61]

○ 난설헌이 '이씨(李氏)'를 배워서 합작하여 성당의 풍이 있게 되었다고 한 것에 대해, 여기에서의 이씨를 조원(趙瑗)의 첩 옥봉이씨(玉峯李氏)로 보았다. 그리고는 난설헌이 이씨에게 사승한 적이 없으므로 옳지 않다고 지적하였다. ◎ 진와자 소위 난설헌이 배운 이씨는 옥봉이씨가 아니라 손곡 이달로 보는 것이 타당하리라 여겨진다.

(17) 덕개씨(德介氏)

『列朝詩集』 閨集 第六 「朝鮮」 「德介氏」조 注와 「送行」시 수록. 注. "高麗妓."

○ 덕개씨를 고려의 기생이라고 한 것에 대해, 『기아』 등을 상고해 보아도 덕개씨라는 기생이 발견되지 않는다고 지적하였다. 또 이름인 덕개(德介)를 씨(氏)로 칭하는 것은 옳지 않다고 하였다. 결국 이런 종류는 부랑자제(浮浪子弟)들이 의탁한 이름이라고 보았다.

---

59) 藍芳威, 『朝鮮詩選』 참조.
60) 후칠자(後七子)인 이반룡(李攀龍), 왕세정(王世貞) 등을 말한다.
61) 李睟光, 『芝峯類說』 권14 「文章部」 7 「閨秀」. "許蘭雪, 許正字金誠立之妻, 爲近代閨秀第一, (……) 洪參議慶臣, 許正郎ネ商, 乃其一家人, 常言蘭雪軒詩二三篇外, 皆是僞作, 而其「白玉樓上梁文」, 亦許筠與李再榮, 所撰云."

○ 조선에서는 여사(女士)들이 글을 많이 알고 있다고 들었고, 또 어떤 기생에게 갔다가 아름다운 시구를 들었다고 한 모기령(毛奇齡)의 시화를 인용하였다. 이어 그러한 뛰어난 기녀조차도 누구인지 전혀 알려지지 않은 상황을 아쉬워하였다. 또한 덕개씨 같은 부류가 중국에서는 칭송을 받으면서도 우리나라에서는 인정받지 못하는 상황을 안타까워했다. 아울러 우리나라 부인들은 시에 능한 것을 좋게 여기지 않아 글을 아는 사람이 드물므로, 모기령의 일부 기록이 사실을 왜곡하고 있다고 지적하였다.

2) 『명시종』의 고증

다음으로 『강산필치』 하권의 대상 텍스트인 『명시종』에 대해 살펴보자. 『명시종』은 주이준(朱彝尊, 1629~1709)이 강희 44(1705)년에 편찬한 시선집으로 총100권으로 구성되어 있다. 『명시종』 권95에 「고려(高麗)」, 「조선(朝鮮)」이라는 편목이, 권96에 「조선하(朝鮮下)」라는 편목이 있다. 「고려」 편목에는 시인 9인의 시 11수가, 「조선」 편목에는 시인 44인의 시 78수가, 「조선하」 편목에는 시인 38인의 시 47수가 수록되어 있다. 주이준은 우리나라 관련 편목을 적으면서 오명제의 『조선시선』, 조선의 역사서적, 외교사신들의 수창 시문집, 권근의 『응제집(應制集)』, 서경덕의 『화담집(花潭集)』 등 조선인의 시문집 등 다양한 서적을 활용했다. 아울러 손치미(孫致彌)의 『조선채풍록(朝鮮採風錄)』과 견겸익의 『열조시집』도 활용했다.[62]

이 중에서도 『조선채풍록』은 『명시종』 「조선하」 편목에서 일부 시를 인용한 대상 시집이다. 손치미는 자가 개사(愷似)로 가정인(嘉定人)이다. 강희 17(1678)년에 청나라 사절단의 일원으로 조선에 와서 해동 근체시를

---

62) 朴現圭, 앞의 책, 83~93면 참조.

채록하여 『조선채풍록』을 편집하였는데, 주이준이 『명시종』「조선하」
편목에서 『조선채풍록』의 일부 시를 옮겨 수록하였던 것이다. 여기에는
임제(林悌)에서 이인로(李仁老)까지 27인의 시 27수가 수록되어 있다.[63]

『강산필치』 하권은 『명시종』의 「고려」, 「조선」, 「조선하」 편목에 수록
된 고려·조선 시인 관련 기록 가운데서 오류로 여겨지는 부분을 찾아
서 하나하나 바로잡은 것이다. 기본적으로는 『명시종』 23조목을 대상으
로 한 것이지만, 『강산필치』「임제」조의 경우, 임제 이하 27인을 대상으
로 하고 있고 이 중 중복되는 7인을 제외하면[64] 결국 20인을 대상으로
한 것이다. 그러므로 『강산필치』 하권은 『명시종』의 42조목을 대상 텍
스트로 하고 있는 셈이다.[65]

(1) 설손(偰遜)

『明詩綜』 卷九十四 「高麗」 「偰遜」조 小傳과 1수의 시 수록. 小傳.
"遜, 回鶻人, 初名百遼, (……) 恭愍王七年, 避兵東來, 賜第封高昌侯, 改
封富原侯, 有 『近思齋逸稿』."

○ 설손의 초명을 '백료(百遼)'라 한 것이 오류임을 지적하며, 『고려사』
를 근거로 초명을 '백료손(百遼遜)'으로 바로잡았다. 이어 원나라 사람 갈
라록내현(葛邏祿迺賢)의 『금대집(金臺集)』과 이색(李穡)의 「근사재일고서(近
思齋逸稿序)」를 근거로 설손의 자가 '공원(公遠)'임을 상고하였다.

---

63) 朴現圭, 위의 책, 77~83면 참조.
64) '최수성(崔壽峸)', '임억령', '기매(奇邁)', '이효칙(李孝則)', '박미(朴瀰)'는 『薑山筆豸』 하권 16, 17, 18, 19, 20칙에서 각각 언급하였고, '이달'과 '김정'은 『薑山筆豸』 상권 13칙과 5칙에서 각각 언급하였다.
65) 『薑山筆豸』「서경덕」조의 경우 『明詩綜』「朝鮮」「李澄」조를, '이이'조의 경우 『明詩綜』「朝鮮」「이정구」조를 거론하고 있으나, 이는 참고 대상일 뿐 고증 대상은 아니다.

(2) 박원형(朴元亨)

『明詩綜』卷九十四「朝鮮」「朴原亨」조 小傳, 詩話와 3수의 시 수록.

○ 박원형(朴元亨)의 인적 사항을 소개하였다. 이어 '박원형(朴原亨)'의 '원(原)'자가 오류임을 지적하였다.

(3) 허종(許琮)

『明詩綜』卷九十四「朝鮮」「許琮」조 小傳, 詩話와 6수의 시 수록. 小傳. "琮, 字宗卿, 安興人. 由進士, 爲吏曹判書, 積官至參政府議政. 有『尙友堂詩集』."

○ 첫째 본관이 '안흥(安興)'으로 되어 있는 것에 대해, 양주(楊川)로 바로잡았다. 둘째 '진사(進士)'에서 '이조판서(吏曹判書)'가 되었다고 되어 있는 것에 대해, 우리나라의 제도를 소개하며 성균관의 진사나 생원으로부터 벼슬에 들어간 음관(蔭官)은 이조판서가 될 수 없음을 지적하였다. 셋째, 허종이 '참정부의정(參政府議政)'에 이르렀다고 되어 있는 것에 대해, 우리나라에는 이런 직임이 없다고 지적하였다. 허흡(許洽)의 소전(小傳)에서도 허종의 벼슬을 참정(參政)이라고 하였음을 지적하였다.[66] 이어 김육(金堉)의 『해동명신록(海東名臣錄)』을 근거로 허종의 인적 사항 등을 소개하였다.

(4) 성현(成俔)

『明詩綜』卷九十四「朝鮮」「成俔」조. 小傳, 詩話와 1수의 시 수록. 小傳. "俔, 西京觀察使." 詩話. "詩話, 朝鮮兵曹判書魚世謙, 弘治元年, 序『皇華集』, 錄俔詩四首, 王敞書, 稱爲成中樞, 又稱成同知, 又爲作風

---

66) 『明詩綜』 권94 「朝鮮」 「許洽」조 「小傳」. "洽, 參政琮之孫. 官至議政府右參贊."

月樓記, 則云西京觀察使. 惜成化一朝奉使之詩, 無存, 未能詳考矣."

○ 성현의 인적 사항을 소개하였다. 이어 '서경관찰사(西京觀察使)'라고 되어 있는 것에 대해, 성현이 일찍이 평안도관찰사가 되었음을 밝힘과 함께 그렇게 불릴 수 있는 근거를 제시하였다. 또 '성중추(成中樞)' 혹은 '성동지(成同知)'라고 칭해진 것에 대해, 이는 성현이 일찍이 동지중추부사(同知中樞府事)를 맡았던 까닭이라고 밝혔다.

(5) 성간(成侃)

『明詩綜』卷九十四「朝鮮」「成侃」조 小傳과 1수의 시 수록. 小傳. "侃, 爵里未詳."

○ 성간의 벼슬과 본관이 미상으로 되어 있는 것에 대해, 인적 사항을 소개하였다.

(6) 노공필(盧公弼)

『明詩綜』卷九十四「朝鮮」「盧公弼」조 小傳. 詩話와 2수의 시 수록. 小傳. "公弼, 安州人, 官戶曹判書."

○ 노공필의 인적 사항을 소개하였다. 이어 그의 본관이 '안주(安州)'로 되어 있는 것에 대해, 교하(交河)로 바로잡았다.

(7) 이행(李荇)

『明詩綜』卷九十四「朝鮮」「李荇」조 小傳, 詩話와 3수의 시 수록. 小傳. "荇, 字擇之, 官議政府右贊善."

○ 벼슬이 '의정부우찬선(議政府右贊善)'으로 칭해진 것에 대해, 우리나라에는 이러한 직임이 없다고 지적하며 의정부우찬성(議政府右贊成)으로

바로잡았다. 이어 이행의 인적 사항을 소개하였다.

(8) 이희보(李希輔)

『明詩綜』卷九十四「朝鮮」「李希輔」조 小傳과「蔥秀山次唐先生韻」,
「次唐修撰夜宿太平舘醉起韻」이상 2수의 시 수록. 小傳. "希輔, 字和
宗, 由禮賓寺副正, 歷官同知中樞府事. 有『安分堂詩』."

○먼저 『명시종』의 소전을 소개하였다. 이어 이희보가 궁인(宮人)의
만사를 지어 환로가 막혔으나 자신의 시가 진간재(陳簡齋)[67]보다 뛰어나
다고 자부했으며, 난리 후에 그 문집이 실전되었다고 적은『어우야담(於
于野談)』의 기록을 인용하였다. ◎이는『어우야담』의 내용을 발췌한 것
이다.[68]

○이서구 자신이『안분당시집(安分堂詩集)』초본(抄本) 1권을 소장하고
있는데, 거기에는『명시종』에 실린 「총수산차당선생운(蔥秀山次唐先生韻)」
시와 「차당수찬야숙태평관취기운(次唐修撰夜宿太平舘醉起韻)」시가 수록되
어 있지 않다고 밝혔다. 전쟁 중에 탈락된 것으로 본 것이다. ◎「총수산
차당선생운」시와 「차당수찬야숙태평관취기운」시는 이희보의 시문집에
보이지 않는다.[69]

○『명시종』에서 이희보의 자를 '화종(和宗)'이라 한 것에 대해,『기아』
를 근거로 '백익(伯益)'으로 바로잡고, 벼슬이 성균관대사성(成均館大司成)

---

67) 진여의(陳與義, 1090~1139). 자는 거비(去非), 간재는 호, 낙양인(洛陽人). 강서시파
(江西詩派)의 대표작가 중 한 명이다.

68) 柳夢寅, 『於于野談』권2 「李希輔」. "燕山, 有愛姬, 死後, 朝中文士, 誄之, 希輔有詩
曰: '宮門深鎖月黃昏, 十二鍾聲到夜分, 何處靑山埋玉骨, 秋風落葉不敢聞.' 燕山見
之, 垂淚. 以此, 時議薄之, 官多滯. 至年老, 醉中泣下漣如, 子弟, 驚訝之, 問其由, 希
輔曰: '吾嘗讀書萬卷, 凡所著者, 人未易解, 而世人讀書不博, 忽我文章, 擧世貿貿, 孰
知余詩高出陳簡齋上耶.' 死無後, 有安分齋集十二策未梓者, 傳之外孫. 今經亂離, 未
知能保不失也無."

69) 李希輔, 『安分堂詩集』. 아래의 「제역관이화종시권(題譯官李和宗詩卷)」시는 동일한
제목으로 수록되어 있다.

에 이르렀다고 소개하였다. 이어 자의 오류에 대해, 이희보 시문집의 「제역관이화종시권(題譯官李和宗詩卷)」 시를 소개한 후, '이화종(李和宗)'이 이희보와 함께 중국사신을 맞이하였기 때문에 이화종의 이름과 이희보의 자가 혼동되었다고 설명하였다.

(9) 심언광(沈彦光)

『明詩綜』 卷九十四 「朝鮮」 「沈彦光」조 小傳, 詩話와 1수의 시 수록. 小傳. "彦光, 字子求, 官吏曹判書." 詩話. "詩話, 子求望遠亭詩, 有'白鷗依寒渚, 青驢度小橋'之句, 頗饒, 晚唐人風韻. 徐敬德『花潭集』, 有次留守沈相國彦慶韻詩, 當是其昆弟."

○ 심언광의 인적 사항을 소개하였다. 그의 자는 사형(士炯)으로, 자를 '자구(子求)'라 한 것이 오류임을 지적한 것이다. 이어 심언광과 심언경(沈彦慶)이 형제라고 한 것에 대해, 심언경이 심언광의 형임을 인정하고 심언경의 인적 사항을 소개하였다.

(10) 허흡(許洽)

『明詩綜』 卷九十四 「朝鮮」 「許洽」조 小傳, 詩話와 「漢江陪宴次韻」 시 수록. 「漢江陪宴次韻」 注. "國有酒巖, 酒流出其下."

○ 허흡의 「한강배연(漢江陪宴)」 시[70]와 주이준의 '나라 안에 주암(酒巖)이 있는데 술이 그 아래에서 흘러나온다'고 한 주(注)를 소개하고 나서, 자신은 한강 가에 주암이 있다는 말을 들어보지 못하였고 지적하였다. 지지(地志)에는 평양에 주암이 있는데 술이 흘러나와서 주암이라 한다고 되어 있지만, 황탄하여 믿을 수 없다고 하였다. ◎ 이서구가 말한 지지(地志)는 『신증동국여지승람』이다.[71] 주암(酒岩) 옆에 주암사(酒巖寺)라는

---

70) 미련. "猥參勝引非吾分, 擬向巖前倒玉杯."

절도 있다.72) 이 조목은 이규경의 『시가점등』에도 인용되어 있다.73)

(11) 서경덕(徐敬德)

『明詩綜』 卷九十四 「朝鮮」 「徐敬德」조 小傳, 詩話와 2수의 시 수록.
詩話. "詩話, 花潭講學, 專以周邵, 爲宗. 詩亦效法擊壤. 以金安國引薦,
授參奉, 力辭. 集中酬和者, 李相國滾, 朴相國祐, 沈相國彦慶, 李留守龜
齡, 金都事洪, 林正字薈, 沈敎授義, 張敎授綸, 趙上舍玉, 沈別提宗元,
朴參奉漑, 而朴民獻頤正, 金漢傑士仲, 趙昱景陽, 金惠孫彦順, 以及黃
元孫, 許太輝等, 疑皆從游講學者也."

○ 서경덕의 인적 사항을 소개하였다. 이어 『명시종』의 '심언광(沈彦
光)'과 '이찬(李滾)'조에서 『화담집(花潭集)』을 인용한 사실,74) 주이준이
『화담집』에서 서경덕과 수창한 11명과 강학(講學)한 6명을 모두 인용한
사실을 근거로 하여, 주이준이 서경덕의 문집을 직접 보았을 것이라고
결론지었다.

○ 『명시종』에서 서경덕을 종유(從游)하며 강학한 사람의 한 명으로
인용한 '허태휘(許太輝)'가 곧 허엽(許曄)임을 지적하였다. 이어 허엽의 인
적 사항을 소개하였다.

---

71) 『新增東國輿地勝覽』 권51 「平壤府」 「山川」 「酒巖」. "在府東北十里, 諺傳, 酒流出
   岩間, 遺痕尙存, 因以得名. (……)."
72) 앞의 책 「平壤府」 「佛宇」 「酒巖寺」. "在酒巖邊. (……)."
73) 李圭景, 앞의 책 권4 「西京酒岩」. "薑山筆多, 許洽漢江陪宴詩 : '綠水靈源自五臺,
   新添好雨絶塵埃, 長洲芳艸移船近, 遠渚輕鷗避櫂來, 景物盡供今日興, 襟懷須向此中
   開, 猥參勝引非吾分, 擬向岩前倒玉杯.' 朱檢討彛尊注之曰 : '國有酒岩, 酒流出其下.'
   余按平壤府, 有酒岩, 土人傳云, 出酒故因以名焉, 荒誕不可信."
74) 『明詩綜』 권94 「朝鮮」 「沈彦光」조 「詩話」. "(……) 徐敬德花潭集, 有次留守沈相國
   彦慶韻詩, 當是其舅弟.";『明詩綜』 권94 「朝鮮」 「李滾」조 「詩話」. "詩話, 花潭集, 有
   贈留守李相國滾詩."

(12) 이이(李珥)

『明詩綜』卷九十四「朝鮮」「李珥」조 小傳, 詩話와 2수의 시 수록. 小傳. "珥, 德水人, 官議政府右贊成."

○이이의 인적 사항을 소개하였다. 도덕과 문장이 우리나라의 제일이어서 학자들이 종주로 여긴다고 하며, 『명시종』에서는 단지 본관과 벼슬만을 거론했다고 아쉬워했다. ◎이서구는 『강산필치』에서 언급한 인물들 가운데, 유일하게 이이에 대해서만 이름으로 호칭하지 않고 '율곡선생(栗谷先生)'이라 존칭하였다.

○『명시종』이정구(李廷龜)의 소전[75]에서 이정구의 호를 '율곡(栗谷)'이라 하였음을 지적하였다. 이정구의 인적 사항을 소개하며, '월사(月沙)'를 율곡(栗谷)으로 잘못 쓴 것이라고 밝혔다. 또 최전(催澱)의 시화[76]에서 최전의 시에 대해 고평한 '이율곡(李栗谷)'의 말을 인용하였는데, 이것도 『월사집(月沙集)』의 기록이라고 지적하였다.

(13) 고경명(高敬命)

『明詩綜』卷九十四「朝鮮」「高敬命」조 小傳과 1수의 시 수록.

○고경명의 인적 사항을 소개하며, 『명시종』에 수록된 시가 1수밖에 안됨을 아쉬워했다.

○진인석(陳仁錫)의 『명문기상(明文奇賞)』에 우리나라의 배신(陪臣) 김계휘(金繼輝) 등이 예부(禮部)에 바친 글 두 편이 실려 있음을 지적하며, 상편은 당시 질정관(質正官)이었던 최립(崔岦)의 작품, 하편은 당시 서장관(書狀官)이었던 고경명 작품이라고 바로잡았다. 그런데 글을 뽑은 자가 정사(正使)인 김계휘의 작품으로 여겼다는 것이다.

---

75) 『明詩綜』권94「朝鮮」「李廷龜」조「小傳」. "廷龜, 號栗谷."
76) 『明詩綜』권94「朝鮮」「崔澱」조「詩話」. "李栗谷云: '彦沈詩, 似丹穴鳳雛, 聲纔出穴, 已足驚人. 讀之, 風露爽然, 殆非食煙火, 人語置之盛唐詩中, 亦無愧也. (……).'"

(14) 이호민(李好閔)

『明詩綜』卷九十四「朝鮮」「李好閔」조 小傳과 1수의 시 수록. 小傳. "好閔, 字孝彦, 探花樞相. 有『五峰書巢集』."

○ 송(宋) 때에는 추밀사(樞密使)를 '추상(樞相)'이라 칭한 적이 있지만 우리나라의 중추부(中樞府)에는 추상(樞相)이라는 직임이 없음을 들어, 이호민을 '탐화추상(探花樞相)'이라고 칭한 것이 오류임을 지적하였다.

(15) 최전(崔澱)

『明詩綜』卷九十四「朝鮮」「崔澱」조. 小傳, 詩話와 2수의 시 수록. 小傳. "澱, 字彦沈, 海州人, 進士. 有『楊浦集』." 詩話. "詩話, 彦沈, 八齡能詩, 年十八中進士, 二十二而沒. 嘗輕衫幅巾, 登鏡浦臺, 倚柱而吟, 大書于壁曰: '蓬萊一入三千年, 銀海茫茫水淸淺, 鸞笙今日獨飛來, 碧桃花下無人見.' (……)."

○『명시종』의 소전을 소개하였다. 이어 청인(淸人) 손악반(孫岳頒) 등이 칙명을 받들어 편찬한『패문재서화보(佩文齋書畫譜)』에서 최전을 '고려(高麗)'의 해주인(海州人)이라 칭한 것에 대해, '조선(朝鮮)'으로 바로잡았다. 또 정경세(鄭經世)의 「양포집발문(楊浦集跋文)」에 기록되어 있는 최전의 인적 사항과 경포대에 올라 지은 시를 소개한 후, 이것이『명시종』의 시화에 인용되었다고 변증하였다.

○ 최전의 아들 최유해(崔有海)가 부친의 시문과 서화를 간행한 사실과 아울러 중국에『양포집』을 전하게 된 내력을 소개하였다.

(16) 최수성(崔壽峸)

『明詩綜』卷九十五「朝鮮下」「崔壽城」조「驪江」시 수록.

○ 「여강(驪江)」시가 나식(羅湜)의 『장음정집(長吟亭集)』과 『기아』, 『동문선』에는 모두 나식의 작품으로 되어 있는데, 『지봉유설』에만 최수성의 작품으로 되어 있다고 지적하였다. 그런데 『명시종』에서는 이를 최수성의 시로 칭했고, '성(峸)'자도 '성(城)'자로 잘못되어 있다고 하였다. 이어 최수성의 인적 사항을 소개하였다. ◎ 「여강」시가 나식의 시문집에는 「한중우음(閑中偶吟)」이란 제목으로 나와 있다.77) 『지봉유설』에서는 「여강」시를 최수성의 작품으로 보았다.78)

(17) 임억령(林億齡)

『明詩綜』 卷九十五 「朝鮮下」 「林億齡」조 「送友還山」시 수록.

○ 절구인 「송우환산(送友還山)」시가 원래는 율시인 「송성청송수침환산(送成聽松守琛還山)」시로, 임억령의 시문집, 『기아』·『동문선』 등에 모두 실려 있다고 지적하며 전편(全篇)을 소개하였다. 이어 주이준이 구절의 순서를 바꾸고 나누어서 절구(絶句)로 만든 것인지, 누군가가 의도적으로 산개(刪改)한 것인지에 대해 의문을 표시하였다. ◎ 『기아』79)와 임억령의 시문집80)에는 「용기촌운송청송환산(用企村韻送聽松還山)」이란 제목으로 실려 있다.

(18) 기준(奇遵)

『明詩綜』 卷九十五 「朝鮮下」 「奇遵」조 「直禁詠懷」시 수록. 「直禁詠

---

77) 羅湜, 『長吟亭遺稿』.
78) 李睟光, 『芝峯類說』 권14 「文章部」 7 「詩禍」. "崔壽峸, 江陵人, 號猿亭, 性磊落不羈. 己卯士禍後, 其叔父崔世節, 爲承旨. 公, 寄書與詩, 勸乞補外, 有憤慨之語. 其詩曰: '日暮滄江上, 天寒水自波, 孤舟宜早泊, 風浪也應多.' 世節, 以其書, 上告, 遂被訊而死."
79) 南龍翼, 『箕雅』 권8 「七言律詩」.
80) 林億齡, 『石川先生詩集』 권6 「七言四韻」.

懷」注. "孫愷似云 : '韋柳遺韻'."

○기준의 인적 사항을 소개하였다. 이어 「직금영회(直禁詠懷)」시를 소개한 후, 『조선채풍록』에 기록된 손개사(孫愷似)의 평어를 소개하였다. 이어 '기매(奇邁)'의 작이라고 되어 있는 것에 대해, '기준(奇遵)'으로 바로 잡았다.

(19) 이효칙(李孝則)

『明詩綜』卷九十五「朝鮮下」「李孝則」조「烏嶺」시 수록.

○「조령(鳥嶺)」시는 영남의 선비 이효칙이 어무적(魚無迹)과 함께 조령을 넘어가며 지은 것임을 이덕무의 『청비록』을 인용하여 밝혔다. 이어 『명시종』에는 「조령(鳥嶺)」이 「오령(烏嶺)」으로 잘못되어 있다고 지적하였다. ◎ 관련 내용은 『청비록』의 「이효칙(李孝則)」조를 발췌한 것이다.[81]

(20) 박미(朴瀰)

『明詩綜』卷九十五「朝鮮下」「朴瀰」조「平壤大同館題壁」시와 詩話 수록. 詩話. "詩話, 書序賄肅愼之命, 孔安國傳云, '海東諸國駒驪扶餘趼貊之屬, 武王克商, 皆通道焉.' 按駒驪主朱蒙, 漢元帝建昭二年, 始建國號."

○「평양대동강제벽(平壤大同館題壁)」시에 고구려가 한(漢) 홍가(鴻嘉, 성제(成帝)의 연호, B.C.20~B.C.17) 연간에 일어났다고 되어 있는데, 이미 주이준이 고구려의 건국시기를 한(漢) 원제(元帝) 건소(建昭) 2(B.C.37)년으로

---

81) 李德懋, 『青莊館全書』 권32 『清脾錄』 권1 「李孝則」. "'秋風黃葉落紛紛, 主屹山高半沒雲, 二十四橋鳴咽水, 一年三度客中聞.' 此詩, 宜平平耳, 載於『明詩綜』, 李孝則不甚有名, 而因一詩, 流傳天下, 亦幸人也. 權應仁 『松溪漫錄』曰 : '安東有一措大李孝則者, 携魚無迹, 同踰鳥嶺, 有一絶云云, 魚閣筆.' ─權說止此─以魚君之才, 見此, 閣筆, 何也. (……)."

바로잡았다고 지적하였다. 이어 『삼국사기』를 근거로 박미가 백제의 개국 시기를 고구려 개국 시기로 잘못 알았다고 지적하였다.

(21) 이자민(李子敏)

『明詩綜』卷九十五「朝鮮下」「李子敏」조. 小傳과「賀聖節詩」시 수록. 小傳. "子敏, 未詳何官." 小傳細注. "姚園客云, 萬曆庚戌仲秋, 値朝鮮貢使, 遇人, 贈高麗紙扇, 上題有詩, 稱辛丑秋, 東岳李子敏作."

○「하성절시(賀聖節詩)」와 이 시의 작자를 동악(東岳) 이자민(李子敏)이라 한 소전의 내용을 소개하였다. 이어 자민(子敏)과 동악(東岳)은 각각 이안눌(李安訥)의 자와 호임을 지적하고서, 그의 인적 사항을 소개하였다.

○「하성절시」는 이안눌이 만력(萬曆) 29(1601)년에 서장관(書狀官)으로 연행했을 때 천자의 은혜를 기록하고자 지은 시임을 지적하였다. 아울러 소전의 요원객(姚園客) 소위 '조선공사(朝鮮貢使)'는 곧 만력 38(1610)년에 연행한 조위한(趙緯韓)임을 변증하고, 이어 조위한의 인적 사항을 소개하였다.

(22) 무명씨(無名氏)

『明詩綜』卷九十五「朝鮮下」「無名氏」조.「沈駙馬碧波亭」시 수록.
○무명씨의 작품으로 소개된 「심부마벽파정(沈駙馬碧波亭)」시가 동명(東溟) 정두경(鄭斗卿)의 작품으로, 그의 문집에 수록되어 있음을 지적하였다. 이어 정두경의 인적 사항을 소개하고, '심부마(沈駙馬)'는 청평위(青平尉) 심익현(沈益顯)임을 지적하였다. ◎ 정두경의 시문집에는 「심부마벽파정삼수(沈駙馬碧波亭三首)」중 제2수로 실려 있다.[82]

---

82) 鄭斗卿,『東溟先生集』권8「七言律詩」.

(23) 임제(林悌)

『明詩綜』卷九十五「朝鮮下」「林悌」조 詩話와 1수의 시 수록. 詩話. "靜志居詩話, 自悌, 至李仁老詩, 見『朝鮮採風錄』, 其官爵世次, 未詳. 姑系於此."

○『명시종』의 시화를 소개한 후, '임제(林悌)' 이하 '백광훈(白光勳)', '최수성(崔壽峸)', '조희일(趙希逸)', '임억령(林億齡)', '기준(奇遵)', '김류(金瑬)', '신흠(申欽)', '권필(權韠)', '조욱(趙昱)', '이효칙(李孝則)', '유영길(柳永吉)', '어무적(魚無迹)', '이영(李嶸)', '김종직(金宗直)', '이승소(李承召)', '정작(鄭碏)', '박문창(朴文昌)', '이달(李達)', '이식(李植)', '박미(朴瀰)', '강극성(姜克誠)', '정지승(鄭之升)', '강혼(姜渾)', '김정(金淨)', '정지상(鄭知常)', '이인로(李仁老)'에 이르는 27인의 인적 사항을 소개하였다. ◎ 본 조항은『조선채풍록(朝鮮採風錄)』에서 선(選)한, 임제 이하 이인로에 이르는 27인을 대상으로 한 조항이다.

○『명시종』에 기록된 우리나라의 시인은 총 91인으로 '설손(偰遜)'이하 '조운흘(趙云仡)'에 이르는 9인은 '고려(高麗)' 항목에 속해 있고 '정도전(鄭道傳)' 이하 '허경번(許景樊)'에 이르는 82인은 '조선(朝鮮)' 항목에 속해 있음을 밝히며, '정지상'과 '이인로'로는 고려인인데 '조선'에 잘못 속해 있다고 지적하였다.

4. 시화집의 의의

위에서 살펴본 바와 같이, 이서구는『강산필치』를 통해서『열조시집』의 '조선' 편목과『명시종』의 '고려', '조선', '조선하' 편목에 수록된 시인들의 인적 사항과 시에 대한 예리한 고증을 통해 오류들을 낱낱이 바로잡고 있다. 이서구 스스로는 고증의 범주를 '명호(名號)의 착란(錯亂)'과 '세대(世代)의 전도(顚倒)' 정도로 규정하였지만, 이러한 작업으로만 그치지 않고 이에 더 나아가 일실(逸失)된 시의 발굴, 작자의 정정, 표절의 지적 등과 같은 중대한 문제들까지도 다루고 있다.

『강산필치』에는 다른 시화집에서는 찾기 어려운 중요한 의의가 있다. 첫째는 전편이 오직 고증으로만 구성된 고증전문(考證專門) 시화집이라는 점이다. 한·중을 막론하고 시화에는 대체로 잡기류들이 많고 전편 시화라 하더라도 그 내용이 천차만별인데, 『강산필치』는 오직 고증으로만 구성된 시화집이다. 이서구 스스로도 이 시화집이 고고학(考古學)에 대한 관심을 바탕으로 해서 고증을 목적으로 이루어진 것임을 밝히고 있다. 시화집의 명칭도, 신수(神獸)인 해치(獬豸)가 뿔로 사악한 것을 받아버리는 것과 자신의 고증 작업이 비슷하다고 하여 『강산필치(薑山筆豸)』라고 하였다.[83]

이조 후기 고증적 시화의 흐름을 형성하는 이수광의 『지봉유설』, 이익의 『성호사설』, 이덕무의 『청비록』, 박지원의 『피서록』, 이규경의 『시가점등』 등에서는 고증이 시화의 한 부분을 이루고 있을 뿐이지만,[84] 『강산필치』는 전편이 오직 고증으로만 구성되어 있다. 고증의 방식 역시도 '고증서목(考證書目)'으로 제시된 38종의 참고문헌의 활용을 통한 매우 실증적인 것이다. 원나라 갈라록내현(葛邏祿迺賢)의 『금대집(金臺集)』, 명나라 오명제(吳明濟)의 『조선시선(朝鮮詩選)』(실제로는 남방위의 『조선시선』), 『패문재서화보(佩文齋書畫譜)』, 진인석(陳仁錫)의 『명문기상(明文奇賞)』, 송락(宋犖)의 『서피집(西陂集)』 등과 같은 중국의 역대 서적과 우리나라의 여러

---

83) 李書九, 『薑山筆豸』(장서각본) 小引. "余顧不佞, 然凡於考古之學, 嗜好頗篤, 適長夏無事, 遂取此二書, 略爲辨廠. 至若大而宗國之諟, 細而字句之訛, 并姑存而不論, 實寓著書之微旨也. 摠四十則, 其隨事駁正, 有類獬豸之觸邪, 故名之曰『薑山筆豸』."
84) 안대회, 앞의 책, 161~261면 참조.

문헌이 고증을 위한 자료로 이용되고 있음을 볼 수 있다.『강산필치』는 이른바 문사철류(文史哲類)의 포괄적 학문 분야가 점차 전문적 학문 분야로 세분화되어 가는 과정을 분명히 보여준다.

둘째는 우리의 문학을 중국에 올바로 인식시키려는 목적하에 저술된 시화집이라는 점이다. 중국 문단에서『열조시집』과『명시종』이 점유하고 있는 위상을 염두에 두고 볼 때, 이 두 시선집에 실린 우리나라 시인들의 인적 사항과 작품은 우리 문학을 중국문단에 알리는 중요한 역할을 하였을 것이다. 그런데 이 두 시선집에 실린 우리 문학의 면모가 왜곡되어 있다면 심각한 문제가 아닐 수 없다. 이서구는 이러한 왜곡된 현실에 대해 개탄을 감추지 않았으며,[85] 이와 같은 왜곡을 바로잡으려는 목적으로 『열조시집』과『명시종』의 오류에 대해 고증을 시도했던 것이다.

이서구는『강산필치』가 중국에 전해져서 중국 문인들이 우리나라의 문학을 올바르게 이해하는 데에 큰 도움이 될 것임을 자신하였다.[86] 『강산필치』는 실제로 중국에 전해져 소개되었으며, 중국문단에 상당한 영향을 미쳤던 것으로 보인다.[87]『열조시집』과『명시종』이 한·중 문화교류의 산물로 나온 것임을 상기해 볼 때, 이 시선집들을 대상 텍스트로 설정한『강산필치』가 한·중 문화교류사상 가지는 의미와 중요성이 간과되어서는 안 될 것이다.

---

85) 李書九, 앞의 글. "虞山錢謙益受之『列朝詩集』, 秀水朱彝尊錫鬯『明詩綜』, 俱採外藩之詩, 於本國諸人, 或名號錯亂, 世代顛倒, 舛漏百出, 漫不可攷. 夫以錢朱二公之博極群書, 雄視天下, 其在屬國文獻, 疎蕪如此, 甚可慨也."

86) 李書九, 위의 글. "幸而薦之於中國之君子, 足可以廣異聞資雅談. 假令錢朱有靈, 亦不當嗔我爲妄也."

87) 李圭景, 앞의 글. "此書, 已入中國, 西蜀江南, 當有刊傳者矣."

이서구의 시어론

1. 언어예술로 시 읽기

문학은 언어(言語)를 표현수단으로 삼지 않으면 성립이 불가능한 예술이다. 20세기 초 러시아 형식주의자들은 문학적인 것이 무엇인가를 논의하는 가운데, 그 본질적 특성을 제재, 즉 작가가 다룬 현실의 영역에서가 아니라 표현 양식에서 찾아야 한다고 주장하였다.[1] 시문학을 시어(詩語) 자체의 자립된 세계로 파악한 형식주의자들의 연구 성과가 문학 연구에 긍정적으로만 기여했는가 하는 점은 의문의 여지가 없지 않다고 본다. 그렇지만 문학 연구가 사회사나 문화사 등의 연구에 일방적으로 종속되는 편향성만은 일정 정도 보완해준 것이 사실이다.

---

1) 빅토르 어얼리치, 박거용 역, 『러시아形式主義』, 文學과知性社, 1983, 222면 참조.

구태여 러시아 형식주의자들의 견해를 빌리지 않더라도, 한시(漢詩) 문학의 본질적 특성은 문학을 재도(載道)의 수단으로만 이해하려는 경직된 태도를 고수하지 않는 한, 언어의 특수한 사용에서 찾을 수밖에 없다. 한시는 고도로 정형화된 형식을 지니고 있거니와, 이러한 형식들도 결국에는 조직적인 언어 구사의 일환에 불과하기 때문이다. 어떤 사람이 비록 심오한 사상과 풍부한 정서를 소유하고 있다 하더라도, 그것에 합당하는 언어의 구사 능력이 수반되지 않는다면 그는 훌륭한 시인이될 수 없을 터이다. 시는 흉중에 존재하는 그 무엇이 아니라, 언어를 수단으로 하여 형상화되는 예술품이기 때문이다.

이서구(李書九, 1754~1825)는 이조 후기 사실주의적(寫實主義的) 시인의 대표격인 사가시인(四家詩人) 중에서도 시어에 대해 유달리 관심을 기울였던 시인이다. 그의 시어에 대한 관심은 영·정조 시기 백탑(白塔)을 중심으로 왕성하게 시사(詩社) 활동을 벌였던 일단의 동인 그룹, 그 중에서도 가장 탁월한 성과를 이룬 것으로 평가받는 사가시인의 공통적 관심사를 대변하는 것으로 볼 수 있다. 그는 일상에서 흔히 사용되는 한정된 문자들만을 가지고서는 우리들이 표현하고자 하는 것을 이루 형용할 수 없다고 하였다.[2] 또한 시인이 육서(六書)의 뜻에 통달하지 못한다면, 사물에 접촉·감동하여 시를 지으려는 의지가 성정(性情)에서 나날이 치솟는다 하더라도, 한 구절의 시도 지을 수 없다고 단언하였다.[3] 시어와 실재하는 표현 대상 사이에서 심각한 분리현상이 발생하기 때문일 터이다.

유가의 전통적 관점을 따르자면, 시는 사람의 마음이 사물에 감동되어 언어로 표현되는 것이다. 문제는 사람의 마음이 감동하는 바에 사정(邪正)의 차이가 있을 수 있다는 점이다. 이러한 사정(邪正)의 차이는 곧

---

2) 李書九, 『惕齋集』 권7 「對策」 「文字」. "日用常行之數千百字而止, 則將何以探頤經傳之奧文, 洞見述作之微旨, 發爲文章, 又將何以究極天下之理, 而形容胸中之言乎."
3) 李書九, 위의 글. "苟使詩人, 不達乎六書之旨, 則關關之鳴, 不知其爲雎鳩也, 韓韓之華, 不知其爲常棣也 (……) 雖使觸物感事, 比興之義, 日發於性情, 必不能成一章之詩也."

언어로 표현된 작품의 시비(是非)를 결정하고 만다.[4] 그러므로 유자의 입장에서 훌륭한 시인이 되기 위해서는 성정(性情)을 도야하는 수양론적 측면이 본질적인 문제로 대두될 수밖에 없다. 이 경우 언어의 구사 능력은 지극히 지엽적인 문제로 떨어진다. 이서구 역시도 유자의 한 명으로서 성정의 도야를 중시하지 않았을 리는 없다. 그럼에도 불구하고 그는 오히려 성정의 효과적 표현 수단인 시어의 구사 능력 제고를 더 강조하였다. 본질과 지엽이 전도되어 있는 셈이다. 이런 식의 사고는 18세기 이전의 우리 한시사에서는 흔하게 나타나는 사례가 아닐 터이다.

이서구의 시어에 대한 관심은 그를 포함한 사가시인의 시문학을 사실주의적인 것으로 평가하는 데에 있어서 매우 중요한 근거가 될 수 있다. 주지하다시피, 이서구를 포함한 사가시인의 시문학은 사실주의적 성격을 지닌 것으로 알려져 왔다. 그렇지만 그들의 시가 사실주의적 성격을 지니는 근거가 무엇인지를 구체적으로 제시하는 것은 의외로 용이한 일이 아니다. 물론 이를 그들의 시에 투영된 주제의식을 통해서 찾을 수 없는 것은 아니다. 실제로 이서구를 포함한 사가시인의 시문학에는 탈봉건적 사상 관념을 보여주는 현실비판적 주제의식이 투영된 작품들이 없는 것이 아니다. 이러한 작품들의 존재는 분명 그들을 사실주의적 시인으로 규정할 수 있게 해주는 한 요소가 될 수는 있다.

그러나 이서구를 비롯한 사가시인의 시문학에서 그 작품들에 투영된 현실비판적 주제의식의 측면만을 지나치게 강조하다 보면, 예술로서의 시문학이 도외시될 우려가 있다. 실상 모든 한시가 그러하리라 여겨지지만, 사가시인의 시 그 중에서도 이서구 시의 경우, 시문학적 특징을 규명하기 위해서는, 특히 '문학성'·'문학다움'을 추출해내기 위해서는, 거기에 구사된 시어에 대해 관심을 기울일 필요가 있다. 이서구 스스로가 시어의 구사 능력에 대해 유달리 강조한 바 있거니와, 이는 그의 시,

---

4) 『詩經集傳』 序. "詩者, 人心之感物, 而形於言之餘也, 心之所感, 有邪正, 故言之所形, 有是非."

사가시인의 시가 전대 시인들의 시와 구별되는 본질적 특성을 규명할 수 있게 해주는 중요한 열쇠로 작용할 수 있기 때문이다.

어느 시대 어느 시인인들 시어에 대한 관심이 없었을까마는, 각 시대 각 시인들의 시어에 대한 인식 태도는 동일하지 않은 경우가 많다. 시대마다, 시인마다의 시어에 대한 각기 다른 인식 태도는 시인의 사물에 대한 인식 태도, 세계에 대한 인식 태도와 밀접하게 연관되어 있다. 시인의 시어에 대한 인식 태도는 결국 그 시인이 지향하는 문학사조의 보편적 특성과도 긴밀히 연관되어 있는 것이다. 이제 우리는 시어 문제와 관련해서는 사가시인을 대표한다고 평가될 만한 이서구의 경우를 통해서, 이조 후기 사가시인들의 시어에 대한 인식 태도가 어떠하였으며, 그것이 사실주의적 성격을 띤 당대의 보편적 문학사조와 어떻게 연관되는지에 대해 규명해볼 단계에 이르렀다.

2. 이서구의 언어에 대한 인식 태도

이서구의 언어에 대한 인식 태도는 그의 「소완정금충초목권서(素玩亭禽蟲艸木卷序)」란 논설에 잘 드러나 있다. 이 논설은 그의 『소완정금충초목권』이란 시집5)에 쓴 자서(自序)이다. 글의 대부분이 언어에 대한 언급보다는 오히려 시의 소재에 대한 것으로 구성되어 있지만, 소재의 문제를 거쳐 결국에는 언어의 문제로 귀착된다.

---

5) 현재 이 시집의 존재는 알려져 있지 않고 서문만이 이서구의 산문집 『자문시하인언(自問是何人言)』(김윤조 교수 소장)에 실려 전한다. 비록 시집의 전모를 확인할 수는 없으나, 거기에 수록되었을 것으로 보이는 대다수 작품들은 그의 다른 초기 시선집들에 흩어져 실려 있는 것으로 보인다.

논설의 서두를 보게 되면, 『소완정금충초목권』이란 시집에는 금충초목(禽蟲艸木)을 소재로 한 영물시(詠物詩) 연작 44수가 수록되어 있음을 알 수 있다. 이조 후기 실학파 시인들의 충어초목화훼(蟲魚草木花卉)를 소재로 읊은 영물시에는 어떠한 사물에서 보편적 이치를 찾기 위한 관찰이 아니라, 특정한 사물 자체의 개별적 아름다움과 성질을 찾으려는 문인적 의식이 잘 나타나 있다. 『본초강목(本草綱目)』과 같은 명물서(名物書)가 제공하는 기존의 보편적 지식에 얽매이지 않고, 자신의 체험과 지식에 바탕을 두고 사물과 직접 대화하며 시를 읊었던 것이다.[6] 이서구의 『소완정금충초목권』도 이러한 관점에서 사물들과 직접 대화하며 엮어진 시집이다. 자신의 집에 있던 소완정(素玩亭)이란 정자에 앉아서 여름날의 무더위를 식혀가며, 주위에 있는 금충초목의 생태를 눈과 귀의 감각기관을 총 동원하여 직접 체험하고 나서 지은 작품들이다.[7]

이서구의 논설은 문답체의 형식을 빌려 이어진다. 어떤 손님이 이르기를, 옛사람의 비평에 당의 이하(李賀, 790~816)는 문장을 지을 때에 화조봉접(花鳥蜂蝶)을 벗어나지 못하여 끝내 남의 이목(耳目)을 진탕시킬 수 없었다고 하는데, 이서구 역시도 이하의 경우와 비슷하지 않느냐고 비판한다.[8] 이하는 초자연적 세계를 잘 묘사하여 '귀재절(鬼才絶)'로 평가받았던 시인이거니와,[9] 그의 시를 화조봉접을 벗어나지 못한 수준으로 평가절하를 해야 하는지는 재론의 여지가 있다고 본다. 하여튼 이하에

---

6) 안대회, 「한국 蟲魚草木花卉詩의 전개와 특징」, 『한국문학연구』 제2호, 고려대 민연 한국문학연구소, 2001.12, 16~24면 참조.
7) 李書九, 『自問是何人言』 「素玩亭禽蟲艸木卷序」. "余居在城市間, 所与隣, 皆康莊閭里, 無田野山林之趣. 可以娛樂歡怡, 惟素玩亭. 在一室之央, 頗高敞爽塏, 墻北有數株樹. 每當夏生陰, 宋櫨落時之際, 翠色濛濛如也. 卽余日偃息其中, 凡於禽蟲艸木之具吾視聽者, 悉皆細矚而備聆, 一有所得, 輒哦詩以識之. 蓋於禽得十有六焉, 於蟲得十焉, 爲艸爲木者, 又各九焉, 摠爲詩四十有四焉爾. (……) 余於是, 竊有圸焉. 客曰: '善'. 遂袞其所著, 編爲素玩亭禽蟲艸木卷."
8) 李書九, 『自問是何人言』 「素玩亭禽蟲艸木卷序」. "客曰: '昔人謂李賀爲文章, 弗離花鳥蜂蝶, 故終不能震盪人耳目. 何吾子之專察乎至微, 費神乎無用, 不幾近於是也.'"
9) 錢易, 『南部新書』 권3. "李白爲天才絶, 白居易爲人才絶, 李賀爲鬼才絶."

대해서든 이서구에 대해서든, 비판의 핵심은 완물상지(玩物喪志)에 대한 우려이다. 이서구가 오로지 금충초목과 같은 지극히 자질구레한 것들만을 관찰하며 무용(無用)한 대상들에만 정신을 모두 소비하고 있어, 그것이 염려된다는 비판이다.

정말로 이서구가 오로지 금충초목과 같은 소재들을 대상으로 하는 영물시(詠物詩)의 창작에만 몰두하였고 그것이 무용한 행위로 귀착되는 것이었다면, 이러한 비판은 일정한 의미를 획득할 수 있을지도 모르겠다. 이 경우 시작(詩作) 행위는 유희에 불과한 것으로 매도당할 수도 있기 때문이다. 일반적으로 도학자들의 영물시는 대상 사물을 관찰함으로써 그 속에서 보편적 이치를 찾아내는 것을 목적으로 하는 경우가 많다. 그러나 이서구의 영물시는 이러한 공식에 철저하지 않은 경우가 대부분이다. 얼른 보기에 순수한 탐미(耽美)의 대상으로 묘사된 경우가 많다. 그러나 그의 시집에는 어느 정도의 영물시가 실려 있기는 하지만 그러한 시들이 수적으로 의미 있는 비중을 차지하고 있지도 않고, 금충초목이 그의 시에서의 중요한 소재인 것은 사실이기는 하지만 실상 그러한 것들이 각별한 의미를 지닌다고 평가될 수 있는 것도 아니다.

그럼에도 불구하고 이서구가 구태여 금충초목에 중요한 의미를 부여하여 거론한 데에는 분명한 이유가 존재한다. 그는 금충초목이야말로 '천지(天地)의 문장(文章)'을 대표한다고 보았다. 유가에서의 전통적인 사고이지만, 그 역시도 우리가 일반적으로 쓰는 문장은 사람이 문식(文飾)하는 것이고, 천지의 문장은 곧 하늘이 문식하는 것이라고 하였다. 풀이하자면 천지의 문장이란 자연 경관을 구성하는 일체의 경물(景物)인 셈이다. 그는 사람으로서 그 문장을 문식하고자 하는 자가 어찌 천지에서 문장을 빌려오지 않을 수 있겠느냐고 반문한다.[10) 이 말은 곧 작가가

---

10) 李書九, 『自問是何人言』「素玩亭禽蟲艸木卷序」. "夫禽蟲艸木者, 天地之文章也, 文章者, 人之飾也. 人之欲飾其文章者, 安得不假文章於天地也哉. 是以, 古昔聖人, 自著書命名(舜禹之名, 皆屬禽蟲艸木. 舜者槿花也. 禹者蟲名也.-頭注), 以至宮室·衣

글을 씀에 있어서 문채(文彩)를 이루려면 자연 경물을 소재로 수용하지 않을 수 없다는 뜻이 된다. 그러한 소재 가운데서 대표적인 예로 든 것이 바로 금충초목인 것이다.

이서구의 논리대로라면 시인에게 있어서 금충초목이란 자연 속에 존재하는 모든 소재를 지칭하는 것으로 보아도 무방하다. 금충초목이라는 일부분을 통해서 천지대자연의 전체를 설명하고 있는 셈이다. 더 나아가 인간에 의해 이루어지는 세상만사가 다 포함될 수 있거니와, 여기에는 탐관오리들에 의해 수탈을 받는 우리네 백성들의 삶이 포함될 수도 있고, 그 백성들이 살았던 당대 사회의 전반적 현상도 포함될 수 있을 터이다. 그러기에 그는 시인이 풀이름 하나를 새로 알게 되는 사소한 것을 가지고서 경대부(卿大夫)의 경륜을 거론할 수 있었던 것이다.[11] 그에게 있어서 금충초목이란 결코 상지(喪志)를 유발하는 자질구레한 완물 대상이 아니다. 경세가로서 경세제민의 포부를 펴는 데에는 세계에 대한 심오한 이해가 필요하거니와, 그에게 있어서의 금충초목은 바로 이러한 이해에 도달하는 시발점이었던 것이다.

그렇다면 훌륭한 시인이 되기 위해서는 금충초목의 이름을 많이 아는 것, 즉 세계를 폭넓게 이해하는 박학다식이 중요한가? 그는 세계에 대한 폭넓은 이해보다는 오히려 심오한 이해를 훨씬 더 강조한다. 금충초목에 대한 이해와 세계에 대한 이해가 연결될 수 있는 근거도 바로 이 부분에 있다. 그는 같은 사물 하나를 보더라도 보는 사람의 인식 태도에 따라 그 사물이 다르게 보인다고 하였다. 똑같은 모양의 돌멩이를 두고서도, 어떤 이는 그저 '저 덩어리 모양의 단단한 것은 돌멩이이다'라고 표현할 것이고, 또 어떤 이는 '저 덩어리 모양의 단단한 것은 돌멩이이다. 이것은 바로 흙이 뭉쳐서 딱딱해진 것이다'라고 표현할 것이라

常·輿輅·旂旄·尊彝之屬, 亦莫不取義成象者, 以其盈天地者, 舍此而無他也."

11) 李書九, 『自問是何人言』 「素玩亭禽蟲艸木卷序」. "故傳有之曰 : '多識乎鳥獸艸木之名.' 語曰 : '登高作賦, 遇艸必識, 卿大夫之才也.'"

고 하였다. 후자는 전자에 비해 인식한 바가 상대적으로 상세하다고 할 수 있다. 이서구의 입장에서는 훌륭한 시인이 되는 요건이 바로 이 돌멩이를 얼마나 사실적으로 왜곡 없이 상세하게 묘사할 수 있는가에 달려 있는 것이다.

그러나 이서구는 후자의 경우라고 하더라도 자신의 인식 능력만을 과신하고서 스스로 사물의 이치를 완벽하게 이해하였다고 여기면 안 된다고 하였다. 자신이 미처 인식하지 못한 것을 다 인식하였다고 착각하는 순간 사물에 대한 인식은 여지없이 왜곡되고 만다는 것이다. 그의 입장에서 '측물조단지사(測物造耑之士)'는 바위의 무늬와 결이 거친지 섬세한지, 그 기세(氣勢)가 원만한지 울퉁불퉁한지를 살피고, 그 색깔에 있어서는 나방눈썹과 같은 녹색과 쑥잎과 같은 청색을 구분하고, 그 바탕에 있어서는 얼룩배처럼 얼어서 반질반질해진 것과 거북이등처럼 갈라져서 점괘 모양을 한 것을 구분한다. 움푹 파인 곳 볼록 튀어나온 곳 하나하나의 사소한 것이라도 감히 빠뜨리지 않는다. 천연(天然)의 모습 그대로를 정확하게 파악해내는 것이다.[12] 그의 이른바 '측물조단(測物造耑)'이란 말은 『한서(漢書)』의 「예문지(藝文志)」에 나오는 '감물조단(感物造耑)'이란 어휘를 염두에 두고서 사용된 어휘로 보인다.[13] '측물'이라는 어휘는 '감물'이라는 어휘가 내포한 개념보다 사물에 대한 인식 주체의 능동적 역할이 훨씬 더 강조된 개념이다. 능동적 인식 주체에 의한 섬세한 관찰을 통해 대상 사물에 대한 심오한 인식에의 도달이야말로 시인 이서구

---

12) 李書九, 『自問是何人言』 「素玩亭禽蟲艸木卷序」. "余曰 : '固然, 然抑有說焉. 今夫石, 塊然一頑者耳, 頹在於山家海涯之間, 則人之過而視之者, 泛言曰 : '彼塊然而頑者, 石也.' 其稍欲自好者曰 : '彼塊然而頑者, 石也, 是乃土之結而堅者也.' 洒信眉揚目, 自以爲玅解物理, 不知有測物造耑之士, 審其紋理之粗細, 氣勢之盤峭, 分其色則蛾眉之綠也, 艾葉之靑也, 區其質則文梨之凍而瑩也, 龜背之坼而兆也. 一窪一隆之小, 罔敢或遺者, 以天之所賦, 不可以忽焉也.'"

13) 『한서』의 「예문지」 제10에 "傳曰 : '不歌而誦謂之賦, 登高能賦, 可以爲大夫.' 言感物造耑, 材知深美, 可與圖事, 故可以爲列大夫也"라고 하였는데, '감물조단(感物造耑)' 구에 대해 "師古曰 : '耑古端字也. 因物動志, 則造辭義之端緖'"라고 한 주가 달려 있다.

가 지향하는 궁극적 목표였던 것이다.

그렇다면 돌멩이 하나를 보고서도 다르게 나타나는 사물에 대한 현격한 인식 능력의 차이는 무슨 이유로 발생하는 것일까. 이 물음에 대한 답으로 이서구는 인간의 사물에 대한 인식 능력과 언어 구사 능력의 상관성을 논한다. 그는 저기에 나는 새들도 각기 다른 모습이고, 꿈틀거리는 벌레도 각기 다른 모습이고, 돋아나 있는 풀도 각기 다른 모습이고, 솟아나 있는 나무도 각기 다른 모습을 갖추고 있다고 하였다. 그들 모두가 같지 않은 모습을 갖춘 채 각각의 자태를 뽐내고 있다는 것이다. 그러나 그것을 보는 대부분의 사람들은 다만 나는 것은 새요 꿈틀대는 것은 벌레요 돋아나 있는 것은 풀이요 솟아나 있는 것은 나무라고만 말한다고 하였다. 사물에 대해 추상적으로 인식할 뿐, 각각의 다른 모습을 구체적으로 구분하여 말하지 않는다는 것이다.

이런 그릇된 인식의 이유에 대해 이서구는 '금(禽)·충(蟲)·초(艸)·목(木)'이라는 네 글자를 죄안에 올렸다. 저들의 마음속에는 단지 '금충초목' 네 글자만이 존재하기 때문에, 새는 모두 똑같은 새로, 벌레는 모두 똑같은 벌레로, 풀은 모두 똑같은 풀로, 나무는 모두 똑같은 나무로만 인식된다는 것이다. 더 나아가 그는 세상에 '금충초목'이라는 네 글자마저도 없었다면, 이들 각각의 존재마저도 인식되지 못하였을 것이라고 강변하였다.[14] 어휘가 없었을 경우 그 어휘에 해당하는 실제 사물도 인식할 수 없다는 그의 논리는 자못 일리가 있다. 물론 그가 주장하는 논리의 핵심은 언어구사 능력에 있다. '금충초목'이라는 네 글자의 객관적 존재 여부가 중요한 것이 아니라, 사람들이 이 글자들을 효과적으로 구사할 수 있는가 하는 주체적 문제를 말하고 있는 것이다.

이서구의 이와 같은 문제의식은 사가시인이 공유하였던 것으로, 예컨

---

14) 李書九,『自問是何人言』「素玩亭禽蟲艸木卷序」. "彼禽翔而蟲蠕, 艸秀而木挺, 有
萬不同, 各極其態, 亦但知翔爲禽而蠕爲蟲, 秀者謂之艸而挺者謂之木者, 何也. 彼其
胸中, 只有禽蟲艸木四者, 存焉而已. 若使四字者, 不製於古, 則必幷其名而不之知也."

대 박제가의 경우에도 "'붉다'는 그 한 마디 말을 가지고, 온갖 꽃을 얼버무려 말하지 말자. 꽃술도 많고 적은 차이 있으니, 꼼꼼히 다시 한 번 살펴봐야지[毋將一紅字, 泛稱滿眼華, 華鬚有多少, 細心一看過]"(「月瀨雜絶四首(제1수)」)라고 읊어, 언어를 통한 인식의 고착성을 극복하고 사물을 놓여 있는 대로 관찰하는 시인의 자세를 설파하였던 것이다.[15]

여기에서 우리는 잠시 인간의 언어구사 능력과 사고 능력의 관계에 대해 생각해볼 필요가 있다. 언어와 사고 두 가지 중 어느 것이 더 우선하는가를 따지는 것은 현대 심리학에서도 매우 중요한 문제로 되어 있다. 현대 심리학의 기수격인 행동주의자(行動主義者)들은 언어라는 도구가 없으면 아예 사고 자체를 할 수 없게 되어버린다고 주장한다. 반면 인지주의자(認知主義者)들은 우리의 사고 가운데는 언어라는 도구의 도움이 꼭 있어야 되는 것도 있지만, 그렇지 않은 것도 얼마든지 있다고 주장한다. 행동주의자들은 언어 우위를 주장한 반면 인지주의자들은 사고 우위를 주장하는 것이다. 그렇지만 인지주의자라고 해서 언어가 사고에 미치는 영향을 전무(全無)한 것으로 생각하지는 않는다고 한다. 그들도 언어가 사고력을 촉진하고 확대하는 데에, 사고의 절차 자체를 더 쉽고 빠르게 하는 데 기여하는 데에는 엄청난 양의 영향을 미치고 있다고 인정하고 있는 것이다.[16]

이서구가 '금충초목' 네 글자를 통해 주장하는 언어관도 인간의 언어구사 능력이 그들의 사고에 얼마만큼 영향을 주는가를 논제로 삼은 것이다. 그의 견해는 근본적으로 행동주의자들의 언어 결정론적 주장과 일치하는 것이지만, 이 자리에서 그가 언어와 사고의 우선 순위에 대해 어떻게 생각하였는지를 구체적으로 분석할 필요는 없는 것 같다. 그의 언어 결정론적 주장은 행동주의 심리학자들의 그것처럼 인간 사

---

15) 안대회, 「박제가(朴齊家) 시의 사물·인간·사회」, 『韓國 漢詩의 分析과 視角』, 연세대 출판부, 2000, 174~202면 참조.
16) 金鎭宇, 『人間과 言語』, 집문당, 1992, 410~421면 참조.

고의 모든 영역에 걸쳐 광범위하게 적용될 수 있는 절대적인 것은 아니었을 것이기 때문이다. 그의 주장은 다분히 학술적 내지는 문예적 활동과 관련해서 제시된 것이 사실인 것이다. 그럼에도 불구하고 그가 인간의 언어구사 능력이 그들의 세계 인식에 있어 결정적인 영향을 미친다는 사실을 중요한 의미를 부여하여 주장하였다는 점은 부정할 수 없다고 본다.

이서구의 견해에 입각해서 보자면, 다양한 종류의 금충초목의 이름을 많이 알고 있고, 그것들 각자의 생태를 표현하는 갖가지 어휘들을 풍부하게 알고 있으면, 시인에 의해 그것들의 다채로운 모습들이 구체적인 모습으로 인식될 수 있게 된다. 시인에게 있어서 언어구사 능력은 시인이 세계를 얼마나 심오하게 이해하고 있는지를 파악하는 바로미터가 될 수 있는 셈이다. 앞서 이서구가 세계에 대한 인식의 범위보다는 오히려 인식의 태도를 중시하였음을 말하였거니와, 올바른 인식의 태도란 세계를 객관적으로 왜곡 없이 이해하고자 하는 의지를 말한다고 할 수 있다. 그의 논리를 가만히 분석해보면, 우리는 세계에 대한 올바른 이해를 가능하게 해주는 요건이 인간의 주관적인 가치관에 달려 있는 것이 아니라, 객관적인 이해 수단의 소유 여부 즉 언어구사 능력의 수준에 달려 있음을 알게 된다.

훔볼트(Humboldt, 1769~1859)는 일찍부터 언어 결정론에 입각하여 "언어는 사고를 형성하는 기관"[17]이라고 하였거니와, 그는 인간의 언어는 사고방식뿐만 아니라 궁극적으로는 그의 세계관까지도 결정짓게 된다는 이른바 '언어적 세계관'을 주장한 바 있다. 인간들이 사용하는 언어의 상이성은 소리나 기호의 상이성뿐만이 아니라 세계관 자체의 상이성까지 가져온다는 것이다. 그러므로 그는 인간에게는 세계에 대한 아무런 직접적인 시각도 존재하지 않는다고 본다. 언어에 대한 시각이 오로지

---

17) 위르겐 트라반트, 안정오·김남기 역, 『훔볼트의 상상력과 언어』, 인간사랑, 1998, 60면 참조.

세계에 대한 시각이라는 것이다.[18] 홈볼트의 이와 같은 주장은 이서구의 논리에서도 적용된다.

이서구의 견해로 보자면, 돌멩이 하나를 보게 되었을 때에도, 돌멩이와 관련하여 오로지 돌멩이라는 어휘만을 아는 사람에게는 모든 돌멩이가 똑같은 돌멩이로 보일 수밖에 없다. 돌멩이라는 추상적인 어휘만을 통해서는 그 대상에 대한 지극히 추상적인 인식만이 가능한 것이다. 세계에 대한 인식 자체가 추상적인 것이다. 반면 그 돌멩이와 관련하여 그 것의 질감, 모양, 색깔 등을 있는 그대로 묘사할 수 있는 풍부한 어휘의 구사 능력을 소유한 사람에게는 수만 가지 다른 돌멩이들과 구별되는 그 돌멩이의 고유한 모습이 구체적으로 인식될 것이다. 세계에 대한 인식 자체가 구체적인 것이다. 그러므로 사물에 대한 섬세한 관찰 능력도 결국에는 그 사물을 표현할 수 있는 다양한 어휘의 구사 능력을 습득하는 것과 다르지 않게 된다.

3. 의고적 시인과의 비교

이상에서 살펴본 바와 같이, 이서구는 세계를 인식하는 수단으로서의 언어에 대해 지대한 관심을 쏟았다. 그러나 얼핏 생각해보면, 시인치고 언어에 대해 관심을 갖지 않은 사람이 있었을까 하는 상식적인 반문이 제기될 수도 있다. 어떤 시인이든 방법의 차이는 있을지언정 시어에 대해 부단히 학습하지 않는 경우는 없을 것이기 때문이다. 여기에서 우리는 시인마다 시어에 대한 인식 태도가 달랐음을 생각하지 않을 수 없는

---

18) 이성준, 『홈볼트의 언어철학』, 고려대 출판부, 1999, 125~135면 참조.

바, '세계를 인식하는 수단으로서의 언어'에 대해 관심을 가졌던 이서구와 같은 시인이 있는 반면, 유독 '예로부터 사용되어온 전범적(典範的) 언어'에 대해 관심을 쏟았던 시인들도 존재하였던 것이다.

가만히 생각해보건대, 전자의 경우에는 시인 자신의 세계에 대한 인식 수준이 심화되는 정도와 비례하여 시어의 구사 능력도 향상되어 있을 것이다. 이 경우 시어는 시인이 표현하고자 하는 실재하는 대상과의 일체성 획득을 목표로 구사되게 된다. 반면 후자의 경우에는 종래의 전범적 시어들에 대한 학습을 통해서 시어의 구사 능력이 향상될 것이다. 이 경우 시어는 표현 대상과의 일체성 획득보다는 오히려 언어논리 자체의 틀 속에서 구사되게 된다. 전자가 객관적 세계에 대해 관심을 갖는 반면, 후자는 언어논리 자체에 대해 더 많은 관심을 갖는 셈이다. 바로 여기에서 우리는 사실주의적 시인과 의고주의적 시인의 경계를 가르는 하나의 기준을 발견하게 된다.

시인에게 있어서 시어의 선택은 그 작품 속에 수용된 구체적인 소재의 성격과도 긴밀히 연관되기 마련이다. 사실주의적 시인들이 구사하는 시어는 시인 자신의 세계에 대한 인식 수준을 반영하기 때문에, 훌륭한 시인일수록 그 시어로 표현되는 소재 역시 구체성을 띠기 마련이다. 이서구 소위 돌멩이의 예에서 보듯, 세계는 인식의 심화에 따라 구체적 실상을 드러내기 때문이다. 반면 의고주의적 시인들이 구사하는 시어는 전범적 시어에 대한 학습 수준을 반영하고 있기 때문에, 훌륭한 시인일수록 그 시어로 표현되는 소재 역시 추상성을 띠기 마련이다. 일반적으로 전범적인 것의 속성이란 개별적 특수성을 거세하고 나서 추출되는 보편 지향적인 것이기 때문이다.

이조 후기를 대표하는 사실주의적 시인이자 사가시인의 한 명인 이덕무(李德懋, 1741~1793)는 선조 대 이래의 시인들에 대해 논하면서, 이조 중기를 대표하는 시인이자 삼당(三唐) 시인의 한 명인 이달(李達, 1539~1612)의 시에 대해 당시(唐詩)를 모의하는 데에 고질화된 병폐를 지적한 바 있다.[19] 물론 시에 대한 비평 관점은 시대마다 달라질 수 있으므로, 이덕무의 언급은 어디까지나 사실주의적 시인의 관점에서 의고주의적 시인을 평가한 것으로 한정해서 이해해야 할 것이다. 이덕무가 의고를 극복의 대상으로 생각한 것과는 달리, 이달은 의고를 시작법의 적극적인 수단으로 수용하였다는 사실을 인정해야 하는 것이다. 의고주의적 시인과 사실주의적 시인은 언어에 대한 관점이 달랐을 뿐만 아니라, 시를 바라보는 기본 관점 자체가 상이했던 까닭으로 시대를 초월한 보편적 관점에서의 시적 우열을 논할 수는 없다고 본다. 그러나 시어 구사에서의 차이점은 분명 존재한다.

이달이 선택한 시어와 소재는 이서구의 경우와 비교하여 어떤 성격을 지니고 있을까? 이달의 시에서 우리의 시선을 제일 먼저 이끄는 것은 허구적, 상상적 소재들로 구성된 악부시 계열의 작품들이다. 그의 시에는 「채릉곡(采菱曲)」·「장신궁사시사(長信宮四時詞)」·「평조사시사(平調四時詞)」·「양양곡(襄陽曲)」·「출새곡(出塞曲)」·「강남곡(江南曲)」·「횡당곡(橫塘曲)」·「보허사(步虛詞)」·「궁사(宮詞)」 등등 당시(唐詩)를 모의한 것으로 여겨지는 많은 작품들이 존재한다. 반면 이서구의 시에는 이러한 종류의 작품이 단 한 수도 발견되지 않는다. 이달의 악부시 계열 작품들에 쓰인 시어들은 객관적 세계와의 일체성 획득 여부를 운운하는 것 자체를 불가능하게 만든다. 시에 수용된 소재 자체가 사실적, 경험적인 세계와는 현격한 거리를 둔 허구적, 상상적인 것들로 구성되어 있기 때문이다. 그렇다면 이러한 시들은 한낱 '헛것'을 읊은 희작에 불과한 것인가? 결론적으로 말하자면 그렇지는 않다고 본다.

전통적 관점에서 보듯, 시란 분명 사람의 마음이 사물에 감동되어 언어로 표현되는 것이다. 감물(感物)의 과정을 거치지 않고 시가 나올 수는

---

19) 李德懋, 『靑莊館全書』 권5 『嬰處雜稿』 1 「瑣雅」. "宣廟朝以下文章, 多可觀也 (……) 纖麗而成名家者, 其柳下乎. 痼疾於摸唐者, 其蓀谷乎. 蘭雪全用古人語者多, 是可恨也."

없는 법이다. 이달의 악부시 계열의 시들 역시도 이러한 공식에서 벗어나지 않는다. 이는 이달 자신의 시구들에서 확인이 된다. 예컨대 "경물(景物) 보며 시름과 한(恨) 일어난지라, 길이길이 「백저사(白苧詞)」를 불러보노라"라고 읊은 구절,[20] "한스럽다, 천로(天路)에 오를 길 없어, 시름 속에 「작계요(斫桂謠)」를 불러보노라"라고 읊은 구절,[21] "장안(長安)을 쳐다봐도 보이지 않아, 때때로 「여인행(麗人行)」을 불러보노라"라고 한 구절[22] 등에서 보듯, 그에게 있어서의 악부시는 감물을 통해 느낀 정서를 의탁하기 위한 효과적인 수단이었던 것이다.

이러한 관점에서 볼 때, 이달이 지은 악부시 계열 작품들은 '헛것'을 읊은 것이 아닐 터이다. 이달의 악부시 계열 작품은 시인 자신으로 하여금 감동을 유발하게 하였던 구체적인 상황이 생략되어 있을 뿐이다. 일종의 알레고리(allegory) 수법을 차용한 셈이다. 그러나 분명한 사실은 이러한 시에 동원된 소재들은 모두 생활공간의 현실 속에서는 존재하지 않는 허구적, 상상적인 것들이라는 것이다. 그러므로 이러한 시들에서는 구사되는 시어가 대상 소재를 얼마나 객관적으로 표현하였느냐를 따지는 것은 중요한 문제가 될 수 없다. 오히려 전범적 시어들을 효과적으로 배열하여 새로운 의상을 얼마나 잘 창조하였느냐를 따지는 것이 훨씬 더 중요한 의미를 띠게 되는 것이다.

이달의 시는 악부시 계열의 작품이 아닌 경우에도 시에 수용된 소재가 지극히 추상적이어서 이서구의 경우와 현격한 차이를 보여준다. 예컨대 식물 하나를 소재로 수용하는 경우에도 이달은 "강남(江南)에서 봄날 경물(景物) 바라보면서, '방초(芳草)'에 이별 혼(魂)을 부쳐보노라"라고

---

20) 李達, 『蓀谷詩集』권3 「五言律」 「奉酬南窓」. "相思今幾日, 已及暮春時, 況是經年別, 還看一首詩, 東風芳草色, 新柳綠煙絲, 景物兼愁恨, 長歌白苧詞."
21) 李達, 『蓀谷詩集』권3 「五言律」 「次邀月堂韻」. "河漢幾時望, 嫦娥今夜邀, 流光入懷袖, 餘影動尊瓢, 恨未攀天路, 愁吟斫桂謠, 更深倚虛檻, 風露更蕭蕭."
22) 李達, 『蓀谷詩集』권3 「五言律」 「踏靑日示坐忘」. "久病逢佳節, 高樓對晚晴, 閑雲度峯影, 好鳥隔林聲, 地勢偏猶敵, 江流遠復平, 長安不可望, 時詠麗人行."

한 구절[23])에서와 같이 지극히 추상화된 어휘를 사용한다. '방초'란 향초(香草)를 가리키는 말로 원래는 군자의 미덕을 비유하는 어휘로 쓰였지만, 일반적인 시에서는 봄날의 시름을 환기시키는 관습적 개념으로 사용된다. 전범적 어휘를 선호하는 시인들은 늘 봄날의 시름을 표현하고자 할 때에는 눈앞에 실제로 돋아나고 있는 풀이 무엇인가를 구체적으로 따지지 않고, 그저 방초라고 표현한다.

이들이 중시하는 것은 어디까지나 감물의 과정에서 흘러나오게 되는 주관적 정서를 얼마나 극대화하여 표현하느냐 하는 것이다. 소재는 어디까지나 주관적 정서의 극대화를 위해 선택적으로 동원되는 측면이 강하다. 이를테면 시인의 마음이 슬프면 천만 가지 새가 지저귄다 하더라도 유독 두견의 울음만이 들려오는 식이다. 그런데 시인의 주관적 정서가 호소력을 지니기 위해서는 인간의 보편적 정서에 기대지 않으면 안 된다. 시는 시인 자신의 사유물이 아니라 독자를 염두에 두고 창작되는 것이기 때문이다. 그러자면 소재를 지칭하는 시어도 보편적인 것이 아니어서는 안 된다. 그러기 때문에 의고주의적 시인들은 예로부터 사용되어온 전범적 어휘를 선호할 수밖에 없을 터이다.

그렇다면 이서구의 경우는 어떠한가? 그는 "저문 길에 사미초(蛇眉草)가 자라고 있고, 거친 둑엔 치반화(雉飯花)가 피어 있구나"라고 한 구절[24])에서와 같이, 구체적인 식물 명칭을 매우 빈번하게 사용한다. '사미초'와 '치반화'는 일반적인 사전에는 등재되어 있지 않은 어휘이다.[25]) 의고주의적 시인들이 보기에는 이른바 전고(典故)도 없는 비루하기 짝이 없는 말로 여겨질 터이지만, 이서구의 입장에서는 종래의 전범적 시어들만을 가지고서는 도저히 표현할 수 없는 어떤 대상을 표현해내기 위

23) 李達, 『蓀谷詩集』 권3 「五言律」 「贈性菴別」. "百濟興亡地, 千年棟宇存, 山河餘霸氣, 鍾梵鎭禪門, 照佛香燈冷, 留人土突溫, 江南見春物, 芳草寄離魂."
24) 李書九, 『薑山初集(乾)』 34張. 「遊北漢山中八首(제7수)」. "生衣經水濺, 涼笠冒雲斜, 晚路蛇眉草, 荒堤雉飯花, 僧寮混女汲, 梵寮雜民家, 數里纔翹首, 幺岑尙半霞."
25) 이는 『사고전서(四庫全書)』 전자판(電子版)에서도 검색이 되지 않는다.

해 사용하지 않을 수 없는 중요한 시어였을 것이다. 북한산을 직접 유람하면서 그곳에 자생하는 '뱀눈섭풀'과 '꿩밥꽃'쯤으로 불렀을 토종식물의 생태를 적극적인 관심을 가지고서 관찰하게 되었고,[26] 이를 한자식 어휘로 바꾸어서 시어로 수용한 것이 아닌가 한다.

이서구는 또한 연약하기 그지없으면서도 연민을 자아내는 '나비'를 두고서 조왕(趙王)이 술을 마시고 겁탈하려 하자 거문고를 타며 「맥상상(陌上桑)」이라는 노래를 불러 그치게 하였다는 왕인(王仁) 처의 이름을 빌려 '나부(羅敷)'[27]라는 시어로 표현하기도 하였고,[28] 머리와 목 부분에 청록색을 선명하게 띤 '청둥오리'의 일종을 '청동부(青銅鳬)'라는 시어로 표현하기도 하였다.[29] 나비를 '나부'라는 시어로, 청둥오리를 '청동부'라는 시어로 표현한 것 역시 전대의 시에서는 전고를 찾아볼 수 없는 독특한 용법으로, 우리네 땅에서 살아가는 곤충이나 새를 우리의 토속적 감각으로 수용하였음을 알 수 있다. 그는 방언(方言)을 자세히 징험하여 초명(草名)을 풀이한다고 읊은 적이 있거니와,[30] 이런 경우가 바로 그러한 예일 것이다.

또한 이서구는 『본초강목』·『모시초목조수충어소(毛詩草木鳥獸蟲魚疏)』·『예기』 등의 문헌을 이용하여 초목(草木)과 조수(鳥獸)의 이름을 징험하였기도 하였고, 의서(醫書)·도서(道書)·불서(佛書)·악부(樂府) 등 전대의

---

26) 이서구는 이 시의 자주(自註)에서, "'사미초'는 줄기 하나 가지 셋으로 언덕 바위 사이에서 잘 자라며, '치반화'는 꽃이 모두 미세한 가루 같으며 물가 풀섶 사이에서 잘 자란다[蛇眉草, 一莖三椏, 善生岸石間. 雉飯花, 花皆細屑, 善生沙艸間]"고 풀이하고 있다.

27) 郭茂倩 편, 『樂府詩集』 권28 「相和歌辭」 3. "崔豹『古今注』曰 : '陌上桑者, 出秦氏女子. 秦氏, 邯鄲人, 有女名羅敷, 爲邑人千乘王仁妻. 王仁後爲趙王家令. 羅敷出採桑於陌上, 趙王登臺見而悅之, 因置酒欲奪焉. 羅敷巧彈箏, 乃作陌上桑之歌以自明, 趙王乃止.'"

28) 李書九, 『薑山初集(乾)』 24張 「賦得蛺蝶同仲牧四首」(제4수). "最愛攀枝學弄珠, 更憐名字是羅敷." 自註. "方言, 蝶謂之羅敷."

29) 李書九, 『薑山初集(坤)』 1張 「水標橋絶句十首」(其二). "蕩殺青銅子母鳬." 自註. "鳬之最青綠者, 謂之青銅鳬."

30) 李書九, 『薑山初集(乾)』 7張 「新晴夕偶作」. "勤徵土品編花史, 細驗方言釋草名."

시인들이 별로 관심을 기울이지 않았던 광범위한 문헌들을 통해서도 수많은 시어를 발굴하였다. 이렇듯 문헌에서 찾아낸 시어들 중에는 초수초목의 명칭과 관련된 것도 있고 기타 일반적인 어휘도 많다. 이러한 시어들은 그 참신성으로 인해 시적 인상을 강화시키는 구실을 하기도 하고, 수사론적 세련미를 제공해주기도 한다.[31] 그러나 더 중요한 역할은 시인으로 하여금 대상 세계의 구체적이고 미묘한 실상을 예리하게 파악하여 섬세하게 묘사할 수 있도록 해주고, 독자들에게는 그 작품을 통해서 대상 세계의 실상을 고스란히 전달받을 수 있게 해준다는 점이다.

의고주의적 시인의 입장에서는 '사미초'니 '치반화'니 '나부'니 '청동부'니 하는 소재는 이렇듯 구체적인 시어로 수용될 이유가 원천적으로 존재하지 않았을 것이다. 이런 식의 구체적인 어휘는 객관적 세계에 대한 구체적인 관심이 없을 경우에는 시어로 수용할 이유가 없는 것이다. '감물'의 차원을 넘어 '측물(測物)'의 경계에 이르러서야 수용이 가능해지는 것이다. 이서구와 같은 사실주의적 시인들이 중시한 것은 인간의 주관적 정서를 극대화하여 표현하는 것이 아니라, 인간을 둘러싸고 있는 세계에 대한 심오한 이해를 시화하는 것이었다. 그러한 까닭에 자연 경물을 읊는 경우에도 대상의 다채로운 모습 자체에 관심을 기울였던

---

31) 이서구의 시어 중에는 이런 구실을 하는 경우가 허다하다. 한 가지 예만 들어본다. 「윤달에 중목과 회동하며[閏月會同仲牧]」(『薑山初集(乾)』 2張)라는 제목의 시를 보면, "정향 열매 맺으란 듯 숲 속 빛이 따뜻하고, 제비 새끼 치라는 듯 뜰의 해도 더디구나[丁香結綬林光暖, 乙鳥馴雛院日遲]라는 표현이 나온다. '을조(乙鳥)'는 '제비'를 뜻하는 시어로, '연(燕)'자가 전문(篆文)에서의 상형인 반면 '을(乙)'은 제비의 울음을 본뜬 의성어라고 한다. 제비를 『본초강목』에 나오는 '을조'라는 참신한 시어로 대체함으로써 '낯설게 하기'의 효과를 제공하였다. 한편 명 매응조(梅膺祚)가 찬한 『자휘(字彙)』에 따르면, 조명(鳥名) '연을(燕乙)'에서의 '을(乙)'과 천간(天干) '갑을(甲乙)'에서의 '을(乙)'이 원래 글자와 음이 모두 달랐지만, 예문(隷文)에서는 이미 '을(乙)'로 함께 쓰고 음(音)도 같았다고 한다. 그러므로 천간을 의미하는 갑을(甲乙)의 을(乙)자도 제비를 뜻하게 되었다고 한다. 결과적으로 '정향(丁香)'과 '을조(乙鳥)'는 천간(天干)으로 대구가 된다. 이서구는 이 구절에서 『본초강목』에서 '을조'라는 참신한 시어를 탐색하여 사용하고 있을 뿐만 아니라, 이 어휘를 이용하여 기묘한 대구를 만듦으로써 시의 수사적 측면도 고려한 것이다.

것이며, 이러한 관심이 시화되기 위해서는 구체적인 소재들을 묘사하는 시어들이 중요한 의미를 지니게 된다. 의고주의적 시인들이 주관적 정서의 표현을 위해 언어 논리로 시를 지었다면, 이서구의 경우에는 객관적 세계의 묘사를 위해 사물 논리로 시를 지었던 셈이다.

의고주의적 시인들과 사실주의적 시인들의 시어의 구사 방식을 더 상세히 분석해보기 위해서는 실례를 더 들어볼 필요가 있겠다. 이달의 시와 이서구의 시를 차례대로 들어보겠거니와, 공평한 비교를 위해 이달의 시 중에서는 비교적 주관적 정서의 직접적인 노출이 배제된 채 대상 경물을 비교적 객관적으로 묘사한 것처럼 여겨질 만한 작품을 들어본다.

江橋酒幔晚風斜　　다리 옆 주막 깃발 만풍에 나부끼고
一樹映籬紅杏花　　한 그루의 붉은 행화 울타리 새 비쳐드네.
昨夜西潭菱子熟　　어젯밤 서쪽 못에 마름 열매 익었다고
女郎時唱浪淘沙32)　때로 여인 노래하고 물가에는 물결 이네.

이달의 이 시는 서울 서강(西江) 가 주막에서 읊은 작품이다. 분명 우리에게 익숙한 마포나루의 한 풍경을 읊은 것이다. 어떤 시인들은 우리네 서강을 읊으면서도 '소선(蘇仙)'·'영천(潁川)'이니 '금오산(金鰲山)'·'앵무주(鸚鵡洲)'니 '서호(西湖)'·'임포(林逋)'니 하는 탈속적 혹은 중국적 소재의 시어들을 동원하여 우리네의 풍경이 아닌 중국의 명승지 혹은 선경(仙境)으로 조작해내기도 하였으며,33) 이달의 시 중 많은 작품에도 이런 경향이 두드러지게 나타난다. 그러나 인용한 작품은 우리네 풍경

---

32) 李達, 『蓀谷詩集』 권6 「七言絶句」 「西江漫興」.
33) 예컨대, 강희맹(姜希孟)은 "蘇仙泛潁何所施, 我亦愛此瀷漣漪"라고 읊었고, 서거정(徐居正)은 "三山隱隱金鰲頭, 漢江歷歷鸚鵡洲"라고 읊었고, 이승소(李承召)는 "且向西湖載酒遊, 醉折和靖梅花枝"라고 읊었고, 성임(成任)은 "孤帆隱映天盡頭, 五胡烟浪連滄洲"라고 읊었다(『新增東國輿地勝覽』 권3 「漢城府」 「題詠」 「麻浦泛舟」 참조).

을 우리네 풍경 그대로 묘사한 것처럼 보이기도 한다. 이달의 시 중에서는 비교적 의고성이 약한 작품으로 보일 수도 있는 것이다.

그러나 자세히 따지고 보면 이달이 읊은 풍경 역시도 다분히 중국적이고 추상적인 성격을 지니고 있음을 알게 된다. 시제에서 '만흥(漫興)'이라고 한 것에서 보듯, 이 시 역시도 자신의 주관적인 흥취에 의해 대상 경물을 선택적으로 수용하여 소재화한 작품이라 할 수 있다. 기구에서 "다리 옆 주막 깃발 만풍에 나부긴다[江橋酒幔晚風斜]"고 하였지만, 이것이 실경인지는 매우 애매하다. 당시 마포나루에 주막이야 없었을리 없지만, 서강의 마포나루에 다리가 놓여 있었을 리 만무하고, 서강으로 들어오는 지류(支流) 어디쯤엔가 다리가 있었던 것이 아닌가 하는 의문도 억측에 불과하다. 어찌 보면 이런 것을 천착해서 따지는 것 자체가 우스운 일이다. '하교(河橋)'와 주막을 연결시키는 표현은 당시(唐詩)에서 흔하게 나오는 관용적인 것이며,[34] 이달은 하교(河橋)를 '강교(江橋)'로 바꾸었을 뿐이다. 이는 어디까지나 언어 자체의 논리에 의해 종래의 전범적 시어를 수용한 것이지, 대상 사물과의 일체성 획득을 의도한 것은 아니다.

물리적 사고로만 보자면, 전·결구 역시도 실경이 아닐 가능성이 매우 높다. 이 시의 시간적 배경은 봄이 분명하다. 그렇다면 살구꽃이 개화하는 봄과 마름 열매가 익는 가을은 시간적 거리가 너무 멀다. 승구와 전구는 시상이 연결될 수 없는 것이다. 그럼에도 불구하고, '서담(西潭)'에 마름 열매가 익었다고 표현한 까닭은 무엇인가? 이는 결구의 '때로 여인 노래하고[女郞時唱]'란 표현을 위한 언어적 장치에 불과하다. 주막

---

34) 『전당시(全唐詩)』에서 이와 관련된 몇 가지 경우를 찾자면, 두숙향(竇叔向)의 「夏夜宿表兄話舊」에서는 "明朝又是孤舟別, 愁見河橋酒幔靑"이라 하였고, 요합(姚合)의 「別李餘」에서는 "野寺僧相送, 河橋酒旆行"이라 하였고, 두목(杜牧)의 「贈沈學士張歌人」에서는 "吳苑春風起, 河橋酒旆懸"이라 하였고, 두목(杜牧)의 「代人寄遠六言」에서는 "河橋酒旆風軟, 候館梅花雪嬌"라 하였고, 허혼(許渾)의 「題故李秀才居」에서는 "河橋酒熟平生事, 更向東流奠一巵"라 하였다.

의 여인이 구체적으로 무슨 노래를 불렀는지는 알 수 없으나, 이달이 자신의 주관적 흥취를 통해서 수용하였을 때에는 바로 중국 악부시의 하나인 「채릉곡(采菱曲)」으로 들렸을 터이다. 서강(西江)을 구태여 '서담(西潭)'이라는 전범적 시어로 교체한 것도, 주막의 여인을 '여랑(女郞)'이라는 전범적 어휘로 교체한 것도 결국은 「채릉곡」을 염두에 두었기 때문일 터이다.

이처럼 이달의 시는 세계를 객관적으로 수용하여 왜곡 없이 시화한다는 사실주의적 관점에서만 본다면 문제투성이의 작품이 된다. 분명 우리에게 친숙한 서울의 한 자락에서 읊은 시이지만, 소재나 시어가 다분히 중국적이고 추상적이다. 그의 시에서는 중국의 그것과 구분되는 우리네만의 독특한 풍경이 사라져 있다. 다만 흥취를 중심으로 하여 감상한다면, 중국 강남(江南)에 있을 법한 강가 내지 호숫가의 아름다운 풍경이 고스란히 전달되어 온다. 그의 시가 뛰어나다고 평가를 받는 것은 바로 이 측면 때문이다.

그렇다면 이서구 시의 경우는 어떠한가?

一笠黃茅傍古槐	덩그러니 누런 초가 느티나무 곁했는데
紡車響處板扉開	물레소리 나는 곳에 판자문이 열려 있네.
繫牛石上灰靑碗	소 매 놓은 돌 위에는 회청 빛의 사발 놓여
知是招人買酒來35)	알겠구나, 술 받으러 오라고 부르는 것.

이서구의 이 시는 서울 남산(南山) 아래의 시골집을 지나가며 읊은 작품이다. 이달의 시처럼 이 작품도 친숙한 서울의 한 자락 풍경을 읊은 것이지만, 우리에게 주는 느낌은 사뭇 다르다. 중국의 풍경이 아닌 우리네 풍경이 고스란히 전달되어 온다.

삿갓 하나를 씌워 놓은 듯 덩그런 초가 주막집이 느티나무 고목 옆에

---

35) 李書九, 『薑山初集(坤)』 12張 「過南山下村家(二首)」 중 제2수.

위치해 있다. 초가집과 느티나무가 어우러진 풍경은 우리네 시골 마을에서 흔히 볼 수 있는 일상적인 것이다. 그런데 '물렛소리[紡車響]'가 들려와서 가만히 보았더니, 그 집에 판자로 된 사립이 열려 있다. 판자 한두 장을 대충 얽어놓은 허술한 문짝이 사실적일 뿐만 아니라 정겹기 그지없다. 그 주막 옆 느티나무 그늘 아래에는 소를 매어 놓는 바위가 있는데, 그 바위 위에 회청 빛의 사발이 하나 놓여 있다. 중국에서는 주막 표시로 깃발을 걸어 놓는 것이 일반적이지만, 이서구 당시 우리나라 시골에서는 문 밖에 단지 빈 사발 하나만을 놓아두고서 주막임을 표시하였다고 한다.[36] 그래서 이서구 역시 우리나라 사람답게 이곳이 주막임을 금세 알아보았던 것이다. 아마도 그 주막집에 들어가 탁한 막걸리 한잔으로 잠시 쉬어 갔으리라.

이서구의 이 시에서 특히 우리의 주목을 끄는 시어는 '회청완(灰靑碗)'이라는 어휘이다. 이 시어는 주막의 의미와 결부하였을 경우 의고적 시인들로서는 결코 구사할 수 없는 어휘이다. 이서구 전대의 시인들 중에 '회완(灰碗)' 내지 '청완(靑碗)' 내지 '회청완(灰靑碗)'이란 시어를 구사한 경우를 발견하기란 어렵다. 이달의 경우라면 이서구가 본 것과 똑같은 풍경을 목도하였더라도, '주만(酒幔)'이니 '주패(酒旆)'니 하는 추상적 시어로 대체하고 말았을 것이다. 현실 속에서는 분명 존재하는 소재이지만, 의고주의적 시인들의 언어 논리로는 수용이 될 수 없는 시어인 것이다. '회청완' 외의 다른 시어들도 시에서는 으레 그러해야 하는 관습적 언어 논리를 벗어나 있기는 마찬가지이다.

물론 이서구의 이 시에도 주관적 흥취가 없는 것은 아니다. 그 역시 남산 아래의 소박한 풍경들을 보며 그윽한 흥취가 일었을 터이나, 그 흥취를 통해서 객관 세계를 임의로 재구성하지는 않았다. 경물들 자체를 객관적이고 예리한 시각으로 분석, 관찰하여 대상 사물을 있는 그대로

---

36) 李書九, 『薑山初集(坤)』 12張 「過南山下村家(二首)」 自註. "村人買酒, 不用帘子, 門外只置一空碗."

재현해내는 데에 치중하였다. 흥취와 같은 정서의 표현 이전에 자연 경물 자체의 묘사가 그의 중심 목표가 되기 때문이다. 그와 같은 사실주의적 시인에게 있어서 주관적 정서란 자연경물의 구체적인 묘사를 통해서 자연스럽게 스며 나오는 종국적 결과물일지언정, 시인의 의식적 표현 대상은 아니었던 것이다.

4. 시어를 통해서 본 사실주의

　앞서 언급한 바와 같이, 이서구는 인간의 언어구사 능력이 그들의 세계 인식에 있어 결정적인 영향을 미친다는 사실을 설파하였다. 이는 시인 자신의 세계에 대한 인식의 수준이 심화되는 정도와 시어의 구사 능력이 비례함을 말한 것이다. 이서구의 시 중에는 이덕무의 『호서시권(湖西詩卷)』을 보고서 비평한 두 수의 작품이 있는데,37) 여기에는 이서구의 시어에 대한 인식 태도가 사실주의적인 것과 어떻게 연관되는지 잘 나타나 있다. 논의의 편의를 위해 둘째 수를 먼저 보기로 한다.

　　　摹來眞境語還奇　　참된 경지 그려내면 시어 외려 기이하니
　　　里曲田歌亦可師　　시골 노래·농부 소리 그 또한 배울 만해.
　　　誰著湖西風土記　　누가 있어 호서 땅의 풍토기를 짓게 되면
　　　收君今日幾篇詩　　당신의 요즘 지은 몇 편 시를 수록하리.

　'참된 경지' 즉 '진경(眞境)'을 묘사해내면 시어가 오히려 기이해진다고 하였다. 기본적으로 '진경'이란 '이곡전가(里曲田歌)'에 등장하는 혹은

---

37) 李書九, 『惕齋集』 권1 「詩七言絶句」 「題李懋官德懋湖西詩卷二首」.

'풍토기(風土記)'에 실린 우리네 삶의 모습 혹은 우리네 삶의 공간을 구성하고 있는 자연경관들을 말한다. 종래의 사고로만 보자면 '이곡전가'는 시적 소재로 수용하기에 비루하게 인식되었을 터이다. 그러기에 의고주의적 시인의 경우에는 우리네의 삶과 자연을 읊더라도, 실상 우리의 것 그대로의 모든 것이 대상은 아니었다. 우리네의 삶과 자연 중에서도 뭔가 중국적 탈속적인 속성을 강하게 띠는 것들이 그 대상이 되기 일쑤였으며, 비록 우리의 평범한 삶과 자연이 수용된다고 하더라도 '이곡전가'의 비루한 태를 벗겨내고 중국적인 모습으로 아화(雅化)된 지극히 추상적인 것들이었다.

반면 이서구는 시를 지음에 있어서 굴원이나 송옥(宋玉)을 흉내낼 필요도 없고, 이백이나 두보를 좇을 필요도 없다고 하였다. 고금의 전고(典故)를 빌린 연후에야 시를 지을 수 있다고 보는 의고주의적 시작 태도를 극력 비판하였던 것이다.[38] 그가 진실로 중시한 것은 고금의 전고가 아니라 '진경'이었기 때문이다. 이서구와 같은 사실주의적 시인들에게는 우리네 평범한 삶과 자연이 비루한 것이 아니라 오히려 '진경'으로 인식되게 되었으며, 이를 있는 그대로 묘사하여도 시어가 비루해지지 않고 오히려 기이한 느낌으로 다가왔다. 우리의 것을 있는 그대로 읊어도 시가 '시다운' 모습을 띠었던 것이다. 우리는 바로 이 지점에서 '우리 시'의 확립을 보게 된다.

사가시인은 우리나라가 당(唐)과 같지 않음을 뚜렷이 자각하였고, 이로 인해 우리나라 사람은 당시(唐詩)가 아닌 '우리 시[我詩]'를 지어야 한다고 생각하고 있었다. 중국의 전범적 시를 모의하는 것을 목표로 삼던 기존의 관행적 시작 태도를 일소하고, 우리의 것을 진실한 것으로 받아들이는, 자아진실에 기반을 둔 주체적 시작 태도를 확립하였던 것이다.[39] 근세에 이르러서까지도 혹자들은 이서구를 비롯한 사가시인의 시

---

38) 李書九, 『自問是何人言』「靭齋詩序」. "甚矣, 詩之惑也. 豈必摘屈宋之遺豔, 景李杜之餘光, 徵榮枯於敍詞, 狃今古而成章, 然後可歟. 曰非也."

에 대해 당시(唐詩)에 순일(醇一)하지 못하여 '별재(別裁)'를 벗어날 수 없다고 혹평하는 경우가 있었다고 한다.[40] 그러나 당시에 순일하지 못하였다고 혹평한 바로 그 측면에서 우리는 오히려 사실주의적 성격을 발견하는 것이다.

그렇다면 이서구에 의해 우리네 평범한 삶과 자연이 '진경'으로 인식될 수 있었던 이유, 평범한 소재를 있는 그대로 묘사하여도 시어가 기이하게 느껴질 수 있었던 이유는 어디에서 찾아야 할 것인가? 이에 대한 이해를 위해서는 위에 든 시의 첫째 수를 함께 검토해볼 필요가 있다.

要將腐臭化新奇　　묵은 것을 참신하고 기이하게 바꿨으니
南渡諸家自得師　　호서 지방 여러 선비 절로 스승 얻었으리.
合與誠齋充後進　　양만리와 하나 되어 후진을 채워 주니
眼前景物摠成詩　　눈앞의 경물마다 시가 되어 살아나네.

종래의 시인들에 의해 '묵은 것[腐臭]'으로 인식되어 왔던 우리네 삶의 모습과 자연경관들을 시적 소재로 수용하여 '참신하고 기이한 것[新奇]'으로 바꾸어 냈을 때, 그것이 곧 '진경'이 된다고 하였다. 썩어서 고약한 냄새를 풍기는 음식과도 같아서 전대의 시인들이 보기에는 시적 소재로 수용하기에 불가능하다고 여겨지던 비루한 소재들이 '참신하고 기이한' 것으로 탈바꿈되었을 때, 그것이 곧 참된 경지가 된다는 것이다. 요컨대, 사실주의적 시를 짓는 요체는 '부취(腐臭)'한 소재를 '신기(新奇)'한 것으로 변화시키는 데에 있는 셈이다. 그리고 나면 '눈앞의 경물[眼前景物]'은 그 무엇이든 '진경'으로 수용될 수 있다. 그리고 '우리 시', '사

---

39) 白斗鏞 편, 『箋註四家詩』「箋註四家詩序(尹喜求)」. "之四家者, 天分高獨詣深, 而讀書又多, 多不貌襲也, 不空鑿也. 謂今不可唐, 而我不可不別, 於是乎始有我, 我始有我詩, 而四家立矣."

40) 尹喜求, 위의 글. "或曰 : '是雖工, 未免別裁耳. 是不醇乎唐者, 不可法.' 噫, 豈其然乎."

실주의적 시'가 확립될 수 있는 것이다. 이는 정약용의 주체적 문학정신을 대변하는 '조선시선언(朝鮮詩宣言)'41)과도 상통하는 면이 있다.

　문제는 '부취'한 소재를 '신기'한 소재로 탈바꿈시키는 방법이다. 평범한 소재라고 해서 모두가 진경이 될 수 있는 것은 아니기 때문이다. 우리네의 평범한 삶과 자연은 진경의 필요조건이 될 수는 있을지언정 충분조건은 되지 못한다. 종래의 시인들이라면 우리네 뒷동산과 같은 평범한 소재가 아닌 기암괴석이 어우러진 경승지를 방문하여 시의 소재를 찾는 경우가 많았다. 또한 우리네의 평범한 자연경관을 읊으면서도, 관념적으로는 중국의 명승지 그 어딘가를 유람하고 있었던 것이다. 반면 이서구가 주장하는 진경은 안전경물 그 자체이다. 구태여 먼 곳에서 중국적인 경승지를 찾을 필요 없이, 자신의 삶을 에워싸고 있는 생활공간 속에서 시의 소재를 찾았다.

　이서구는 분명 돌멩이 하나를 보게 되었을 때에도, 돌멩이의 추상적인 외피가 아닌 구체적인 실상을 파악하고자 하였다. 이는 평범한 사물 속에 내재되어 있는 실리(實理)·실정(實情)·실태(實態)를 예리한 시각으로 탐색하여 그것을 생동감 있고 입체적인 소재로 탈바꿈시키는 것을 의미한다. 그의 이와 같은 사물에 대한 예리한 인식 태도는 흔하디 흔한 우리 주변의 돌멩이조차도 참신하고 기인한 모습으로 변화시킬 수 있게 해준다. 예리한 인식 태도에 의해 이전까지 간과되었던 우리가 살고 있는 우리의 산천이나 생활 주위에서 일어날 수 있는 일상사들이 전혀 새로운 모습으로 태어나게 된다. 이러한 관점에서 보았을 때에는 '눈앞의 경물마다 시가 되어 살아난다'고 한 표현은 당연한 것이 될 것이다. 요컨대 시인의 사물에 대한 예리한 인식 태도가 수반되지 않으면, '안전경물'은 어디까지나 '묵은 것'의 수준에 머물 수밖에 없고, 이는 결코 진경이 되지 못한다. 그러나 사물에 대한 시인의 예리한 인식 태도가 뒤따르

---

41) 宋載邵, 『茶山詩硏究』, 창작사, 1986, 33~39면 참조.

게 되면, 안전경물은 그 무엇이든 '부취'함을 떨쳐버리고 '신기'한 소재 즉 진경으로 다시 태어나게 된다.

이서구에게 있어서 뭔가 특별하거나 중국적인 냄새를 풍기는 소재는 더 이상 중요한 의미를 지니지 못하게 되었다. 예컨대 그 역시도 지방관으로 나가서 세인들이 유람하기를 소망하는 승경지를 방문한 적이 적지 않았다. 그러나 그는 이런 식의 유람과 관련하여 특별하게 시를 남긴 경우가 별로 없었다. 종래의 시인들이 보기에는 시를 쏟아내기에 안성맞춤인 장소에서 구태여 시를 짓지 않았던 것이다. 그는 보편적 의미에서의 승경이 아니라, 자신이 숨을 쉬고 살았던 삶의 공간에서 승경을 발견하고자 하였다. 주로 자신의 삶의 터전이었던 서울과 그 주변, 자신의 은거지였던 영평과 그 주변에서 소재를 찾아 시화하였다. 목민관이 되어 외직에 나가 있던 시기에도 풍류를 위한 승경이 아니라, 자신 및 백성들의 삶과 밀접하게 연관된 곳을 찾아내어 시적 제재로 수용하였다.

박지원(朴趾源, 1737~1805)이 사대부 속에서가 아닌 서민세계에서 건실한 인간을 발견하였듯,[42] 이서구는 지극히 평범한 우리네의 일상적 소재들 속에서 결코 평범하지 않은 진경을 찾아 시화하였던 것이다. 18세기 우리 지식인들 사이에서는 이전 같으면 해괴한 짓이라 하여 타기(唾棄)되었을 일상의 소소한 일들이 학문적 관심의 영역으로 들어오게 되었거니와, 이서구가 『녹앵무경(綠鸚鵡經)』을 짓자 박지원이 서문을 짓고 이덕무와 유득공이 비평을 단 것도 같은 맥락일 것이다.[43]

그렇다면 시인이 평범한 소재 속에서 진경을 찾아내기 위해 필요한 사물에 대한 예리한 인식 태도를 확보하는 수단은 무엇일까? 이에 대한 해답을 얻기 위해서는 "참된 경지 그려내면 시어 외려 기이하니"라고 한

---

42) 임형택, 「實學派文學과 漢文短篇」, 『韓國文學史의 視角』, 창작과비평사, 1984, 419 ~437면 참조.
43) 정민, 「18세기 지식인의 玩物 취미와 지적 경향」, 『고전문학연구』 제23집, 2003.06, 327~352면 참조.

이서구의 언급을, 기이한 시어를 구사하다 보면 오히려 '진경'으로서의 소재가 포착된다는 의미로 환언해서 수용할 필요가 있다. 기이한 시어란 결국 그의 언어에 대한 인식 태도를 반영하여 나오는 것이기 때문이다. 이서구는 금충초목의 이름을 많이 알고, 그것들의 생태를 표현하는 각가지 어휘들을 풍부하게 알고 있으면, 그것들의 다채로운 모습들이 구체적인 모습으로 인식될 수 있게 된다고 생각하였다. 물론 갖가지 어휘란 전대의 의고주의적 시인들이 사용하지 않았던 새로운 언어들이다.

이는 하나의 예에 불과하거니와, 이서구는 천지대자연과 인간만사의 모든 것에 대한 심오한 인식도 결국에는 그것들을 표상하는 어휘의 구사 능력을 통해서 가능하게 된다고 보았다. 즉 언어의 구사 능력을 적극 향상시킴으로써 객관세계에 대한 예리한 인식 능력을 확보하려고 하였던 것이다. 객관세계에 대한 이와 같은 과정의 심오한 이해를 통해, 평범한 소재들이 진경으로 바뀔 수 있었던 것이다. 이서구의 이러한 논리는 하찮은 것에 도(道)가 있다고 여겼던 박지원이 사어화(死語化)된 고전의 언어가 아니라, 살아있는 당대의 일상 언어라야 하찮은 것을 그 세부에 이르기까지 실감나게 묘사할 수 있다고 생각하였던 것44)과 다르지 않은 것이다.

위에서 살펴본 바와 같은 이서구의 시어에 대한 새로운 인식 태도는 원래 그 자신의 독자적 깨달음을 바탕으로 하여 발아된 것이겠지만, 실학파의 선배 문인 박지원 등과의 적극적인 교유를 통해서 더욱 성숙하게 되었음을 간과해서는 안 된다. 이서구의 언어에 대한 사실주의적 인식 태도를 보여주는 「소완정금충초목권서」에서 전개되는 탁월한 논리도 박지원과의 교유를 통해 성숙되었을 것이기 때문이다. 이서구의 나이 겨우 16세 되던 1769년 그는 자신의 『녹천관집(綠天館集)』에 박지원의 서문을 받게 되는데, 이때 그는 자신이 글을 짓기 시작한 지 두어 해밖

---

44) 김명호, 「실학파의 문학론과 근대 리얼리즘」, 『박지원 문학 연구』, 성균관대 대동문화연구원, 2001, 165~179면 참조

에 되지 않았음에도 불구하고 남들의 노여움을 산 것이 많다고 하소연 하였다. 그가 사용한 언어와 문자 중에 조금이라도 참신하고 기이해 보 이는 것이 있으면 반드시 옛날에도 이렇게 쓴 예가 있느냐고 따지고, 없 다고 하면 감히 그렇게 쓸 수 있느냐고 책망한다는 것이다. 그러면서 이 서구는 옛날에 이미 그렇게 쓴 것이 있다면 자신이 또 그렇게 되풀이할 필요가 있겠느냐고 항변하며, 박지원의 가르침을 구하게 된다.[45]

이서구의 참신하고 기이한 언어 구사를 책망하는 사람들은, 그의 시 가 '별재(別裁)'를 벗어날 수 없다고 혹평했던 이들과 마찬가지로, 새로 운 시대 변화에 발맞추지 못하고 여전히 의고주의적 시작행위의 고루한 늪에 빠져 있는 자들이다. 돌멩이 한 덩어리에 대해서도, 그 자신의 눈 으로 천연의 본질적 모습을 파악해내려고 하지는 않고, 관행적이고 답 습적인 인식 태도로 일관하는 이들과 마찬가지인 자들이다. 그러한 까 닭에 의고주의적 시작 태도를 고수하던 당시의 대다수 보수적 문사들은 이서구의 글을 환영하지 않았으며,[46] 이서구 역시도 그러한 사람들 열 명의 환영을 받기보다는 차라리 박지원과 같은 사람 한 명과 교유하는 것을 더 소중하게 생각하였던 것이다.[47]

박지원은 이서구의 질문에 대해 그의 말이 절학(絕學)을 일으키는 것 이라고 극구 칭찬하였다. 아울러 의고주의적 문사들의 공격에 대해서 어떻게 대처하야 할지에 대해서도 구체적으로 지도해주며, 이서구의 용 기를 북돋아 주었다.[48] 박지원의 가르침은 결국 옛것을 아무리 추구해

---

45) 朴趾源, 『燕巖集』 권7 別集 「綠天館集序」. "嘗携其綠天之稿, 質于不佞曰：'嗟乎, 余之爲文, 纔數歲矣, 其犯人之怒多矣. 片言稍新隻字涉奇, 則輒問古有是否. 否則怫 然于色, 曰安敢乃爾. 噫, 於古有之, 我何更爲, 願夫子, 有以定之也.'"

46) 李書九, 『薑山初集(乾)』 39張 「可歎」. "僻性朋相誚, 奇文世莫知."

47) 李書九, 『自問是何人言」「手鈔燕巖集序」. "余觀世之所謂通儒碩生, 廳說經旨, 略 綴文詞, 輒連茹比類, 飛聲相詡, 終乃儕類成仇疾, 聲譽爲誹謫. 由是言之, 十人之歡, 不如一友之良 (……) 余年二十, 鮮交游, 側巷邐里, 足不恒旋, 或入人讌會, 賓客滿座, 無一人起與揖者. 而於燕巖朴先生, 最相善."

48) 朴趾源, 『燕巖集』 권7 別集 「綠天館集序」. "不佞攢手加額, 三拜以跪曰：'此言甚

봐야 결국에는 가짜를 만들어내는 것을 면하지 못할 것이므로, 고인의 뜻과 의견 즉 내용을 따라 배워야지 겉과 껍질 즉 형식을 모방해서는 안 된다는 것이었다.[49] 이에 이서구는 박지원의 고매한 생각과 명초(明楚)한 글에 감복하여, 그의 모든 글을 손으로 베껴 소중하게 간직하게 된다. 아울러 박지원의 문학이론을 '당세(當世)의 표식(表式)'으로 우러르며, 진한(秦漢) 시대의 글도 한유·구양수 때의 글도 아닌 당세 박지원의 글을 따르겠노라 다짐하게 된다.[50] 이처럼 이서구의 시어에 대한 새로운 인식 태도는 이조 후기 사실주의적 문인의 대표격인 박지원의 지대한 영향 아래에서 도출된 것이거니와, 이는 그의 시어에 대한 인식이 박지원의 문하에 출입하며 함께 교유하였던 사가시인 공통의 견해였던 것임을 알게 해준다.

5. 의고주의에서 사실주의로

이상에서 우리는 이서구가 이조 후기 사실주의적 시인의 대표격인 사가시인 중에서도 시어에 대해 유달리 관심을 기울인 시인이었던 사실

___

正, 可興絶學 (……) 吾子年少耳, 逢人之怒, 敬而謝之, 曰不能博學, 未攷於古矣. 問猶不止, 怒猶未解, 曉曉然答, 曰殷誥周雅, 三代之時文, 丞相右軍, 秦晉之俗筆.'"

49) 朴趾源, 『燕巖集』 권7 別集 「綠天館集序」. "倣古爲文, 如鏡之照形, 可謂似也歟. 曰左右相反, 惡得而似也. 如水之寫形, 可謂似也歟. 曰本末倒見, 惡得似也 (……) 曰然則終不可得而似歟. 曰夫何求乎似也. 求似者, 非眞也. 天下之所謂相同者, 必稱酷肖, 難辨者, 亦曰逼眞, 夫語眞語肖之際, 假與異在其中矣 (……) 所異者形, 所同者心故耳. 繇是觀之, 心似者志意也. 形似者皮毛也."

50) 李書九, 『自問是何人言』 「手鈔燕巖集序」. "余旣服其旨意高邁, 章句明楚. 於是, 凡先生之所撰記, 自長篇短語, 以至纖詞戱尺, 擧皆手鈔, 而藏之曰 : '(……) 且其發言立辭, 有足以表式當世, 則吾何必上步秦漢, 追蹑韓歐, 閔旣往之復夐, 畧現在之翩翩哉.'"

에 유의하여, 그의 경우를 중심으로 하여 사가시인들의 시어론에 대해 검토해보았다. 아울러 그것이 사실주의적 성격을 띤 당대의 보편적 문학사조와 어떻게 연관되는지에 대해서도 살펴보았다.

이서구는 훌륭한 시인이 되기 위해서는 능동적 인식 주체에 의한 대상 세계에 대한 섬세한 관찰과 심오한 이해가 요구됨을 주장하였다. 아울러 그는 세계에 대한 심오한 이해를 가능하게 해주는 요건이 인간의 주관적인 가치관에 달려 있는 것이 아니라, 객관적인 이해 수단의 소유 여부 즉 언어구사 능력의 수준에 달려 있음을 간파하였다. 예컨대, 돌멩이와 관련하여 그것의 질감, 모양, 색깔 등을 있는 그대로 묘사할 수 있는 풍부한 어휘의 구사 능력을 소유한 사람에게는 수만 가지 다른 돌멩이들과 구별되는 그 돌멩이의 고유한 모습이 구체적으로 인식된다는 것이다.

이서구는 세계를 인식하는 수단으로서의 언어에 대해 관심을 가졌으며, 이 경우 시어는 시인이 표현하고자 하는 실재하는 대상과의 일체성 획득을 목표로 구사되게 된다. 이는 예로부터 사용되어온 전범적 언어에 대해 관심을 가짐으로써 객관적 세계보다는 언어논리 자체에 대해 더 많은 관심을 기울였던 의고주의적 시인들의 태도와 확연히 구별되는 것이다. 의고주의적 시인들이 주관적 정서의 표현을 위해 언어 논리로 시를 지었다면, 이서구와 같은 사실주의적 시인의 경우에는 객관적 세계의 섬세한 묘사를 위해 사물 논리로 시를 지었던 것이다.

의고주의적 시인들이 중시하는 것은 감물의 과정에서 흘러나오게 되는 주관적 정서를 얼마나 극대화하여 표현하느냐 하는 것이었다. 소재는 주관적 정서의 극대화를 위해 선택적으로 동원되는 측면이 강했다. 그런데 시인의 주관적 정서가 호소력을 지니기 위해서는 인간의 보편적 정서에 기대지 않으면 안 된다. 그러자면 소재를 지칭하는 시어도 보편적인 것이 아니어서는 안 된다. 그러기 때문에 의고주의적 시인들은 예로부터 사용되어온 전범적 어휘를 선호할 수밖에 없었으며, 그들이 읊은 시는 분명 우리에게 친숙한 서울의 한 자락에서 지은 것일지라도, 소재나 시어가 다분히 중국적이고 추상적인 성격을 띠기 마련이었다.

반면 이서구와 같은 사실주의적 시인들은 대상 세계의 다채로운 모습 자체에 관심을 기울였던 것이며, 이러한 관심이 시화되기 위해서는 구체적인 소재들을 묘사하는 시어들이 중요한 역할을 하게 되었다. 의고주의적 시인들이 보기에는 이른바 전고도 없는 비루하기 짝이 없는 시어들도, 이서구와 같은 사실주의적 시인들에게 있어서는 종래의 전범적 시어들만을 가지고서는 도저히 표현할 수 없었던 대상의 미묘한 속성을 효과적으로 표현해내기 위해 사용하지 않을 수 없는 중요한 어휘로 받아들여졌다. 그들이 중시한 것은 언어 자체의 논리가 아니라 대상 세계의 구체적이고 미묘한 실상을 예리하게 파악하여 섬세하게 묘사하는 것이었기 때문이다.

이서구와 같은 사실주의적 시인들이 진실로 중시한 것은 고금의 전고가 아니라 '진경'이었다. 그들에게서는 우리네 평범한 삶과 자연이 비루한 것이 아니라 오히려 진경으로 인식되게 되었다. 우리의 것을 있는 그대로 읊어도 시가 '시다운' 모습을 띠었던 것이다. 이서구가 주장하는 진경은 안전경물 그 자체이다. 중국적인 경승지를 찾을 필요 없이, 자신의 삶을 에워싸고 있는 생활공간 속에서 시의 소재를 찾았다. 대상 세계에 대한 예리한 인식을 통해서 눈앞의 경물은 그 무엇이든 진경으로 다시 태어났다. 이는 언어의 구사 능력을 적극 향상시킴으로써 객관세계에 대한 예리한 인식 능력을 확보함으로써 가능한 것이었다.

요컨대, 이서구를 포함한 사가시인에게 있어서의 시어는 그 자신들을 둘러싸고 있는 객관 세계와의 일체성을 획득하기 위한 목적으로 구사되었다. 시인에게 있어서 종래의 전범적 시어로부터의 탈출은 그 의미하는 바가 결코 예사롭지 않다. 이는 시어를 통해서 표현되는 소재에 대한 근본적인 사고의 변화를 내포하기 때문이다. 즉 종래의 전범적 시어를 통해서 표현되어 왔던 추상적 소재들이 새로운 시각에 의해 새로운 모습으로 포착되게 되었음을 의미한다. 객관 세계에 대한 시인의 관점 자체가 변화되었던 셈이다. 바로 이 지점에서 우리는 전대부터 만연하여 왔던 의고주의적 시작 경향을 극복함으로써 새롭게 확립되었던 사실주의적 경향의 새로운 문학사조와 대면하게 된다.

2부

이서구의 삶과 시문학 연구

제1장
시문학 연구의 새로운 시각

　이서구(李書九)는 선조(宣祖)의 제12자 인흥군(仁興君) 이영(李瑛)의 6세 종손이다. 그는 종실(宗室) 출신의 경화사족으로서, 1754(영조 30)년에 태어나 1825(순조 25)년 72세를 일기로 세상을 떠났다. 자는 낙서(洛瑞)라 하고 호는 강산(薑山) 등을 썼으며 시호는 문간(文簡)이다. 21세에 정시병과(庭試丙科)에 급제하여 우의정에 이르렀으며, 사후(死後)에는 산림 홍직필(洪直弼)에 의해 '유상(儒相)'으로 칭송을 받기도 한 경세제민의 정치가였다.[1] 또한 전대의 의고적(擬古的) 시풍을 일소하고 이른바 '우리 시[我詩]'를 확립한 '사가(四家)'의 일인으로도 명성을 떨쳤다.[2]

　이서구는 이조 후기 정치사에서 비중 있는 인물일 뿐만 아니라, 우리 한시사(漢詩史)에서도 중요한 지위를 차지하고 있다. 그러나 이서구 및 그의 시문학에 대한 선행 연구들 중에는 심각한 오류를 노출한 경우가

---

1) 洪直弼, 『梅山先生文集』 권11 「答金正宅(乙酉八月)」 참조
2) 白斗鏞 편, 『箋註四家詩』 「箋註四家詩序(尹喜求)」 참조

있었다. 이서구가 '사가'의 일인이라는 사실을 부정하지 못하면서도 그를 서얼 출신인 나머지 세 사람 이덕무(李德懋) · 유득공(柳得恭) · 박제가(朴齊家)(이하 '삼가'로 지칭)와 같은 위치에 놓기를 주저하는 경향이 있었으며, 이는 그를 비실학파 · 반실학파 경향의 시인으로 규정하는 방식으로 이어졌다. 이런 식의 연구가 바탕이 되어 일부 문학사에서는 이서구를 시대의식이 결여된 반개혁적 인물로 낙인찍는 그릇된 결론을 도출하기도 하였다.

이와 같은 논리는 이서구라는 인물과 그의 시문학에 대한 불충분한 이해에서 비롯된 것이다. 물론 그간의 연구사에서 이서구와 그의 시문학에 대한 의미 있는 성과가 제출되지 않았던 것은 아니다. 그러나 기존의 그릇된 결론들을 상쇄시키고 나아가 이서구와 그의 시문학에 대한 정당한 평가를 일반화시키는 단계로 발전시키지는 못하였던 것이 사실이다. 이제 이서구와 그의 시문학에 대한 기존 연구들을 비판적 시각으로 검토해보고, 이를 바탕으로 본 논문의 연구 시각을 제시함으로써 서두를 삼고자 한다.

이서구 시문학에 대한 학계의 연구는 대체로 두 가지 측면이 고려되어 진행되었다. 첫째는 시문학에 투영된 실학파 문인으로서의 측면을, 둘째는 사대부 문인으로서의 측면을 중시한 경우이다. 이는 각각 이서구가 '사가'의 구성원이라는 사실과 경화사족이라는 신분적 처지를 주목한 것이다. 아울러 위 두 가지 연구들이 갖는 편중성을 반성하며, 이것들을 통합적으로 고려하려는 연구가 이어졌다. 이상 거시적 측면의 연구들을 구체적 사실들을 통해 보완하고자 하는 미시적 관점의 논의들도 뒤따랐다.

첫째 이서구의 실학파 문인으로서의 측면을 중시한 언급 · 연구는 김태준으로부터 시작되었다. 김태준(1931)은 이서구를 "朴燕巖을從遊하며 中國에자조來往하야 詩名을中國에宣揚한四人"의 한 명으로 거론하였다.[3] 최해종(1958)도 사가가 '혁구탐신(革舊探新)'에 뜻을 두어 '실학(實學)'

사상을 궁구하여 시단의 '신영(新英)'이 되었음을 언급하여, 이서구도 삼가와 같은 위치에 있다고 인정하였다.[4] 이후 실학파 문인으로서의 측면을 중심으로 한 이서구 시문학에 대한 본격적인 논의는 정량완(1983)에 의해 시작되었다. 그는 사가 시문학 연구의 일환으로 이서구 시문학을 함께 검토하였다.[5] 이 연구는 초기 연구라는 한계로 인해 이서구 시문학의 종합적 성격을 제시하는 데에는 이르지 못하였지만, 실제 작품들을 통해 그의 문학세계를 궁구하였다는 점에서 연구사의 본격적인 출발로 인정된다.

송준호(1987)는 사가 시문학 연구의 주된 경향이 그들의 대사회적(對社會的) 개혁의식을 보여주는 한 수단으로 검토되는 풍토 때문에, 실학자로서의 면모가 부각되지 못한 이서구의 시문학은 상당 기간 검토의 대상에서 제외되는 현상이 나타났다고 지적하였다. 이러한 인식의 바탕 위에서 시문학 자체를 준거로 하여 사가의 실학사상을 검토하고자 하여, 진실을 탐색하여 진실하게 시로 표상하는 시문학 자체의 변혁운동이란 관점에서는 이서구도 삼가와 동렬에 있음을 규명하였다.[6] 윤기홍(1988)은 실학파 문인들의 문학사상을 검토하고 그들이 어떻게 의고문파의 문학론을 극복하고 있는지를 사가의 문학사상을 통해 논증함으로써, 이서구의 경우 기존 실학파의 인식론을 계승하여 실심(實心)에 의한 시정(詩情)을 전개하였다는 결론을 도출하였다.[7] 송준호와 윤기홍의 연구는, 주제론적 측면에 대해서는 일단 보류해 두고, 이서구의 시문학적 특성을 소재론(제재론)과 표현론, 문학사상의 측면에 주목하여 심도 있게

---

3) 金台俊, 『朝鮮漢文學史』, 조선어문학회, 1931, 179~183면.
4) 崔海鍾, 『槿域漢文學史』, 청구대학, 1958, 535면. "之四家者 聰悟博學하고 尙志革 舊探新하야 並時與朴燕巖으로 相師友之而 究實學之理窟하야 爲藝苑之新英하니 亦 可謂一時之傑也라."
5) 鄭良婉, 「朝鮮朝後期漢詩硏究-特히 四家詩를 中心으로」, 서울대 박사논문, 1983.2.
6) 宋寯鎬, 「朝鮮朝後期四家詩에 있어서 實學思想의 檢討」, 『淵民李家源先生七秩頌 壽紀念論叢』, 정음사, 1987.
7) 尹基洪, 「朴趾源과 後期四家의 文學思想 硏究」, 연세대 박사논문, 1988.12.

논의한 것으로 평가된다.

김왕규(1988)는 송준호의 연구사에 대한 문제의식을 그대로 수용하여, 이서구가 문학 내적인 운동으로 사가 공통의 실학사상을 체화하였다고 주장하였다. 그러나 이서구의 시의식이 모순된 현실 세계를 외면한 '소승적(小乘的) 자아구제(自我救濟)'의 의식이라고 특징지어, 이를 그 시문학의 한계점으로 지적하였다.[8] 김왕규의 견해는 표현론적 측면의 연구로서는 의의가 인정되지만, 주제론적 측면을 과소평가한 부분에서 문제점을 내포하고 있다. 이런 식의 그릇된 결론이 심화되어 나타난 대표적 예가 이북(以北)에서의 논의이다. 김하명(1994)은 『조선문학사』에서 실학파 문학의 일부로 '사가시인'을 다루면서도 정작 이서구와 그 시문학에 대해서는 일언반구도 언급하지 않는 논리적 모순을 노출하였다.[9] 김왕규·김하명의 논의 성과를 바탕으로 하여 주제론적 측면을 중시하는 입장에 서서 이서구 시문학의 성격을 규정한다면, 그의 시문학에는 대사회적 개혁의식이 전혀 존재하지 않는 셈이 되고 만다.

둘째 이서구의 사대부 문인으로서의 측면을 중시한 언급·연구는 정대림으로부터 시작되었다. 정대림(1979)은 이조 후기 문인들을 관료 문인 군과 실학자 문인 군으로 분류하면서, 삼가는 실학자 문인으로 이서구는 순조 대의 대표적 관료 문인으로 규정하였다.[10] 이서구를 실학파 문인이 아닌 사대부 문인으로 규정한 것으로, 아예 삼가로부터 그를 분리해낸 셈이다. 이 견해도 이서구의 시문학에 대사회적 개혁의식이 존재하지 않는다는 점을 전제로 한 것이 사실이어서, 김왕규·김하명 등의 논의와 상통한다. 유현숙(1986)은 이서구의 시문학이 생생한 현실의 모습과 그 혁신 의지로서의 비판이 결여된 것으로 결론지었다. 더 나아가 사가가 모두 실학파 문인으로 뭉뚱그려지기에는 다소간의 어색함이 있다

---

8) 金王奎, 「惕齋 李書九의 詩文學 硏究」, 단국대 석사논문, 1988.
9) 김하명, 『조선문학사』 5, 과학백과사전종합출판사, 1994, 195~203면.
10) 전형대·정요일·최웅·정대림, 『한국고전시학사』, 홍성사, 1979, 330~332면.

고 주장하며, 이서구 시문학을 실학파 문학보다는 사림파 문학에 가까운 것으로 규정하였다.[11] 이서구의 사대부 문인으로서의 일 측면적 성격은 인정되지만, 그를 비실학파, 반실학파(反實學派) 문인으로 규정하는 것은 상당한 문제점을 내포하고 있다. 이서구와 그 시문학을 두고서 "공무에서까지 실학적 개혁을 주도하지 않았음은 물론, 시문을 통해 신랄하게 현실을 비판하지도 않았다"거나 "그의 문학에 투철한 시대의식이 있을 수 없음은 물론이다"라고 한 일부 문학사(1994)에서의 평가[12]는 더욱 문제가 된다.

이서구의 시문학에 대한 올바른 검토를 위해서는 그 인물 됨됨이에 대한 객관적 성격규명이 이루어진 다음, 자료에 충실하여 그의 시문학을 폭넓게 궁구하여야 한다. 인물 됨됨이에 대한 오해가 자료의 불충분한 검토와 결합하며 그릇된 결론을 도출해낼 수 있기 때문이다. 이상의 연구들은 이서구라는 인물의 단편적 성격과 그 시문학의 부분적 측면을 무리하게 일반화시키는 경향이 강했다. 이러한 논의방식의 문제점을 해소하고자 이서구의 실학파 문인으로서의 측면과 사대부 문인으로서의 측면을 통합적으로 논의한 연구가 이어졌다. 김윤조(1991)는 이서구의 관력(官歷)과 정치적 지향성을 상세히 규명하고, 아울러 그의 시세계를 초기의 '백탑동인시기(白塔同人時期)'와 후기의 '사환(仕宦)과 은둔시기(隱遁時期)'로 나누어 검토하였다. 이는 이서구 시문학의 일 측면적 성격에 대한 선행 연구들의 편중된 논의를 해소하는 데에 적지 않은 기여를 하였다. 그는 또 이서구와 관련된 상당수 자료들을 연구에 도입하였다.[13] 이는 선행 연구들이 시문 텍스트를 『전주사가시(箋註四家詩)』와 『척재집(惕齋集)』에 한정함으로 인해 노출시켰던 다양한 문제들을 해소하는 데에

11) 兪賢淑, 「李書九의 詩世界」, 『睡蓮語文論集』 13집, 부산여자대학 국어교육과, 1986.3.
12) 李丙疇・李鍾燦・金光淳・宋寯鎬・金甲起・尹光鳳 공저, 『韓國漢文學史』, 반도출판사, 1994, 414~415면.
13) 金允朝, 「薑山 李書九의 生涯와 文學」, 성균관대 박사논문, 1991.9.

많은 기여를 하였다.

안동규(1993)의 연구도 이서구의 실학파 문인이자 사대부 문인이라는 두 측면을 아울러 고려한 흔적을 보여주고 있다. '조선시풍(朝鮮詩風)'과 '현실비판(現實批判)'의 시를 이서구 시문학의 대표적인 내용으로 들었고, 전원시(田園詩)와 노론명사(老論名士)들과의 교유시에 대해서도 관심을 보여주었다.14) 김윤조에 이은 안동규의 연구도 이서구의 두 측면을 종합적으로 규명하려 시도하였다는 점에서 의의가 인정된다. 그렇지만 이 두 사람의 성과에는 연구 범위의 확대에 상응하는 정치함이 수반되지 못하여 아쉬움을 준다. 특히 김윤조의 연구 성과가 안동규에 의해 더 이상 심화되지 못하였다는 점이 문제이다.

이 외에 이상 세 가지 방식의 연구들이 지닌 거시적 측면의 검토를 지양하고, 연구 범위의 시각축소, 연구방법의 미시적 관점을 통한 연구가 뒤를 이었다. 거시적 관점의 연구가 한계에 봉착하면서 연구사의 새로운 자양분이 요구되는 상황이었기 때문일 것이다. 이경수(1993)는 이서구가 신운설(神韻說)로부터 영향 받았음을 거론하였고,15) 오인숙(1994)도 사가 속에서 이서구만이 갖는 독창적이고 개별적인 특징을 미시적 관점에서 규명하고자 하였다.16) 이훈(2000)도 이서구의 초기 시에 주목하여 사가 공통의 시 경향과 이서구만의 차별화된 시 경향을 논의하였다.17) 김윤조도 박사학위논문 발표 이후 시문학 이외의 다양한 방면으로 이서구 관련 연구의 지평을 확대하여 왔다. 그 중에서도 『자문시하인언(自問是何人言)』이라는 제목의 이서구 산문집을 발굴·소개함과 아울러 그의 산문 문학에 대해서 연구 성과를 제출하고 있는 점이 주목을 끈다.18)

---

14) 安東奎, 「惕齋 李書九의 詩文學 硏究」, 영남대 석사논문, 1993.11.
15) 李庚秀, 「漢詩四家의 淸代 詩 受容 硏究」, 서울대 박사논문, 1993.2.
16) 吳仁淑, 「李書九의 詩 硏究」, 충남대 석사논문, 1994.10.
17) 李焄, 「薑山 李書九의 初期詩 硏究-『席帽山人未定艸』를 中心으로」, 강원대 석사논문, 2000.12.
18) 김윤조, 「李書九의 초기 문학론과 學問 경향-새로 발견된 자료를 중심으로」, 『語文

이는 시문학을 연구 대상으로 하는 본 논문의 관심과 그 영역을 달리하기는 하나, 이서구와 그의 문학론을 이해하는 데에 있어 많은 도움을 준다. 이와 같은 연구들은 이서구 시문학을 총체적으로 검토하기 위한 사전 정지작업의 측면에서 중요한 의미를 지닌다고 여겨진다.[19]

이서구가 시인으로서 내외에 명성을 떨친 것은 사가의 동인(同人) 활동을 집대성한 『한객건연집(韓客巾衍集)』을 통해서가 분명하며, 여기에 수록된 시들은 공통의 문학적 성격을 소유하고 있다. 그러나 그 공통의 문학적 성격이 대사회적 개혁의식을 뜻하는 것은 아니다. 『한객건연집』에 수록된 사가 시는 주로 진실한 제재를 탐색하여 진실하게 표현하는 소재론·표현론적 측면에서의 공통성을 소유하고 있다.[20] 문학에서의 비판적 주제의식을 강조하는 이북의 문학사에서도 "박제가의 시도 포함하여 이 시들, 사가시인의 시는 모두다 리규보, 김시습 등의 비판성이 강한 정론시의 전통을 계승하였다기보다는 간결하고 함축성 있는 서정시를 많이 창작한 림제에게 더욱 가깝다고 말할 수 있다", 또는 "진실한 서정, 생동한 형상, 시적 구조의 조화 등은 이들의 시에서의 일반적인 특성이다"라고 평가하고 있다.[21]

研究』제30권 제3호 통권 115호, 한국어문교육연구회, 2002; 「이서구 산문 연구─새로 발견된 작품을 중심으로」, 『語文學』 76, 한국어문학회, 2002.

19) 위에 소개한 논문들 외에도, 鄭雨峰, 「李書九論」(鄭良婉 외, 『朝鮮後期漢文學作家論』, 집문당, 1994)과 김윤조, 「薑山李書九論」(이종찬·김갑기 편, 『조선후기 한시 작가론』 2, 이회문화사, 1998)은 선행 연구 성과들을 체계적으로 종합하여 후진 연구자들에게 많은 도움을 준다. 시문학 관련 이외의 연구에도, 崔三龍, 「全羅監司 李書九의 人物과 說話에 대한 硏究」(『全羅文化論叢』 4집, 전북대 전라문화연구소, 1990), 김윤조, 「李書九 관계 說話의 樣相과 意味」(『語文學』 63, 한국어문학회, 1998), 朴珠喜, 「李書九傳說 硏究」(충남대 석사논문, 1998.10)는 이서구와 관련된 다양한 문헌·구비 설화를 분석하여 그에게 쏠렸던 당시의 민망(民望)을 짐작할 수 있게 해준다. 유봉학, 「惕齋 李書九의 學問과 政治的 志向」(『韓國文化』 12, 서울대 한국문화연구소, 1991.12), 김윤조, 「薑山 李書九의 學問傾向과 經學觀」(『韓國漢文學硏究』 17집, 한국한문학회, 1994)은 이서구의 학문 경향과 정치적 지향, 경학관의 성격에 대해 상세히 논증하였다.

20) 송준호, 앞의 논문 참조.

21) 김하명, 앞의 책, 202~203면.

물론 사가 시에 대사회적 개혁의식을 주제로 하는 작품이 없는 것은 아니지만, 그들 시문학의 본령적 특성은 시 자체의 변혁운동에 있고, 이서구 역시도 이 부분에 있어 적극적 역할을 하였다. 그렇다고 하여 사가 시에 산재하는 대사회적 개혁의식을 주제로 하는 비판성이 강한 작품들의 의미가 약화되는 것은 아니다. 삼가는 물론이려니와 이서구에게도 정치·사회적 현실을 준엄하게 비판한 시가 다수 존재하며, 이 부분에서는 삼가보다 오히려 이서구가 훨씬 더 치열한 의식을 소유하고 있었다. 시 자체의 변혁운동이 되었건 비판성이 강한 사회시 창작이 되었건, 이서구는 결코 사가 중에서 이질적인 존재로 규정될 수 없는 것이다.

이서구를 사가 중에서 이질적인 존재로 규정하려 하는 논의는 타당성이 없다. 이런 논리의 근저에는 삼가는 서얼 출신인 데 반하여 이서구는 경화사족 출신이라는 신분적 상이함을 지나치게 의식한 결과가 자리잡고 있다고 여겨진다. 아울러 시문학을 논하기에 앞서 이서구라는 인물에 대한 이해 부족이 그 원인으로 작용하지 않았는가 여겨지기도 한다. 『한객건연집』이 외의 이서구 시문집을 살펴보면 대사회적 개혁의식을 주제로 한 작품들이 삼가의 그 누구에게서보다도 많이 발견된다. 선행 연구들 중에서 이서구에게서는 대사회적 개혁의식을 주제로 한 시들이 발견되지 않는다고 주장한 경우는, 그의 인물 됨됨이에 대한 연구자의 선입견과 작품의 실상에 대한 이해 부족이 작용하였을 것이다. 아울러 사가가 실학파 문인으로 뭉뚱그려지기에는 어색함이 있다고 주장하는 경우는, 사가가 사가라는 명칭을 얻을 수 있었던 근본 원인을 정확히 인식하지 못한 결과가 작용하였을 것이다.

그러나 이서구를 삼가와 동일한 성격의 존재로 무작정 뭉뚱그려 이해하려고 하는 시도도 옳은 것만은 아니다. 그는 왕실을 선대로 하는 명문 경화사족 출신에다가 내외요직을 두루 역임한 현달한 정치가이기도 하다. 신분이나 출세의 측면에서 보자면 그는 서얼출신으로 하급관료에 그쳤던 삼가와 천양의 차이가 있다. 이 차이에도 불구하고 이서구가 삼가와 친밀하게 교유하여 사가의 명성을 얻은 것은 사실이지만, 그의 판이한 처지는 시문학의 성격에도 적지 않은 영향을 미쳤을 것이다. 이는 이서구의 시문학이, 사가가 공히 소유한 사실적 표현미학의 특성 외에도, 그가 내외 요직을 두루 역임한 정치가였기 때문에 가지는 또 다른 특성, 즉 사대부 문학의 일 국면적 성격도 겸유하고 있음을 짐작하게 해준다.

이서구의 인물 됨됨이와 그 시문학의 실상에 접근해서 살펴보면, 명문 경화사족이라는 처지가 그의 실학파적 성격을 약화시키는 것이 아님을 알게 된다. 그러면서도 그의 시문학 세계가 사대부 문학의 영향하에 존재하고 있음도 이해하게 된다. 이서구는 삼가처럼 왕성한 저작 활동을 통한 실학사상가 혹은 실학자로서의 명성을 얻지는 못했지만, 자신의 학문 경향과 정치적 입장을 바탕으로 해서 현실정치 속에서 경세제민의 의지를 몸소 실천한 진보적 경향의 사대부였다. 삼가가 현실 정치에서 소외된 사상가 혹은 학자의 위치에 존재했다면, 이서구는 그러한 사상과 학문을 바탕으로 삼아 자신의 경륜을 적극 실천할 수 있는 조건을 갖추고 있었다. 삼가를 실학사상가, 혹은 실학자로 규정한다면, 이서구는 실학을 바탕으로 하여 현실정치에 적극 참여한 진보적 경세가(經世家)로 규정할 수 있는 것이다.

요컨대 이서구는 명문 경화사족 출신으로 태어났지만, 양반으로서의 신분적 허위의식에 함몰되지 않은 각성된 존재로서의 진보적 사대부였다. 그러한 까닭에 연암일파(燕巖一派)의 실학 연구에 적극 참여하였을 뿐만 아니라, 서얼출신이 주축이 된 백탑시사(白塔詩社)의 시문학 운동에서도 주동자의 역할을 담당하였다. 또한 그는 출사 후에도 요직을 역임하면서 현실정치 속에서 실학사상을 몸소 실천함으로써 경세가로서의 모습을 보여주었을 뿐만 아니라, 경세적 주제의식이 분명히 드러나는 시문학 작품을 대거 선보였다. 이서구는 실학사상을 바탕으로 삼은 경세가였고, 이러한 특성은 그의 시문학에도 고스란히 투영되어 있다는 것이 본 논문의 연구 시각이다.

제2장
학문 경향과 정치적 입장

　본 논문의 종국적인 목적은 이서구의 시문학을 연구하는 것이다. 이를 위해서는 먼저 이서구라는 인물의 됨됨이에 대한 정치한 검토가 선행되어야 한다. 작가 자신의 인물 됨됨이와 그것을 바탕으로 하여 창작된 시 작품의 경향은 일치할 수밖에 없다는 상식적인 관점에서 보았을 때, 이서구의 시문학에 대한 기존 연구자들의 그릇된 평가는 그의 인물 됨됨이에 대한 오해와 편견이 상당 부분 작용한 결과로 여겨지기 때문이다. 이제 이서구의 인물 됨됨이를 그의 학문 경향과 정치적 입장을 중심으로 하여 하나하나 규명해 봄으로써, 기존 연구들에 존재해 왔던 그의 시문학에 대한 여러 오해들이 해소될 수 있는 단초가 마련될 것이다.

1. 경제실용에 근거한 학문세계와 문장관

이서구의 학문세계에 대해 본격적으로 논하기 위해서는 그의 수학과
정을 검토할 필요가 있다. 이서구는 본디 산림(山林)의 문하에서 체계적
으로 학습한 경험을 갖지 않았다. 이는 그가 당대의 성리학적 학풍으로
부터 비교적 자유로울 수 있는 조건으로 작용하였을 것이다. 그는 부친
이원(李遠), 외숙 신간(申暕), 외종형 신광려(申光呂) 등으로부터 소학서 및
기본 경전을 공부하였고, 그 다음에는 독학을 통해서, 이덕무·유득공·
박제가 등의 삼가 및 박지원(朴趾源)·홍대용(洪大容) 등과의 교유를 통해
서 학문 영역을 확대해 나갔다.

이서구는 3세(1756, 영조 32) 때부터 글자를 알아 유모(乳母)의 품속에서
손가락으로 허공에 글자를 썼으며, 창벽 사이에 발라진 오래된 종이를
보더라도 획이 떨어진 글자를 정확히 알아 맞추었다 한다. 이 내용이 그
자신의 기록임을 생각한다면, 그저 과장적인 내용으로 치부할 수는 없
을 터이다. 이에 부친 이원이 이서구의 조부 이언소(李彦熽)가 엮은 『몽
구(蒙求)』, 당인(唐人)의 절구 몇 수, 『삼자경(三字經)』 등을 가르쳐주어 밤
낮으로 익히게 되었다.[22]

이서구는 5세 때부터 근 7년 동안 본가를 떠나 외가 쪽에서 공부하게
된다. 1758(영조 34, 5세)년에 이르러 모친과 조부를 연달아 잃게 되어, 외
조모 임숙인(林淑人)이 그의 양육을 담당하게 되었기 때문이다. 이 해에
그는 외숙 신간이 정읍현감(井邑縣監)으로 있다가 간성군수(杆城郡守)로
부임함에 따라, 외조모와 함께 부임지로 따라가서 외숙으로부터 수업을
시작하게 되었다. 이때 그는 채 3개월도 못 되어 『십팔사략(十八史略)』,

---

22) 李書九, 『惕齋自述』, 1면. "三歲, 頗能識字, 在乳姆懷中, 輒以指書空. 見窓壁間所
塗故紙, 雖缺畫半字, 便指認不錯. 先府君, 遂敎以王考所纂蒙求一篇及唐人絶句若干
首三字經等書, 日夕誦習."

『사기열전(史記列傳)』을 모두 읽어 점차 시와 글을 지을 수 있게 되었다
한다. 이서구가 자신으로 하여금 무식함을 벗어날 수 있게 해준 공로를
외조모와 외숙에게 돌리고 있는 사실에서 보듯, 이 시기는 그가 학문적
기초를 수립하는 데 있어 매우 중요한 때였다.[23]

　　1761(영조 37, 8세)년 가을 신간이 인천부사(仁川府使)로 임명됨에 따라,
이서구도 외숙을 따라 서울에 이르러 한 달 정도 본가에 머물다가 다시
인천으로 가게 된다. 인천에서 소학서를 1년 정도 읽다가 한유(韓愈)의
글 40여 편을 읽고, 유종원(柳宗元)·구양수(歐陽修)의 글도 두루 섭렵하였
다고 한다. 그는 이때 송나라 사람의 사론(史論)을 모방하여 「화흠관녕론
(華歆管寧論)」을 짓기도 하였다.[24]

　　1762년 신간이 관직에서 물러나 서울의 성동(城東) 셋집으로 돌아오게
되어, 이서구도 함께 따라왔다. 1763년에 신간이 임숙인을 모시고 안동
(安東)으로 가서 은거하게 되자, 이서구는 서울에 남은 외사촌 신광려로
부터 『통감강목(通鑑綱目)』을 배웠는데 매일 3백 행 이상을 외웠다 한다.
그러다가 1765(영조 41, 12세)년 가을 신광려조차 안동으로 돌아가게 되어,
이서구도 백탑(白塔)[25] 아래의 본가로 돌아오게 된다.[26] 외가로 가서 공
부를 시작한 지 무려 7년 만에 본가로 돌아온 것이다.

---

23) 李書九, 『惕齋自述』, 12면. "適內舅申公, 以井邑縣監, 移守杆城郡. 外祖母林淑人,
　　憐而收之欲學, 俱行 (……) 冬, 始受學於申公. 公於先妣, 友愛篤至, 每念先妣托子遺
　　意, 教誨甚勤. 未三朞, 盡讀曾先之史略史馬遷史記列傳, 稍能賦詩屬文. 不肖之蒙幼
　　孤苦, 幸得成立, 畧辨魚魯, 皆林淑人曁申公力也."

24) 李書九, 『惕齋自述』, 23면. "辛巳 (……) 秋, 申公移除仁川府使, 不肖隨至京師
　　(……) 居月餘, 又從申公于仁川, 讀小學書者, 一年. 又讀昌黎文四十餘篇, 柳州廬陵,
　　亦或旁傍涉焉 (……) 嘗倣宋人史論, 作華歆管寧論, 見者謂其綴文有趣."

25) '백탑'은 한성 중부 경행방(慶幸坊)에 소재하였던 원각사지십층석탑의 별칭이다. 흰
　　대리석으로 만들어진 까닭에 백탑이라고 불렀다. 지금은 서울 종로구 탑골공원 안에
　　세워져 있고, 국보 제2호로 지정되어 있다.

26) 李書九, 『惕齋自述』, 34면. "壬午秋, 申公罷官, 歸僦屋于城東駱山下, 翌年八月, 奉
　　林淑人, 往居于安東之九潭 (……) 其冬, 又從內兄進士申公, 受通鑑綱目, 日誦三數百
　　行. 申公家, 甚貧 (……) 不肖亦不敢以是爲苦, 受業靡懈. 乙酉秋, 申公歸嶺南. 不肖
　　始來, 侍先府君于家, 而綱目且卒業矣."

이서구는 본가로 돌아온 1765년부터 15세 무렵에 이르는 3년 정도의 기간 동안 본격적으로 경전학습에 임하게 된다. 이 시기 그는 사서(四書)와 『시경』·『서경』·『춘추좌씨전』을 한두 차례씩 배웠다. 그러나 집안에서는 그가 가르침을 번거롭게 받지 않아도 문리를 통하였는지라, 일정한 스승을 정해주지 않았다 한다. 가끔 숙조인 묵성당(默成堂) 이언묵(李彦默)을 찾아가서 배우기는 하였으나, 끝내 일정한 스승을 모시고서 배우는 체계적인 학습과정을 겪지 않았던 것이다. 그의 이와 같은 학습 경험은 학문적 기호를 특정한 것에 얽매이지 않도록 해주었으며, 이러한 경향은 그의 가장(家藏) 서고의 도서들을 바탕으로 하여 더욱 확대될 수 있었다.27) 이는 이서구의 학문 영역이 성리학적 테두리를 벗어나 경제실용을 기반으로 하는 실학(實學)으로 확장되는 원인으로 작용하였을 것이다.

이서구의 집안에는 그의 6대조 인흥군 이영과, 『대동금석서』를 엮어 우리나라 금석학의 기초를 이룬 인물이자 이조 후기의 대표적인 서화가이기도 한 5대조 낭선군(朗善君) 이우(李俁) 이래로 수집해 온 만 권 장서의 '만고장(萬古藏)'이란 서고가 있었고, 그는 이 장서들을 바탕으로 박학다식(博學多識)한 학문 영역을 개척할 수 있었다.28) 이 장서들은 대체로 연행 과정에서 수집되었을 것으로 보인다. 이영은 효종이 즉위하자 사은사(謝恩使)로 연경에 다녀왔고,29) 이우는 1663(현종 4)년에 진위겸진향정사(陳慰兼進香正使)로, 1671(현종 12)년에 문안사(問安使)로, 1686(숙종 12)년에 사은사로 연경에 다녀왔다.30) 1739(영조 15)년에는 증조부 이완(李梡)도 진

---

27) 李書九, 『惕齋自述』, 4면. "自是, 始讀羣經, 至十五歲, 而學庸語孟詩書及春秋左氏傳, 讀遍一過, 或再過焉, 然, 由其不煩訓誨, 而稍通文理也. 故業無專師, 雖時時往學於叔祖默成堂先生, 而未能長侍函丈, 一遵課程, 通貫講習. 且其志慮未定, 嗜好稍廣, 取家藏舊書, 鹵莽涉獵, 沾沾自喜."

28) 李書九, 『惕齋屛居錄』, 61면. "吾家, 自靖孝公, 已有藏書數千卷. 孝敏公, 收畜漸富, 陽德坊舊第, 有貯書之閣, 扁以萬古藏. 其後太半散逸, 余自童年, 有嗜書之癖, 積年收藏, 幾至萬卷."

29) 『효종실록』 권2 '즉위년 10월 경자(15일)' 참조.

위겸사은사로 연경에 다녀왔다.[31] 이들은 연행을 통해 청조의 새롭고 다양한 문물을 경험하였을 것이고, 이 과정에서 상당수의 도서들도 수집되었을 것이다. 아울러 조부 이언소는 균역법이 시행되던 1751(영조 27)년 6월에 영조가 양역(良役)의 구폐지책(求弊之策)을 하문했을 때, 『양역주의(良役奏議)』 1권을 올려 승진이 되기도 하였다.[32] 이서구 집안에 소장된 이들 도서는 이서구의 박학다식한 학문적 성격의 형성에 지대한 영향을 미쳤으리라 여겨진다.

이서구가 백탑 아래 본가로 돌아온 이후 학문적 영역을 확대해 나가는 데에는 삼가 및 박지원·홍대용 등과의 교유도 중요한 역할을 하였다. 유득공은 1757(영조 33)년에 운수(雲岫) 아래 옛집으로 돌아왔다가 곧 백탑이 있던 경행방(慶幸坊)으로 거처를 옮겼고,[33] 이서구는 외가 쪽에 있다가 1765(영조 41, 12세)년에 이르러 백탑 아래의 본가로 돌아왔다.[34] 이어 이덕무가 1762(영조 38)년 확교동(確橋洞)으로 옮겼다가, 1766(영조 42)년에 백탑 동쪽[35]의 관인방(寛仁坊) 대사동(大寺洞)으로 다시 이사하였다.[36] 박제가는 남산(南山) 아래에 거주하고 있었는데, 1767(영조 43)년에 이덕무가 남산 아래 백동수(白東脩)의 집에서 그를 만나면서부터 백탑과 인연을 맺기 시작하였다.[37] 이를 통해 이른바 '백탑시사(白塔詩社)'라는

---

30) 『현종실록』 권6 '4년 5월 병자(9일)'; 『현종실록』 권19 '12년 10월 경자(22일)'; 『숙종실록』 권18 '13년 3월 신사(3일)' 참조.

31) 『영조실록』 권48 '15년 2월 을유(8일)' 참조.

32) 『영조실록』 권74 '27년 6월 기해(4일)' 참조.
　　李書九, 『惕齋屛居錄』, 13면. "戊午間, 上偶因筵臣, 聞先王考副正府君, 當均役之時, 有所建良役奏議一卷, 命賤臣, 錄進一本. 乙覽後, 亦賜嘉賞."

33) 宋寯鎬, 『柳得恭의 詩文學 硏究』, 태학사, 1985, 20~21면 참조.

34) 이서구의 "懋官與余, 俱爲宗室之裔, 宗派各異, 甲申以後, 同居塔下"(白斗鏞 편, 『箋註四家詩』 권4 「七律」 「懷李炯菴」 自註)라고 한 기록으로 보아, 이서구와 이덕무는 그들이 백탑 아래로 옮겨오기 이전인 1764(영조 40)년부터 이곳에 출입하며 인연을 맺었던 것으로 보인다.

35) 李德懋, 『青莊舘全書』 권62 「山海經補」. "漢山州曹溪宗本塔東."

36) 李德懋, 『青莊舘全書』 권70 「先考積城縣監府君年譜 上」 참조.

37) 李德懋, 『(刊本)雅亭遺稿』 권3 「楚亭詩稿序」 참조.

동인집단이 출현하게 되었다.

"그 무렵(1768~1769, 영조 44~45) 형암(이덕무)의 사립문이 그 북쪽에 마주
서 있고, 낙서(이서구)의 사랑이 그 서쪽에 솟아 있었으며, 수십 걸음 떨
어진 곳에 서상수(徐常修)의 서재가 놓여 있었다. 또 거기에서 꺾어져 북
동쪽에는 유금(柳琴)·유득공의 집이 있었다. 나는 한 번 그곳에 가면 돌
아가기를 잊고 열흘이고 한 달이고 머물렀으므로 여기서 지은 시문과
척독이 걸핏하면 책으로 이루어졌고, 술과 음식으로 부르고 좇아 밤낮
을 이었다"38)라고 한 박제가의 기록이 당시의 성사(盛事)를 잘 보여주고
있다. 물론 이 기록은 시문척독집(詩文尺牘集)에 쓴 서문인지라 이들의
학문적 교유양상을 직접 보여주는 것은 아니지만, 이들의 교유가 학문
영역에도 미쳐 있었을 것임은 당연한 것이다.

이서구는 삼가 가운데서도 특히 이덕무와 더불어 학문적 교유에 열
중하였다. 이서구와 이덕무는 한 마을에 살면서 며칠 간격으로 만나, 경
사(經史)를 펼쳐 동이(同異)를 연구하고 득실(得失)을 변론하기를 쉬지 않
았으며, 한 권의 신기한 책이라도 얻게 되면 서로 알려 가며 나누어 베
꼈다 한다.39) 삼가와의 학문적 교유 이외에도, 이서구는 1768(영조 44, 15
세)년 경 이후로 박지원 문하에서 배우기도 하였다.40) 이서구는 이덕무
의 소개로 박지원을 만나 종유(從遊)하게 되었는데, 이서구가 처음으로
그를 찾아갔을 때 박지원은 상체를 구부려 읍(揖)을 하면서 아랫목 가까
이에 앉게 하며 최대한의 예우로 대접하였다고 한다. 이후 몇 달 동안

---

38) 朴齊家, 『貞蕤文集』권1 「白塔淸緣集序」. "當是時也, 炯菴之扉, 對其北, 洛書之廊,
    峙其西, 數十武而爲徐氏書樓. 又折而北東, 爲二柳之居也. 余乃一往忘返, 留連旬月,
    詩文尺牘, 動輒成帙, 酒食徵逐, 夜以繼日."

39) 李書九, 『惕齋集』권9 「行狀墓表墓碣墓誌」「李懋官墓誌銘」. "而懋官爲人, 外若簡
    澹, 中實和易, 博學嗜古, 善談文章. 故獨與余相得甚懽, 間數日, 必一過余園亭, 羅列
    經史, 考究同異, 辨難得失, 纏纏不能休. 飮酒微酣, 輒取古人得意之文, 據案迭讀, 竟
    日乃去. 得一異書, 卽相走報, 分程共鈔, 如是者十年."

40) 朴趾源, 『燕巖集』권7 別集 「綠天館集序」. "李氏子洛瑞, 年十六, 從不佞學, 有年
    矣. 心靈夙開, 慧識如珠, 嘗携其綠天之稿, 質于不佞."

이서구는 낮에는 거의 항상 박지원을 대면하였고 밤에도 찾아가기를 기피하지 않으면서 학문탐구에 열중하였다.[41] 아울러 홍대용·정철조(鄭喆祚) 등과도 빈번하게 왕래하며 경제실용을 위한 실학 연구에 참여하였다고 한다.[42]

이서구의 학문은 경제실용을 요체로 하고 있다. 그는 이기심성론(理氣心性論) 위주의 성리학을 존중했으면서도 경제실용을 위한 실학적 학문을 본령으로 삼았던 것이다. 그는 어려서부터 정주학(程朱學)을 독실하게 신봉하여 비록 다양한 서적을 보기는 하였으나 이단(異端)에 빠지지는 않았다고 고백하였다.[43] 그러나 이 언급은 그가 반성리학적 입장에 서지 않았음을 입증해 주는 기록은 될지언정, 그의 학문 경향이 성리학만에 있었다고 증명해 주는 기록은 아니다. 이서구 스스로 고백하고 있듯 그는 성리학의 심오한 연구를 시도한 학자가 아니었다.[44] 그는 경전에 대하여 정주(程朱)의 학설을 무비판적으로 수용하기보다는 제가의 여러 학설에서 이동(異同)을 참조하고 득실(得失)을 비교하는 방식의 고증학적(考證學的) 학문 태도를 취하였다. 그러면서도 그의 고증학적 학문 태도에는 정주학적 학문 태도가 그 근저에 자리 잡고 있었다. 그러므로 『시

---

41) 李書九, 『自問是何人言』「手鈔燕巖集序」. "始先生, 與余同里. 時余甚沖幼, 不識朴先生, 爲何如人也. 居頃之, 受業于隣之李氏, 李氏字懋官. 懋官對余輒稱, '朴先生, 長者, 可與交.' 又兩家賓客, 日相往來, 皆稍稍稱朴先生, 長者, 善容儀, 談文章, 言語片片, 因介余以進. 先生迎余而揖, 肩背穹然, 錫余而坐, 席幾連牒, 有神明之開滌, 若鬚眉之蔭映. 余乃心竊自疑, 以爲朴先生, 誠長者, 夫何一見, 而相厚若是. 遂日從先生遊, 幾月之間, 晝無罕面, 夜不憚踪, 而目悅文雅之容, 耳順學習之論."
   『자문시하인언』에서 인용한 글과 관련된 논의는 김윤조의 「李書九의 초기 문학론과 學問 경향-새로 발견된 자료를 중심으로」(『語文硏究』 제30권 제3호 통권 115호, 한국어문교육연구회, 2002)를 적극 참조하였다.

42) 朴宗采, 『過庭錄』 권1. "壬辰癸巳間 (……) 與洪湛軒大容鄭石癡喆祚李薑山書九, 時相往還, 而李懋官德懋朴在先齊家柳惠風得恭, 常從遊焉 (……) 薑山年最少, 而穎拔出群, 沈靜有識量, 先君愛重之."

43) 李書九, 『惕齋屛居錄』, 64면. "自少, 篤信程朱, 雖博觀羣籍, 而能不爲他岐所惑."

44) 李書九, 『惕齋自述』, 45면. "以是, 不得早尋正路, 充其學而成其材, 以副我先府君敎督之志, 畢生有遺恨焉."

경』·『서경』·『역경』과 같은 경전에 대해 모두 취하고 버리는 바가 있
었지만, 그 요체는 모두 성현과 정주(程朱)의 가르침을 어기지 않았다고
평가받았다.45) 예컨대 『역경』에 대해서는 '상수(象數)'를 버리고 '정의(精
義)'를 위주로 하여서 공자가 전한 것을 소급하였고, 『시경』에 대해서는
'집전(集傳)'을 위주로 하고 간혹 '서설(序說)'을 취하여서 고거(考据)의 자
료로 갖추어 삼았고, 『예기』에 대해서는 정현(鄭玄)의 주를 위주로 하되
또한 위오(衛敖) 등 뒷사람의 설을 모아서 고금의 변화를 다 궁구하였다
고 하였다.46)

이서구는 이조 후기 성리학의 최대 쟁점이었던 호락(湖洛) 논쟁에 대
해서도 그 어느 쪽으로 치우친 바 없는 절충론을 제시함으로써, 논쟁의
장에서 한 걸음 비켜나 있었다. 인물성동이론(人物性同異論)에 대해 주자
의 「답황상백서(答黃商伯書)」를 들어, 인성과 물성은 동(同)이라고 해도 옳
고 부동(不同)이라고 해도 옳고, 동이라고 해도 옳지 않고 부동이라고 해
도 옳지 않다고 하며, 보는 관점에 따라 달라질 수 있다고 하였다. 동론
과 이론을 통합하여 '동중유이(同中有異)'하고 '이중유동(異中有同)'하다는
절충론적 관점을 제시하였던 것이다.47)

이서구의 「상서강의(尙書講義)」와 천문책(天文策)에는 그의 주체적 실용

---

45) 『惕齋先生行狀』, 43~44면. "當絶學之餘, 薈萃衆說, 參互異同, 泛濫諸家, 攷校得失,
常以爲格致在誠正之先, 務爲明體而後適用, 窮源而後達流. 故於詩書易三經, 皆有所
取舍, 而其要率不越曾思之傳語孟之訓. 則於是乎, 殊塗而同歸, 百慮而一致, 雖疑義
汨亂, 異說錯互, 在我之精義, 坦然無疑, 而析之精辨之明, 以復乎程朱之舊. 此府君之
學問門路也."

46) 『惕齋先生行錄撫遺(坤)』 51張 「祭文」「成陰城海應」. "故於易則捨象數而主精義,
以溯孔子之傳, 於詩則主集傳而間取序說, 以備考据之資, 於禮則主康成而亦採衛敖
等後來之說, 以盡古今之變, 而其要率一不越."

47) 李書九, 『惕齋集』 권16 「中庸講義」 제22장. "朱子答黃商伯書云 : '論萬物之一原, 則
理同而氣異, 觀萬物之異體, 則氣猶相近, 而理絶不同.' 從上論, 人物之性者, 不爲不
多, 其言之明白該備, 莫加於此, 庸學章句或問, 由前之說也, 孟子集註, 由後之說也.
所言之地頭, 各有攸當, 盖人物之性, 謂之同可也, 謂之不同亦可也, 謂之同不可也, 謂
之不同亦不可也 (……) 故曰 : '人物之性, 同中有異, 異中有同, 而章句或問集註之說,
並行而不相悖矣.'"

적 학문관이 잘 드러나 있다.48) 그는 홍대용·박지원 등의 과학적 학문 성과를 충실히 계승하여, 중국 중심의 화이론적 세계관을 부정하였다.49) 그의 이러한 인식은 중국의 것이 아닌 우리의 지리·역사에 대한 관심으로 표면화되었다.50) 아울러 이는 중국 연경(燕京) 중심의 역법체계를 보완하여 우리나라 서울을 중심으로 하는 역법체계의 구축을 주장하는 단계로 발전된다. 당시 우리나라에서는 탕약망(湯若望, John Adam Schall von Bell)의 시헌력(時憲曆)을 채택하고 있었는데, 이서구는 연경을 중심으로 하는 이 시헌력의 문제점을 지적하며 우리나라 서울을 기준으로 한 역법을 마련할 것을 주장하였던 것이다.51) 이는 남북으로 길게 발달한 우리나라 고유의 지형을 고려하여, 각 도(道)의 도표(圖表)를 각기 마련되어야 한다는 주장으로 확대된다.52) 이를 위해서는 당시의 천문 관측법과 역법이 비록 서양에서 들어온 것이라고 하더라도, 사대부 학자들 역시 이에 대해 적극적 관심을 가져야 한다고 역설하였다.53)

---

48) 이 부분은 김윤조, 「薑山 李書九의 學問傾向과 經學觀」(『韓國漢文學硏究』 17집, 한국한문학회, 1994)에서 논의한 내용을 적극 참고하였음을 밝혀 둔다.

49) 李書九, 『惕齋集』 권11 「尙書講義」 2 「禹貢」(20조). "鄭玄, 以穎川陽城, 爲地中, 陽城, 卽豫州之屬也. 然, 此特指中國之四方而言. 若以天地之全體, 論之, 中國已在北極之西, 赤道之北, 而西北多陸, 東南多水 (……) 故人之見之, 有似乎天傾西北, 地缺東南. 然, 其實, 則地形團圓, 天體渾然. 夫豈有不滿不足之理也哉."

50) 李書九, 『惕齋集』 권11 「尙書講義」 2 「禹貢」(16조). "輿地之學, 大有關於讀書攷古. 然, 如臣謏淺, 雖在我東耳目之所及, 如三韓四郡之分界, 浿水洌水之定在何地, 尙所疑眩."

51) 李書九, 『惕齋集』 권7 「對策」 「天文」. "若夫時憲之所濶略者, 則雖其疏漏顯著, 差誤易見, 不思通變之方, 未免因襲之弊. 試擧其大者而言之, 合朔時刻, 自有東西加減, 而只遵燕都之定限, 則干支晦朔, 並歸差訛, 中星子午, 自有歲差推移, 而不準漢京之極度, 則五更率分, 亦且乖戾."

52) 李書九, 『惕齋集』 권7 「對策」 「天文」. "我國地方, 東西千里, 南北三千里. 自白頭而至漢拏, 則極度高低, 大相逕庭, 節氣早晩, 必當差爽, 其餘諸道, 亦可因此而推知. 是宜倣中國曆, 各省加減之例, 別立圖表, 以盡授時之義也."

53) 李書九, 『惕齋集』 권7 「對策」 「天文」. "隷籍雲觀, 握籌而考圖者, 類皆閭巷白徒, 流品雜織, 已失上古建官分職之意, 而且其推步占驗之法, 多出於後世外夷之國. 故學士大夫, 視之若方技雜術, 率皆鄙夷而不學焉. 歐陽修所謂其事則重, 其學則未者 不近而近之矣"

이서구는 박학다식의 고거학자(考據學者)인 송 정초(鄭樵)·마단림(馬端林)의 학문을 매우 좋아하여 반드시 예악형정(禮樂刑政)과 경제실용(經濟實用)의 근본에 의거하여 글을 지었다고 하였다.54) 이는 1792(정조 16, 39세)년『규장전운(奎章全韻)』이 완성되었을 때 지은 그의 대책문(對策文)에서 확인된다. 그는 여기에서 정초의 학설을 주장의 논리적 근거로 삼았을 뿐만 아니라, 그의 학문을 통경고고(通經考古)의 요체로 인정하였다.55) 정초·마단림의 학풍에 대한 관심은 실상 사가가 공통적으로 가졌던 것이고, 그 관심은 철저하게 경제실용의 추구를 위한 것이었다.56) 이덕무는 유득공의 시재(詩才), 박제가의 필력(筆力)과 함께 이서구의 엄아(淹雅)한 학문을 그 특장으로 꼽았거니와, 이서구의 경제실용을 추구하는 박학고아(博學高雅)한 학문경지는 사가 중에서도 으뜸이었던 것이다.57) 이는 이덕무가 이서구를 오늘날의 정초로 일컬은 것에서도 분명히 확인된다.58) 이덕무의 이러한 견해는 1871(고종 8)년에 김병학(金炳學)이 올린 이서구의 시장(諡狀)에서도 그대로 추인되고 있다.59)

이서구는 정초·마단림의 학풍을 계승하여 역대연혁(歷代沿革), 제자백가(諸子百家), 율력산수(律曆算數), 전예서화(篆隷書畫), 전곡갑병(錢穀甲兵), 곤충초목(昆虫草木)의 영역으로부터 먼 지방의 산천도리(山川道里), 풍토속상

---

54) 李書九,『薑山詩集』「自序」. "余少慕鄭夾漈馬貴與之學, 常妄言爲文詞不根據乎禮樂刑政經濟實用之本, 可無作也."

55) 李書九,『惕齋集』권7「對策」「文字」. "臣對. 臣聞, 鄭樵有言曰 : (……) 夫然後始知鄭樵一言, 自有卓見絶識, 而深得乎通經考古之要也."

56) 李德懋,『(刊本)雅亭遺稿』권7「文」「書」「與朴在先齊家書」. "吾儕二十年前, 汎覽百家, 亦云富有, 畢竟歸趣, 卽全經全史, 而著書立言, 不出經濟實用間, 竊自付於漁仲貴與之例."

57) 李德懋,『青莊館全書』권11『雅亭遺稿』3「詩」「人日贈薑山泠齋楚亭」. "(……) 趺宕泠齋詩, 遒勁楚亭筆, 淹雅薑山學, 孰得孰爲失 (……)."

58) 李德懋,『青莊館全書』권11『雅亭遺稿』3「詩」「鐵脚畫歌次薑山韻」. "(……) 此妙誰向談妮妮, 漁仲幸出吾宗李, 吾宗玩亭今漁仲, 拈出箋疏頭頭是 (……)."

59)『惕齋先生行錄撫遺(坤)』34張. "公自在妙齡, 博綜羣經, 網羅大典, 而貫通鄭漁仲馬貴與之學."

(風土俗尙)의 영역에 이르기까지 경제실용과 관련된 학문 분야에 대해 통달하지 아니한 바가 없었다고 한다.[60] 그의 경제실용에 기반을 둔 실학적 학문 경향은 지리·역사·금석(金石)·육서(六書)·변핵(辨覈) 등의 분야에서 두드러졌다.

이서구는 젊어서부터 『동국여지지(東國輿地誌)』에 관심이 많아 우리의 지리와 관련된 그릇된 사실들을 고증하여 바로잡았고,[61] 우리의 역사에 대해서도 관심을 기울여 한 권의 책을 이루었다 한다.[62] 그가 22세 되던 1775(영조 51)년에 『정미전신록(丁未傳信錄)』을 편찬한 것도 역사에 대한 관심의 결과물이다.[63] 그는 또한 가학(家學)의 영향으로 금석학에서도 일가를 이루었는바, 그는 5대조 이우의 『대동금석서』의 목록을 토대로 하여 『해동금석고(海東金石考)』를 짓고자 하였으며,[64] 육서학(六書學)에도 상당 기간 침잠하였다 한다.[65] 또한 그는 변핵 부분에서도 특별한 재능을 발휘하였다.[66] 그 대표적인 예로 전겸익(錢謙益)의 『열조시집(列朝詩

---

60) 『惕齋先生行狀』, 43면. "自歷代沿革百家之書律曆算數篆隷書畵錢穀甲兵昆虫草木, 以至遐外山川道里風土俗尙之類, 無不貫穿, 如誦己言. 此府君之聰明才藝也."

61) 李書九, 『惕齋屏居錄』, 61~62면. "余於東國輿地誌, 少頗究心, 如唐帶方州之爲今羅州, 百濟周留城之爲今瑞山郡知六古縣, 支羅城之爲今錦山郡, 炭峴之不在扶餘縣而今珍山郡. 遼志宣州懷義軍之爲今宣川府, 開軍之爲今龜城府, 是皆前人之所未詳, 而自余發之, 考據明白. 其他三國分界, 漢四郡唐二府之經理, 皆有所分析於心中者, 嘗欲纂次成書, 以補史傳之闕誤, 而意未果焉."

62) 李書九, 『惕齋屏居錄』, 62면. "以歷代正史東國列傳, 多少錯誤, 欲依裴松之三國志注, 吳縝新唐書糾謬之例, 博攷中外之書, 補葺刊正, 以成一書."

63) 李書九, 『惕齋屏居錄』, 17~18면. "顯宗丁未, 有漂人林寅觀等送北之事, 余於少時, 蒐輯其時事實, 編成一書, 名曰丁未傳信錄. 上偶覽其書, 嘗教賤臣曰：'其事不可泯, 編書之意, 甚善. 予始見其書, 慷慨悲憤, 不忍竟讀也.'"

64) 李書九, 『惕齋屏居錄』, 62~63면. "先孝敏公, 收藏海東金石累百卷, 有所編碑目一卷, 紀其所在地方, 及撰書人姓名, 甚詳. 余不肖, 亦有歐陽永叔趙德甫之癖, 常欲就此碑目, 斷自高麗以上, 考證纂次, 作海東金石考幾卷, 以成先志, 而竟皆未暇."

65) 李書九, 『惕齋自述』, 6면. "壬辰春, 行曾王考緬禮. 旣免喪, 亦不專意科業, 雖以書籍自娛, 而如閑漫詩文金石六書之學, 消費光陰者, 數年."

66) 李德懋, 『靑莊館全書』 권19 「雅亭遺稿」 11 「書」 5 「李雨村調元」. "不佞, 海外腐儒, 天下陳人, 數理之精, 不如彈素, 辨覈之博, 不如薑山, 溫潤之姿, 不如惠風. 超邁之氣, 不如楚亭."

集)』과 주이준(朱彝尊)의 『명시종(明詩綜)』에 거론된 우리나라 총 41명의
시인에 대한 시평(詩評)과 오기(誤記)를 고증한『강산필치(薑山筆豸)』를 저
술하기도 하였다.[67] 이조 후기에 고증적 시화가 역사적 흐름을 형성하
기는 하였으나,『강산필치』처럼 전편이 모두 오류의 고증으로만 구성된
시화집은 찾아보기 어렵다. 이 책은 포괄적 학문 분야가 점차 전문적 학
문 분야로 세분화되어 가는 과정을 보여줄 뿐 아니라, 우리 문학을 중국
에 올바로 알리려 했다는 점에서도 중요한 의미를 갖는다.[68]

이서구는 경제실용을 위한 실학적 학문성취를 토대로 삼아 출사(出仕)
후에도 국책 편찬사업에 여러 차례 참여하여 정조의 우문정치에 일조하
였다. 그는 1786(정조 10, 33세)년에 『열성지장(列聖誌狀)』 별편(別編)의 제작
과『송자대전(宋子大全)』의 교정에 참여한 이래로,[69] 많은 왕명 편찬사업
에 참여하게 된다.

이서구가 참여한 대표적인 왕명 편찬사업은『해동읍지(海東邑誌)』[70]의
편교이다. 1789(정조 13, 36세)년에 정조가『동국여지승람(東國輿地勝覽)』의
의례를 본받아 하나의 믿고 증거를 댈 수 있는 책을 만들고자 하여『해
동읍지』를 편찬하라고 명하자, 이서구가 여러 신하들이 나누어 편찬한
각도의 읍지를 모아들여서 이덕무, 유득공과 함께 범례(凡例)를 만들고
정리해서 전서(全書)로 만들었다.[71] 그는 이 책의 편교 과정에서 금령(禁

---

67) 李書九,『薑山筆豸』(장서각본)「小引」. "虞山錢謙益受之列朝詩集, 秀水朱彝尊錫鬯
明詩綜, 俱採外藩之詩, 於本國諸人, 或名號錯亂, 世代顚倒, 罅漏百出, 漫不可攷. 夫
以錢朱二公之博極群書, 雄視天下, 其在屬國文獻, 疎蕪如此, 甚可慨也. 余顧不佞, 然
凡於考古之學, 嗜好頗篤, 適長夏無事, 遂取此二書, 略爲辨覈. 至若大而宗國之誣, 細
而字句之訛, 幷姑存而不論, 實寓著書之微旨也. 摠四十則, 其隨事駁正, 有類獬豸之
觸邪, 故名之曰薑山筆豸. 幸而薦之於中國之君子, 足可以廣異聞資雅談. 假令錢朱有
靈, 亦不當嗔我爲妄也."
68) 남재철,「『薑山筆豸』 연구」,『韓國漢詩硏究』 10, 한국한시학회, 2002.10 참조.
69) 李蓍永,『惕齋先生年譜』(이하『年譜』로 약칭함) '정조 10년'. "七月, 與列聖誌狀別
編考出謄書之役 (……) 十一月, 校正宋子大全于校書館."
70) 문헌에 따라『동국읍지(東國邑誌)』라고도 되어 있다.
71) 李德懋,『青莊館全書』 권71『先考積城縣監府君年譜』 下 '己酉年' 참조.

令)을 어겨 울진현에 유배되기도 하였는데, 정조는 이 책의 찬수를 살피게 하고자 배소를 양주목(楊州牧)으로 가까이 옮기도록 명하기도 하였다. 그는 배소를 양주목으로 옮긴 이후 이덕무에게 서신을 보내 규장각에 있는 참고할 만한 도서들을 부쳐 달라 요청할 만큼 이 책의 편교에 심혈을 쏟았다.72)

이서구가 참여한 또 하나의 왕명 편찬사업은 1792(정조 16, 39세)년 무렵에 이루어졌던 『규장전운(奎章全韻)』의 편교이다. 이 책의 편집은 이덕무가 담당하였고, 각신 윤행임(尹行恁)·남공철(南公轍)·서영보(徐榮輔), 승지 이서구·이가환(李家煥), 외각교리 성대중(成大中), 검서관 이덕무·유득공·박제가 아홉 사람이 교정을 담당하였는데,73) 이 중 이서구가 직접 교정한 것이 수백여 조목이었다.74) 이덕무가 이서구에게 보낸 서신들을 보면 글자 하나하나에 대해 서로 의견을 교환하여 고증하는 세심한 모습이 잘 나타나 있다.75)

이서구는 『장릉지(莊陵志)』의 편찬에도 주도적으로 참여하였다. 이 책은 예전 윤순거(尹舜擧)가 편찬한 것이 있었는데, 1791(정조 15, 38세)년에 정조가 이 책이 소략하다고 하여 다시 수정·윤색하게 하였다. 그런데 이의봉(李義鳳)은 편년체를 주장하고 윤광보(尹光普)는 지체(志體)를 주장하여 각기 따로 책을 이루어 바치자, 정조가 이서구에게 명하여 두 책의 장점을 취해 한 책으로 만들라고 한 것이다.76) 이 책의 교정 작업은 몇년 간 계속되어 1796(정조 20, 43세)년까지 이어진다.77) 원래 이서구가 명

---

72) 李德懋, 『(刊本)雅亭遺稿』 권6 「文」 「書」 「與李洛瑞書九書」 참조.
73) 李德懋, 『靑莊館全書』 권16 『雅亭遺稿』 8 「書」 25 「成士執大中」(細註). "上命公, 編輯韻書, 曰奎章全韻. 仍命閣臣尹行恁南公轍徐榮輔, 承旨李書九李家煥, 外閣校理成大中, 檢書官柳得恭朴齊家, 并公九人同扶."
74) 『惕齋先生行錄撫遺(乾)』 16張. "壬子六月, 承命校正奎章全韻, 輪校者, 先生及閣臣徐榮輔南公轍, 承旨李家煥, 檢書官李德懋柳得恭朴齊家, 校書校理成大中凡八人, 而先生之所釐改者, 數百餘條."
75) 李德懋, 『(刊本)雅亭遺稿』 권6 「文」 「書」 「與李洛瑞書九書」 참조.
76) 『정조실록』 권32 '15년 4월 계유(29일)' 참조.

을 받아『장릉지』를 편찬하여 이미 완성하였는데, 호남관찰사로 나갔다가 1796년에 돌아와서 교정 작업을 끝낸 것이다.[78] 아울러 그는 이덕무와 함께 정조의 명을 받들어『단종조사실(端宗朝事實)』을 편집하고, 또 정조가 단종을 위하여 절의를 지킨 신하들을 추제(追祭)·배식(配食)하게 하였을 때, 여기에 배식된 인명의 기록인『장릉배식록(莊陵配食錄)』의 편교도 맡았다.[79]

이서구는 대명의리론의 결정체인『존주휘편(尊周彙編)』의 편찬을 주관하기도 하였다.[80] 그는 1796(정조 20, 43세)년 7월에『존주휘편』을 엮으라는 명을 받아서, 그가 사망하기 전까지 공정을 다 마쳤다 한다. 그러나 책 가운데 문자가 다 기휘(忌諱)하는 데에 관계되어 있어 널리 배포할 수 없는지라, 규장각의 신하들로 하여금 정서(淨書)하거나 활인하게 하여, 황명단(皇明壇)과 궁내의 다섯 곳, 사고(史庫), 홍문관, 시강원에 각각 1본씩을 보관하였다고 한다.[81] 또한 1796년 11월에는 승문원제조로 임명되어 이조 후기의 대청·대일 관계의 교섭문서를 집대성한『동문휘고(同文彙考)』별편의 교정과 인간(印刊)을 주관하였다.[82] 12월에는『춘추좌씨전(春秋左氏傳)』을 편차(編次)를 주관하여 일 년 만에 인역(印役)을 끝마쳤다.[83]

---

77)『정조실록』권44 '20년 5월 을축(11일)' 참조.

78)『年譜』'정조 20년'. "五月, 詣內閣, 校正莊陵志. 先是府君承命撰, 陵志旣成, 而出按湖南, 至是, 復校正, 九日而役訖."

79) 李德懋,『靑莊館全書』권71『先考積城縣監府君年譜』下 '辛亥年 八月'. "編校莊陵志, 時公及侍郞李公書九, 承命編輯端宗朝事實, 又命編校配食錄."

80) 李書九,『惕齋屛居錄』, 17면. "余承命, 編尊周彙編, 凡屬皇朝典故. 上輒賜顧問, 御製尊周文字, 屬命書進. 嘗於前席, 論編書義例, 賤臣曰∶'弘光隆武永曆三皇, 播遷偏方, 雖未光復帝業, 後朱子作續成綱目, 甲申以後二十年, 正統尙屬皇朝, 而我國未奉正朔紀元, 只訖於崇禎, 甚可悲也.' 上曰∶'綱目, 亦有無統之歲, 甲申以後, 當從此例.' 因歔唏久之."

81)『순조실록』권28 '26년 9월 계사(15일)' 참조.

82)『惕齋先生行錄撫遺(乾)』27張. "十一月, 大臣備局堂上, 入侍. 時右議政尹公著東, 所啓∶'同文彙考續編添錄, 年次已過, 堂上一員, 當照勘矣. 承旨李書九, 承文提調, 差下, 使之校正印刊, 如何.' 上曰∶'依爲之.'"

이상에서 살펴본 바와 같이 이서구는 경제실용을 위한 학문적 성취를 토대로 하여 정조의 우문정치에 일조하였거니와, 그의 문장관(文章觀) 역시도 경제실용의 학문 경향에 근거하여 도출되었다. 그는 옛사람이 지은 글은 반드시 천하후세에 도움이 되는 것으로, 그 요체는 '서술(敍述)'과 '의론(議論)'에 지나지 않는다고 하였다. 이는 문학의 효용성을 적극 인정함과 아울러 그 효용적 가치를 '사실(事實)의 기록'과 '의리(義理)의 천명'[84]으로 든 것이다. 그는 또한 문사(文辭)는 사실이나 의리와 같은 것을 전달하는 데에 목적이 있는 것이지, 일정불역(一定不易)의 규범적 문체가 있어야 하는 것은 아니라고 주장하였다.[85] 그러한 까닭에 당대(當代)의 문체에 대하여 문기(文氣)의 쇠약과 문풍(文風)의 위미(委靡)는 근심할 필요가 없고, 사실이 기록될 수 없는 것과 의리가 밝혀질 수 없는 것을 근심해야 한다고 하였던 것이다.[86] 이는 문장의 소재나 주제와 같은 내용들을 근본으로 삼아야지, 문장의 외형에 불과할 수도 있는 문체에 대해서 근심할 필요는 없다는 것이다.

이서구는 문장의 도(道)를 이해하는 방식에 있어서 선유(先儒)들과 분

---

83) 『年譜』 '정조 30년'. "十二月 (……) 命編次春秋左氏傳, 分綱立目, 倣朱子綱目, 思政殿訓義, 且刪注家之繁冗, 俾從簡潔."
  『年譜』 '정조 21년'. "十二月, 拜承旨. 春秋印役告訖, 進書于熙政堂."
84) 이 기록의 출전인 이서구의 「문체책(文體策)」이 정조의 문체반정책에 대한 노론(老論) 측의 비판적 반응의 일환으로 나온 것임을 인정하고 볼 때, 이서구 소위 의리(義理)는 정치적 함의를 내포한 개념인 '신임의리(辛壬義理)'로 여겨질 수도 있다. 그러나 이서구가 제출한 「문체책」의 내용은 정치적인 함의뿐만 아니라, 그의 문장관 자체를 보여주는 것이기도 하다. 이러한 측면에서 보자면, 「문체책」에서의 이른바 '의리'는 '신임의리'라는 구체적 사안을 포함함과 아울러 인간이 마땅히 행하여야 할 도리를 뜻하는 광의의 개념으로도 쓰인 것이다. 즉 이서구 「문체책」에서의 이른바 의리를 천명한다는 개념은 곧 문장에서의 주제설정을 도리에 맞게 하라는 것이 된다.
85) 李書九, 『惕齋集』 권7 「對策」 「文體」. "古人爲文, 必須有益於天下後世, 而其要, 則不過曰敍述也議論也. 敍述以記事, 議論以明理, 辭達則已矣, 何嘗有一定不易之體也哉."
86) 李書九, 『惕齋集』 권7 「對策」 「文體」. "竊嘗觀夫近日之文, 盖其可憂者二, 其不必憂者亦二, 文氣之衰弱, 不必憂, 而事實之無足記, 爲可憂也. 文風之委靡, 不必憂, 而義理之不能明, 爲可憂."

명한 차이를 보여준다. 선유들은 대부분 문장에 도를 싣기 위해서는 경술(經術) 즉 성현(聖賢)의 가르침을 배워야 한다고 주장하였고, 이는 학자 개개인의 내적 수양을 전제로 하는 논의일 것이다.87) 반면 이서구는 문장에 도를 싣기 위해서는 세도(世道)가 바로잡혀야 한다고 주장함으로써 문학의 사회적 실천의 측면을 더 강조하고 있다. 그는 문체의 높고 낮음은 오로지 세도의 성쇠에 달려 있는 것이기 때문에,88) 만약 당의 한유(韓愈)와 장구령(張九齡)을 요순시대에 태어나게 했다면 그 문장의 성취가 훨씬 더 컸을 것이라고 하였다.89) 이는 세도를 바로잡는 것과 같은 사회적 실천이야말로 문체를 순정하게 하는 최선의 방법이라는 주장과 다르지 않다.

그렇다면 세도를 바로잡아 문체를 순정하게 하기 위한 방안은 무엇인가. 이서구는 정조에게 당대 선비들의 문체를 책망하기에 앞서 스스로 반성할 도리를 생각하라고 충간하기를 서슴지 않았다.90) 문체가 순정하지 않은 것을 근심하기에 앞서서 군주 자신이 먼저 수신(修身)을 하여, 세도가 융성하지 않음을 염려하라고 한 것이다. 그러기 위해서는 임금이 먼저 학문에 힘쓰고 그 덕을 성대하게 촉진시켜서 교화와 다스림이 사방에 미치게 하여, 훌륭하고 뛰어난 선비들이 모두 등용되게 하여야 한다고 보았다.91) 이는 정조가 추진한 문체반정에 대한 근본적인 문

---

87) 金宗直, 『佔畢齋文集』 권1 「尹先生祥詩集序」. "經術之士, 劣於文章, 文章之士, 闇於經術, 世之人, 有是言也. 以余觀之, 不然, 文章者, 出於經術, 經術乃文章之根柢也." 李珥, 『栗谷全書』 拾遺 권4 「雜著」 「文武策」. "聖賢之訓, 載在六經, 六經者, 入道之門也. 豈期以此爲干祿之具也. 道之顯者, 謂之文, 文者貫道之器也."

88) 李書九, 『惕齋集』 권7 「對策」 「文體」. "文體之高下, 專由於世道之汙隆, 世道之汙隆, 不係於文體之高下."

89) 李書九, 『惕齋集』 권7 「對策」 「文體」. "韓愈元和之詞宗也, 論其世, 則未躋於雍熙. 張九齡開元之賢相也, 語其文, 則差遜於宏博. 氣數之衰旺, 才格之大小, 或非智力之所可强, 而苟使玄宗憲宗之治. 追姚姒而配殷周. 則二公之所成就. 亦未必如斯焉止矣."

90) 李書九, 『惕齋集』 권7 「對策」 「文體」. "臣愚死罪, 願殿下毋責於當世之士, 先思所以自反之道也."

91) 李書九, 『惕齋集』 권7 「對策」 「文體」. "誠願殿下, 先修其在者, 勿以文體之未醇爲

제제기임과 동시에 문체를 순정하게 하기 위한 근본 대안으로서의 성격도 지니고 있다.

이서구는 사람의 재지(才智)는 완전한 경우가 적고 편벽된 경우가 많으며, 문장은 간략한 것을 귀하게 여기고 번잡한 것을 천하게 여기는 법이라고 하였다. 그러므로 한 사람의 제한된 재지로 육경(六經)과 백가(百家)를 모두 익혀 두루 통달하고자 하면 실제로는 한 경전도 통하지 못하게 된다고 지적하였다. 그러므로 과거(科擧) 문장에 이르러서는 또한 일정한 법식의 문장에 구애되어서 진부한 것을 주워 모으고 고실(故實)만 배열하여서 한 편을 다 읽어보아도 무슨 말인지 알 수가 없게 된다고 하였다. 현실이 이와 같은데 경술이 어떻게 멸렬(滅裂)되지 않을 것이며 문체가 어떻게 비하(卑下)되지 않을 것이냐고 반문하였다.[92]

이서구는, 삼대(三代)의 법은 인재를 선발함에 덕행(德行)과 육예(六藝)를 기준으로 삼았는데, 후세로 가면서 과거시험을 숭상하게 되어 인물이 날로 쇠폐해지게 되었다고 보았다. 완전한 재능을 갖춘 사람이 드물기 때문에 뛰어난 인재를 구할 때에는 마땅히 각각의 재능에 따라서 등용해야 함에도 불구하고, 실제로는 시가(詩歌)나 문장을 꾸미는 하찮은 능력을 비교해서 인물을 등용하였다는 것이다. 그래서 그는 고려 쌍기(雙冀)로부터 시작된 과거제도의 뿌리 깊은 폐해를 발본색원할 것을 주장하였다.[93]

이서구는 과거제도의 폐해를 개선하기 위한 구체적인 방도로 금령을 엄정하게 세우고 옛 법규를 통렬하게 혁파하여 전문지과(專門之科)를 설

憂, 惟以世道之未隆爲念, 益勉聖學, 懋進闕德, 化理克臻, 淸明賢俊, 靡不登庸."

92) 李書九, 『惕齋集』 권7 「對策」 「文體」. "人才少全而多偏, 文章貴簡而賤繁 (……) 以一人有限之才智, 欲使盡習六經, 旁通百家, 鹵莽涉獵, 貪多務得, 而其實, 則未通一經. 至於應擧之文, 又爲程式所拘, 掇拾陳腐, 排攢故實, 聯紙累牘, 滔滔不休, 而讀之終篇, 茫然不知 (……) 如此, 而經術安得不蔑裂, 文體安得不卑下乎."

93) 李書九, 『惕齋集』 권2 「詩五言古詩」 「觀高麗張良守賜第牒」. "(……) 吾聞三代法, 取士德行藝, 後世崇科目, 人物日衰敝, 偏邦少全材, 籲俊當隨器, 安用較雕虫, 空使困良驥, 弊源自中葉, 厲階卽雙冀 (……)."

치하고 정식지문(程式之文)을 제거하여, 오직 진재(眞才)와 실학(實學)만을 취하라고 아뢰었다. 이렇게 하면 뛰어난 선비들이 스스로 나타나서 반드시 문풍을 순정하게 하는 데에 도움을 줄 것이라고 본 것이다.[94] 그는 문장에 도를 싣기 위해서는 소극적으로 수신을 하거나 육경에 의거해서 글을 짓는 방식을 넘어서서 적극적으로 세도를 바로잡음으로써 가능하다고 보았으며, 세도를 바로잡는 최선의 방법을 과거제도의 개혁에서 찾았던 것이다. 경제 실용에 근거한 그의 문장관을 여실히 보여주는 대목이다.

한편 이서구는 문장에서의 주제와 소재 문제에 대해서도 많은 관심을 기울였다. 그는 글을 짓는 방식을 목수가 궁실(宮室)을 짓는 방법에 비유해서 설명한다. 궁실을 지으려면 먼저 깊숙한 곳으로써 당(堂)을 삼고 탁 트인 곳으로써 헌(軒)을 삼고 높이 솟은 곳으로써 누(樓)를 삼고 구비 진 곳으로써 관아(官衙)를 삼는 것처럼 그 제도(制度)를 정해야 하는 것과 같이, 글을 지을 때에는 의리로써 글의 제도 즉 주제를 설정해야 한다고 하였다. 그 다음에는 크고 훌륭한 재목, 아름다운 벽돌과 같은 재료, 붉은 물감과 같은 용품을 모두 실어 와서 갖추어 그 재구(材具)를 모아야 하는 것과 같이, 글을 지을 때에는 사실로써 글의 재구 즉 소재를 모아야 한다고 하였다. 그렇게 하면 잠깐 사이에 드높은 누각과 신령스러운 전각이 지어질 수 있는 것처럼, 훌륭한 글이 쉽게 지어진다고 하였다. 만약 그렇게 하지 않는다면 아무리 훌륭한 장인(匠人)이라고 하더라도 한 칸의 집도 지을 수 없는 것처럼, 아무리 훌륭한 수사적 기교를 동원한다고 하더라도 한 편의 글도 지을 수 없다고 본 것이다.[95]

---

94) 李書九,『惕齋集』권7「對策」「文體」. "嚴立條禁, 痛革舊規, 設專門之科, 去程式之文, 惟眞才實學之是取, 則俊異鴻博之士, 可以自見, 而未必不爲變文風之一助矣."

95) 李書九,『惕齋集』권7「對策」「文體」. "今夫人之使工師, 爲宮室也, 必先定其制度, 先聚其材具, 凡所以奧而爲堂, 敞而爲軒, 聳而爲樓, 紆而爲郡者, 瞭然於心目然後, 輸之以楩楠豫章之木, 以至領甓之具, 丹漆之用, 靡不畢備, 則凌雲之閣, 靈光之殿, 庶可指顧而成矣. 不然, 雖有工倕之巧, 匠石之技, 不能就一區之屋. 爲文之道, 亦猶是焉.

주제의 설정이 의리를 천명하는 데에 부합하지 않고 소재의 선택이 사실에 기반을 두지 못한 글은 적절한 설계도와 자재도 없이 지은 사상누각과도 같아서, 아무리 훌륭한 수사적 기교를 동원한다고 하더라도 참다운 글이 될 수 없다는 것이다. 의리가 이미 천명되고 사실이 아름답다면, 비록 글을 문식하지 않으려고 하여도 할 수가 없다고 한 언급처럼,96) 문장의 주제를 의리를 천명하는 것을 목표로 설정하고 문장의 소재를 사실적인 것에서 찾는다면, 글의 문예적 아름다움은 저절로 갖추어진다고 하였다.

　　이서구는 이러한 인식을 바탕으로 하여 고문모의(古文模擬)에 대해 강하게 비판하였다. 그는 고인의 문체를 모의하고 본뜬다면, 설령 그 규모(規模)와 체제(體製)가 전혀 어긋나지 않는다고 하더라도 이는 우맹이 손숙오를 흉내내는 것과 같으며, 더욱이 이른바 비슷하다고 하는 것도 반드시 진짜로 비슷한 것은 아니라고 주장함으로써, 고문모의에 대해 강력하게 비판하였다.97) 이는 박지원이 이서구의 『녹천관집(綠天館集)』에 붙인 서(序)나 「영처고서(嬰處稿序)」 등에서 되풀이하여 역설한 문학론과 일맥상통하는 논리인 것이다.98)

　　한편 이서구는 당대의 많은 문사들이 성인(聖人)의 글을 쓸데없는 것으로 여겨 '패관지설(稗官之說)'에 깊이 빠져들어 헤어나지 못하는 상황에 대해 개탄하였으며, 이와 같은 맥락에서 일정한 법식(法式)의 정문(程文)에서 난숙한 어휘를 베껴서 '과장표절(科場剽竊)'의 자료로 삼는 폐해에 대해서는 더욱 비판하였다.99) 이는 당시 많은 문사들이 시문이나 변

何謂文之制度, 曰理義是也, 何謂文之材具, 曰事實是也."
96) 李書九, 『惕齋集』 권7 「對策」 「文體」. "理義旣明, 事實旣美, 則雖欲文之不文, 不可得也."
97) 李書九, 『惕齋集』 권7 「對策」 「文體」. "徒就古人之糟粕, 執簡操筆, 竊竊然, 模擬其尺度, 仿像其影響, 雖其規模體製, 無一差爽, 譬如優孟之學孫叔傲. 抵掌談語, 似則似矣, 使之居相位而治楚國, 則木偶而已矣. 況其所謂似者, 未必是眞似者乎."
98) 金明昊, 『熱河日記 硏究』, 창작과비평사, 1990, 266~268면 참조.
99) 李書九, 『惕齋集』 권7 「對策」 「文體」. "夫何近日以來, 成效愈邈, 古風漸變, 操觚之

려문을 씀에 있어서 주제의식 즉 내용을 위주로 하기보다는 오로지 수사적 측면 즉 형식만을 일삼는 현실을 지적한 것이다. 그들은 구성에 서툴러지면 전철(前哲)의 모범을 버리고서 함부로 앞뒤를 재단해 버리고, 대우에 군색해지면 옛사람의 문장을 취하여서 마음대로 뒤바꿨으며, 이런 식으로 씌어진 글들은 성운(聲韻)이 초쇄(噍殺)해지고 신기(神氣)도 소삭(消索)해지기 마련이라고 하였다. 그러한 까닭에 사무(事務)를 논하게 되면 늙은 서생의 케케묵은 이야기처럼 일반적인 규칙을 공손하게 준수하는 것만큼도 능하지 못하고, 사명(詞命)을 찬술하게 되면 군주의 덕의(德意)로 하여금 일세(一世)에 선양되게 할 수도 없다는 것이다.[100]

이처럼 이서구는 형식적인 수사에만 치우쳐서 치세(治世)에 도움이 되지 않는 비실용적인 글들에 대해 강력히 비판하고 있거니와, 경제실용에 기반을 둔 그의 문장관은 실제적 문학 행위에서도 실천되었다. 그는 고문에 대한 기호에 있어서 체재(體裁)가 간정(簡整)한 『한서』를 즐겨 보았으며, 작가에 대해서도 고문의 정전(正傳)을 이었다고 평가받는 구양수(歐陽修) · 귀유광(歸有光) 등을 선호하였다. 또한 문장의 풍격에 있어서도 평이하고 절실한 것을 좋아하였으며, 이는 곧 덕으로 들어가는 기초로 이해되었다.[101] 작문 행위에 있어서도 예악형정과 경제실용에 근거하지 않고서는 글을 짓지 않는다고 하였다.[102] 그러므로 이서구의 일반 저술은 거의 대부분이 경제실용과 관련된 것이거나, 춘추대의를 밝히는 것들이

士, 弁髦乎聖人之書, 沈溺乎稗官之說. 最下者, 鈔取程文爛熟之語, 作爲科場剽竊之資, 盖其根基未固, 本領已差."

100) 李書九, 『惕齋集』 권7 「對策」 「文體」. "所謂詩文駢儷之作, 不主理致, 專事排批. 疎於結構, 則棄前哲之遺軌, 而恣意橫決, 窘於對偶, 則取古人之成文, 而信手顚倒, 聲韻噍殺, 神氣消索. 是故, 論事務, 則不能如老生之陳談, 恪守常規, 撰詞命, 則不得使人主之德意, 宣揚一世."

101) 李書九, 『惕齋屛居錄』, 64면. "古文則以體裁簡整, 喜看漢書, 而尤愛廬陵震川, 歐歠感歡, 紆餘澹宕之致, 蓋於書無所不嗜 而至於忠臣義士, 慷慨激烈之作, 廻翔吟諷, 流連悵慕, 不能自已. 少讀四書, 於學問門路, 稍有自得, 而以平易切實, 爲入德之基."

102) 李書九, 『薑山詩集』 「自序」. "余少慕鄭夾漈馬貴與之學, 常妄言爲文詞不根據乎禮樂刑政, 經濟實用之本, 可無作也."

다. 그에게 『척재자술(惕齋自述)』·『척재병거록(惕齋屛居錄)』·『탑좌종정지 (塔左從政志)』·『병술기사(丙戌記事)』 등과 같은 일기류의 저술이 많은 것 도 의리를 밝히고 사실을 기록하려는 의도가 강하게 담겨 있는 것이다.

2. 시벽갈등 및 외척세도 정국에서의 처신

이서구는 1774(영조 50, 21세)년에 문과에 급제하여 영변부사·경상우도 암행어사·전라도관찰사·평안도관찰사 등의 외직, 승지·비변사당상· 각조 판서·우의정 등의 내직을 역임하였다. 외척 세도정권에 의해 장 기간 정치적 방폐를 겪기도 하고 사후에는 관작이 추탈될 위기에 처하 였다가, 사후 30년쯤 지나 정계(停啓)되는 곡절도 있었다. 홍직필(洪直弼) 은 이서구를 '당세(當世)의 유상(儒相)'으로 추숭하였고, 더 나아가 전철(前 哲) 중에서 가려 뽑더라도 필적할 만한 이가 드문 인물로 극찬하였다.
이서구는 영·정조 대 시벽 대립의 전개과정 속에서 그 어느 쪽으로 도 경도되지 않은 채 노론청류(老論淸流)의 근본 의리를 고수하였고, 순 조 대의 외척 세도정권하에서는 사류정치(士流政治)의 정통적 이념을 고 수하며 외척 세도정권과 타협하지 않았다. 아울러 그는 정·순조 대를 불문하고 경세제민의 실천에 주력함으로써 백성들의 기대를 한 몸에 받 았다. 그럼에도 불구하고 기존의 사학계에서는 이서구를 정조와 끝까지 대립한 벽파 계열의 부정적 인물로 규정한 경우가 있었을 뿐 아니라, 그 의 외척세도에 대한 비타협적 자세와 탁월한 경륜과 같은 긍정적인 측 면에 대해서는 부각되지 못한 것이 사실이었다. 이를 바로잡기 위해서 는 그의 정치적 여정에 대한 적극적인 규명이 요구된다.

1) 노론청류 의리의 고수와 정조의 지우

이서구의 정치적 입장은 일찍이 부친 이원(李遠)과 그 친우들로부터 영향을 받으며 설정되었다. 이원은 '동원아집(東園雅集)'의 김상묵(金尙默)·송재경(宋載經)·윤시동(尹蓍東) 등과 교유하며 노론청류의 의리를 견지한 인물이다.[103] 노론청류란 숙종 대의 화당(花黨) 계열에서부터 출발하여 반탕평 또는 준론탕평론을 주장했던, 이재(李縡)·이의현(李宜顯)·이천보(李天輔)·유척기(兪拓基) 등을 잇는 청류(清流)의 흐름을 주류로 하여 형성된 세력이다. 그들은 사림의 공의(公義)를 존중·배양하고 청명(清名)을 지켜, 환관(宦官)이나 척신(戚臣)이 장악하는 정치에 대한 비판 및 외척 세력과의 연결배제, 권귀(權貴)의 사리추구를 비판함으로써 의리에 투철할 것을 주장하였다.[104]

1755(영조 31, 2세)년 을해역옥(乙亥逆獄)[105]을 기점으로 노론의 주도권을 놓고 김상로(金尙魯) 일파, 기존의 청류 세력, 김한구(金漢耉) 일파가 결합한 공홍파(攻洪派), 홍봉한(洪鳳漢)과 그 친인척 관계에 있는 사람들, 기존의 외척세력 등이 결합한 부홍파(扶洪派)의 대립이 생겨났다. 그런데 1762(영조 38, 9세)년 사도세자가 아사된 임오화변(壬午禍變) 이후 박치륭(朴致隆)은 홍봉한이 임오화변을 양성한 장본인이라는 내용의 상소를 올린다. 이 사건을 계기로 임오화변은 그것을 언급하는 것조차 철저히 금지되어, 이후 8년 간 아무도 거론하는 사람이 없었다. 그런데 1770(영조 46, 17세)년 3월 청주 유생 한유(韓鍮)가 공홍파의 입장을 대변하여 홍봉한을 죽이라고

---

103) 『惕齋先生行錄撫遺(坤)』33張. "府君先友諸公, 皆一時勝流, 而又多東園雅集中人, 敦尙清議, 秉執牢確. 府君自少至晚, 深被諸公奬詡期勉."
　　李書九, 『惕齋自述』, 5면. "戊子正月 (……) 是時, 先府君所交遊, 多一時勝流, 如金公尙默宋公載經尹公蓍東, 見輒奬借, 金公則期勉尤重."
104) 朴光用, 「蕩平論의 展開와 政局의 變化」, 『朝鮮時代 政治史의 再照明－士禍·黨爭篇』(李泰鎭 편), 범조사, 1985, 321~324면 참조.
105) 소론(少論)의 윤지(尹志) 등이 일으킨 모역사건. 일명 나주괘서사건(羅州掛書事件).

청하는 소를 올림으로써 일대 파란을 일으키게 된다. 영조는 이 상소가 탕평책에 반대하는 당심(黨心)에서 나온 것으로 결론짓고, 한유와 그 일당 심의지(沈儀之)·김용갑(金龍甲) 등을 유배시켰다. 이때 노론청류 인사 김상묵도 영조의 조처에 대해 항의하였다가 관직을 박탈당했다.106)

이원은 1770(영조 46, 이서구 17세)년 5월 지평으로서 평안도관찰사 민백흥(閔百興)·민홍렬(閔弘烈) — 뒤에 홍섭(弘燮)으로 개명함 — 부자, 병조판서 채제공(蔡濟恭) 등을 탄핵하는 소를 올렸다. 이로 인해 서인(庶人)으로 강등되어 방축되었다가,107) 급기야 영조의 친국을 받고 유배되고 만다.108) 몇 달 후 유배에서 풀려나게 되지만, 그 후유증으로 인해 48세를 일기로 세상을 떠났다.109) 이원의 탄핵상소는 이처럼 공홍파의 부홍파에 대한 공격이 첨예화되는 시점에서 나온 것으로, 민백흥·민홍렬 부자 역시도 부홍파에 속한 인물이었다. 민백흥은 홍봉한과 친하게 지낸 민백상(閔百祥)의 아우로,110) 홍봉한이 영조에게 중임을 맡기도록 추천한 사람이고,111) 민홍렬도 홍봉한의 당여였다.112) 이원은 부홍파 세력을 공격함으로써 내심 영조의 탕평책에 반대하는 노론청류의 의리를 표방하였던 것이며,113) 그의 상소가 영조에 의해 공홍파의 정치적 입장을 대변한 것으로 파악됨으로 인해 수난을 당하지 않을 수 없었던 것이다.114)

---

106) 崔鳳永, 「壬午禍變과 英祖末·正祖初의 政治勢力」, 『朝鮮後期 黨爭의 綜合的 檢討』(李成茂·鄭萬祚 외저), 한국정신문화연구원, 1992, 269~283면 참조.
107) 『영조실록』 권114 '46년 5월 정유(21일)' 참조.
108) 『영조실록』 권114 '46년 5월 기해(23일)' 참조.
109) 李書九, 『惕齋集』 권9 「行狀墓表墓碣墓誌」「皇考 (……) 正言李遠府君墓表」. "後月餘, 特赦府君, 七月, 歸京師. 府君素患風濕, 且困炎熱, 疽發於腦, 後九月八日, 棄諸孤, 壽僅四十八."
110) 『영조실록』 권97 '37년 2월 을유(15일)' 참조.
111) 『영조실록』 권100 '38년 10월 병진(27일)' 참조.
112) 『정조실록』 권3 '1년 5월 병인(2일)' 참조.
113) 李書九, 『惕齋集』 권9 「行狀墓表墓碣墓誌」「皇考 (……) 正言李遠府君墓表」. "庚寅夏, 拜司憲府持平. 是時, 權貴柄國, 日久, 故家縉紳, 往往趨附, 獨府君所交遊, 一時賢士大夫, 多退處田野, 以淸議自持, 府君慨念時事, 未嘗不太息, 思欲爲上一言. 至是, 具論諸縱恣不法者, 乞早賜斥退."

150 강산 이서구의 삶과 문학세계

이서구는 1768(영조 44, 15세)년부터 부친을 모시고서 노론청류 인사들과 접하며 많은 격려를 받았다. 노론청류 인사들은 이원의 사후(死後)에도 그를 찾아와서 위로·면려해 주곤 하였다. 특히 김상묵은 고인(故人) 이원의 '탁고지의(托孤之意)'를 저버릴 수 없다 하여 비록 외직에 나가 있더라도 서울에 들어올 때면 반드시 찾아 주었다. 1772(영조 47, 18세)년의 경우에는 조정에서 축출되어 은거하고 있던 중임에도 불구하고, 이원의 장례에 참석하여 세도(世道)의 변천과 자기의 낭패 이유를 설명해 주었다. 그는 또 1774(영조 50, 21세)년 이서구가 과거에 급제하였을 때에도 책을 보내 면려하였고, 그 기쁨을 노론청류의 여러 인사들과 함께 했다고 한다.[115] 노론청류 인사들의 이와 같은 관심은 이서구가 평생 지향하게 될 정치적 좌표 설정의 중요한 요인으로 작용하였을 것이다.

이서구는 과거에 급제한 후, 처음에는 환로가 순탄한 듯하였다. 1775(영조 51, 22세)년 봄 영조가 이원의 지난 일을 애석하게 여겨 이서구를 녹고(錄孤)하라는 명을 내리고, 이서구의 증조부 밀양군(密陽君) 이완(李梡)의 제문을 친히 지어 치제(致祭)하게 하는 등의 특은을 베풀었다. 아울러 이서구를 승륙(陞六)시켜 특별한 관심을 보여주었다. 그러나 이서구는 그해 3월 성균관전적으로, 이어 예조정랑 등에 제수되었으나 모두 나아가지 않았다.[116] 이는 당시의 정국 주도권이 부홍파 홍인한(洪麟漢)·정후겸(鄭厚謙) 등에게 있었기 때문으로 보인다.[117] 이서구로서는 비록 노론청류

---

114) 『영조실록』 권114 '46년 5월 정유(21일)' 참조

115) 李書九, 『惕齋自述』, 14~15면. "戊子己丑間, 淸議方生, 先府君所交遊, 多一時勝流, 余童年侍側, 顓蒙無知, 而先執諸公 每多奬借. 遭艱後, 或有時來問, 從容慰勉. 如尹文翼蓍東, 方赴定州, 以行忙, 不得往見, 送伻致意而去. 金公尙默, 則期勉尤至, 每曰 : '吾不可負故人托孤之意.' 雖居外職, 入都則必歷見. 壬辰, 爲養厚所擠, 屛出斗陵, 亦來哭先府君靈几. 因爲余細說世道變嬗, 自己狼狽之由, 盖不以後生而忽之也. 及余登第, 貽書相勉, 爲之延譽不已."

116) 李書九, 『惕齋自述』, 7면. "乙未春, 上因言端, 忽念先府君, 盖自庚寅以後, 聖意屢示恐惕, 有錄孤之命者, 再至是, 親撰祭文, 致侑于曾王考. 特命賤臣陞六, 屢詢其人品容儀於筵臣. 三月除成均館典籍, 一肅而遞, 尋除禮曹正郎司諫院正言, 俱不拜."

117) 李書九, 『惕齋自述』, 9면. "乙未春, 蒙恩陞六, 旋通臺垣, 年太少而官太驟. 且是時,

세력을 무마하려는 의도에 따라 영조의 특은을 받았다고 하지만,118) 부홍파의 농단 때문에 여전히 조정에 나아가기 어려운 상황이었던 것이다.

1776(영조 52, 23세)년 3월 정조가 즉위하자 부홍파와 공홍파의 외척 세력이 모두 권력집단에서 제거되고, 홍국영(洪國榮)을 중심으로 한 세력이 정국을 주도하는 상황으로 바뀌어 갔다.119) 그러나 이서구에게는 또 다른 시련이 기다리고 있었다. 이해 정월 이서구는 사헌부지평에 임명되었는데, 같은 해 여름 수찬 이보온(李普溫)이 신회(申晦) 일족이 정후겸 등과 결탁하였다며, 그 처벌을 원하는 소를 올렸다. 이 상소문 중에 1770년 이원의 상소가 신회의 사주를 받아 나온 것이라는 내용이 들어 있었다. 아울러 신회가 명관(命官)이 되었을 적에 이서구가 과거에 급제하게 되었다고 지적하며, 그의 과거합격이 사사로운 경로를 통해 이루어진 것이었다고 탄핵하였다.120) 그러나 민홍렬뿐만 아니라 신회 일족 역시 부홍파의 핵심 세력이었으므로,121) 이보온의 이서구 관련 주장은 사리에 맞지 않는 것으로 여겨진다.

이서구의 연보에서는 이보온이 남의 사주를 받아 자신을 악의적으로 모함하였다고 밝히고 있다.122) 이서구 스스로는, 정조 즉위와 함께 홍국영이 정국을 주도하게 되었는데, 홍낙순(洪樂純)·홍국영 숙질이 민홍섭(閔弘燮)123)과 교분이 두터웠고 민홍섭은 또 이보온과 절친한 친구 사이였는지라, 이원의 탄핵으로 파직 당했던 구원을 갚으려고 민홍섭이 이보온에게 지시하여 자신을 모함한 것으로 밝히고 있다.124) 경위야 어찌

麟謙之勢方熾, 南絳老坐諫死, 目見時事, 益無意於世."

118) 金允朝, 「薑山 李書九의 生涯와 文學」, 성균관대 박사논문, 1991.9, 39면 참조.
119) 朴光用, 「정조년간 時僻당쟁론에 대한 재검토」, 『韓國文化』 11, 서울대 한국문화연구소, 1990.12, 162~163면 참조.
120) 『정조실록』 권1 '즉위년 5월 경인(20일)' 참조.
121) 崔鳳永, 앞의 논문 참조.
122) 『年譜』 '영조 52년'. "正月, 拜司憲府持平. 夏, 臺臣李普溫, 言府君中第, 由私徑. 蓋受人指也."
123) 본래 홍렬(弘烈)인데 이 이름으로 고쳤다(『정조실록』 권3 '1년 5월 병인(2일)' 참조).

되었든, 이서구는 홍국영의 세도가 끝나는 1778(정조 2, 25세)년까지도 과거 이원이 올렸던 상소로 인해 정치적 시련을 겪게 되었던 셈이다.

1777(정조 1, 24세)년 민홍섭의 관작이 추탈되고,[125] 1779년 9월 홍국영이 방축되고 나자, 영의정 서명선(徐命善)·좌의정 홍낙순의 소론─노론 보합체제가 출범하였다. 서명선이 새로운 실력자로 부상한 것이다.[126] 이때부터 이서구의 환로가 막혀 있던 것에 대해 조금씩 문제가 제기되고,[127] 그 결과 이서구는 1781(정조 5, 28세)년부터 출사를 명받게 된다. 그러나 그는 출사 요구에 응하지 않다가, 1783(정조 7, 30세)년 2월에 과거 부친이 올렸던 상소의 정당성을 주장하는 상소를 올려서,[128] 지나간 일에 구애받지 말고 직무를 살피라는 정조의 비답을 받은 후에야,[129] 마침내 출사를 결심하게 된다.[130] 부친의 상소로 인해 야기되었던 문제들이 명분의 확보와 함께 해소된 셈이었다. 그러나 이서구는 금세 또 부름을 어겨서 파직되고, 같은 해 6월에 다시 지평에 임명되어 숙배는 하였으나 부름을 어겨 또 파직되었다.[131] 이는 서명선과의 불화 및 노론청류 세력의 침체로 인한 영향이었던 것으로 보인다.

홍국영의 실각과 함께 시작되었던 김종수 계의 서명선 체제에 대한 반격이 1784(정조 8, 31세)년 6월에 재개되었다. '시파(時派)'[132]란 지목은

---

124) 李書九, 『惕齋自述』, 8면. "庚寅後, 與閔爲仇. 及余通籍, 弘燮之怨嫉, 倍甚. 丙申初, 國榮當路, 而其叔姪, 素厚於閔, 李普溫, 卽閔之客也. 故遂有是危辱. 而未幾, 弘燮死, 普溫亦被竄."

125) 『정조실록』 권3 '1년 8월 기유(16일)' 참조.

126) 金成潤, 『朝鮮後期 蕩平政治 硏究』, 지식산업사, 1997, 289~290면 참조.

127) 李書九, 『惕齋自述』, 10면. "且弘燮死, 而國榮敗, 世或以無故見枳爲寃."

128) 李書九, 『惕齋集』 권4 「疏啓」 「辭持平辨李普溫誣辱疏」.

129) 『정조실록』 권15 '7년 2월 병자(15일)' 참조.

130) 李書九, 『惕齋自述』, 10~11면. "至辛丑秋, 忽以殿講不參, 就理卽宥. 翌年春, 以前望, 特除臺職, 至癸卯春, 凡三除焉. 遂陳疏自暴, 猥承溫批, 微忱感激, 而彈冠束帶, 復出世路."

131) 『年譜』 '정조 7년'. "二月, 以前望, 特除持平, 陳疏自暴, 承溫批, 旋違召罷. 六月, 復以前望, 除持平, 始肅命, 七月, 以違召罷."

132) 이 시기의 시파는 서명선과 그 친족들, 그리고 이명직(李命稙)·김문순(金文淳) 등

이때에 등장하였다고 한다. 서명선이 주도하는 의논을 '시의(時議)'로 지목하여 이들을 하나의 편당으로 공격하고 서명선에게 동조하던 노론시파 이명직(李命植)을 공격한 윤득부(尹得孚) 사건(6월), 김하재(金夏材)가 노론계 윤득부를 천거한 일이 반시파 옹호로 받아들여져 점차 권력에서 배제되자 소매 속에 임금을 욕한 흉서를 넣고 입궐하여 승지에게 주어 복주(伏誅)된 김하재 사건(7월) 등이 연달아 일어났다. 이에 정조는 노론 강경 세력의 불만을 완화시키고자 김종수를 이조판서, 송재경을 이조참판으로 임명하게 된다.133) 이서구도 이때에 출사를 재개하는바, 그의 환로는 송재경의 적극적 추천으로 정언에 임명되면서 본격화되었다.134) 시파·반시파 갈등의 소용돌이 속에서 반시파 노론청류 인사들의 비호를 받으면서 그의 환로가 재개된 셈이었다.

이해 12월 대사간 오대익(吳大益)이 윤득부 등에 대해 국청을 설치할 것을 청하는 상소를 올리며, 그 말미에서 김종수와 송재경을 극력 공격하였다. 이는 반시파 편중의 의망(擬望)을 문제삼는 것이었다.135) 이때 이서구는 시파 세력으로부터 회유와 협박이 있었지만, 이 탄핵상소의 서명에 끝내 참여하지 않음으로써 노론청류 인사들과의 의리를 저버리지 않았다 한다.136)

이서구는 소론(少論)이자 시파의 대표격인 서명선과 원래 인척 관계였다. 그래서 이서구가 과거에 급제했을 때 서명선이 즉시 찾아와서 축하

서명선 주도 체제에 동조한 일부 노론을 가리킨다.

133) 金成潤, 앞의 책, 290~297면 참조

134) 李書九, 『惕齋自述』, 12면. "宋公載經, 先友也. 辛卯後, 退居鄕里, 余亦累年屛蟄, 聲聞漠然, 是時, 承命上京, 適拜騎堂, 聞余才直, 亟邀見之, 道舊誼論時事, 數日亹亹. 出語人曰 : '吾今行, 得見第一人物, 且吾故人子, 喜不可言也.' (……) 宋公, 尋被上眷, 特除亞銓, 行政之日, 首擧余臺職."

135) 『정조실록』 권18 '8년 12월 신묘(10일)' 참조

136) 李書九, 『惕齋自述』, 13면. "是年冬, 朝象又大變, 以金公鍾秀及宋公, 目爲凶黨, 搢紳齊會樂院, 將陳疏嚴討. 及見其疏艸, 盖以宋公政注, 疏枳無漸, 指爲厲階. 余遂引義, 宣言不肯錄名, 大忤時議. 會上察其幾而折之, 疏雖不得上, 然余則已積被疑忌, 百端誘脅, 終始不動."

해 주었다고 한다. 그러나 이서구는 서명선의 집을 찾지 않았고, 이로 인해 서명선의 노여움을 샀다고 한다. 1779(정조 3, 26세)년 서명선이 영의 정이 되었을 때에도, 두 아우만을 보냈을 뿐 자신은 그의 집을 찾아가지 않았다. 이서구 자신은 서명선을 멀리하게 된 이유에 대해 그가 정후겸 과 친분이 있는 것으로 알려져 있기 때문이라고 밝히고 있다.137) 그러 나 서명선이 정후겸과 친분이 있었는지는 증거를 찾을 수 없고, 오히려 노론청류의 의리에 입각해서 그 원인을 찾는 것이 타당할 것으로 보인 다. 이서구는 이와 같은 불화로 인해 송재경의 추천이 있기 이전인 1782 ~1783(정조 6~7, 29~30세)년 간에는 서명선의 견제를 받아 환로에 나아가 기에 용이하지 않았으며, 1784년에 초계문신이 될 수 있는 기회를 서명 선의 방해로 인해 박탈당하기도 하였다.138)

그렇다고 하여, 이 시기 이서구가 반시파의 의리를 강하게 고수했던 것으로는 보이지 않는다. 1788(정조 12, 35세)년 1월까지는 정국 주도권을 놓고서 김종수 중심의 반시파 세력이 결집하여 서명선 중심의 시파 세 력을 공격하던 시기였는데,139) 이 시기 이서구가 김종수·송재경 등과 의 친분, 서명선과의 불화에도 불구하고 시파 세력을 공격하는 데에 합 류한 기록이 거의 발견되지 않기 때문이다.

1788(정조 12, 35세)년 2월 남인계 채제공의 입상(入相)을 통해 노론−소 론−남인의 보합체제가 출범하였다. 이러한 3당 구조에서 김치인(金致 仁)·김종수계가 적극적으로 세력을 확장해 나간 것에 대해 이전 시기 정국을 주도하던 친서명선 성향의 소론계가 반발하면서 시벽갈등이 재

---

137) 李書九, 『惕齋自述』, 13~14면. "徐相命善, 先府君友壻也. 余於登第日, 卽爲來見, 禮當往謝, 而是時, 徐與厚謙相親, 爲世指目, 故不肯輕造其門. 放榜日, 相見於院中, 遜辭以謝之, 遂不往見. 徐相因此大慍, 對其家人, 屢形於言語. 及夫己亥後, 以首相當 國, 而只令兩弟, 歲時一拜, 絶不相通."

138) 李書九, 『惕齋自述』, 14면. "壬癸間, 公議惜余久枳, 僚相或有勸余一奏者, 而輒以 姻嫌爲辭. 甲辰冬, 上屢稱賤臣人品文學, 可合抄啓, 徐但唯唯曰, '此在官職稍異.' 蓋 甚之也. 余聞之一笑."

139) 金成潤, 앞의 책, 289~297면 참조.

연되었다. 이 과정에서 김치인・김종수계가 벽파로 지목되어 '시벽' 두 글자가 함께 나오게 되었다 한다.[140] 이어 1792(정조 16, 39세)년에는 영남 만인소(嶺南萬人疏)[141]가 제기되면서 임오의리가 현안으로 등장함으로써 시벽 간의 갈등이 더욱 고조되었다. 이 과정에서 노론계 이병모(李秉模)・서유린(徐有隣) 등이 영남만인소에 대해 동조의 뜻을 표명하였다.[142]

이 시기에도 이서구는 벽파적 의리를 지녔다고 여겨질 만한 특별한 행동을 하지 않았다. 노론청류 세력의 정치적 입장과 동일한 방향으로 처신하고는 있지만,[143] 그의 이런 행위가 당심(黨心)에서 나온 것으로는 여겨지지 않는다. 최소한 1795(정조 19, 42세)년 이전까지는 노론의 시벽분 파 과정에서도 청류로서의 근본 의리만을 고수하였을 뿐 그 어느 쪽에 도 가담하지 않았던 것이 분명하며, 이는 사관(史官)이나 후대 연구자의 평가에서도 인정되고 있는 점이다.

사관의 평가에서는 이서구가 젊어서 노론시파인 서유린 형제와 잘 지냈는데, 1795(정조 19, 42세)년에 국세(局勢)가 일변하기에 이르러 지론(持 論)이 아주 달라졌다고 하였다.[144] 사학계에서는 이서구가 원래 시파와 벽파 사이의 중도파적 입장을 취하였는데, 1795년을 기점으로 벽파의 입장에 동조하게 된 것으로 파악되고 있기도 하다.[145] 1794년 이후 정조 의 의리주관 강화로 인해 정조의 친위쿠데타와 천도(遷都)에 대한 위구 심이 고조되어 정조와 그에 반하는 세력간의 갈등이 최고조에 이르렀는 데, 이서구는 이 과정에서 심환지(沈煥之)・이노춘(李魯春) 등과 함께 정조 에게 끝까지 저항했던 인물로 지목되고 있기도 하다.[146]

---

140) 金成潤, 위의 책, 298~302면 참조.
141) 유학 이우(李墤)를 소두(疏頭)로 영남유생 1만 57명이 올린 사도세자 신원 상소.
142) 金成潤, 앞의 책, 302~304면 참조.
143) 드문 경우이지만, 예컨대 정조가 이가환(李家煥)의 상소를 합문 밖에서 올리게 한 것 에 대해, 이서구가 승정원의 고사(故事)가 무너지게 되었다고 반발하며 승지인 자신을 문책하라고 상소를 올린 적이 있다(『정조실록』 권37 '17년 1월 기미(25일)' 참조).
144) 『순조실록』 권27 '25년 10월 을묘(2일)' 참조.
145) 박광용, 『영조와 정조의 나라』, 푸른역사, 1998, 170면 참조.

그러나 이서구가 1795년 이후 벽파의 일원으로 활동하며 정조에게 끝까지 저항했다는 식의 주장은 재고될 필요가 있다. 이는 이서구와 정조의 관계, 그의 의리와 관련된 일련의 처신을 확인해보면 판명된다. 그는 그 누구보다도 정조에게 실무적 행정 능력을 인정받았고, 그 능력을 바탕으로 하여 정조의 국정수행에 적극 동조하였다. 1778(정조 12, 35세)년 동부승지로 발탁된 이래 정조가 사망할 때까지 거의 13년 간 승지(承旨)로 출입하며 정조의 지우와 권면을 받았다고 한다. 이서구가 벽파의 입장에 동조하였다고 평가되는 시기인 1796(정조 20, 43세)년 이후로도 정조의 대우가 더욱 극진해져서 남들이 보지 않는 자리에서는 마치 부자지간처럼 다정하게 지냈다고 한다.147)

이서구는 규장각 출신이 아니면서도 오히려 규장각 출신의 시파 인사들보다도 정조의 사랑을 더 많이 받은 것으로 알려져 있기도 하다.148) 이서구가 1797(정조 21, 44세)년 이후 비변사유사당상을 맡고 있을 때에는 조정에서 세우는 국가대사의 중요한 계책이 이서구에게 전적으로 책임 지워졌으며, "짐이 아는 사람은 오직 경 한 사람"이라는 정조의 말이 인정하듯, 그야말로 '금옥(金玉)'과도 같은 지우를 입었던 것이다.149) 정조와의 인간적 관계를 염두에 두고 볼 때, 이서구를 정조에게 저항한 벽파적 인물로 규정하는 것이 온당하지 않다.

그렇다고 하여 이서구를 시파적 인물로 규정할 수 없음은 물론이다.

---

146) 金成潤, 앞의 책, 305~319면 참조.
147) 李書九, 『惕齋自述』, 24면. "自戊申, 出入近密, 十有三年, 偏蒙知獎, 丙辰以後, 眷厚益隆, 居常懷惕, 雖臨淵履氷, 不是過矣. 昵侍淸燕, 或有無他左右之時, 而天語諄諄, 視之如家人父子."
148) 李書九, 『惕齋自述』, 24~25면. "上嘗敎曰 : '外人或言非閣臣, 而勝閣臣最被親遇者, 惟承旨爲然 (……) 承旨爲人狷介, 故忽然爲擧世之孤注, 予實爲之憂念也.'"
149) 李書九, 『惕齋自述』, 20면. "自丁巳以後, 專責廟務, 頻承召接, 幾無虛日. 每以聖體漸倦, 期以六七年, 民國大事, 欲次第整頓, 責成專在有司, 予所知者, 惟卿一人, 責勵諄諄. 己未春, 朝臣多凋落, 上不御殿者數旬, 惟間日召見賤臣曰 : '予視承旨, 方如金玉, 須自保重.'"

이서구는 노론청류의 공적(公的)인 의리와 관련해서만큼은 정조와도 결코 타협하지 않는 자세를 보여주었다. 그러나 그의 이러한 처신이 벽파의 입장을 대변한 당심에서 우러난 것은 아니었다. 정조 대 후반『실록』의 기록을 살펴보면, 벽파로 일컬어지는 김종수·심환지 등의 경우에는 누차에 걸쳐 정조와 권력을 놓고서 대립하는 양상을 보여주었던 것이 사실이다. 반면 이서구의 경우에는 정조와 두어 번 그것도 단발적으로 갈등을 겪은 경우는 없지 않으나, 노론청류로서의 의리론적 갈등에 그쳤을 뿐이며 국왕과의 권력투쟁을 시도한 적은 결코 없었다.

1795(정조 19, 42세)년 이후, 이서구의 의리와 관련된 문제제기는 홍봉한 일족인 홍낙신(洪樂信) 문제와 관련해서 발견된다. 이서구에 앞서 홍낙신에 대한 문제 제기는 1793(정조 17, 40세)년 말 왕대비와 혜경궁(惠慶宮)을 위로하기 위한 명목으로 정조가 김한로(金漢老), 홍낙신·홍낙임(洪樂任)·홍낙윤(洪樂倫)에게 관직을 제수하면서 시작되었다.150) 여기에 대해 김종수와 심환지가 곧바로『명의록(明義錄)』151)의 의리를 들어 홍낙신·홍낙임·홍낙윤에게 벼슬을 제수한 명을 철회하라고 강력하게 요구하였다.152)

이로 인해 김종수는 관직이 삭탈되어 전리(田里)로 추방되고,153) 점차 형률이 높아져서 절도에 위리안치 되는 지경에 이르렀다.154) 이후 김종수는 시벽 간의 치열한 공방 끝에 죄명이 탕척되고 다시 중추부에 임명된다.155) 심환지 역시도 여러 번 정조의 부름을 어겨 능주목사(綾州牧使)로 좌천되었다가,156) 시벽 간의 공방 끝에 다시 예문관제학으로 복귀한

---

150)『정조실록』권38 '17년 12월 병술(27일)' 참조.
151)『명의록』은 정조가 즉위하며 그를 모해하려 했던 홍인한·정후겸 등의 공홍파를 제거하며 이 처분이 정당한 것임을 밝혀 놓은 책으로, 1777(정조 1)년에 완성되었다(『정조실록』권3 '1년 3월 을미(29일)' 참조).
152)『정조실록』권39 '18년 1월 정유(9일)' 참조.
153)『정조실록』권39 '18년 1월 정사(29일)' 참조.
154)『정조실록』권39 '18년 3월 정미(20일)' 참조.
155)『정조실록』권41 '18년 12월 갑인(1일)' 참조.
156)『정조실록』권39 '18년 3월 정유(10일)' 참조.

다.157) 이러한 일련의 사건 진행을 살펴보면, 여기에는 시파와 벽파 혹은 정조와 벽파 간에 존재하는 화성축조 등 여러 갈등 요소들이 연계되어 있음을 확인할 수 있거니와,158) 단순히 『명의록』의 의리에 국한해서 파악할 수 있는 사안이 아님을 알 수 있다.

그렇다면 이서구의 경우는 어떠한가. 이서구가 홍낙신 문제를 제기한 것은 1796(정조 20년, 43세)년 6월이었다. 홍낙신의 상에 부의를 보내고 제전(祭奠)을 올리라는 정조의 명에 대해, 당시 승지의 입장에서 『명의록』의 의리를 들어 철회할 것을 요구하는 상소를 올린 것이다. 이에 대해 정조는 이서구의 상소에 대해 비답을 내리지 않고 승정원 하례(下隷)를 시켜 그 상소문을 대루원(待漏院)에 던져 놓도록 조치함으로써, 불쾌한 심사를 표현하게 된다. 이서구의 이 상소는 1794년 이후 김종수가 노론 내부에서 공격을 당하며 정국이 정조의 국정운영에 협력하는 세력과 비판하는 세력으로 급격하게 이원화되는 과정에서, 많은 사람들이 이 양편의 경계에서 관망하며 의리가 어떤 것인지도 인식하지 못하게 되어가던 상황에 대한 심각한 인식하에 나온 것이다.159)

이서구의 이 상소 문제는 결국 노론청류 인사 윤시동에 의해 무마되게 된다. 당시 우의정이었던 윤시동이 이서구의 상소는 그 말이 하지 않을 수 없었던 것이라고 변론하자, 정조 역시도 다시 처리하겠다고 답변하였던 것이다.160) 당시 윤시동은 정조가 '근래의 정사가 다 스스로 마음에 흡족하지 못하지만 윤시동을 등용한 것만은 잘된 일'이라고 자부할 만큼 노론청류계 인물 가운데서 정조의 의도에 가장 부합하는 인물로서, 노론청류의 입장을 견지하면서도 김종수·심환지계의 벽파적 입장과는 일정한 거리를 두고 있었다.161) 이 당시 이서구가 승문원제조로

157) 『정조실록』 권40 '18년 8월 정사(3일)' 참조.
158) 金成潤, 앞의 책, 305면 참조.
159) 『정조실록』 권44 '20년 6월 을미(21일)' 참조.
160) 『정조실록』 권44 '20년 6월 무술(24일)' 참조.
161) 金成潤, 앞의 책, 307~308면 참조.

임명된 것도 윤시동의 상주에 의한 것이었음을 본다면,162) 당시 이서구와 윤시동의 정치적 지향성이 매우 가까웠음을 유추할 수 있다. 이 사건의 전개 과정을 보면 이서구가 정조의 뜻에 거슬러『명의록』의 의리를 고수했음은 분명하나, 그 의리를 벽파적 성격을 지니는 것으로 단정하기는 어려운 것임을 알 수 있다. 의리의 고수라는 근본적 차원의 문제제기는 속습(俗習)에 물들지 않은 신하로서의 당연한 본분일 수밖에 없었으며,163) 이서구의 문제제기는 순수하게 이러한 의리의 차원에 그쳐 있었던 것이다.

이서구의 의리와 관련된 처신은 1797(정조 21, 44세)년 윤6월 그가 비변사제조로서 새로 유사당상의 직임에 임명되었는데, 남인 좌의정 채제공과 혐의가 있다는 이유를 들어 인의(引義)하며 직무에 나아가지 않은 사건에서도 문제가 되었다. 이서구의 이러한 처신에 대해 정조가 여러 번 경연에 나아가 독려하고 경계하였지만 여전히 직무를 보려 하지 않았다. 문제는 이서구가 이미 비변사제조로서는 공무를 집행하다가 유사당상의 직임에 대해서는 스스로 구분하여 사면하였다는 데에 있었다. 이에 대해 정조는 이서구는 자신이 진작(振作)시키고 가르쳐서 여기에 이르게 한 인물인데, 이런 식의 당파적 행동을 할 수 있는 것이냐며 질책하였다.164) 믿었던 도끼에 발등 찍혔다는 식의 서운함이 작용하였던 것이다. 실상 이서구가 유사당상의 직임에 나아가지 않았던 것은 채제공과의 세혐(世嫌) 때문이었다. 채제공은 이서구의 부친이 과거 민백흥 부

---

162)『年譜』'정조 20년'. "十一月, 因大臣尹公著東所奏, 差下承文院提調, 校正同文彙考, 製進訪花隨柳亭上樑文."

163)『명의록』은 정조의『춘추』로 간주되었거니와, 정조 스스로도『명의록』에 실려 있는 의리가 점차 없어져 가고 있는 현실에 대해 소름끼치도록 한심하다고 역설한 바 있었다(『정조실록』권50 '22년 11월 무자(29일)' 참조).『명의록』은 시벽을 불문하고 절대적 의리로 수용되었던바, 예컨대 정치달처(鄭致達妻)인 화완옹주(和緩翁主)를 석방하라는 하교가 내리자, 시파·벽파를 막론한 거의 모든 신하들이,『명의록』의 의리를 들어 강력 반대한 경우가 있다(『정조실록』권51 '23년 3월 임술(4일)', '병술(28일)' 참조).

164)『정조실록』권46 '21년 윤6월 기유(11일)' 참조

자 등을 탄핵한 소장에서 함께 논핵되었던 사람이다. 이서구는 1796(정조 20, 43세)년에 비변사제조로 임명되었었는데, 이때에는 채제공과의 세혐에도 불구하고 공무를 집행하였다. 그러나 유사당상의 직임에 임명되었을 때에는 비변사의 수장인 채제공과 더불어 접촉하지 않을 수 없는 까닭에 공무를 집행하기에 제약이 많다고 여겼던 것이다.[165]

이 문제는 심환지를 거치며 확대되었다. 심환지가 명령을 무조건 따르라는 하교는 옳지 않다고 비판하며, 이서구의 처신이 문제될 것이 없다고 반박하였다.[166] 이에 대해 정조는 자신의 주장이 의리와 도리에 해로움이 없다면 신하된 자는 마땅히 따라야 하는데, 심환지가 자신의 말을 나라를 망칠 잘못된 말로 왜곡시켰다며 매우 불쾌해 하였다. 아울러 이 자리에 참가하여 이 하교를 들은 자들은 나가서 이 이야기를 심환지에게 전하라고 불호령을 내렸다.[167] 이에 심환지는 이서구의 행동이 잘못된 것임을 인정하는 동시에, 자신이 정조의 말을 반박한 것이 큰 실책이었음을 자인하며 사임을 청하게 되고, 같은 날 우의정 이병모가 이서구의 추방을 청하는 상소를 올림으로써 사건이 무마되었다.[168]

이서구가 유사당상의 직임을 회피한 사소한 사건이 결과적으로는 심환지가 정조의 권위에 도전하였다가 실패하는 양상으로 비화되었지만, 이것이 이서구를 벽파로 규정하게 하는 예는 되지 못한다. 이 사건을 전후로 한 정국은 노론 중도파 윤시동이 사망한 1797(정조 21, 44세)년 2월부터 채제공이 물러난 다음 좌의정 이병모, 우의정 심환지의 강경 노론정권이 성립한 1798년 8월까지의 사이, 즉 이병모·심환지를 중심으로 하

165) 李書九, 『惕齋屛居錄』, 9~10면. "丙辰間 (……) 臘月, 余始差籌堂, 亦出聖簡也. 蓋籌司卽權設衙門, 而與實職有異, 故有嫌避者, 皆不引遞, 自先輩已然. 余雖與蔡有世嫌, 而亦爲一疏行公 (……) 明年六月, 始差有司, 余以有司, 與他有異, 惄贊廟謨, 專責其人, 與首相有嫌避者, 勢難行公, 陳疏不出."
166) 『정조실록』 권46 '21년 윤6월 기유(11일)' 참조.
167) 『정조실록』 권46 '21년 윤6월 경술(12일)' 참조.
168) 『정조실록』 권46 '21년 윤6월 임자(14일)' 참조.

는 벽파 세력과 채제공을 중심으로 하는 시파 세력 사이에 치열한 투쟁
이 전개되고 있던 상황이었다.[169] 그러나『실록』의 기록을 통해서 보면,
이 시기 이서구가 채제공 세력을 공격하거나 정조를 압박하는 당파적
행동에 적극 참여한 사례를 거의 발견할 수 없다. 이로 미루어 보건대
이서구가 유사당상의 직임에 나아가지 않았던 것은 어디까지나 단발적
사안이었고, 당심이 개입되지 않은 그야말로 세혐의 의리 때문이었다고
보아도 그르지 않을 것이다. 이는 차후 이서구를 유사당상의 직임에서
파하지 않았을 뿐만 아니라, 곧바로 승지로 임명하여 그간의 사정을 일
깨우고 설명함으로써 그의 이해를 구하고자 했던 정조의 세심한 배려에
서도 확인되는 것이다.[170]

　　실상 이서구는 심환지와 오랜 우의를 유지했다. 1770(영조 46, 17세)년
이서구가 부친의 상을 당했을 때, 심환지가 만사(輓詞)를 지어 직접 조문
함으로써 두 사람의 교제가 시작되었다 한다. 이어 1774년 이서구가 과
거에 급제한 후 때때로 서로 방문하곤 하였는데, 이서구는 심환지가 세
속에 대해 악착스러워 하는 태도가 없었다고 술회하였다. 두 사람의 우
의는 이후에도 20여 년 이상 변하지 않고 유지되었다.[171] 그럼에도 불
구하고,『실록』의 기록에는, 위에서 예로 든 경우처럼 이서구의 주장에
대해 심환지가 동조하고 나선 사례는 발견되지만, 반대로 이서구가 심
환지의 벽파적 주장에 대해 동조했던 경우는 거의 보이지 않는다. 이는
심환지의 당파적 행위에 대한 우려 때문이었을 것이다.

　　이서구가 심환지에 대해서 특히 우려하였던 부분은 당파적 의리에

---

169) 金成潤, 앞의 책, 308~309면 참조.
170) 李書九,『惕齋屛居錄』, 11면. "上旣賜批, 命行籌坐, 使待余行公而罷坐, 大臣諸宰,
　　貽書迭勸, 遂不得已視務. 其後賓筵, 以前日餘意, 下敎諄嚴. 旬餘除承宣, 登筵, 始示
　　開釋之意."
171) 李書九,『惕齋屛居錄』, 59면. "庚寅, 余居先府君憂, 沈相, 製送挽詞, 躬致弔問, 始
　　與之相議. 甲午後, 時或造訪, 蓋其稟性質直, 襟懷疎曠, 無世俗齷齪態. 言議, 與余先
　　友諸公, 源流雖稍異, 而大體則同. 且其立朝以來, 屢遭抹摋, 久處窮約, 故交好不替
　　者, 二十餘年."

기반을 둔 인사 문제였다. 이 부분에 대해 그가 누차 혁를 차면서 문제를 제기했지만, 심환지는 끝내 수용하지 않았다고 한다.[172] 이병모의 경우, 심환지가 생전에 이서구의 의론 가운데 한두 가지만 따랐더라도 어느 정도 세도(世道)를 구했을 것이라고 회고하며 아쉬움을 토로하기도 하였다.[173] 심환지에 대해 '당동벌이(黨同伐異)'로써 일을 삼았다고 한 사관(史官)의 혹평에 비추어 보건대,[174] 그에 대한 이서구의 충고는 정곡을 찌른 것이었다고 인정된다.

그럼에도 불구하고 이서구가 벽파로 규정되는 경우가 있었던 것은 1800(정조 24, 47세)년 오회연교(五晦筵敎)에 대한 그의 이른바 '경신년소(庚申年疏)'가 결정적인 구실을 하고 있다. 이해 5월 중순 무렵 수찬 김이재(金履載)가 우의정 이시수의 아우인 이만수(李晩秀)의 이조판서 사직상소 중 한 구절을 문제삼아 이만수를 탄핵하는 상소를 올리게 되고,[175] 정조는 곧바로 '교속(矯俗)'의 의도를 거역한다며 김이재를 귀양 보내고 만다.[176] 이때 이서구는 정조의 처분이 과중하다고 여겼다 한다.[177] 이만수의 형 이시수조차도 명을 거두어 달라고 청하였던 것에서 보듯, 이는

---

172) 李書九,『惕齋屛居錄』, 60~61면. "余嘗語之曰 : '諸公旣欲擔荷國事, 則當先祛吾私意, 無論五年十年, 雖袒免之親, 無一覓官求仕者然後, 方可以有辭於一世.' 沈相, 終不能從. 余與徐閣, 每相對嘆歎, 或屢致嘅咄之語, 而亦無奈何. 然但知其爲忠告也, 故雖不能從, 而亦無忤色. 此則其長處也."

173) 李書九,『惕齋屛居錄』, 30면. "乙丑春, 李相 (……) 又寄余書曰 : '使故相, 當日, 雖不能盡用台言, 若聽從其議論之一二, 世道猶可以求得一半, 而竟未之能焉.'"

174)『순조실록』권4 '2년 10월 병진(18일)' 참조.

175) 정조는 1800년 5월 12일, 중비(中批)로 소론계 우의정 이시수의 아우 이만수를 이조판서로 제수하였다(『정조실록』권54 '24년 5월 계사(12일)' 참조). 이만수를 이조판서로 제수한 것은 그가 '교속(矯俗)'의 정사를 행할 적격자로 여겨졌기 때문이었다(『정조실록』권54 '24년 5월 계묘(22일)' 참조). 이에 이만수는 한 형제가 의정부와 정조(政曹)에 함께 있는 것이 부적절하다는 내용의 사직상소를 올렸는데, 그 중에 '사양하는 미덕은 바른 의리가 아니다[克讓之美, 非義之正]'라는 어구가 포함되어 있었다(『정조실록』권54 '24년 5월 을사(24일)' 참조).

176)『정조실록』권54 '24년 5월 경술(29일)' 참조.

177) 李書九,『惕齋自述』, 26~27면. "庚申夏, 玉堂金履載, 論銓臣疏語之失, 上大加譴罰. 余適入闕, 時, 徐相方爲宗伯, 適與之相逢, 共言處分之過重."

누가 봐도 지나친 처사임이 분명한 사건이었다. 이에 정조는 이시수 등 약원(藥院)의 제신을 불러 김이재를 귀양 보내게 된 배후(背後)의 실제 이유를 교시하게 되는데, 이것이 이른바 '오회연교'이다.178)

오회연교의 내용은 첫째 의리(義理)의 문제, 둘째 인재등용의 문제, 셋째 '교속'의 문제로 이루어져 있다. 이 가운데 의리와 교속의 문제가 이서구의 상소와 연관하여 중요한 의미를 지닌다. 원래 임오의리에 대한 정조 대의 공식적 관점은 1775(영조 51, 22세)년 세손(世孫)의 대리청정을 반대하고 1776년 정조의 즉위를 반대한 이른바 『명의록』의 역적이 1762 (영조 38, 9세)년 임오년에 근원해 있다는 것이었다. 즉 『명의록』의 의리가 바로 임오의리라는 관점으로, 이는 정조도 인정하지 않을 수 없는 절대적 원칙이었다.179) 이 논리는 임오화변의 역적을 홍봉한 등 부홍파로 한정하는 것이다.180) 그러나 1799(정조 23, 46세)년 3월, 정조는 즉위 24년 만에 처음으로 그 동안 금기시되어 왔던 임오의리의 재해석을 시도하게 된다. 임오화변 때에 노론 세력들이 속마음은 비록 따로 있었다고 치더라도 결과적으로는 영조의 뜻을 받들어 따랐다는 것이다.181) 이는 사도세자의 죽음에 직간접 책임이 있는 노론 세력 전반에게 치명적인 결과를 가져다 줄 수 있는 논리였다.

그러다가 오회연교에 이르러 정조의 의리에 대한 논리가 정치화되는 바, 그는 을해역옥 이후 정치가 이루어지고 제도가 안정되었다고 말함으로써, 노론의 신임의리는 확고히 인정하였다. 그러나 당시의 신하들, 즉 노론 세력이 신임의리를 고수하던 자기 조부·부친들의 올곧은 자세를 견지했더라면 임오화변이 일어났겠느냐고 반문하며, 그들이 권세를 잃지 않으려고 자신들도 모르게 의리와 배치되는 행동을 하였던 것이라

---

178) 『정조실록』 권54 '24년 5월 신해(30일)' 참조.
179) 『정조실록』 권45 '20년 12월 무술(27일)' 참조.
180) 홍봉한이 임오화변을 양성한 장본인이라고 토죄하였던 박치륭이, 1777년에 사간원 대사간에 추증되었다(『정조실록』 권3 '1년 1월 병술(19일)' 참조).
181) 『정조실록』 권51 '23년 3월 임오(24일)' 참조.

고 주장하였다. 즉 노론 세력이 차츰 의리문제를 도외시함으로 인해 임오화변이 발생하게 되었고, 임오의리가 밝아지지 못함으로 인해 정조 즉위를 전후하여 홍인한·정후겸·홍상간(洪相簡) 등의 역절이 일어났다는 것이다. 『명의록』의 의리도 결국은 임오의리를 바로잡음으로써 밝혀진다는 식의 새로운 논리였다.

일찍이 영조가 어느 누구든 사도세자 사건을 재론하는 사람이 있으면 그를 역률(逆律)로 다스리겠다고 선언하여 이 사건을 재론할 수 없도록 하였는데, 정조에 의해 영조의 천명을 뒤집을 수 있는 논리적 토대가 제시됨으로써, 공홍파 세력에게는 치명적인 결과가 되었다. 부홍파뿐만이 아니라 노론청류 세력을 포함하는 공홍파 세력에게도 임오화변의 책임이 지워진 셈이었기 때문이었다.

또한 정조는 오회연교를 통해 '교속'의 문제에 대해서도 많은 의미를 부여하였다. 교속이란 말은 말 그대로 '습속(習俗)을 바로잡는다'는 뜻인데, 『실록』의 경우 1795(정조 19, 42세)년 이후에 빈출하는 어휘이다.[182] 이는 정조에 의해서만 구사되었던 것으로 신하들의 잘못된 습속을 염두에 둔 표현임은 분명하지만, 그 속뜻이 함축한 바는 모호하기 그지없었다. 그러나 이 어휘가 특정 시기 특정인에 의해 쓰였음을 생각한다면, 보편적 의미 이상의 역사성을 지닌 특수한 의미로 쓰인 것임을 짐작할 수 있다. 1795(정조 19, 42세)년은 시벽 양당의 분립이 고착된 시기이므로 습속이란 곧 신하들의 당파적 행위를 의미할 가능성이 많다.

오회연교를 통해 정조는 그 동안 자신이 구사해 왔던 교속이란 어휘의 의미를 구체적으로 제시하게 된다. 1795년 이후 세도를 깊이 염려한 끝에 '교속' 두 글자를 사용해 왔다고 말하며, 야박하게 말하고 싶지 않

---

182) 『정조실록』 권42 '19년 3월 임신(21일)', '6월 을미(16일)'; 『정조실록』 권43 '7월 을해(26일)'; 『정조실록』 권45 '20년 7월 임술(19일)', '8월 무자(16일)'; 『정조실록』 권49 '22년 9월 신유(1일)', '임술(2일)'; 『정조실록』 권51 '23년 4월 임자(24일)'; 『정조실록』 권53 '24년 2월 갑진(21일)' 등 참조.

았기 때문에 교속의 대상을 구체적으로 제시하지 않고 '속(俗)'자 하나만을 들어서 말했으나, 실제로는 임오년에 의리를 범한 자,『명의록』의 의리에 관계된 자가 모두 교속의 대상이었다는 것이었다. 정조의 이 발언은 매우 심각한 의미를 내포하고 있다. 신임의리에 대한 정통적 관점에 입각해서 해석하자면, 교속의 대상은 임오년의 홍봉한, 정조 즉위를 전후한 시기의 홍인한・정후겸・홍상간 등의 부홍파 세력이 된다. 그러나 임오화변의 책임을 노론 세력 전반으로 확대하여 재해석한 정조의 의리에 대한 새로운 관점을 적용시키면, 교속의 대상이 부홍파뿐만이 아니라 노론청류 세력을 포함하는 공홍파 세력으로 확대되고 만다. 여기에다가 "겉으로 치닫는 별종의 무리가 도리어 기회를 엿보고 상대편의 비위를 맞춘다는 죄목을 순종하는 사람에게 뒤집어씌우니, 이 어찌 세도의 깊은 걱정거리가 아니겠는가"라고 한 정조의 발언을 음미해보면, 교속의 대상은 다름 아닌 공홍파의 후신 가운데 하나인 당시의 노론벽파 세력임이 분명해진다.

결국 정조는 자신이 김이재를 귀양 보내게 된 이유를, 김이재의 상소가 명목상으로는 이만수 한 사람을 논박한 것이지만, 사실은 자신의 교속 의도에 배치된 것이었기 때문이라고 밝혔다. 이어 오늘의 하교를 들은 사람들 중에는 자신이 말한바 그 의리를 천명하려는 자도 있을 것이고, 자신의 잘못을 반성하는 자도 있을 것이고, 자신의 죄를 회피하려고 꾀하는 자도 있을 것이라며, 자신의 본의를 이해하고서 올바른 길로 따라나서는 자는 모두 수용할 것이라고 하였다. 의리를 천명하든 자신의 잘못을 밝히든 양단간에 결정하라는 것이었다. 정조의 노론벽파 세력에 대한 통첩인 셈이었다.

당시 오회연교의 석상에는 이시수・조진관(趙鎭寬)・서용보(徐龍輔)・이서구 4인이 입시하였던바,[183] 5일 뒤 이서구는 오회연교의 분부에 대해

---

183) 李書九,『惕齋自述』, 27면. "居數日, 上召見大臣, 有司堂上右相李時秀, 有司堂上趙台鎭寬, 徐相及余三人, 入侍. 上敷示自初義理之大原, 丙申以後朝著進退之所由, 縷

칭송하는 상소를 올린다. 의리를 천명하든 잘못을 스스로 밝히든 결정하라고 한 정조의 명에 대해, 의리를 천명하는 상소를 올린 것이다. 이것이 후일 세도정권에 의해 그가 공격을 당하게 되는 빌미가 된 '경신년소(庚申年疏)'이다.[184] 정조의 명에 대해 '그 모두가 세도를 염려하고 세신(世臣)을 감싸 아끼는 지극하신 뜻'이었다고 규정하고, 정조를 위해 의리의 소재(所在)를 밝히겠다는 것이었다. 그러나 그 실제의 내용에 있어서는 정조의 논리를 노론의 정통적 관점에 입각해서 반박하는 경향이 강하다.

이서구는 의리란 고금이 서로 다르지 않다고 주장함으로써, 신임의리 · 임오의리 · 『명의록』의 의리로 연결되는 노론의 의리에 대한 정통적 관점을 재확인하였다. 이어 『명의록』의 의리를 엄중히 지키는 것이 곧 신임의리를 빛내는 것이라고 주장하여, 임오의리를 바로잡음으로써 『명의록』의 의리를 강화할 수 있다는 정조의 논리를 반박하였다. 정조의 신임의리는 인정하되 임오의리는 재 수정해야 한다는 이중적 논리를 '하나의 의리를 두 쪽으로 나누어 얼떨결에 혼란에 빠지게 하는 술책'을 쓰려고 하는 자들의 주장으로 몰아붙인 것이다. 이서구의 논리는 역사성을 획득한 정통적 관점에 입각해 있고 정조의 논리는 새롭게 대두된 논리인지라, 논리 외적 역관계를 개입시키지 않고 그 자체만으로 따진다면 정조의 주장은 취약성을 면하기 어려운 것으로 여겨진다.

이서구는 정조의 교속 대상에 대한 주장에 대해서는 직접적으로 반박하지 않고, 나름의 기준을 통해 새롭게 제시하였다. 정조의 주장을 정면으로 반박한 임오의리 문제와는 다른 방식으로 문제에 접근하고 있는 것이다. 이서구가 제시한 교속 대상은 네 부류인바, 4조의 문답 형식으로 구성되어 있다. 그 대상은 첫째 겉으로 의리를 인정한다고 말은 하면

縷千萬言, 嚴正惻怛. 仍命諸臣之悉心闡明, 卽五晦筵敎也."
184) 『정조실록』권54 '24년 6월 병진(5일)' 참조. 상소의 정식 명칭은 「연교반시후언시사소(筵敎頒示後言時事疏)」(李書九, 『惕齋集』권5 「疏啓」)이다.

서도 실제로는 이를 도외시함으로써 의리를 어둡게 하는 자들, 둘째 의리 자체는 인정한다고 말하면서도 그 의리를 주장하는 자들의 사적인 문제점을 지적함으로써 의리 자체에 대해서 문제를 제기하는 자들, 셋째 의리를 말하는 자들을 임금의 뜻에 아부하는 소인배로 몰아붙이는 자들, 넷째 의리를 주장하는 사람과 도외시하는 사람을 모두 부정하며 어느 쪽에도 참여하지 않겠다고 주장하는 자들이다. 여기에서의 의리는 신임의리를 뜻하는 것으로, 신임의리를 고수한다 함은 곧 신임의리와 임오의리를 나누어서 보지 않는 것이며, 이는 곧 『명의록』의 의리를 확고히 지키는 것이다. 이서구는 시벽의 당파적 관점에서가 아닌 노론청류의 공적인 관점에서 의리를 부지(扶持)하고 있음을 볼 수 있다. 그의 논리는 노론시파 세력이라 하더라도 쉽사리 부정할 수 없는 것이었다.

결국 정조는 이서구의 상소에 대해 "경의 소장은 나라를 걱정하고 임금을 사랑하는 마음에서 나온 것인 줄을 알겠다. 특별히 유념하고 처사에 반영하여 나의 공명정대한 길을 통해 다 함께 큰길로 나아가길 기대하고 싶다"는 내용의 비답을 내렸다. 아울러 자신의 분부는 '일찍이 형벌을 가지고 신칙한 일은 없다'는 점을 다시 한번 강조하며 노론벽파 세력에 대해 잘못을 스스로 밝힐 것을 거듭 촉구하였다.

그러나 정조의 명에 대해 이서구의 상소와 헌납 오한원(吳翰源)의 상소[185]를 제외하고는 아무런 반응도 나오지 않자, 정조는 이서구의 상소에서 교속의 대상을 네 부류로 나누었던 것을 인용하여, '예조참판(이서구)이 본디 분수가 밝지 못한 사람이 아니고 그 상소문 또한 아무렇게나 한 말이 아니니, 그 네 가지 부류들 가운데 반드시 해당되는 사람이 있을 것'이라고 말하며, 사흘 안에 잘못을 스스로 밝히는 상소문을 올리라고 또다시 촉구하였다. 그렇지 않을 경우 모두 화를 당할 것이라는 강력한 통첩이 뒤따랐다.[186] 그래도 아무 반응이 없자, 정조는 또 다시 "만

---

185) 오회연교 연본(筵本)을 조보(朝報)로 반포하자고 주장하는 내용의 상소이다(『정조실록』 권54 '24년 6월 임술(11일)' 참조).

일 살고 싶다면 어찌 감히 그처럼 강경하게 고집을 세운단 말인가"라며 파국을 예고하는 최후의 선언을 하고는,[187] 십수일 만에 급서하고 만다.[188]

이서구의 상소가 정조의 분부에 대해, 특히 임오의리를 바라보는 관점에 대해서는 반박의 성격이 농후함에도 불구하고, 정조가 이를 충정에서 나온 것으로 인정하고 있을 뿐만 아니라, 이서구가 제시한 교속의 대상도 수용하고 있다는 사실은 시사하는 바가 크다. 이는 정조 역시도 이서구를 자신이 교속의 대상으로 삼고 있는 벽파적인 인물로 여기지 않았음을 추정하게 해주는 단서이다. 정조의 입장으로 보았을 때, 심환지 등의 벽파 세력은 겉으로는 오회연교에 대해 '누가 감히 그 사이에 이론을 제기하겠습니까'라고 꾸며대면서 실상은 '사면팔방으로 부정한 경로를 믿고 비밀히 서로 내통'하면서 자신에게 대항하려고 책동하는, '사대부로 간주하지 않기 때문에 우선 방치'해 두고는 있으나 '조만간에 결말이 날' 음험한 세력이었다.[189] 벽파의 이러한 태도에 비하면 이서구의 의리 천명은 순진하다고 할 만큼 정직한 것이었다.

이상에서 보듯, 정조 대에 이서구는 시벽의 갈등 속에서 그 어느 쪽으로도 치우치지 않고 중도적 입장에서 노론청류의 근본 의리를 고수하였거니와, 또한 정조의 국정운영에도 많은 기여를 하였다. 앞서서 이서구가 정조의 국책 편찬사업에 참여하여 결정적인 역할을 담당하였음을 밝혔거니와, 그는 또 경상우도암행어사·영변부사·전라도관찰사 등의 외직과 승지·비변사당상·각조참판 등의 내직을 역임하며 경세제민의 의지를 적극 실천하였다.

이서구는 1787(정조 11, 34세)년 경상우도암행어사가 되었을 때에 지방

---

186) 『정조실록』 권54 '24년 6월 계해(12일)' 참조.
187) 『정조실록』 권54 '24년 6월 정묘(16일)' 참조.
188) 『정조실록』 권54 '24년 6월 기묘(28일)' 참조.
189) 『정조실록』 권54 '24년 6월 정묘(16일)' 참조.

의 진정(賑政)·환곡(還穀)·군정(軍丁)·노비(奴婢) 등 제 폐단을 목도함으로써,190) 비로소 백성들의 득실에 대해 구체적으로 이해하게 되었다고 하였다.191) 이러한 인식을 바탕으로 하여 1790(정조 14, 37세)년 영변부사로 부임하였을 때에는 굶주리는 백성 7·8천 명을 구휼하였을 뿐만 아니라, 탐관오리들에 의해 조작되는 세금장부를 조사하여 바로잡고 도탄에 빠진 백성들을 직접 찾아가서 위문하기도 하였다.192) 영변부사 때의 경험을 바탕으로 하여 1791(정조 15, 38세)년에는 좌부승지로서 영변부에 군량미를 비축해 둘 것을 아뢰어 국방문제에 대해서도 관심을 기울였다.193)

　1793(정조 17, 40세)년 전라도관찰사로 나갔을 때에는 창고와 녹봉을 모두 털어 백성들을 진휼하였다.194) 또한 전라도관찰사 때의 경험을 바탕으로 하여 1797(정조 21, 44세)년 비변사유사당상으로 있을 때에는 정조가 영호남에 흉년이 든 것과 관련하여 감면하고 구휼하는 정사를 여러 신하들에게 물었을 때에 분등법(分等法) 등 훌륭한 계책들을 아뢰어 민읍의 폐해를 시정하게 하였다.195) 1798(정조 22, 45세)년에는 제언당상(堤堰堂上)으로서 전라도의 제방을 수축하는 일에 대해 아뢰어 기민들을 먹여 살리고 농민들에게 이익이 돌아가도록 조치하였으며, 1799(정조 23, 46세)년에는 비변사유사당으로서 전라도의 부역에 대한 폐단을 시정하는 데

---

190) 『정조실록』 권23 '11년 5월 경오(4일)' 참조.
191) 李書九, 『惕齋屛居錄』, 3면. "余本書生, 不嫺世務, 丁未, 按廉嶺右而歸, 始略知民邑利病."
192) 李書九, 『惕齋屛居錄』, 34면. "己酉, 關西被水大歉, 寧熙尤甚, 陵谷變遷, 人民流亡 (……) 旣到郡, 大賑方張, 飢民爲七八千口, 而倉穀盡入奸猾之舞弄, 遂發餉分賑, 累月焦勞, 僅免捐瘠, 親爲文, 酌昨秋湙壓之民, 査正簿書, 訪問疾苦, 單謬汰濫, 廩餘折支, 皆從輕値, 民情稍安. 是秋大熟, 催科徵逋, 幸免債事. 勸課邑士, 隣郡亦多聞風而至者."
193) 『정조실록』 권32 '15년 5월 경자(26일)' 참조.
194) 『정조실록』 권38 '17년 8월 병자(16일)'; 『순조실록』 권42 '19년 2월 신유(9일)' 등 참조. 『年譜』 '정조 18년'. "前歲, 湖南大饑, 悉捐廩俸, 調賑之, 所全活甚衆."
195) 『정조실록』 권47 '21년 9월 병자(10일)', '10월 경자(5일)' 등 참조.

에 이바지하였으며, 1798~1799년 간 정조의 거국적 농서(農書) 편찬사업 때에도 주도적 역할을 맡는 등 많은 기여를 하였다.196)

이서구는 특히 환곡의 운영과 관련하여 많은 역할을 하였다. 그가 전라도관찰사를 마치고 돌아온 뒤, 환곡의 잘못된 운영으로 인해 백성들의 삶이 곤궁해짐을 지적하며 생재(生財)의 근본을 절생(節省)에 두어야 함을 역설하였다.197) 또한 환곡의 운영과 관련하여 탐관오리들이 조정의 눈을 속여 가며 온갖 범법 행위를 일삼음으로써 백성들의 원망이 커지고 있음을 간파하여 이 폐단을 바로잡아야 함을 주장하기도 하였다.198)

앞서 살펴보았듯, 이서구는 정조에게 '금옥(金玉)'과도 같은 지우를 받으면서 국가대사의 중요한 계책들을 처리하였다. 정조 대에 이서구가 발휘한 경륜은 "재주를 다른 시대에서 빌릴 수 없다는 말을 나는 이서구에게서 보게 된다"고 한 정조의 언급을 통해 입증되는 바이다.199)

---

196) 『정조실록』 권48 '22년 1월 병자(11일)'; 『정조실록』 권51 '23년 5월 기묘(22일)' 등 참조 李書九, 앞의 책, 24~25면. "戊午己未間, 聖意惓惓民事, 宵旰憂勤, 命侍從出宰者, 各陳民邑之弊. 又以重穡力農, 爲敦風正俗之本, 頒降綸音, 令方伯居留之臣, 以至士庶, 各陳務農之道, 將欲編成一農書. 是時, 進言者, 塡咽公車, 上以士庶所言, 慮有藝瀆, 命賤臣, 先爲看詳以進. 進則下廟堂, 回啓啓帅, 專責有司. 故余亦夙夜非懈, 旣覆啓, 則輒下十行判批. 賤臣所論, 多蒙採施. 老吏胥, 亦謂籌司事務之叢積, 酬應之勤孜, 無如此時云."

197) 李書九, 『惕齋自述』, 21~22면. "自湖南歸, 每言還穀盡分, 最爲民弊. 上每命講究矯革之策, 賤臣遂取諸路穀簿, 較量多寡, 編進一冊曰:'糴糶之取耗需用, 大非經法, 中古, 則有司雖有此議, 廟堂輒嚴斥之, 常平穀之三分一取耗, 昉於丙丁兵燹之餘, 盖不獲已也, 而今乃增置無名之穀, 取全耗而作經用, 民安得不病. 生財之本, 在於節省, 舍此而言生財者, 非臣之攸聞也.' 上嘉納."

198) 李書九, 『惕齋自述』, 22~23면. "居數日, 復召教曰:'適聞之, 關西盡分穀, 本以他司移屬壯營, 從前元有此數, 非近日增置者也, 此言何如.' 對曰:'固或然矣, 且殿下豈以爲前日糴糶者, 止於此數而已耶. 貪官墨吏之作奸犯料, 爲朝家所不知者, 又必多矣. 而民之怨咨, 猶不至甚, 今獨如此者, 特視其財之所歸, 而怨之耳. 有弊則矯之而已, 增置之久近, 不須問也.' 上擊節稱善者, 良久曰:'卿之論事所見, 每多理直, 此, 予所以嘉之也.'"

199) 李書九, 『惕齋自述』, 21면. "上臨筵, 教大臣曰:'才不借於異代, 予於某見之矣.'"

2) 반외척 사류정치의 신념과 경세가로서의 삶

정조 대에는 노론청류 세력이 대체로 정국의 중심부에 있었고, 정조의 정국운영 방침도 우현좌척(右賢左戚)에 있었기 때문에, 이서구의 노론청류로서의 의리 고수는 큰 문제가 되지 않았다. 그러나 정조가 급서하고 나자 상황이 급변하였다. 정순왕후(貞純王后)를 배후로 하는 경주김씨, 순조의 생모 수빈(綏嬪)을 배후로 한 반남박씨, 순조의 장인 김조순(金祖淳)을 중심으로 하는 안동김씨가 각축을 벌이게 되는 시기가 왔다. 이에 사류정치의 근간이 흔들리게 되면서 이서구는 외척들로부터 수차 제휴 제안을 받기도 하였으나 노론청류의 의리를 고수하며 끝내 이들과 타협하지 않았다.

1800(순조 즉위, 47세)년 7월 순조가 11세의 어린 나이로 즉위하게 되자, 영조의 계비이자 경주김씨인 정순왕후가 수렴청정을 하게 되었다. 이로부터 철렴(撤簾)이 이루어지는 1803(순조 3, 50세)년 12월까지 정국을 주도한 인물들은 그 친정 인물인 김관주(金觀柱)·김일주(金日柱)·김용주(金龍柱)·김노충(金魯忠), 그리고 영의정 심환지 등의 벽파 세력이었다. 이해 10월 정조의 국장이 끝난 다음날부터 벽파의 시파에 대한 공격이 시작되었다. 그리하여 서유린·윤행임(尹行恁) 등의 시파 세력을 비롯하여 벽파의 정국운영에 장애가 되는 노론계 인물들도 대거 축출되었다. 그러나 시파이자 외척이기도 한 안동김씨·반남박씨 세력을 무력화시키고자 한 시도들은 결국 수포로 돌아갔다.[200]

이 시기 이서구의 정치적 지향성은 노론청류의 의리에 기반을 둔 사류정치에 있었다. 시파·벽파의 대립이 아닌 사류 대 외척의 구도 속에서 반외척세도의 상징적 인물이 되었던 것이다. 이로 인해 영의정 심환지, 우의정 서용보 등과는 대체로 보조를 맞추었지만, 심환지의 친경주

---

200) 오수창, 「정국의 추이」, 『조선정치사 1800~1863(상)』(한국역사연구회 19세기정치사연구반), 청년사, 1990, 73~80면 참조.

김씨적 태도에 대해서는 비판적인 경우가 많았고, 시파인 안동김씨·반남박씨, 벽파인 경주김씨에 대해서는 외척이라는 이유를 들어 모두에게 부정적인 입장을 취하였다.

정순왕후가 수렴청정을 시작함으로써 경주김씨 세력이 정국의 주도권을 잡으면서 안동김씨·반남박씨와 갈등을 빚게 되었을 때, 경주김씨 세력은 이서구를 자기들과 같은 편으로 생각했다고 한다. 정조 조에 이서구가 노론청류의 의리를 고수하였음을 생각한다면, 공홍파 계열인 경주김씨 세력의 생각은 당연한 것으로 여겨질 수도 있었다. 그러나 이서구는 정조의 정국운영 방침이었던 '우현좌척'의 원칙을 들어서 그들과의 제휴를 단호히 거부하였다.

수렴청정 초기 조정에서 동래부사(東萊府使)로 있던 경주김씨 김관주를 내직으로 옮기자는 의론이 일어났다. 이서구는 경주김씨 세력이 외척으로서의 본분을 지키지 않음을 비판하며, 그들이 순조의 친정(親政) 이전에는 함부로 나서지 않는 것이 정순왕후에게도 누를 끼치지 않는 처신임을, 당시 실권을 쥐고 있었던 심환지에게 인식시키려고 노력하였다.[201] 그러나 심환지의 주청에 따라 김관주가 결국 내직으로 들어오게 됨으로써,[202] 이서구의 주장은 결국 반영되지 못하였다. 1801(순조 1, 48세)년 가을 이서구와 김관주가 각각 호조와 예조의 판서로서 만났는데, 김관주가 정답게 대하며 이서구의 외척과 타협하지 않는 태도를 지적하였

---

201) 李書九, 『惕齋自述』, 53~55면. "自庚申秋, 泥金稍得志, 諸戚皆憚之. 而金則以余, 自在先朝, 久有標榜, 意其相與, 然余則聲聞, 本自漠如. 垂簾初, 金觀柱, 方爲萊伯, 公除前, 有一重宰, 來院中, 言于沈相曰 : '萊伯何不至, 今內遷乎.' 其人旣去, 余謂沈相曰 : '先朝五十年, 苦心右賢左戚, 況其家久在於屈伸之際. 在先朝, 則可扶者扶之, 可也, 今日, 則其家雖未知有何許人物, 而若不深自斂藏, 必將貽累慈德. 垂簾之初, 萊伯內移, 是豈急先之務乎. 其言未知其爲當也. 且爲其家計者, 姑守本分, 待聖上躬親庶政, 仰答慈德之日, 荷恩寵伸幽枉, 則豈非長久之福乎.' 徐相顧沈相曰 : '此台言, 是矣.' 沈相唯唯. 其後又言之, 沈相曰 : '台言非不佳矣, 人心豈皆然乎.' 未數日, 果以特敎內遷."

202) 『순조실록』 권2 '1년 1월 정해(10일)' 참조

다. 그러자 이서구는 각각 외척과 사류로서의 본분을 다함으로써 '우현 좌척'의 원칙을 세운 정조의 뜻을 저버리지 않는 것이 정당한 도리일 것이라고 응수하였다. 이에 김관주도 이서구의 의지를 꺾을 수 없음을 알고 설득하기를 그만두었다고 한다.[203]

1802(순조 2, 49세)년 2월 이서구가 이조판서가 되었을 때,[204] 그는 도목 정사(都目政事)를 행함에 있어 사사로운 청탁을 물리치고 곧이곧대로 하였다. 김용주의 경우 부묘도감(祔廟都監)의 벼슬자리를 원했지만 결국 뜻을 이루지 못하였다. 이처럼 경주김씨 세력도 도목정사에 함부로 끼어 들지 못하게 하여 그들의 원망이 나날이 심해졌다고 한다. 이서구는 이러한 일련의 과정 속에서 정언 강시환(姜時煥)의 피혐(避嫌)이 나오게 되었다고 보았다.[205] 강시환의 피혐으로 인해 이서구는 이조판서에서 물러나게 되는데, 이러한 사태 역시도 경주김씨 세력의 원망에서 비롯된 것이었다고 한다.[206] 또한 정순왕후가 묘당의 천의(薦擬) 없이 중비(中批)로 이서구를 호조판서로 임명하였을 때에도,[207] 그는 '사봉묵칙(斜封墨

---

203) 李書九, 『惕齋自述』, 55~56면. "金相觀柱, 則辛酉邪獄時, 以同義禁, 始爲相接. 其年秋, 以禮戶判, 相逢於永禧殿奉審, 頗致款意, 以余不交諸戚, 誚其太隘. 余笑而謝之曰: '吾輩非擔荷之大臣, 非貧賤之素交, 不相識, 因其宜也. 且戚里非靑陽驪陽, 吾輩非栗谷尤菴, 則各守本分, 毋負我先王之大訓, 乃是正當道理也.' 金相知其意之不可回, 一笑而罷."

204) 이때 이조판서를 맡은 기간은 1802년 2월부터 같은 해 7월까지이다. 그는 또 1803년 2월부터 같은 해 8월까지 이조판서를 맡는다.

205) 李書九, 『惕齋自述』, 56면. "乃夫居銓以後, 以余不聽人言, 自行己志, 諸金亦斂手無奈, 慍恨日深. 至是, 金龍柱才闋服, 而祔廟都監將設, 意欲得一郞. 余則循例, 以實職差出, 其人大怨之, 旋有甄復之命, 始除衣僉. 於是乎, 兩戚之憾相合, 而姜時煥之避嫌, 出矣."

206) 정언 강시환이 채제공 일파인 심규로(沈奎魯)와 김한동(金翰東)을 귀양 보내라고 상소를 올렸으나 허락받지 못하였다(『순조실록』 권4 '2년 5월 병자(7일)' 참조). 이어 이서구의 도목정사 이후, 그는 김한동이 승지의 망(望)에 그대로 있고, 심규로가 군직(軍職)을 부여받았다는 이유로 피혐하며 자신의 직을 체척(遞斥)할 것을 청하는 상소를 올렸다가, 사직하지 말라는 비답을 받게 된다(『순조실록』 권4 '2년 7월 기사(1일)' 참조). 이에 이서구는 즉시 향로(鄕路)를 찾아 나서 누차에 걸쳐 상소를 올려 진정(陳情)하며 체직하기를 요구하여(『순조실록』 권4 '2년 7월 을해(7일)' 참조), 결국 파직되었다(『순조실록』 권4 '2년 7월 경진(12일)' 참조).

勅)'208)의 혐의를 들며 사직상소를 올려 은연중 경주김씨 세력의 국정운영에 대한 사사로운 관여를 비판하였다.209)

이서구는 시파인 반남박씨 세력의 제휴제안에 대해서도 단호히 거부하였다. 순조가 즉위하자마자 박종경(朴宗慶)이, 이서구가 정조의 은혜를 깊이 입은 사실을 들어 나라를 위해 함께 충성을 다하자며 그에게 서로 우호적으로 지내자는 의사를 전달하였다.210) 이에 대해 이서구는 반남박씨 세력이 종실과 나라를 호위하여 선왕에게 보답함으로써 외척으로서의 본분을 지키면, 자신도 사류로서 마땅히 공경하고 존중할 것이라고 하면서, 각자 그 본분을 다하면 되지 외척과 사류가 사사로이 결탁해서는 안 된다고 역설하였다.211) 박종경의 형 박종보(朴宗輔)도 수차에 걸쳐 이서구를 회유하려고 하였다. 그러나 이서구는 정조 대에 사류와 외척 사이의 구분이 엄격하였음을 들어 외척과 사사로이 교유할 수 없음을 주장하며 제휴제안을 거절하였다.212)

이서구의 안동김씨 세력과의 관계에 대해서는 기록이 별로 발견되지는 않지만, 그가 안동김씨 세력과도 타협하지 않았음은 물론이다. 이서구는 자신이 이조판서로서 도목정사를 행할 때, '삼척(三戚)'이 친호(親好)하는 사람은 그 원하는 바를 하나도 얻지 못하였다고 기술하였다.213)

---

207) 『순조실록』 권1 '즉위년 10월 정축(28일)' 참조.
208) 『新唐書』 권45 「志」 제35 「選擧下」. "中宗時, 韋后及太平安樂公主等, 用事, 於側門, 降墨勅斜封, 授官, 號斜封官, 凡數千員."
209) 『순조실록』 권1 '즉위년 11월 정미(29일)' 참조.
210) 李書九,『惕齋自述』, 47~48면. "庚申公除前, 余在院中, 校理從叔, 以朴宗慶之意, 爲書, 紹介於余曰: '國事罔極, 其家雖欲退守本分, 而不可得, 環顧朝著, 惟某台, 厚被先朝恩遇, 忠盡可仗, 願與之相好.'"
211) 李書九,『惕齋自述』, 48면. "當此國勢綴旒之日, 雖是戚里, 誠能衛護宗國, 報答先王, 則士流自當敬重, 是所謂各盡其分, 至於私相結納, 非吾所知."
212) 李書九,『惕齋自述』, 48~49면. "其伯, 則曾以承宣, 同在一院者累日, 而修寒暄問上候外, 一不接語. 及余判秋曹, 而彼爲參議, 又因校理從叔, 願一會於曹坐, 故遂强赴焉 (……) 余遂謝之曰: '先朝三十年, 治法政謨, 朝臣戚里內外之分, 截嚴. 今日國勢, 雖異於前日, 陟降俯臨, 今吾之與令監, 如是相接, 亦未知其何如.'"
213) 李書九,『惕齋自述』, 63면. "及余冒當大政, 三戚之所親好, 無一得其願者."

이서구는 외척 세력을 통틀어 '삼척'이라 하였거니와, 이는 경주김씨·반남박씨 뿐만 아니라 안동김씨까지도 아울러 지칭한 것이다. 그는 '삼척정립(三戚鼎立)'의 폐해를 세도조상(世道朝象)이 회복될 여지가 없는 극한적 상황으로 인식하였다. 그 동안 시파에게 아부하지 않던 노론청류의 인사들조차 이제는 거의 외척 세력에게 빌붙어 버리는 참담한 상황 속에서, 그는 노론청류의 의리를 끝까지 고수하며 세상의 거스름만 쌓아 가고 있었다.[214]

안동김씨 김조순이 그의 외척 세력에 대한 비타협적인 태도를 걱정하며, 그 태도로 인해 재앙이 일어날 것이니 조금이라도 태도를 바꾸라고 권고하였지만 그는 끝내 듣지 않았다고 한다.[215] 이를 두고 이서구가 외척 세력을 공척(攻斥)하려 한다며 심하게 공격하려는 사람도 있었다고 한다. 그러나 당시 이서구는 강자의 지위를 바탕으로 외척 세력을 공척한 것이 아니라 약자의 위치에도 불구하고 그들에게 아부하지 않았던 것으로 여겨졌으며, 외척 세력에게 아부하지 않는 처신을 가지고서 공의(公議)에 죄를 얻은 것으로는 간주할 수 없는 셈이었다.[216]

이서구 스스로도 자신의 외척에 대한 비타협적 자세에 대해 자부심이 없지 않았으리라 여겨진다. 1803(순조 3, 50세)년 여름 이서구가 이조판서로서 인사행정을 담당하고 있을 때, 김이영(金履永)이 세상 사람들이 거의 다 '삼척'에게 아부하고 있는 상황임에도 불구하고 그 어떤 외척과

---

214) 李書九, 『惕齋自述』, 61면.

214) 李書九, 『惕齋自述』, 61면. "且世道朝象, 無復餘地, 三戚鼎立, 嘵訛日興, 翕訛如狂. 卿宰之稍有時名, 能不濡汚於行悳之時者, 亦皆變爲蕭艾, 同志只有徐閣, 而余以眇然一身, 積忤於世."

215) 李書九, 『惕齋自述』, 62면. "永安, 嘗因李令性老, 勸以大禍必作, 盍少變改, 而終不能聽."

216) 李書九, 『惕齋屛居錄』, 53~54면. "徐相邁修, 嘗對斗閣, 以余規模太隘, 譏斥不已, 因曰: '渠欲攻斥戚里, 豈不妄乎.' 斗閣曰: '惡, 是何言也. 其人, 以何氣力, 敢有是事耶.' 徐曰: '居銓時, 凡與戚里相近者, 無論東西南北, 一不擧擬, 豈非攻斥乎.' 斗閣曰: '誠如是, 在其人自爲身謀, 固疏矣, 謂之不附戚里, 則可矣, 謂之攻戚里, 則不可也. 歷觀往牒, 未聞以不附戚里, 得罪於公議者也.' 徐相, 憮然."

도 타협하지 않는 이서구의 고립(孤立)된 처신을 지적하자, 이서구는 사류정치를 추구하는 노론청류의 정통적 의리를 근거로 답변한다. 사사로운 측면으로만 보았을 때에는 그도 자신의 처신이 어리석고 망령된 것임을 모르지는 않는다는 것이다. 그러나 멀리는 열성조 400년 동안, 가깝게는 정조 30년 동안 배양(培養)·작성(作成)된 결과로 자신과 같은 일개 사대부가 있게 되었는데, 저 외척들이 어떻게 자신의 처신을 방해할 수 있겠느냐는 것이었다. 반외척 사류정치의 신념을 역설하는 이서구의 이 말은, 혼탁한 시대에 한 사발 맑은 얼음물을 마신 듯 속 시원한 이야기로 인정되기에 부족함이 없었다.[217]

한편 1803(순조 3, 50세)년 12월 정순왕후의 수렴청정이 끝나고 순조의 친정이 이루어지면서,[218] 반남박씨·풍양조씨 세력의 협력을 얻어 안동김씨 세력이 정국을 주도해 나가게 되었다. 1804(순조 4, 51세)년 4월, 전에 시파 세력 축출의 선봉이었던 강진현감 이안묵(李安黙)을 탐비(貪鄙)의 죄목으로 유배함으로써 안동김씨의 벽파에 대한 반격이 시작되었다. 5월에, 순조가 김조순 가문과의 국혼에 반대했던 1801(순조 1, 48세)년의 권유(權裕) 상소를 차대(次對) 석상에서 제시하면서 공격을 이끌어 낸 후,[219] 권유·이안묵 등 분쟁의 초점을 이루었던 벽파 인물들을 일차로 제거하였다. 1805(순조 5, 52세)년 12월에 김달순(金達淳)이 우의정에 임명되어 곧 벽파의리의 재정립을 시도하려다가, 몇 달 뒤 김달순은 사사를 당하고

---

217) 李書九, 『惕齋屛居錄』, 40~41면. "癸亥夏, 余在銓地, 以不能見媚於世, 危厲日甚. 金台履永, 嘗來訪, 語次問曰 : '方今戚里勢盛, 擧世莫不親附, 而台於三家, 一無所與, 如是孤立, 能不懼乎.' 余笑謝曰 : '吾亦自知其愚且妄矣. 列聖朝四百年培養, 先大王三十年作成, 有一箇, 此等人亦復何妨.' 金台笑而起歸, 遺金友正宅書曰 : '昨見某台, 聽其言論, 如飮一盌淸氷.' 余聞而媿之."
218) 『순조실록』 권5 '3년 12월 기축(28일)' 참조.
219) 1801년에 권유가 여러 역적의 처리에 관해 상소를 올렸는데, 그 상소문 가운데 '도인 윤길(都人尹姞)'·'곡돌사신(曲突徙薪)' 등의 구절이 있었다. 그런데 이 구절들이 순조와 김조순 가문의 국혼을 훼방하려는 계책에서 나온 것이었다고 들추어 낸 것이다(『순조실록』 권3 '1년 6월 정사(12일)' 참조).

김한록(金漢祿)이 대역률로 추삭된 것을 비롯하여 심환지, 정일환, 김구주도 추삭되고, 김용주·김일주가 유배당하며, 김관주는 유배 중에 죽었다. 영의정 서매수(徐邁修)도 김달순에게 동조했다는 죄목으로 조정에서 축출 당하였다. 그 후 1807(순조 7, 54세)년에는 김달순의 행위가 역(逆)이 아니라는 등의 흉언을 한 이경신(李敬臣)의 옥사를 계기로 하여 벽파 세력의 이념적 지주였던 김종수·김종후(金鍾厚) 형제의 관직이 추탈되었으며, 김종수는 정조의 묘정에서 출향(黜享)됨으로써 벽파 세력은 그 존립기반을 완전히 상실하였다.[220]

벽파의 이와 같은 몰락 과정에서 이서구도 외척 세도정권에 의해 벽파로 지목되어 적지 않은 시련을 겪게 된다. 이서구 스스로는 벽파의 몰락을 초래한 권유 옥사, 김달순 옥사, 이경신 옥사 등에 직접 연루된 바가 없었음에도 불구하고 끊임없이 벽파로 몰리게 된 것이다. 사건은 정순왕후 수렴청정 기간인 1803(순조 3, 50세)년 10월, 전 장령 이경신(李敬臣)이 인사문제로 전(前) 이조판서 이서구를 비난하는 상소를 올린 데서부터 발단되었다. 이경신이 자신과 그 아들을 각각 대관(臺官)과 침랑(寢郞)으로 삼아 주기를 요구하였으나, 뜻이 이루어지지 않자 마침내 죄를 얽어 분노를 풀려고 하였던 것이다. 이에 이경신은 그의 행위가 정망(停望)에 대해 원한을 갚으려 한 의도였다고 인정되어 향리에 방축하도록 처분되었다.[221] 당시 이서구는 호조판서였는데, 이경신의 상소로 인해 체직을 요구하는 상소를 올리게 되나 허락 받지 못하자 결국 묘사가 있는 영평으로 돌아와 거듭 소를 올림으로써 체직을 허락 받았다. 그러나 이 해 12월에 순조의 친정이 시작되고 나서, 이서구는 1804(순조 4, 51세)년 정월 지돈녕부사, 2월에는 사헌부대사헌, 3월에는 한성부판윤에 임명되었다.[222] 이때까지만 해도 이서구를 모함하는 이경신의 상소가 별다른

---

220) 오수창, 앞의 논문, 80~82면 참조.
221) 『순조실록』 권5 '3년 10월 신사(20일)' 참조.
222) 『年譜』 '순조 3년·4년' 참조.

영향을 미치지 못했던 것이다.

이어 1804(순조 4, 51세)년 5월, 순조가 권유 상소를 차대석상에서 제시함으로 인해 권유옥사가 바야흐로 전개되던 시점에서,[223] 이서구는 평안도관찰사로 임명되어 외직으로 나가게 된다.[224] 당시 이서구가 권유의 상소에 관계되어 있다고 말하는 사람이 있었다고 하나, 대신(大臣)과 권유를 추국한 위관(委官)들조차도 그가 일찍부터 권유를 미워하여 서로 사이가 좋지 않음을 잘 알고 있었다 한다.[225] 그런데 권유옥사가 일어난 지 1년도 훨씬 넘은 1805(순조 5, 52세)년 7월, 이경신이 또 이서구를 비난하는 상소를 올린다. 상소의 내용은 1803년에 이서구가 자신을 정망(停望)하였던 것이, 자신이 권유를 귀양 보내라고 상소를 올렸었던 것에 대한 원한 때문이었다는 것이었다. 더 나아가 이서구가 역적 권유의 와굴(窩窟)이라며 국문하기를 청하였다. 이에 대해 순조는 이경신을 사천현(泗川縣)에 정배하라는 하교를 내림으로써 그의 주장을 단호하게 물리쳤다.[226] 이러한 일련의 과정을 통해 보건대, 이경신의 주장은 사감(私憾)을 바탕으로 하는 근거 없는 무고였음을 인정하게 된다.[227]

한편 이경신의 상소가 나오기 얼마 전 윤6월에 이서구는 대부인(大夫人)의 회갑으로 인하여 평안도관찰사직에서 물러나기를 요구하여 허락을 받고 인하여 유사당상에 임명되었다.[228] 그러나 회갑일이 지나고 나서도 조정으로부터 다시 나오라는 기별이 오지 않자, 수십일 동안 금곡(金谷)에서 대기하고 있다가, 결국 영평으로 완전히 돌아가서 장기간의 은거에 돌입하게 된다.[229] 외척 세력이 장악한 조정은 이경신의 상소를

223) 『순조실록』 권6 '4년 5월 임인(14일)' 참조.
224) 『순조실록』 권6 '4년 5월 병진(28일)' 참조.
225) 『年譜』 '순조 4년'. "府君素惡裕賊, 嘗攻斥其沮大婚之凶疏. 有宰臣, 知其狀而爲之辨. 裕亦怒府君査其司導寺不法狀, 有日記. 怨憾醜辱, 罔有紀極, 按獄諸堂, 言其狀."
226) 『순조실록』 권7 '5년 7월 경신(10일)' 참조.
227) 李書九, 『惕齋屛居錄』, 56면. "余與裕賊, 素昧平生, 且余攻斥裕疏, 裕賊怨余次骨, 而李敬臣, 做出白地凶誣."
228) 『순조실록』 권7 '5년 윤6월 경술(29일)' 참조.

빌미로 삼아 일제히 은거에 들어간 그를 성토하기 시작한다. 이경신의 상소가 나온 지 며칠 뒤 양사(兩司)에서 이경신과 이서구를 모두 국문하여 진상을 밝히라는 연명 차자(箚子)를 올리고, 이에 대해 순조는 이경신의 상소가 미치광이의 망령된 말이므로 이서구를 신문할 수 없다고 답하였다.230) 이틀 뒤 또 사간원, 사헌부에서 이경신과 이서구를 국문하라는 상소를 연달아 올리지만, 이 역시도 윤허되지 않았다.231)

이서구에 대한 잇단 탄핵이 성공을 거두지 못하자, 한 달 뒤인 8월 정언 박효성(朴孝成)이 이서구를, 잘못 여하를 떠나 먼저 국문한 다음 그의 말이 이경신의 주장과 다를 경우에 서로 대질시키라는 식의 새로운 주장을 내놓게 되었다. 일단 이서구가 권유의 편당을 든 혐의가 있다는 점을 문제삼은 것이었다. 이어 이경신과 이서구를 모두 국문하라는 양사의 발계(發啓) 방식이 잘못이었음을 시인하며 양사의 대관들을 벌주라고 청하였다. 이에 대해 순조는 이서구의 문제에 대해서는 덮어두며, 오히려 양사의 대관들을 벌주라고 한 부분에 대해서만 그대로 시행하라고 비답을 내렸다.232) 이해 10월에 또 정언 홍명주(洪命周)가 이서구를 국문하지 않는 것이 의혹스럽다며, 아울러 이서구가 호조판서로 있을 때 시행한 공상(供上)의 문제점을 거론하였다. 이어 현 호조판서인 김달순(金達淳)도 이서구의 잘못을 답습하고 있다고 지적하며, 그를 찬배하라고 청하였다. 이에 대해 순조는 홍명주의 상소를 '남을 죄로 몰아넣으려는 의도'로 규정하여 그에게 간삭(刊削)시키는 법을 시행하라 명하였다.233) 이서구에 대한 일련의 탄핵들은 모두 이경신의 주장에 따른 혐의에만 근거를 두었을 뿐, 그가 권유 상소와 연관되어 있다는 실질적인 증거는 제시되지 못한 것이었다.

---

229) 『年譜』 '순조 5년' 참조.
230) 『순조실록』 권7 '5년 7월 계해(13일)' 참조.
231) 『순조실록』 권7 '5년 7월 을축(15일)' 참조.
232) 『순조실록』 권7 '5년 8월 병술(6일)' 참조.
233) 『순조실록』 권7 '5년 10월 갑오(15일)' 참조.

홍명주의 성토 이후 이서구에 대한 탄핵은 잠시 소강상태에 들어갔으나, 1806(순조 6, 53세)년 김달순 옥사로 인해 벽파 세력이 일망타진되어가는 과정에서 또다시 그에 대한 성토가 시작되었다. 1806년 3월 3일 정언 박영재(朴英載)가 이서구를 김달순 죄의 근와(根窩) 가운데 한 명으로 공박하였고,[234] 이틀 뒤인 5일 관학유생 채홍신(蔡弘臣) 등 4백64인의 상소에서도 이서구를 김달순 죄의 연루자로 지목하여 방헌(邦憲)을 실시할 것을 청하였으나, 모두 윤허되지 않았다.[235] 이들 상소는 모두 이서구의 구체적 죄목이 제시된 것이 아니었다. 이어 사헌부에서 이서구를 국문하라고 청하는 상소를 또 올리는바, 이서구가 1800(순조 즉위, 47세)년 호조판서를 사양하는 상소에서 '사봉묵칙(斜封墨飭)'이란 구절을 사용함으로써 정순왕후의 비위를 거슬러 찬배를 명받았었는데, '권흉(權凶)'의 연주(筵奏)로 인하여 무마되었다고 지적하며, 이것이 곧 이서구가 '흉당(凶黨)'과 결탁하였음을 보여주는 명백한 증거라는 것이었다.[236] 여기에서의 '권흉'은 심환지 등을, '흉당'은 벽파 세력을 가리키는 것이지만, 실상 이서구 상소의 핵심은 벽파이자 외척 세력인 경주김씨 세력의 사사로운 국정 간여를 비판하는 성격을 띠고 있었다. 그런데 유독 심환지 등이 이서구를 비호하였다는 점만을 부각시켜 죄안으로 삼으려 하였으니, 탄핵을 위한 억지구실이었음을 알 수 있다. 순조는 사헌부의 이 상소에 대해서도 윤허하지 않았을 뿐만 아니라, 차후 벽파 세력으로 탄핵받은 사람들이 하나하나 벌을 받게 되는 과정에서도 이서구에 대해서만큼은 계속해서 죄를 묻지 않았다.[237]

이에, 같은 해인 1806(순조 6, 53세)년 6월 지평 윤형렬(尹亨烈)이 김구주의 토죄를 청하는 상소에서 오회연교에 대한 이서구의 '경신년소'를 거

---

234) 『순조실록』 권8 '6년 3월 신해(3일)' 참조.
235) 『순조실록』 권8 '6년 3월 계축(5일)' 참조.
236) 『순조실록』 권8 '6년 3월 갑인(6일)' 참조.
237) 『순조실록』 권8 '6년 4월 정유(20일)' 참조.

론하여 이서구를 성토하게 된다. 이서구의 경신년소, 그 중에서도 특히 4조의 문답이 곧 권유와 김달순이 주장한 바의 논리적 앞잡이가 되었다며, 이서구를 우선 절도에 안치시키고 나서 대계(臺啓)에 차례로 윤허하라고 청한 것이다.[238] 그러나 이서구가 경신년소에서 제시한 바 있는 4조의 문답 형식으로 구성된 교속의 대상은 외척세도가 계열의 시파를 지칭한 것이 아니었다. 벽파의 반대 세력이라 할 수 있는 시파를 공격하였다기보다는 노론청류의 근본의리를 도외시하는 세력들 즉 부홍파의 여얼과 그에 동조하는 세력들을 공격하였다고 보는 것이 더 타당하며, 이는 당시 시파 세도정권 세력도 내심 인정하던 바였으리라 여겨진다.

같은 해 10월 양사에서 합계하여 이서구를 국문하여 전형을 바르게 하라는 상소를 또 올리는바, 이는 그 동안 제기되었던 죄안들을 종합한 최종 결정판이나 마찬가지였다. 이서구를 권유·김달순의 근와이자 심환지의 혈당(血黨)으로 규정한 것이었다.[239] 그럼에도 불구하고 순조는 이를 윤허하지 않았거니와, 당시의 외척세도 세력들도 결국 이서구를 제거할 수 없었다. 이를 통해 보건대, 이서구가 벽파로 지목되어 공박을 받았던 것은 그에 대한 죄안(罪案) 때문이 아니라, 그의 외척 세력에 대한 비타협적 태도 때문이었던 것이다. 그러나 외척 세력들도 자신들에게 아부하지 않는다는 것을 구실로 하여 상대방을 죽일 수는 없는 법이었다.[240] 결국 이때부터 성토가 다소 잠잠해지다가, 1818(순조 18, 65세)년에 이르러서야 이서구에 대한 대계(臺啓)가 정지된다.[241]

연보에서는 1818(순조 18, 65세)년 9월에 이르러 이서구를 헐뜯는 말이 없어지고 '공의(公議)'가 비로소 생겨났다고 기록하고 있다. 영평에 은거한 지 무려 15년의 세월이 흐른 뒤였다.[242] 여기에서의 이른바 '공의'란

---

238) 『순조실록』 권9 '6년 6월 무술(22일)' 참조.
239) 『순조실록』 권9 '6년 10월 경자(27일)' 참조.
240) 『年譜』 '순조 6년'. "時, 一戚里宰臣, 欲竇府君極律, 李相國秉模曰 : '無以爲也. 是人, 不附戚里, 今若殺之, 公必受其名而已.' 事稍解."
241) 『순조실록』 권21 '18년 9월 병신(1일)' 참조.

안동김씨 세력이 폈던 정치적 유화책을 염두에 둔 표현으로 보인다. 1806(순조 6, 53세)년 김달순 옥사 이후 안동김씨 세력과 연립하여 왔던 반남박씨 세력이 1817(순조 17, 64세)년 12월 박종경의 사망과 함께 정치적 영향력을 상실하여 안동김씨 세력이 정국을 완벽하게 장악하게 되자, 안동김씨 김조순은 정치적 유화국면을 조성함으로써 정국의 안정을 도모하게 된다.243) 이는 이서구의 일이 정계될 때 김종후(金鍾厚)의 친척에 관한 일, 사헌부에서 아뢴 박기순(朴紀淳)의 일, 조득영(趙得永)을 풀어 주기를 청한 일, 사간원에서 아뢴 이계국(李戒國) 등의 일에 대한 정계도 한꺼번에 시행되었던 것에서도 확인되는 것이다.244)

이에 이서구는 1819(순조 19년, 66세)년 형조판서에 임명되지만 나아가지 않았다.245) 다시 도총관에 임명되었으나, 조정에 나갈 수 없음을 밝히는 상소를 올려서 순조로부터 지금까지 당했던 일이 '세변(世變)'에 따른 것이었으므로 빨리 숙배하라는 비답을 받게 되지만 역시 응하지 않았다.246) 이어 사헌부대사헌, 예문관제학에 연이어 임명되었으나 역시 나아가지 않았다.247) 이서구로서는 벽파로 지목되었던 무함이 조금은 해소되었다고 하나, 외척세도가 더욱 강화된 조정에 다시 출사한다는 것이 명분에 맞지 않다고 여겼을 것이다. 더군다나 1819(순조 19, 66세)년 8월 조만영(趙萬永)의 딸이 효명세자(孝明世子)의 빈(嬪)으로 정해짐으로써 풍양조씨 세력이 또 하나의 외척 세력으로 등장하는데,248) 조만영은 이서구를 권유의 앞잡이이자 심환지 · 김달순의 무리라고 성토했던249) 조

242) 『年譜』 '순조 18년'. "九月, 府君臺啓始停. 於是, 府君屛居十五年矣. 謗言已熄, 公議始生."
243) 유봉학, 「楓皐 金祖淳 연구」, 『韓國文化』 19, 서울대 한국문화연구소, 1997.6, 267면 참조.
244) 『순조실록』 권21 '18년 9월 병신(1일)' 참조.
245) 『순조실록』 권22 '19년 6월 을묘(25일)' 참조.
246) 『순조실록』 권22 '19년 8월 경술(21일)' 참조.
247) 『순조실록』 권22 '19년 10월 무술(9일)', '병오(17일)' 참조.
248) 『순조실록』 권22 '19년 8월 경자(11일)' 참조.

득영(趙得永)과 8촌간이다. 외척세도를 비판하다가 방폐되었던 이서구로
서는 쉽사리 출사를 단행할 수 있는 상황이 아니었던 것이다.

이서구가 연이어 출사하라는 명에 응하지 않자, 순조는 1820(순조 20,
67세)년 3월 그를 전라도관찰사로 임명했다. 이서구가 또 응하지 않자,
순조는 그를 전라도 삼례역(參禮驛)에 귀양 보낸 다음, 그 이튿날 용서하
여 유임(留任)하되 하직인사는 생략하고 부임하라 명하고는 선전관으로
하여금 표신(標信)을 가지고 가서 전하게 하였다.250) 그야말로 억지 임명
이었던 것이다. 전라도관찰사 3년의 임기가 끝나고 나서 1822(순조 22, 69
세)년 윤3월과 6월에 연이어 사헌부대사헌으로 임명되었으나 응하지 않
았고, 7월 광주부유수로 임명되었으나 이 또한 응하지 않았다.251) 이에
비변사에서 이서구가 오래도록 광주부유수 자리를 비워 두었으므로 파
직하라고 아뢰어 일단 파직되었다. 그러나 얼마 후 순조는 이서구에게
전라도관찰사를 제수할 때처럼 처분을 내린다면 억지로라도 부임하게
할 수야 있겠지만, 번번이 그렇게 하는 것은 신하를 부리는 예가 아니지
않느냐며, 광주부유수에 유임시킬 터이니 빨리 사은숙배하라고 간곡히
명하게 된다. 그럼에도 불구하고 이서구는 끝내 응하지 않았다.252)

이어 같은 해인 1822년 11월에 예문관대제학, 1823년 9월에 세자좌부
빈객, 1824년 2월에 한성부판윤, 4월에 사헌부대사헌, 6월에 예문관제학
에 연이어 임명되나 모두 나아가지 않았고, 이어 9월에는 의정부우의정
에 임명된다.253) 이후 이서구는 무려 일곱 번에 걸쳐 사직상소를 올렸
으나, 순조는 모두 허락하지 않았고 별도로 수차에 걸쳐 빨리 출사하라

---

249) 『순조실록』 권13 '10년 6월 계사(10일)' 참조.
250) 『순조실록』 권23 '20년 3월 을해(19일)', '신사(25일)' 참조.
251) 『순조실록』 권25 '22년 윤3월 계사(18일)', '6월 정묘(25일)', '7월 을해(3일)' 참조.
252) 『순조실록』 권25 '22년 9월 을유(14일)', '10월 갑진(3일)' 참조.
253) 『순조실록』 권25 '22년 11월 정해(17일)'; 『순조실록』 권26 '23년 9월 갑오(29일)'; 『순
조실록』 권27 '24년 2월 임술(28일)', '4월 무오(25일)', '6월 임인(10일)', '9월 신해(22일)'
참조.

는 유시를 내리기까지 하였다.254) 이어 12월에 이르러 마침내 그의 뜻을 받아들여 사직을 허락하게 되고 대신 판중추부사로 삼았다.255)

그리고 1825(순조 25, 72세)년 2월 좌의정 이상황(李相璜)의 건의로 추은예우(推恩禮遇)의 명이 내려 조부 이언소는 의정부좌찬성으로, 부친 이원은 의정부영의정으로 추증되었다.256) 이어 10월 이서구는 72세를 일기로 하여 파란만장했던 삶을 마친다. 순조는 이서구의 성복일(成服日)에 승지를 보내어 치제(致祭)하고 조부(弔賻) 등의 절차를 예에 의해 거행할 것이며 녹봉은 3년을 한정하여 실어 보내고, 그 아들은 복제(服制) 벗기를 기다려서 조용(調用)하라는 전교를 하달하여 특은을 베풀었다.257)

1805(순조 5, 52세)년 이후 외척 세도정권에 의해 이루어졌던 이서구에 대한 탄핵들에 대해 순조가 1824(순조 24, 71세)년에 이르러 모두 '구허날조(構虛捏造)'된 것이었음을 명확하게 인정함으로써, 그는 우의정으로 조정에 출사할 수 있는 명분을 획득하였다.258) 그럼에도 불구하고 이서구가 쉽사리 출사를 단행하지 못했던 이유는 순조에 의해 자신의 죄안이 모두 변석(辨釋)되었다고는 하지만, 실상 자신을 벽파로 지목하여 탄핵하였던 외척 세도정권이 여전히 존재하고 있었기 때문이었을 것이다. 그의 입장에서는 순조의 변석과는 상관없이 여전히 안심하고 출사할 수

---

254) 1824(순조 24)년 9월 24일 : 이서구에게 잘 보필해 줄 것을 유시함. 동년 10월 5일 : 이서구가 직임을 사양하니 수락치 않음. 동월 16일 : 이서구가 재소(再疏)를 올려 상직(相職)을 사양하니 돈면함. 동월 22일 : 승지를 보내어 이서구에게 출사에 응하라 유시함. 동월 25일 : 이서구가 삼소(三疏)를 올려 사직하나 돈면함. 동년 11월 4일 : 이서구에게 빨리 출사하라 다시 유시함. 동월 10일 : 이서구가 오소(五疏)를 올리나 사임을 허락지 않음. 동월 14일 : 이서구가 육소(六疏)를 올리나 다시 물리침. 동월 17일 : 이서구에게 출사하라고 전교함. 동월 20일 : 이서구에게 어버이와 함께 오라 유시함. 동월 28일 : 이서구가 칠소(七疏)를 올려 해직을 청하나 비답을 내려 허락지 않음(『순조실록』 권27 '24년 9~11월' 참조).

255) 『年譜』 '순조 24년' 참조

256) 『年譜』 '순조 25년' 참조

257) 『순조실록』 권27 '25년 10월 을묘(2일)' 참조.

258) 『순조실록』 권27 '24년 10월 갑자(5일)' 참조.

없는 상황이라고 생각했던 듯하다. 외척 세도정권과의 갈등이 사소한 것이었다면 비록 편안한 마음은 아니더라도 출사해 볼만도 하겠지만, 그러기에는 외척 세도정권과의 갈등의 골이 너무 깊었던 것이다. 이서구의 양심으로서는 보통 사람들이 그러한 것처럼 외척 세도정권과 타협하면서 살 수가 없었다.259) 그래서 당대의 산림 홍직필은 이서구와 별반 교제가 없었음에도 불구하고, 그의 만절(晚節)·말로(末路)의 진실함을 칭송하며 순조 대의 '원우완인(元祐完人)' 혹은 '당세(當世)의 유상(儒相)'으로까지 추앙해 마지않았던 것이다.260)

한편 이서구의 반외척세도의 비타협적 자세에도 불구하고 당시 외척 세도정권이 그에게 출사해 주기를 간청하였던 것은 그의 탁월한 경륜을 빌리고자 해서였을 것이다. 앞서 이서구가 정조 대에 행한 경세제민의 업적을 들었거니와, 그의 경륜은 순조 대에 이르러 더욱 빛을 발하였다. 순조 즉위 초기에는 특히 실무 능력이 요구되는 호조판서로서 중요한 역할을 담당하였다. 이서구는 세 차례 호조판서로 재임한다. 1차로는 1800(순조 즉위, 47세)년 10월부터 이조판서로 임명되는 1802년 2월까지 1년 4개월 정도,261) 2차로는 1802(순조 2, 49세)년 9월부터 이조판서로 임명되는 1803년 2월까지 5개월 정도,262) 3차로는 1803(순조 3, 50세)년 8월부터 이경신의 상소로 인해 영평으로 돌아가는 이해 10월까지 2개월 정도263)를 호조판서로 재임하였다.

---

259) 『순조실록』 권27 '24년 11월 무술(10일)' 참조.
　　李書九, 『惕齋集』 권6 「辭右議政疏, 六疏」. "人臣遭罷, 亦有輕重淺深之分, 其輕且淺者, 君上爲之昭晰, 則雖或難安, 尙可勉膺, 而如臣之至重至深者, 當其遭罷之初, 已不可以復起爲人 (……) 其生逢盛世, 而自陷大戾, 仰累聖化, 若是之甚也. 至若辜負先朝之罪, 尤不敢以昭晰而自恕. 臣雖欲憑恃寵榮, 毁壞廉防, 自同恒人, 其可得乎."
260) 洪直弼, 『梅山先生文集』 권11 「答金正宅(乙酉八月)」. "愚於此翁, 無半面之雅, 而實心愛好者, 爲其晩節末路, 究竟得眞也. 嘗謂庚申後元祐完人, 當以此老當之, 雖謂之當世之儒相, 可也."
261) 『순조실록』 권1 '즉위년 10월 정축(28일)'; 『순조실록』 권4 '2년 2월 무오(17일)' 참조.
262) 『순조실록』 권4 '2년 9월 경오(2일)'; 『순조실록』 권5 '3년 2월 신해(15일)' 참조.
263) 『순조실록』 권5 '3년 8월 병자(14일)'; 『年譜』 '순조 3년' 참조.

당시 이서구는 재용(財用)은 국가의 근본이고 절생(節省)하는 것이 그 근본이라는 관점을 가지고 있었다.264) 그러므로 정순왕후가 내수사의 노비공(奴婢貢)을 폐지한 뒤 종전에 받던 보(保)까지 호조에 소속시키는 바람에 내수사 원역배(員役輩)의 요포(料布)를 마련하는 일까지 곤란하게 되었다며, 이것을 도로 내수사에 소속시키는 것이 좋겠다고 하교하자, 이서구는 공사(公私)의 한계를 들어 그 불가함을 아뢰었다.265) 또한 정순왕후가 숙선옹주방(淑善翁主房)266)의 전결(田結)을 정할 때에 다른 옹주방에 비해 결수(結數)가 부족함을 지적하자, 그는 그 동안 옹주방·군주방(郡主房)의 전결이 정해진 수량을 초과한 경우가 많았던 것을 문제삼으며, 준례를 따라 거행하도록 요구하여 수용하도록 만들었다.267) 재용의 절생을 왕실부터 실천하도록 촉구한 것이다. 이처럼 그가 왕실을 상대로 해서까지 재정상의 문제점을 바로잡을 수 있었던 것은 그의 탁월한 실무 능력 때문이었다. 김매순(金邁淳)은 이서구의 관리로서의 재주가 유성룡(柳成龍)과 비견할 수 있을 뿐만이 아니라 도리어 더 뛰어나다고 평가하였고, 당시 호조의 노회한 주사(籌士)들까지도 그의 업무 장악 능력에 감탄하였다 한다. 실로 이서구는 사무를 요량하는 능력이 신인(神人)과 같았고, 혹자 중에는 그가 미래를 예지하는 술법이 있다고 말하는 경우까지 있었다 한다.268)

이서구는 1804(순조 4)년 5月에 평안도관찰사로 나간다. 그가 이때 행한 치적에 대해서는 굳이 나열할 필요도 없이,269) 정약용의 『목민심서』

---

264) 『순조실록』 권3 '1년 10월 계유(30일)' 참조.
265) 『순조실록』 권4 '2년 9월 계미(15일)' 참조.
266) 숙선옹주는 수빈 반남박씨의 따님으로, 순조의 친누이이다.
267) 『순조실록』 권4 '2년 12월 임자(15일)' 참조.
268) 洪翰周, 『智水拈筆』 권8. "金臺山邁淳, 常言惕齋吏才, 可比柳西厓, 反復勝焉 (……) 又戶曹老籌士, 亦言吾輩閱歷宰相鋸公之爲戶判者, 甚多, 而其洞曉文簿, 若不經意, 而瞭如指掌者, 惟永平李相一人云. 惕齋, 英廟庚寅, 年十七, 登文科立朝, 垂六十年, 踐歷內外, 每料事如神人. 或謂公有前知推步之術, 然是蓋才智也."
269) 李書九, 『惕齋屛居錄』, 49~51면 참조.

에 기록된 내용만 보더라도 쉬이 짐작할 수 있다. 평양의 대화재로 인해 고통 받던 수많은 백성들이 이서구의 수습으로 말미암아 구원을 받았으며, 이로 인해『목민심서』가 완성되던 해인 1818(순조 18)년 즈음까지도 그곳 백성들이 이서구의 은혜를 못 잊고 있었다 한다.[270]

이서구가 정조 대와 순조 대 초기에 보여주었던 탁월한 경륜은 외척 세도정권의 요구에 어긋나지 않게 1820(순조 20, 67세)년 그가 전라도관찰사로 재 부임하였을 때에도, 비록 억지로 나간 것이었지만 유감 없이 발휘되었다. 외척 세도정권이 이서구를 전라도관찰사로 임명할 수밖에 없었던 것은 전라도의 양전(量田) 문제 해결이 중요한 이유였는데, 그가 부임하고 나서 보니 전라도 백성들의 삶은 참혹하기 이를 데 없었다. 십수년 동안 흉년이 들어 죽거나 흩어진 백성을 이루 다 헤아릴 수 없었다. 그로 인해 군적(軍籍)이 텅 비고 적정(糴政)도 문란하기 이를 데 없었다. 이에 이서구는 양전의 목적이 백성을 구휼하는 데에 있지 나라를 부유하게 하려는 데에 있지 않다고 주장하며, 우선 흩어진 백성들이 다시 모일 수 있도록 선정을 베푼 다음 농사가 완전하게 된 뒤에 양전을 다시 논할 수 있을 것이라고 주청하여 그대로 시행하게 되었다.[271]

또한 환곡 운영과 관련해서도 이서(吏胥)들의 농간을 방지하여 백성들에게 이익이 돌아가게 함과 아울러 앞으로의 흉년을 대비하는 데에 유효한 계책을 상소하여 그대로 시행하게 되었다.[272] 이서들에게는 간악한 착취를 못하게 하였고 백성들로 하여금 지나친 세금을 내지 않게 함으로써 칭송이 자자하였던 것이다.[273] 이러한 선정으로 인해 전라도 일대

---

270) 丁若鏞,『牧民心書』권3「愛民六條」「救災」. "李判書書九, 爲平壤府尹(卽監司)時, 平壤失火, 公私廬舍, 延燒殆盡, 府尹, 措畫有方, 營葺有法, 官廨數十區, 民家萬餘戶, 一時頓新, 而民無蕩析者, 至今猶思其惠."

271)『순조실록』권23 '20년 3월 을해(19일)', '8월 을유(2일)' 참조.

272)『순조실록』권23 '21년 3월 신해(1일)' 참조.

273)『年譜』'순조 20년'. "府君再莅是邦, 熟知弊源, 一皆刮劘, 具爲定例, 使吏不得容奸, 民不得濫徵, 而列郡亦素知威惠, 不敢毫忽欺弊, 民皆歌頌之."

에는 이서구의 치적을 기리는 선정불망비(善政不忘碑)가 무려 13기나 수립되어 오늘날까지 보존되어 오고 있다.[274] 이서구가 당시 외척 세도정권과 비우호적인 관계를 맺고 있었음을 생각한다면, 이 불망비들은 여느 경우와는 달리 백성들의 진심으로 말미암아 세워졌을 것으로 보인다.

외척 세도정권의 입장에서도 당시 난맥상을 보이고 있던 국정을 쇄신하는 데에 이서구가 정조 대와 순조 대 초기에 보여주었던 그리고 전라도관찰사로서 보여주었던 탁월한 경륜을 필요로 하지 않을 수 없었을 것이다. 그러므로 1824(순조 24, 71세)년 순조는 "생민(生民)이 고생하고 있는데도 보호해 주지 못하고, 기강이 무너졌는데도 진숙(振肅)시키지 못하며, 백료(百僚)가 게으름을 피우는데도 경동(警動)시키지 못하고, 습속이 부효(浮淆)한데도 진정시키지 못하였으니, 이러고도 나라가 위망에 이르지 않는 것을 나는 듣지 못하였다"고 당시의 난맥상을 전하면서, 이서구에게 "오직 경은 경개(耿介)하고 청염(淸恬)한 지조가 있어 선조(先朝) 때부터 명성을 크게 떨쳤고, 내가 즉위함에 미쳐서는 치적이 더욱 성하고 덕이 날로 진보되어 명망이 드러났었다"고 하며, 빨리 우의정으로서 출사하라 간청하였던 것이다.[275]

당시 외척 세도정권의 실질적 수장 김조순조차도 이서구의 우의정 임명을 축하하는 서신을 보내어, 이서구가 출사하는 날에는 비록 자신의 손발이 부르트고 온몸이 다 닳는 한이 있더라도 받들어 돕겠다고 다짐하면서 화해의 손짓을 보냈다고 한다.[276] 그리고 당시의 사대부들뿐만 아니라 굶주리고 헐벗은 하층민들 또한 이서구가 우의정으로서 조정으로 들어오면 국가가 크게 힘입어서 백성들이 반드시 다시 소생할 수 있을 것이라고 말하였다고 한다.[277] 이서구의 『실록』 졸기(卒記)에서도

---

274) 金東福, 『朝鮮善政不忘碑羣叢錄』, 이화문화사, 2000 참조.

275) 『순조실록』 권27 '24년 9월 계축(24일)' 참조.

276) 『惕齋先生行錄撫遺(坤)』 29張. "先生大拜之初, 永安有賀書曰 : '東山雅望, 竟膺金甌之卜, 區區攢賀, 豈餘人比哉. 閣下出仕之日, 僕雖手足胼胝, 頂踵俱磨, 唯當奉, 而周旋云云.'"

그가 사무를 처리하는 데에 재주와 식견이 넉넉한데다가 청렴(淸廉)·검약(儉約)하여 백성들의 기대가 온통 그에게 쏠려 있으므로 특별히 방폐를 풀고 다시 등용하였다고 하였다.[278] 이 줄기의 기록이 이서구의 정치적 반대파인 외척 세도정권에 의해 기록된 것임을 염두에 두고 본다면, 이서구에게 쏠렸던 당시의 민망(民望)이 어느 정도였는지 쉬이 짐작할 수 있다.

이서구는 끝내 우의정으로 출사하지 않음으로써 외척 세도정권하에서 자정(自靖)의 의리를 지켜 냈으나, 한편으로는 당대 백성들의 질고를 저버린 행위가 아니었나 하는 아쉬움을 주기도 한다. 그러나 그가 출사하였다고 하더라도, 외척 세도정권하에서 기대할 만한 업적을 이루어 낼 수 있었을지는 지극히 의문이다. 후술하겠지만, 이서구가 결국 출사하지 않았음에도 불구하고 사후 그에 대한 탄핵이 또다시 제기된다. 만약 이서구가 우의정으로서 중앙정계에 출사하였더라면 필연적으로 외척 세도정권과의 갈등이 또 다시 초래되어 그의 경륜은 사장되고 말았을 것이다. 결국 이서구는 죽음의 순간에 이르러 유소(遺疏)를 통해서나마 우국일념으로서 백성에 대한 도의를 다하고자 하였다. 유소의 중심 내용은 다음 네 가지이다. 성지를 분발하여 도모해 다스리기에 힘쓰고[奮發聖志, 勵精圖治], 어진 선비를 널리 뽑아 저궁을 보도하게 하고[博選賢士, 輔導儲宮], 궁부를 먼저 바로잡아 재용을 절약해서 민력을 아껴 양성하고[先正宮府, 撙節財用, 以愛養民力], 멀고 가까운 곳을 같이 보아 뛰어난 인재를 모아서 인심을 매어 두라는 것[壹視邇邇, 搜羅才俊, 以維繫人心]이었다. 이에 대해 순조는 우국애민의 정성이 죽음에 임해 더욱 간절했다고 칭송하며 매우 슬퍼하였다 한다.[279]

---

277) 『惕齋先生行錄摭遺(坤)』 35張. "墓表曰 (……) 始命下之日, 卿士大夫皆曰: '聖主今得第一流爲相, 爲朝廷賀.' 輿儓農商之民曰: '李相國至, 國家大賴, 百姓必得更甦.' 及聞其不至, 則無不咨嗟太息云云."
278) 『순조실록』 권27 '25년 10월 을묘(2일)' 참조.
279) 『순조실록』 권27 '25년 10월 을묘(2일)' 참조.

홍직필도 이서구의 죽음에 임하여, 이 세상과 이 백성들은 어찌해야 하느냐고 한탄하였으며 아울러 이서구와 같은 사람은 전철(前哲) 중에서 가려 뽑더라도 필적할 만한 이가 드물 것이라며 크나큰 아쉬움을 표현하였다. 또한 이서구의 유소에 대해 글자마다 참된 마음에서 우러나온 것이어서 그의 종국(宗國)에 대한 일념이 죽음에 이르러서도 정성어림을 볼 수 있다고 하며, 이 소를 읽고서도 눈물을 흘리지 않는 사람은 진실로 사람의 마음이 없는 자일 것이라고 하였다.[280] 실로 이서구는 영조·정조·순조 세 조정을 섬기면서 조심스러운 마음으로 근신하였다. 젊어서는 문학으로 벼슬하고, 중년에는 계책과 언의(言議)로 등용되고, 늙어서는 깨끗하게 물러나 행실을 바로잡음으로써 지조와 절개를 굳게 지켜 세상을 감동시켰으며, 또한 조정에서 벼슬살이를 함에 내외직에 임하여 중요한 자리를 역임하였는데, 반드시 공명정대한 것으로써 규범을 삼고 청백리(淸白吏)로서의 마음가짐을 지켰다고 한다.[281] 이서구는 외척 세도 정권과 타협하지 않고 마지막까지 자정의 의리를 지켰음과 아울러 우국 일념의 충정 또한 저버리지 않았던 것이다.

그러나 이서구의 올곧은 처신에도 불구하고 외척 세도정권에 대한 그의 비타협적 태도는 또 다시 시련을 몰고 왔다. 이서구 사후 4년째인 1829(순조 29)년 11월 부호군 신의학(愼宜學)이 대리청정하던 효명세자(孝明世子)에게 정조의 오회연교를 들어 벽파의 의리를 다시 천양할 것을 요

---

280) 洪直弼, 『梅山先生文集』 권11 「答金正宅 乙酉八月」. "薑山丈人, 竟不起疾, 旣能終孝, 又克正終, 翛然觀化, 身全名完, 在當人, 亦復何憾, 而奈斯世斯民何 (……) 居家, 感異顏之親, 立朝, 盡匪躬之節. 且讀書明理, 綜事經物, 洵適用之學, 需世之才也. 若是者, 歷選前哲, 鮮與倫比. 惜乎, 半生鈌㟻, 俾其滿腔輪囷, 無地可布, 隨造化而冥漠也. 遺疏, 字字血忱, 可見其宗國一念, 至死如丹也. 讀此疏而不下淚者, 眞無人心者耳."

281) 『惕齋先生行狀』, 43면. "歷事三朝, 少心謹愼, 少以文學進, 中以謨猷言議, 際遇登庸, 晚以廉退操行, 固守東岡之志淸風高節, 聳動于世, 此府君之立朝事業也. 方歷仕于朝也, 內外所莅, 多雄府大藩, 而必以公明爲規, 淸白自持, 多少廩捧, 留貯別庫, 以爲日後不虞之資, 而歸裝極蕭然, 此府君之莅官廉白也."

구하는 상소를 올렸다가 처형을 당하게 되는데, 그 중에 이서구의 경신년소에 대한 정조의 비답이 벽파의 의리를 공인(公認)한 것이었다는 식의 내용이 들어 있었다.[282] 이에 효명세자는 이서구의 경신년소가 여러 불령(不逞)한 무리들에 의해 이용당한 것이라고 정리하고, 순조가 연전에 그를 탁배(擢拜)한 사실을 들어 또다시 사변이 발생해서는 안 될 것이라고 대소신료들에게 유시하게 된다.[283]

그러나 곧바로 그 다음날 옥당과 삼사에서 난역(亂逆)들로 하여금 두려움을 알게 하도록 이서구에게 추탈관작(追奪官爵)의 법을 시행하라 청하게 되고, 그 다음날 이서구가 우의정에 임명되었을 때 각각 영의정과 좌의정이었던 판부사 남공철(南公轍), 좌의정 이상황 그리고 대사간 홍경모(洪敬謨)도 탄핵의 대열에 합류하게 된다. 이유인 즉 권유·신의학과 같은 역적이 다시는 나오지 않도록 하자는 것이었다. 그러나 효명세자는 청한 바를 모두 따르지 않겠다고 답하였다.[284] 이서구에 대한 탄핵과 관련된 문제는 순조 재위 마지막 해인 1834년까지 계속된다. 1834년 9월 양사에서 이서구의 손자 이근인(李根仁)이 순조가 명릉(明陵)에 행행할 때에 필로(蹕路)에서 송원(訟冤)했다는 이유를 들어 그를 귀양 보내라 청하였다. 이에 대해 순조는 윤허하지 않았다.[285] 이후 이서구에 대한 탄핵이 소강상태에 들어가게 되고, 1854(철종 5)년 5월에 이르러서야 정계(停啓)되게 된다.[286] 그러다가 안동김씨 세도정권이 종말을 고하고 난 뒤인 1871(고종 8)년 3월에 이르러 '문간(文簡)'이란 시호가 추증된다.[287] 이서구가 세상을 떠난 지 무려 46년이 지나서야 겨우 명예 회복이 이루어졌던 것이다.

---

282) 『순조실록』 권30 '29년 11월 정미(17일)', '무오(28일)' 참조.
283) 『순조실록』 권30 '29년 11월 임자(22일)' 참조.
284) 『순조실록』 권30 '29년 11월 계축(23일)', '갑인(24일)' 참조.
285) 『순조실록』 권34 '34년 9월 임오(20일)' 참조.
286) 『철종실록』 권6 '5년 4월 갑오(26일)', '5월 경자(2일)' 참조.
287) 『고종실록』 권8 '8년 3월 16일' 참조.

제3장
시학의 성격과 선인제가의 비평

1. 사실주의적 시학

　이서구는 명료한 문학사상의 체계 위에서 자신의 시학(詩學)을 과학적이고 논리적으로 전개한 기록을 남기지는 않았지만, 그의 시문학을 올바르게 이해하는 토대를 마련하기 위해서는 그의 시학을 재구(再構)해볼 필요가 있다. 이에 본 논문에서는 이서구의 시학을 그 자신이 사용한 용어들을 빌려 '진경론(眞境論)'과 '채색설(彩色說)'로 규정하고자 한다.

　'진경론'이 시적 소재를 뭔가 특별하고 기이하게 보이는 것들에서 찾아내는 것이 아니라, 우리의 생활공간 속에 존재하고 있으면서도 평소에 별로 관심을 기울이지 않던 것들에서 찾아낸다는 의미를 내포한 소재론적 개념이라면, '채색설'은 사물의 외적 묘사에 치중함으로 인해 다소 밋밋해질 수도 있는 시적 경지를 암시성·상징성이 깊고 여운미가 넘치는 정감적 세계로 고양시킨다는 의미를 지닌 표현론적 개념이라고 할 수 있다. 진경론은 의고주의·모방주의 시풍에 반발하기 시작한 김창협 이래의 문학운동이 집대성된 결과이며, 채색설은 왕사정의 신운설이 주체적으로 수용되어 체화된 결과물이다.

1) 의고주의의 일소를 통한 진경론의 확립

이서구의 시 중에는 이덕무의 『호서시권(湖西詩卷)』을 보고서 비평한 두 수의 작품이 있는데,[288] 여기에는 '진경'을 중시하는 그의 시학이 잘 나타나 있다. '진경(眞境)'이란 용어를 쓰고 있는 둘째 수를 먼저 보기로 한다.

> 摹來眞境語還奇　참된 경지 그려내면 시어 외려 기이하니
> 里曲田歌亦可師　시골 노래·농부 소리 그 또한 배울 만해.
> 誰著湖西風土記　누가 있어 호서 땅의 풍토기를 짓게 되면
> 收君今日幾篇詩　당신의 요즘 지은 몇 편 시를 수록하리.

이 시는 이서구가 이덕무의 작품을 비평한 내용이지만, 이서구 자신의 시에 대한 관점을 비평의 토대로 삼고 있음을 부정할 수 없다. '참된 경지' 즉 '진경(眞境)'을 묘사해내면 시어가 오히려 기이해진다고 하였다. 기본적으로 진경이란 '이곡전가(里曲田歌)'에 등장하는 혹은 '풍토기(風土記)'에 실린 우리네 삶의 모습 혹은 우리네 삶의 공간을 구성하고 있는 자연경관들이다. 아래에 든 첫째 수에서 이른바 '눈앞의 경물들' 즉 '안전경물(眼前景物)'이 곧 진경인 셈이다. 그러나 눈앞의 경물들은 진경의 필요조건이 될 수는 있을지언정 충분조건은 되지 못한다. 눈앞에 보이

---

288) 李書九,『惕齋集』권1「詩七言絶句」「題李懋官德懋湖西詩卷二首」.

는 대상을 아무것이나 묘사한다고 해서 그 경물을 읊은 시어가 모두 기이해진다고는 볼 수 없기 때문이다. 눈앞의 경물 그 자체가 이서구의 이른바 진경의 실상은 아닌 것이다. 그렇다면 이서구 소위 진경은 무엇인가. 이는 같은 시 첫째 수에 해당하는 다음 작품에 나타나 있다.

要將腐臭化新奇　　묵은 것을 참신하고 기이하게 바꿨으니
南渡諸家自得師　　호서 지방 여러 선비 절로 스승 얻었으리.
合與誠齋充後進　　양만리와 하나 되어 후진을 채워 주니
眼前景物摠成詩　　눈앞의 경물마다 시가 되어 살아나네.

　그 동안 '묵은 것[腐臭]'으로 인식되어 왔던 우리네 삶의 모습, 자연경관들과 같은 눈앞의 평범한 경물들을 '참신하고 기이하게' 바꾸어 냈을 때, 그것이 곧 '진경'이 된다고 하였다. 썩어서 고약한 냄새를 풍기는 음식과도 같아서 전대의 시인들이 보기에는 도저히 시적 소재로 수용하기에 불가능하다고 여겨지던 비루한 대상들이 '참신하고 기이한' 모습으로 탈바꿈하였을 때, 그것이 곧 참된 경지가 된다는 것이다. 이는 평범한 사물 속에 내재되어 있는 실리(實理)·실정(實情)을 예리한 시각으로 탐색하여 그것을 생동감 있고 입체적인 시세계로 재구성하는 시적 수법을 통해서 가능하게 될 터이다. 이를 위해서는 시인의 사물에 대한 예리한 인식 태도가 선행되어야 한다. 전대의 시인들이 그랬던 것과 같은 방식인 사물에 대한 관습적 답습적인 인식 태도로서는 사물의 실리·실정을 파악해낼 수 없기 때문이다. 요컨대 시인의 사물에 대한 예리한 인식 태도가 수반되지 않으면, 안전경물은 어디까지나 '묵은 것'의 수준에 머물 수밖에 없고, 이는 결코 진경이 되지 못한다. 그러나 사물에 대한 시인의 예리한 인식 태도가 뒤따르게 되면, 안전경물은 그 무엇이든 '참신하고 기이한' 것, 즉 진경으로 다시 태어나게 된다.
　이서구는 돌멩이를 예로 들어서 시인들의 사물에 대한 각이한 인식 태도를 설명하였다. 단단한 돌멩이 한 덩어리를 보았을 때, 얼핏 보고 지나치는 시인들은 그저 돌멩이라고만 인식할 뿐이며, 조금 관심이 있는 자들도 그 돌멩이가 흙이 뭉쳐서 단단해졌다는 정도 이상은 인식하지 못한다. 그러면서도 그들은 자신의 눈썰미를 믿고서 두 눈을 치뜨며 스스로 물리(物理)를 현묘(玄妙)하게 이해하였다고 착각한다. 반면 이서구와 같은 '측물조단지사(測物造耑之士)'289)의 능동적 인식 태도로서는 돌멩이 하나를 관찰하더라도, 그 표면의 무늬가 거친지 섬세한지 혹은 그 기세(氣勢)가 원만한지 울퉁불퉁한지를 살핀다. 그 색깔을 보더라도 나방눈썹과 같은 녹색도 있고 쑥잎과 같은 청색도 있으며, 그 바탕을 보더라도 얼룩배처럼 얼어서 반질반질해진 것도 있고 거북이등처럼 갈라져서 점괘처럼 된 것도 있음을 살핀다. 움푹 파인 곳 볼록 튀어나온 곳 하나하나까지, 아무리 사소한 것이라도 빠뜨리지 않고 천연(天然)의 모습 그대로를 파악해낸다.290)

이서구의 이와 같은 사물에 대한 예리한 인식 태도는 흔하디흔한 우

---

289) 이서구의 이른바 '측물조단(測物造耑)'이란 말은 『한서(漢書)』에 나오는 '감물조단(感物造耑)'이란 어휘를 염두에 두고서 사용된 어휘로 보인다. 『한서』의 「예문지」 제10에 "傳曰: '不歌而誦謂之賦, 登高能賦, 可以爲大夫.' 言感物造耑, 材知深美, 可與圖事, 故可以爲列大夫也"라고 하였는데, '감물조단(感物造耑)'구에 대해 "師古曰: '耑古端字也. 因物動志, 則造辭義之端緒'"라고 한 주가 달려 있다. '측물'이라는 어휘는 '감물(感物)'이라는 어휘가 내포한 개념보다 사물에 대한 인식 주체의 능동적 역할이 훨씬 더 강조된 개념이다. 능동적 인식 주체에 의한 섬세한 관찰을 통해 대상 사물에 대한 심오한 인식에의 도달이야말로 시인 이서구가 지향하는 궁극적 목표였던 것이다.

290) 李書九, 『自問是何人言』「素玩亭禽蟲艸木卷序」. "客曰: '昔人謂, '李賀爲文章, 弗離花鳥蜂蝶, 故終不能震盪人耳目.' 何吾子之專察乎至微, 費神乎無用, 不幾近於是也.' 余曰: '固然, 然抑有說焉. 今夫石, 塊然一頑者耳, 類在於山家海涯之間, 則人之過而視之者, 泛言曰: '彼塊然而頑者, 石也.' 其稍欲自好者曰: '彼塊然而頑者, 石也, 是乃土之結而堅者也.' 酒信眉揚目, 自以爲妙解物理, 不知有測物造耑之士. 審其紋理之粗細, 氣勢之盤岪, 分其色則蛾眉之綠也, 艾葉之靑也, 區其質則文梨之凍而瑩也, 龜背之坼而兆也. 一窪一窿之小, 罔敢或遺者, 以天之所賦, 不可以忽焉也.'"
이하 『자문시하인언』에서 인용한 글과 관련된 논의는 모두 김윤조의 「李書九의 초기 문학론과 學問 경향—새로 발견된 자료를 중심으로」(『語文硏究』 제30권 제3호 통권 115호, 한국어문교육연구회, 2002)를 참조하였다.

리 주변의 돌멩이조차도 참신하고 기인한 모습으로 변화시킬 수 있게 해준다. 예리한 인식 태도에 의해 이전까지 간과되었던 우리가 살고 있는 우리의 산천이나 생활 주위에서 일어날 수 있는 일상사들이 전혀 새로운 모습으로 태어나게 된다. 이러한 관점에서 보았을 때에는 '눈앞의 경물마다 시가 되어 살아난다'고 한 표현은 당연한 것이 될 것이다.

이상에서 살펴본 바와 같은 이서구의 진경에 대한 추구는 전대 시인들이 항용 그래 왔던 방식인 의고적 모방적 시작 태도에 대한 문제의식에 근본하여 도출된 것이다. 이서구는 앞서서 살펴보았던 바와 같이 경제실용(經濟實用)에 근거한 문장관을 가지고 있었던 까닭으로, 시를 짓는 행위를 별로 좋아하지 않았다고 고백하였다. 그래서 위진(魏晉)이나 당송(唐宋)시대의 여러 명가의 시를 읽는 사람들을 만나게 되면 다른 책으로 바꿔 읽기를 권장하였다고 한다.291) 이 언급대로라면 그는 시를 짓지 않았어야 했는데 실제로는 많은 작품을 남겨 놓았다. 이는 실제적 사물이나 상황에 감발(感發)함도 없이 한갓 성운(聲韻)과 같은 수사적 말예(末藝)에만 마음을 쓰는 경우의 시작행태를 경계한 것이지, 시작행위 자체를 부정하는 것은 아니었기 때문이다.292) 이서구가 좋아하지 않은 것은 의고적 모방적 시작 태도였던 것이다.

사가의 일원인 이서구는 우리나라가 당(唐)과 같지 않음을 뚜렷이 자각하였고, 이로 인해 우리나라 사람은 당시(唐詩)가 아닌 '우리 시[我詩]'를 지어야 한다고 생각하고 있었다. 중국 시를 모방하는 것을 목표로 삼던 기존의 관행적 시작 태도를 일소하고, 우리의 것을 진실한 것으로 받아들이는, 자아진실에 기반을 둔 주체적 시작 태도를 확립하였던 것이다.293) 근세에 이르러서까지도 혹자들은 이서구를 비롯한 사가의 시에

---

291) 李書九, 『薑山詩集』「自序」. "其持論如此, 故尤不喜作詩, 見人讀魏晉唐宋諸名家詩者, 輒勸令移讀他書."
292) 李書九, 『薑山詩集』「自序」. "戒夫世之無所感發, 而徒用心於聲韻之末者."
293) 白斗鏞 편, 『箋註四家詩』「箋註四家詩序(尹喜求)」. "之四家者, 天分高獨詣深, 而讀書又多, 多不貌襲也, 不空鑿也. 謂今不可唐, 而我不可不別, 於是乎始有我, 我始有

대해 당시(唐詩)에 순일(醇一)하지 못하여 '별재(別裁)'를 벗어날 수 없다고 혹평하는 경우가 있었다 한다.[294] 그러나 당시에 순일하지 못하였다고 혹평한 바로 그 측면에서 우리는 이서구 시의 진실성·주체성을 발견하게 되며, 이것이 곧 그가 추구한 진경론의 근본이 되는 것이다. 중국적 탈속적 삶의 모습이나 자연경관이 아닌 우리네 생활공간 속에서 시의 소재를 찾아 그것들을 예리한 인식 태도를 통해 참신하고 기이한 모습으로 탈바꿈시켰을 때, 자아진실을 추구한 이른바 '우리 시'가 탄생하는 것이다.

이서구는 1769(영조 45, 16세)년에 자신의 『녹천관집(綠天館集)』에 박지원의 서문을 받게 되는데, 이때 그는 자신이 글을 짓기 시작한 지 두어 해 밖에 되지 않았음에도 불구하고 남들의 노여움을 산 것이 많다고 하소연하였다. 한 가지만 조금 참신하고 한 글자만 다소 기이해 보이는 것이 있어도 반드시 옛날에도 이렇게 쓴 예가 있느냐고 따지고, 없다고 하면 감히 그렇게 쓸 수 있느냐고 책망한다는 것이다. 그러면서 이서구는 옛날에 이미 그렇게 쓴 것이 있다면 자신이 또 그렇게 되풀이할 필요가 있겠느냐고 항변하며, 박지원의 가르침을 구하게 된다.[295]

이서구의 참신하고 기이한 글을 책망하는 사람들은, 그의 시가 별재(別裁)를 벗어날 수 없다고 혹평했던 이들과 마찬가지로, 의고주의·모방주의의 고루한 늪에 빠져 있는 자들이다. 돌멩이 한 덩어리에 대해서도, 그 자신의 눈으로 천연의 본질적 모습을 파악해내려고 하지는 않고 그저 관행적이고 답습적인 인식 태도로 일관하는 이들과 마찬가지인 자들이다. 의고적 모방적 시작 태도를 고수하던 당시의 대다수 보수적 문사

我詩, 而四家立矣."
294) 白斗鏞 편, 『箋註四家詩』「箋註四家詩序(尹喜求)」. "或曰 : '是雖工, 未免別裁耳. 是 不醇乎唐者, 不可法.' 噫, 豈其然乎."
295) 朴趾源, 『燕巖集』 권7 別集 「綠天館集序」. "嘗携其綠天之稿, 質于不佞曰 : '嗟乎, 余之爲文, 纔數歲矣, 其犯人之怒多矣. 片言稍新隻字涉奇, 則輒問古有是否. 否則怫 然于色, 曰安敢乃爾. 噫, 於古有之, 我何更爲, 願夫子, 有以定之也.'"

들은 이서구의 글을 환영하지 않았으며,296) 이서구 역시도 그러한 사람들 열 명의 환영을 받기보다는 차라리 박지원과 같은 사람 한 명과 교유하는 것을 더 소중하게 생각하였던 것이다.297)

　박지원은 이서구의 질문에 대해 그의 말이 절학(絶學)을 일으키는 것이라고 극구 칭찬하였다. 아울러 모방주의자들의 공격에 대해서 어떻게 대처하야 할지에 대해서도 구체적으로 지도해주며, 이서구의 용기를 북돋아 주었다.298) 박지원의 가르침은 결국 옛것을 아무리 추구해 봐야 결국에는 가짜를 만들어내는 것을 면하지 못할 것이므로, 고인의 뜻과 의견 즉 내용을 따라 배워야지 겉과 껍질 즉 형식을 모방해서는 안 된다는 것이었다.299) 이에 이서구는 박지원의 고매한 생각과 명초(明楚)한 글에 감복하여, 그의 모든 글을 손으로 베껴 소중하게 간직하게 된다. 아울러 박지원의 문학이론을 '당세(當世)의 표식(表式)'으로 우러르며, 진한(秦漢)시대의 글도 한유·구양수의 글도 아닌 당세 박지원의 글을 따르겠노라 다짐하게 된다.300) 이서구는 또한 시를 지음에 있어서 굴원이나 송옥(宋玉)을 흉내낼 필요도 없고, 이백이나 두보를 좇을 필요도 없다

---

296) 李書九,『薑山初集(乾)』39張「可歎」. "僻性朋相誚, 奇文世莫知."
297) 李書九,『自問是何人言』「手鈔燕巖集序」. "余觀世之所謂通儒碩生, 矗說經旨, 略綴文詞, 輒連茹比類, 飛聲相詡, 終乃儕類成仇疾, 聲譽爲誹讁. 由是言之, 十人之歡, 不如一友之良 (……) 余年二十, 鮮交游, 側巷邐里, 足不恒旋, 或入人讌會, 賓客滿座, 無一人起與揖者. 而於燕巖朴先生, 最相善."
298) 朴趾源,『燕巖集』권7 別集「綠天館集序」. "不佞攅手加額, 三拜以跪曰 : '此言甚正, 可興絶學 (……) 吾子年少耳, 逢人之怒, 敬而謝之曰 不能博學, 未攷於古矣. 問猶不止, 怒猶未解, 曉曉然答曰, 殷詩周雅, 三代之時文, 丞相右軍, 秦晉之俗筆.'"
299) 朴趾源,『燕巖集』권7 別集「綠天館集序」. "倣古爲文, 如鏡之照形, 可謂似也歟. 曰左右相反, 惡得而似也. 如水之寫形, 可謂似也歟. 曰本末倒見, 惡得似也 (……) 曰然則終不可得而似歟. 曰夫何求乎似也. 求似者, 非眞也. 天下之所謂相同者, 必稱酷肖, 難辨者, 亦曰逼眞, 夫語眞語肖之際, 假與異在其中矣 (……) 所異者形, 所同者心故耳. 繇是觀之, 心似者志意也. 形似者皮毛也."
300) 李書九,『自問是何人言』「手鈔燕巖集序」. "余旣服其旨意高邁, 章句明楚. 於是, 凡先生之所撰記, 自長篇短語, 以至纖詞戲尺, 擧皆手鈔, 而藏之曰 : '(……) 且其發言立辭, 有足以表式當世, 則吾何必上步秦漢, 追躡韓歐, 閔旣往之復復, 묷現在之翩翩哉.'"

고 하였다. 고금의 전고(典故)를 빌린 연후에야 시를 지을 수 있다고 보는 모방주의적 시작 태도를 극력 비판한 것이다.[301] 이러한 경계에서 바로 이서구의 진경론이 나왔던 것이다.

이서구의 진경론은 의고주의적 시풍에 대해 반발하기 시작한 김창협(金昌協)·김창흡(金昌翕) 형제 및 이병연(李秉淵)의 문학 운동에 그 뿌리가 닿아 있는 것으로 추측된다. 18세기에 들어 서울과 근기지방에 거주하는 많은 시인들이 17세기 시단을 풍미하던 격정적이고 낭만적이며 복고적인 시풍에서 벗어나 사실적 시풍의 시를 지향하게 되는데, 이러한 시단의 변화를 주도적으로 열어 놓은 시인이 바로 김창협·김창흡 형제 그리고 이병연 등이다.[302]

김창협·김창흡 형제, 이병연은 이서구와 각별한 인연을 지닌 인물들이다. 이덕무가 1778(정조 2, 25세)년 입연(入燕)할 때 김창협·김창흡·이병연의 시집이 중국에 소개되었던 고사를 인용하며, 이서구의 시집을 가져가길 청한다.[303] 물론 이는 삼인의 시집이 중국에 소개되었던 실제 사연을 염두에 두고 청한 것이겠지만, 한편으로는 삼인의 시문학과 이서구 시문학의 계승 관계도 염두에 둔 것으로 여겨진다.

이서구는 김용겸(金用謙)을 빈객으로 모셔 관례를 행하였는데, 김용겸은 김창협·김창흡의 종자(從子)로 이재(李縡)의 문인이기도 하다. 이덕무의 기록에 따르면, 김용겸은 늙어서도 배우기를 좋아하고 남에게 가르쳐주기를 게을리 하지 않아서, 총민한 소년을 만나면 반드시 쌓인 서책을 펼치고 옛사람의 아름다운 일과 좋은 말을 찾아내서 읊조리고 강론하는 등 끈덕지고 자상하게 일러주었다고 한다. 그러한 까닭에 이덕무는 김용겸을 찾아가 뵐 때마다 소득이 많았고, 김창협과 김창흡의 유풍

---

301) 李書九, 『自問是何人言』 「靭齋詩序」. "甚矣, 詩之惑也. 豈必摘屈宋之遺艶, 景李杜之餘光, 徵榮枯於敍詞, 狃今古而成章, 然後可歟. 曰非也."
302) 안대회, 『18세기 한국한시사 연구』, 소명출판, 1999, 135면 참조.
303) 李書九, 『薑山詩集』 「自序」. "會鄰人李懋官, 隨使入燕, 引農岩三淵兩先生及近世槎川李公故事, 力請鈔去. 余辭以不可, 後亦不能牢拒, 卒許焉."

도 볼 수 있었다고 하였다.304) 이서구 역시 총민한 소년 수재로서 김용
겸을 자주 찾아가 뵈었을 것이다. 그는 젊은 시절에 김용겸을 '선생'으
로 섬기며 각종 시회에 참석하기도 하였다.305)

이러한 자리에는 이서구뿐만이 아니라 홍대용·박지원 등도 자주 참
여하였는데, 김용겸은 여기에서 김창협과 김창흡의 언론과 풍채를 열거
하며 좌중의 분위기를 한껏 돋우었다고 한다.306) 홍대용·박지원과 마
찬가지로 노론 낙론의 전통을 계승한 이서구에게 있어서 김용겸은 흠모
의 대상이었을 것이고, 그를 통해 김창협·김창흡 형제에 대한 관심이
더욱 확대되었을 것이다.

이서구는 1776(영조 52, 23세)년부터 영평에 은거하였는데, 영평현 동쪽
30리쯤에 김창협이 은거하던 농암협(農巖峽)이 있었다. 이 당시 이서구는
농암 골짜기로 찾아가서 그이의 '고풍(高風)'을 접하고 싶다고 시를 읊기
도 하였다.307) 이 시와 관련해서 이서구는 김창협과 김창흡의 걸출한
문장과 명절(名節)을 소개하기도 하였다.308) 또한 영평 인근의 철원 용화

---

304) 李德懋,『青莊館全書』권27·28·29『士小節』제1「士典」3「教習」. "嘐嘐齋金公,
老白首, 好學不倦, 每逢聰明年少, 必欣然手檢積書, 窮尋古人美事旨言, 諷詠講論, 娓
娓不厭, 申申不已. 予每一謁, 虛往實歸, 農岩三淵遺風可挹."
305) 李書九,『薑山初集(坤)』20張「會嘐嘐先生及燕巖諸人聽簫二首」;『薑山初集(坤)』
32張「集弼雲臺李氏園得靜字謹獻嘐嘐先生」 등 참조
306) 朴宗采,『過庭錄』권1. "時先輩金公用謙, 年高德邵, 簡古持禮, 而每接先君與湛軒,
風流弘長, 談論娓娓, 每學說農岩仲父三淵叔父, 言論風采, 以激昂之."
307) 李書九,『薑山初集(坤)』29張. 李書九,『薑山詩集』권2 33張(23세 작). 白斗鏞 편,
『箋註四家詩』권4「五古」「午後出步溪邊歸臥艸堂作二首」(其一). "(……) 清晨理艸
鞋, 往尋農巖峽, 名賢昔掛冠, 逝將高風接." 李書九,『惕齋集』권2「詩五言古詩」「散
步溪上晚歸艸堂二首」(其二)는 위 시가 개작된 작품인데, 인용 부분은 동일하다(* 이하
인용되는 이서구 시작품의 출처를 밝힐 때에는 "李書九,『薑山初集(坤)』29張. 李書九,
『薑山詩集』권2 33張(23세 작). 白斗鏞 편,『箋註四家詩』권4「五古」. 李書九,『惕齋
集』권2「詩五言古詩」."의 경우 "『初集(坤)』29장.『詩集』(권2) 33張(23세 작).『四家詩』
(권4)「5고」.『惕齋集』(권2)「5고」"와 같은 방식으로 약술할 것이다).
308)『四家詩』(권4)「5고」「午後出步溪邊歸臥艸堂作二首」自註. "農巖在永平縣東三十
里, 卽古吏曹判書兼大提學金先生昌協故里, 因以自號者也. 先生字仲和, 清陰先生曾
孫, 領議政文谷先生壽恒之仲子. 伯兄昌集號夢窩弟昌翕號三淵昌業號稼齋昌緝號圃
陰昌立號澤齋兄弟六人, 俱以文章功業名世. 而先生及三淵尤傑, 然先生早歲嘉遯隱,

산(龍華山)으로 들어가면 김창흡이 은거하였던 용화동(龍華洞)이 있고, 그 아래 입구에 삼부연(三釜淵) 폭포가 있다. 이서구는 아우들과 함께 이곳을 유람하며, 그 폭포에 대해 읊으면서 김창흡의 고아(高雅)한 풍모를 기렸다.309)

한편 이병연은 왕사정의 저서 중 하나를 소장하고 있었는데, 이덕무는 이병연의 시가 범루(凡陋)한 습속에서 벗어날 수 있었던 것이 진실로 이 책 때문이라고 평가하였다. 그리고 이병연이 사망한 후 수십 년 만에 그 책이 유락(流落)하였다가 결국 이서구의 소장이 되었음을 밝히고 있다.310) 이병연의 소장 도서가 이서구에게로 전해졌다는 것은 그 도서를 매개로 하여 시풍까지도 이어졌을 가능성을 충분히 보여준다.

이처럼 이서구는 가까이로는 의고주의·모방주의를 극력 반대하는 박지원의 영향을 받고, 멀리로는 진경시 운동을 선도하였던 김창협·김창흡·이병연 등의 영향을 받아, 진경론에 기반을 둔 사실주의적 시세계를 주도하였다. 시적 소재를 뭔가 특별하고 기이한 것들에서 찾아내는 것이 아니라, 사물에 대한 예리한 인식 태도를 통해서 평소에는 별로 관심을 기울이지 않았던 것들로부터 참된 경지를 찾아내어 시화하였던 것이다.

居此處, 屢徵不起, 至今名節輝映, 令人仰慕."
309)『惕齋集』(권2)「7고」「三釜淵瀑布歌示同遊兩弟」. "君不見三淵翁, 白頭遯跡華山中, 胸裡青霞鬱奇氣, 始信文章窮乃工 (……) 倚醉放歌才力薄, 欲繼高風嗟道窮, 安得淵翁長在世, 追隨杖履開愚蒙, 吁嗟乎, 三淵不作吾已矣, 三釜之暴何其雄."
310) 李德懋,『青莊館全書』권34『淸脾錄』권3「王阮亭」. "李槎川, 嘗得邵子相選本三冊, 而爲帳中之秘, 故槎川之詩, 能脫凡陋之習, 良有以也. 槎川沒後數十年, 其書流落, 爲薑山所藏."

2) 신운설의 주체적 수용을 통한 채색설의 제출

이서구는 신운설(神韻說)의 주창자인 왕사정(王士禎)의 영향을 받아 드높은 시적 경지를 이룩한 최초의 장본인이다. 아울러 그는 '채색설(彩色說)'이라는 독자적 이론을 통해 신운설의 일단을 설명하기도 하였다.

이덕무는, 이서구가 왕사정의 시를 마음에 그리고 힘써 추구하여 등당입실(登堂入室)하게 되었다고 평가하였고, 더 나아가 이서구를 추대하여 우리나라의 왕사정이라고까지 하였다. 이어 "강산 시는 명담(明澹)에다 연애(姸哀)까지 갖추어서, 위체(僞體)의 시가(詩家)들을 구별하여 제거했네. 얼굴에서 글 기운이 훤하게 떠오르니, 왕어양(王漁洋)의 그 유파가 해동으로 왔나 보다"라고 한 시를 지었다.[311] 근대에 이르러서까지도 사가의 시에 대해 '별재'를 면하지 못하였다고 혹평하는 사람들이 있었음을 염두에 두고 본다면, 이 시의 승구에 주목하지 않을 수 없다. 이는 이서구가 당시(唐詩)를 모방하지 않고 이른바 '우리 시'를 지었으면서도, 당시가 이룩한 문학적 수준에 이르고 있음을 보여주는 것이다. 이덕무는 이서구가 이렇듯 주체적이면서도 드높은 시적 경지에 이를 수 있었던 이유가 다름 아닌 왕사정의 영향 때문으로 보았던 것이다.

중국 문사 반정균도 이서구의 시가 왕사정의 격조와 비교하여 보면 매우 가깝다고 인정하였다.[312] 또한 그는 이서구의 시가 왕사정의 시를 오묘하게 닮아서 평양(平壤)의 독각린(獨角麟)으로 지목한다고 하더라도 결코 지나치지 않을 것이라고 하며, 왕사정의 시와 앞뒤를 다투더라도 뒤쳐지지 않는 수준이라고 극찬하였다.[313]

---

311) 李德懋,『靑莊館全書』권34『淸脾錄』권3「王阮亭」. "薑山爲詩, 心摹力追, 登堂入室. 余嘗推轂爲東國漁洋, 以贈詩曰, '薑山明澹且姸哀, 僞體詩家別有裁, 眉宇上升書卷氣, 漁洋流派海東來.'";『淸脾錄』권4「薑山」. "余嘗嘆其典裁如王漁洋, 淹雅如朱竹垞."

312) 白斗鏞 편,『箋註四家詩』권4 卷末 '潘庭筠 評'. "薑山五古, 沖澹閒遠, 王韋門庭中人, 視王漁洋格調, 尤近."

이서구 스스로도 왕사정에 대해 많은 관심을 보여주었다. 그는 우리 나라 사람들이 청나라에 대해서는 인격의 현부(賢否)와 시품의 고하는 묻지 않고서 오직 오랑캐라는 구실 하나로 말살하려고 한다면서, 왕사 정의 시를 무시해서는 안 된다고 주장하였다.[314] 이서구는 자신과 왕사 정의 인연을 운명적인 것으로 받아들였다. 이덕무의 기록에 따르면, 왕 사정과 이서구가 모두 갑술생이고, 『대경당집』의 첫 권에 기록된 것이 병신년으로부터 시작되었는데, 이서구가 두모포에서 고기를 잡으며 시 를 읊은 것도 마침 병신년에 해당한다는 것이다. 그래서 이서구가 다음 시를 읊었다는 것이다.[315]

三回花甲始周天　　세 번째의 육십갑자 비로소 순환되며
金粟精神降後前　　금속여래 정신으로 앞에 뒤에 태어났네.
獨抱新詩增悵望　　새론 시를 홀로 품고 더욱더 그리나니
奚囊羞寫丙申年　　해낭에 병신년을 써넣는 것 부끄럽네.

왕사정은 1634년에 태어났고 이서구는 1754년에 태어났으니 둘 다 갑 술생이다. 왕사정이 태어난 지 정확히 120년 만에 이서구가 태어난 것이 다. 이러한 인연을 두고서 이백(李白)이 자신을 유마거사(維摩居士)의 전신 인 금속여래(金粟如來)의 후신이라 자칭한 것처럼,[316] 이서구 또한 자신을

---

313) 李書九, 『薑山詩集』 '潘庭筠 序文'. "李進士薑山, 尤篤嗜公詩, 能以其博雅之才, 淸 婉之思, 追踪步武, 具體而微. 余觀其詩, 惟妙惟肖, 雖目爲平壤之獨角麟, 亦未爲過, 然公之詩, 前後不下."

314) 李德懋, 『靑莊館全書』 권34 『淸脾錄』 권3 「王阮亭」. "李薑山之言曰 : '東國人, 心 麤眼窄, 類不能知詩, 而至於淸, 則不問其人之賢否, 詩之高下, 動輒以胡人二字, 抹殺 之 (……) 假使貽上, 出自滿洲, 身隷八旗之統, 善於詩則愛其詩而已, 何必摒其胡, 而 及於詩也哉.'"

315) 李德懋, 『靑莊館全書』 권34 『淸脾錄』 권3 「王阮亭」. "貽上薑山, 俱生甲戌. 故薑山 有詩曰 : (……) 帶經堂集其首卷所取, 斷自丙申, 薑山荳浦漁咏, 適値丙申. 故其詩云 然也."

316) 李白, 『李太白集』 권18 「答湖州迦葉司馬問白是何人」. "靑蓮居士謫仙人, 酒肆藏名 三十春, 湖州司馬何須問, 金粟如來是後身."

왕사정의 후신으로 자처하고 있는 것이다. 이와 같은 운명적 인연은 시문집의 저술 시점에서도 일치한다. 왕사정의 『대경당집(帶經堂集)』 92권 중 첫 권에 기록된 것이 병신년(1656)으로부터 시작되었는데, 이서구가 두모포에서 고기를 잡으며 시를 읊은 것도 마침 병신년(1776)에 해당한다는 것이다. 이서구가 두모포에서 시를 읊기 시작했다는 시점은 그가 『호산음고(湖山吟稿)』를 기록하기 시작한 그때이다.[317] 그러므로 전·결구는 이서구가 두모포에서 새로 지은 자신의 시를 왕사정의 『대경당집』 소재 시에 견준 것이 된다. 그가 왕사정의 시에 대해 얼마나 심취하였는지를 웅변적으로 대변해주는 대목이라고 할 수 있다.

그렇다면 이서구가 왕사정으로부터 배운 것은 무엇인가. 왕사정이라 하면 신운설의 주창자로 명성이 높지만, 이서구가 신운설에 대해 직접 언급한 경우가 없어 모호하기 그지없다. 실상은 왕사정 자신도 신운이 무엇인지에 대해 명시적으로 발언한 적이 없으니, 더욱 난감한 문제이다. 그러나 이서구의 '채색설'을 이해하기 위해서는 왕사정 소위 신운에 대해 살펴보지 않을 수 없어, 간요하게 그 의미를 정리해 본다.

왕사정은 신운의 창조 방법을 선(禪)으로 비유하여 구체화시켰다. 왕유(王維)·배적(裴迪)의 망천절구시(輞川絶句詩) 등을 일러 세존이 꽃을 들자 가섭(迦葉)이 미소 지은 것과 같아서 차별이 없다고 하였다.[318] 이는 시인을 세존으로, 문자적 틀로 구성된 시를 꽃으로, 독자를 가섭으로 비유하여 설명한 것으로 이해된다. '불립문자(不立文字)'라 하였거니와, 시인이 시를 통해서 전달하고자 하는 참뜻이 문자의 틀 밖에 존재함을 비유한 것이라고 할 수 있다. 문자적 틀로 이루어져 표현된 구절은 시인이 표현하고자 하는 참된 경지가 아니며, 이 구절은 세존이 든 꽃과 같은

317) 柳得恭, 『泠齋集』 권7 「湖山吟稿序」. "丙申夏, 玩亭氏, 遭罹世故, 不樂居京師, 出寓湖上, 轉而入東峽, 數月而歸. 出其所著湖山吟稿一卷以示之,
318) 王士禎, 『帶經堂詩話』 권3. "嚴滄浪以禪喩詩, 余深契其說, 而五言尤爲近之. 如王裴輞川絶句, 字字入禪 (……) 妙諦微言, 與世尊拈花, 迦葉微笑, 等無差別. 通其解者, 可語上乘."

일종의 매개체에 불과할 뿐이라는 것이다.

왕사정은 뗏목을 버리고 강 언덕에 올라가는 것을 선가(禪家)에서는 오경(悟境)이라 하나, 시가(詩家)에서는 화경(化境)이라고 하는데 시와 선은 일치하여 조금도 차별도 없다고도 하였다.[319] 이는 불가에서 나온 고사로 뗏목은 방편(方便)을 비유하고 강 언덕은 열반의 언덕인 '오경(悟境)'을 비유한다. 시로 보자면 뗏목은 언어문자의 틀에 해당하고 강 언덕은 시의 진경인 '화경(化境)'에 해당한다. 시에서의 언어문자는 시인이 궁극적으로 표현하고자 하는 의도를 드러내기 위한 방편일 뿐이라는 것이다. 즉 신운을 창조하기 위해서는 시인이 언어문자의 틀로부터 벗어나야 함을 주장하고 있는 것이다.

그렇다면 시인이 언어문자의 틀로부터 벗어나서 궁극적으로 얻고자 하는 것은 무엇인가. 이는 사공도(司空圖)가 말하는 '풍류(風流)' 혹은 엄우(嚴羽) 소위 '흥취(興趣)'로 정리된다. 왕사정은 사공도의 시론을 들어 '풍류'를 언급하였거니와,[320] 또 엄우의 시론을 들어 '흥취'를 내세우고 있다. 그는 이 흥취를 선가의 비유인 영양(羚羊)의 고사를 통해 설명한다. 영양은 잠을 잘 때에 꼬부라진 뿔을 나무에 걸고 발을 땅에 대지 않고 자는지라 그 '발자취'를 따라 그것을 찾으려고 하면 찾을 수가 없듯이, 시인이나 독자가 언어문자적 틀에 얽매이게 되면 흥취를 표현하거나 파악할 수 없다는 것이다. 흥취란 '공중지음(空中之音)'·'상중지색(相中之色)'·'수중지월(水中之月)'·'경중지상(鏡中之象)'이란 구절을 통해서 그 의미가 구체화된다. 이것들은 모두 실상으로부터 생성되어 나온 가상의 현상이다. 이는 곧 언어문자의 틀로 이루어진 시상으로부터 생성되어 나오는 아련한 정서적 여운을 비유한 것이다. 이는 '말은 다하였으나 뜻은 무궁하다[言有盡而意無窮]'고 한 것에서도 확인되고, 사공도의 '맛이 시고 짠

---

319) 王士禎, 『香祖筆記』 권8. "捨筏登岸, 禪家以爲悟境, 詩家以爲化境, 詩禪一致, 等無差別."

320) 王士禎, 『香祖筆記』 권8. "表聖論詩, 有二十四詩品, 予最喜不著一字盡得風流八字."

맛의 밖에 있다[味在酸鹹之外]'고 한 것에서도 확인된다. 이는 '맛 밖의 맛
[味外之旨]'과 같은 뜻으로 '초나 소금의 맛[酸鹹]'이 언어문자를 의미한
다면, 그것의 '밖[外]'이라는 것은 초와 소금이 화학적으로 결합하여 이
루어 낸 제 삼의 맛이라 할 수 있는 정서적 여운을 뜻하는 것이다.321) 결
국 풍류니 흥취니 하는 어휘는 모두 시에서의 이런한 정서적 여운을 뜻
하는 셈이다.

　왕사정은 신운의 창조 방법을 그림에 비유하여 설명하기도 한다. 그
는 형호(荊浩)가 산수화를 논하며 먼 데 있는 사람은 눈을 그리지 않고,
먼 데 있는 물은 파도를 그리지 않고, 먼 데 있는 산은 주름을 그리지
않는다고 한 구절을 접하고서야 시가의 삼매(三昧)를 얻었다고 하였다.
여기에서 말한 형호의 산수화 수법은 그림의 필묵(筆墨)으로 표현되는
외적 모습보다는 그 그림이 암시하는 내적 의미를 중시한 결과라고 할
수 있다.322) 시의 경우로 환치한다면 언어문자에 의한 표현보다는 그
시가 이런하게 보여주는 정서적 여운의 중요성을 강조한 것이다.323)

　왕사정이 신운이란 말을 사용하면서도 그 의미를 구체적으로 설명한
적이 없듯이, 이서구 역시 신운설의 영향을 받았으면서도 시문과 관련해
서는 이 어휘를 직접 사용한 경우가 찾아지지 않는다. 다만 예술작품을

---

321) 王士禎, 『唐賢三昧集』「自序」. "嚴滄浪論詩云 : '盛唐諸公, 唯在興趣. 羚羊挂角, 無
　　跡可求, 透徹玲瓏, 不可湊泊, 如空中之音, 相中之色, 水中之月, 鏡中之象. 言有盡而
　　意無窮.' 司空表聖論詩, 亦云'味在酸鹹之外'"(張明非 찬, 『唐賢三昧集譯注』(上海古
　　籍出版社, 2000) 「前言」에서 재인용).
　　　王士禎 答·劉大勤 問, 『師友詩傳續錄』. "問唐賢三昧集序, 羚羊挂角云云, 卽音流
　　絃外之旨否 (……) 答嚴儀卿所謂'如鏡中花, 如水中月, 如水中鹽味, 如羚羊挂角, 無
　　迹可求', 皆以禪喩詩."
322) 王士禎, 『香祖筆記』권6. "余嘗觀荊浩論山水, 而悟詩家三昧曰 : '遠人無目, 遠水無
　　波, 遠山無皺.' 又王林野客叢書, '太史公如郭忠恕 畫天外數峯, 畧有筆墨', 意在筆墨
　　之外也."
323) 王士禎, 『香祖筆記』권10. "史記, '如郭忠恕, 畫天外數峯, 畧有筆墨', 然而使人見
　　而心腹者, 在筆墨之外也. 右王林野客叢書中語, 得詩文三昧, 司空表聖所謂'不著一
　　字盡得風流'者也."

논하며 그 어휘를 사용하였을 따름이다. 그는 954(광종 5)년에 단목(端目)이 김생의 행서(行書)를 집자(集字)하여 만든 「태자사낭공대사백월서운탑비(太子寺朗空大師白月棲雲塔碑)」에 대해 읊은 것으로 보이는 시에서 '신운'이라는 어휘를 사용하고 있다.324) 김생의 글씨는 송의 한림대조(翰林待詔) 양구(楊球)와 이혁(李革)이 오늘 왕희지의 글씨를 보게 될 줄 몰랐다고 찬탄했을 만큼 그 필법이 신묘했다고 하는데,325) 후대에 그 글씨를 집자하여 모각하는 과정에서 신운이 다소 줄어들었다고 아쉬워한 것이다.

이덕무가 원굉도(袁宏道)의 "석류꽃 한창일 때 여러 선비 모였는데, 황매화 향기 속에 한 필 말로 돌아가네"라는 구절의 '화염(華艶)'을 칭찬하자, 이서구는 왕사정의 "흰 마름 핀 시냇가에 돛대 하나 보이는데, 붉은 낙엽 쌓인 속에 몇몇 말이 다가온다"는 구절의 '신정(神情)'이 '초초(迢迢)'한 것만 같지 못하다고 하였다고 한다.326) 여기에서의 '신정(神情)'은 시인의 정서를 의미하고 '초초(迢迢)'는 작품에 드러난 아련한 여운을 말한 것으로서, 이는 이서구가 신운으로서 시를 비평한 대표적 사례이다.

원굉도는 소위 공안파(公安派)의 한 명으로 각 시대의 독자적인 시가 있고 각 시인의 독자적인 시가 있음을 강조하였다. 또한 복고를 내세우며 모방과 표절을 일삼는 전후칠자(前後七子)의 시작 태도를 배격하고 자기 가슴속에서 우러나는 시상을 개성이 뚜렷하게 써내야 함을 강조하였다.327) 그러나 신운설의 입장에서 본다면 위에 든 원굉도의 시구는 화

---

324) 『愓齋集』(권2) 「7고」 「新羅金生白月棲雲歌贈榮川沈俟喜永」. "金生筆法古所無, 當時擅名凌歐虞, 崇寧待詔鑑賞殊, 右軍眞蹟空驚吁, 棲雲舊搨入書廚, 屋漏折釵森步趨, 惜哉硬黃妄翻模, 神韻少失餘筋膚 (……)."

325) 金富軾, 『三國史記』 권48 「列傳」 제8. "崇寧中, 學士洪灌, 隨進奉使入宋, 館於汴京. 時翰林待詔楊球, 李革, 奉帝勅至館. 書圖簇, 洪灌, 以金生行章一卷示之, 二人大駭曰: '不圖, 今日得見王右軍手書.' 洪灌曰: '非是, 此乃新羅人金生所書也.' 二人笑曰: '天下, 除右軍, 焉有妙筆如此哉.' 洪灌屢言之, 終不信."

326) 李德懋, 『靑莊館全書』 권32 『淸脾錄』 권1 「袁王詩」. "余嘗稱袁中郎, '榴花爛時諸彦集, 蠟梅香裏一騎歸'之華艶, 玩亭曰猶不如王貽上, '白蘋溪上孤幢見, 紅葉堆中數騎來'之神情迢迢."

327) 車柱環, 『中國詩論』, 서울대 출판부, 1989, 275~276면 참조.

려하고 곱기는 하나 시인의 정신과 정서로부터 우러나오는 아련한 정서적 여운은 부족하다고 본 것이다.

이서구는 기본적으로 좋은 시는 언외(言外)에서 얻어진다고 여겼고,[328] 이는 곧 왕사정이 주창하는 신운설의 핵심 내용에 해당한다. 그러나 그가 왕사정의 신운설을 그대로 수용한 것은 아니다. 반정균은 이서구가 왕사정을 배운 것은, 정수(精髓)를 취하여 넓게 운용하여서 신령스럽고 사리에 밝게 변화시킨 것으로, 융통성 없이 형식적으로 모방한 것이 아니라, 성정과 필묵이 자연스럽게 닮았을 따름이라고 하였다. 그러므로 반정균은 천하의 왕사정을 배우고자 하는 시인의 한 명으로서, 이서구의 탁월한 경지에 대해 자못 놀라움을 금치 못하였던 것이다.[329]

이서구는 왕사정의 신운설로부터 그 정수를 취하되 신령스럽고 사리에 맞게 변화시켰으니, 그 결과가 바로 '채색설'이다. 이서구는 시어를 이루는 글자 각각을 '대나무[竹]' 또는 '부들[蒲]'로, 시어가 결합된 문장을 '발[簾]'과 '자리[席]'로 비유하여 '채색'을 설명한다. 대나무와 부들도 그 각각을 두고 보면 말라 비틀어져 누렇거나 부옇게 흰색을 띨 뿐이다. 그러나 그것들을 엮거나 짜서 발이나 자리를 만들어서 죽 펴놓으면 원래의 모습과는 전혀 다른 새로운 모습으로 변신한다. 어른어른 움직이듯 무늬가 생겨나서 물결마냥 찬란하게, 원래의 누런 빛, 흰 빛과는 전혀 다른 새로운 빛깔을 얻어낼 수가 있다. 이는 시어에도 그대로 적용된다. 이서구는 하나의 시작품이 갖게 되는 총체적 의미가 각각의 글자나 구절들의 의미를 산술적으로 합계한 이상의 질량을 가져야 한다고 본다. 글자를 엮어 글귀를 만들고 글귀를 배열하여 문장을 이루었을 경우에는 마른 대나무와 죽은 부들이 만들어내는 조화의 수준보다도 훨씬

---

328) 『惕齋集』(권3) 「5율」 「冬日同仲牧」. "託身書卷內, 林屋有餘淸, 樹影依欄直, 山光分戶明, 好詩言外得, 眞意醉中生, 昆季相逢處, 偏憐歲暮情."
329) 李書九, 『薑山詩集』'潘庭筠 序文'. "薑山, 爲公之詩, 必當學公之學, 取精用宏, 神明變化, 不必規規摹仿, 而性情筆墨, 自然神肖耳. 余雖不爲公之詩, 未嘗不欲天下之善學公也, 於薑山, 尤企望之矣."

더 강렬한 뭔가를 만들어낼 수 있다는 것이다.[330]

이는 시인이 글자나 글귀의 언어문자적 틀을 떨쳐 버리는 데에서 오히려 훌륭한 시작품이 이루어짐을 설명한 것이다. 언어문자의 구사가 그 글자들이 직접적으로 지시하는 의미가 아닌, 그 글자들이 효과적으로 결합하여 언어 밖의 새로운 의미를 창출하는 것에 목표를 두어야 함을 주장한 것이다. 이는 왕사정이 신운의 창조를 위해서는 우선 시인이 언어문자의 틀로부터 벗어나서 아련한 정서적 여운을 창조해야 함을 주장하는 논리와 일치한다. 한발 더 나아가 시어의 암시성을 강조하는 논리이기도 하다.

이서구는 자신의 채색설 논리를 화가가 '눈[雪]'과 '달[月]'을 그리는 것에 비유하여 구체화시킨다. 화가가 눈과 달을 그릴 경우, '구름기운'을 거기에 맞추어 그리기만 하면 눈과 달이 저절로 드러난다고 주장하며, 어찌 꼭 금빛 물감과 붉은 물감을 칠하는 것만을 가지고서 '채색'이라고 하겠느냐고 반문한다.[331] 이는 곧 '홍탁(烘托)'을 설명한 말이다. '홍탁'이란 표현하고자 하는 대상경물 주위에 수묵(水墨)이나 담채(淡彩)를 칠하여서 그 경물로 하여금 명료하게 드러나게 하는 화법의 일종이다.[332] 가령 달을 그릴 때 달에 직접 색깔을 칠하지 않고 주위를 어둡게 처리하여 달을 환하게 드러내는 수법이다. 또 설경(雪景)을 그릴 때에는 하늘과 땅, 산석(山石) 등 눈이 없는 곳을 수묵선염(水墨渲染)으로 칠하여 눈을 드러나게 하는 수법이다.

여기에서 화가가 궁극적으로 표현하려고 하는 눈과 달은 시인이 표

---

330) 柳得恭,『泠齋集』권7「湖山吟稿序」. "異哉, 玩亭氏之言詩也, 不言聲律, 而言彩色. 其言曰 : '字比則竹也蒲也, 章比則簾也席也. 今夫字焦然黑而已, 竹萎然黃, 蒲藺然白而已. 及夫編竹爲簾, 織蒲爲席, 排比重累, 動蕩成紋, 溢如也, 燦如也, 得之於黃白之外. 況乎積字成句, 布句成章, 有非枯竹死蒲而已者邪.' 其所云彩色者, 皆此類也."

331) 柳得恭,『泠齋集』권7「湖山吟稿序」. "玩亭氏, 笑曰 : '子猶未達耶. 畫雪而畫月者. 只布雲氣, 而雪月自可見, 何必塗金抹朱而後, 爲之彩色也哉.'"

332) 蔣驥 찬,『傳神秘要』「用筆四要」. "二曰烘. 烘者何, 卽染之謂也. 人之面格高下, 須用顔色烘托, 烘法惟潤色全面, 以顔色畫上, 筆以濕爲主, 則有氣韻, 烘染處要潔淨."

현하려고 하는 정서적 여운 혹은 암시적 의미에 해당할 것이다. 그리고 화가가 눈과 달을 그리기 위해 금빛 물감과 붉은 물감을 직접 사용하는 것은 시인이 어떠한 정서·의미를 표현하기 위해 그 정서·의미에 해당하는 어휘를 노골적으로 사용하는 것에 해당할 것이다. 또한 화가가 눈과 달을 그리는 경우 홍탁에 의해 다만 구름기운을 거기에 맞게 그리는 것은 시인이 정서적 여운 혹은 암시적 의미를 만들어내기 위해 대상 경물을 다만 있는 그대로 묘사함으로써 정서적 여운 혹은 암시적 의미가 자연스럽게 생성되어 나오게 만드는 것에 해당할 것이다. 이것이야말로 시인이 시 속에서 정서적 여운 혹은 암시적 의미를 풍부하게 만들어내는 최상의 방도라는 것이다.

이서구의 채색설에 대한 설명을 듣고서 유득공은 시화상통(詩畵相通)의 논리로서 그 의미를 정리한다. 이서구의 채색설이 실상 육서(六書)에 근거를 두고 있음을 간파한 것이다. 그림은 상형문자에 가깝고 시는 회의문자에 가깝다고 하며, 시가 없는 그림은 메마른 채 운치가 없고 그림이 없는 시는 깜깜한 채 윤곽이 들어 나지 않으므로, 시문(詩文)과 서화(書畵)는 상호 보완적인 관계에 있음을 지적한 것이다.[333] 유득공도 채색설에 기반을 두어 지어진 이서구의 시들에 대해 모두가 어가(漁歌)·초창(樵唱) 같이 읊어진 것들이면서도 밝고 정갈하면서 가락이 유창하고, 은은하면서도 생동하는 듯하면서도 손으로 만져질 것 같아서, 살짝 봐도 바로 거기서 찾을 것 같았다고 평가하였다.[334] 그의 시가 비록 어부의 노래·나무꾼의 소리 같이 평범하기 이를 데 없는 내용들을 읊고 있지만, 그 읊어진 대상들이 암시성이 깊고 여운미가 넘치는 정감적인 것으로 변화되었던 것이다.

---

333) 柳得恭,『泠齋集』권7「湖山吟稿序」. "余始躍然喜曰 : '子之言詩也, 根乎六書. 六書之數, 一曰象形, 二曰會意, 三曰指事, 畵長於象形, 而詩長於會意, 文則長於指事, 不詩之畵, 枯而無韻, 不畵之詩, 闇而無章, 詩文書畵, 可以相須, 不可以單功也.'"
334) 柳得恭,『泠齋集』권7「湖山吟稿序」. "出其所著湖山吟稿一卷以示之, 率皆漁歌樵唱, 明淨流利, 隱隱爾躍躍爾, 有可以摩挲, 輒得睥睨斯存者."

이처럼 이서구는 왕사정의 신운설을 수용하여 채색설이란 자기 이론으로 체화하고 있을 뿐만 아니라, 이러한 이론은 그의 시를 무한한 여운의 흥취를 풍기고 고도의 암시적 의미를 함축한 수준 높은 시 세계로 끌어올리는 데에 효과적으로 기여하였다. 이서구는 신운설을 주창한 왕사정의 영향을 받았지만, 형식적으로만 모방하는 데에 그치지 않고 그 정수를 취하여 신령스럽고 사리에 맞게 변화시켜 채색설이라는 자기 이론을 제출하였다. 그는 채색설이라는 표현방식을 통해 시어들을 효과적으로 결합하여 언외지미(言外之味)를 창출할 것을 주장하였다. 이는 곧 그의 진경론에 기반을 둔 시세계가 사물의 외적 묘사에 치중함으로 인해 다소 밋밋해질 수도 있는 경지를 암시성이 깊고 여운미가 넘치는 정감적 시세계로 고양시키는 데에 결정적인 기여를 하였던 것이다.335)

2. 시문학에 대한 제가비평의 비판적 검토

이서구의 시문학에 대한 선인제가(先人諸家)의 비평은 주로 그의 초기 시가 수록된 『한객건연집(韓客巾衍集)』과 『강산시집(薑山詩集)』에 대해 이루어졌다. 초기 시집 가운데서 상대적으로 많은 작품을 수록하고 있는 『강산초집』은 중국에 정식으로 소개된 적이 없고 국내 평자들의 안목을 거칠 기회도 별로 얻지 못하였다. 그의 후기 시가 수록되어 있는 『척재집』도 공식적으로 간행된 바가 없어 평자들의 논의에서 제외되고 말았

---

335) 이서구의 신운설 수용은 그의 '진경론'과 충돌하는 것으로 오해될 여지가 있다. 일반적으로 시에서 여운의 흥취를 강조하다 보면, 결국 공소함에 빠질 수도 있기 때문이다. 이러한 오해의 소지에 대해서는 다음 절에서 해명되겠거니와, 이서구는 왕사정의 신운설을 표현론적 측면에서 한정해서 선택적으로 수용하였음에 유념할 필요가 있다.

다. 그러나 초기 시 선집인 『한객건연집』과 『강산시집』은 중국 문사들의 평가를 받으려는 목적하에 제작되어, 당시 중국 문단의 핵심적 지위에 있는 이들의 평가를 받을 수 있었다.[336] 중국 문사들의 평가는 곧바로 우리나라 평자들에게 영향을 미쳐 이서구의 시문학을 평가하는 정론(定論)으로 자리 잡게 되었다.

이로 인해 선인제가의 비평은 현대 연구자들에게도 막강한 영향력을 행사하게 되었다. 이러한 비평은 마땅히 현대 연구자들에게 이서구 시문학 연구의 지남철이 되어야 할 터인데, 그 의미를 명확히 이해하지 못함으로 인해 오히려 독소(毒素)로 작용한 측면도 없지 않았던 것이 사실이다. 이제 초기 시 선집인 『한객건연집』과 『강산시집』에 대해 이루어진 제가의 비평들이 구체적으로 어떤 의미를 지니는 것인지, 아울러 그것들이 그의 시문학 세계 전반에 대해 그대로 적용될 수 있는 것인지에 유의하면서, 각 평어들을 분석해보기로 하자.

『한객건연집』과 『강산시집』에 기록되어 있는 이서구의 시문학에 대한 제가의 평가를 종합해보면 크게 세 가지 범주로 나누어진다. 첫째는 그의 오언고시를 도연명 등의 충담(沖澹)한 풍격의 시와 관련지은 경우들이다.

① 이서구는 모든 시체가 다 공교로운데, 오언고시는 더욱 우아하다. 도연명(陶淵明)과 사령운(謝靈運)에 뿌리를 두고 있으며 때로는 저광희(儲光羲)와 맹호연(孟浩然)의 사이를 넘나드니 시품(詩品)이 최고이다.[337]
② 내가 홀로 『강산시집』에 대하여 속으로 도연명과 거리가 멀지 않음에 감탄하였다.[338]
③ 이서구의 맑은 재주는 평범하지 않다. 모든 시가 바로 한위(漢魏)의 시에 가까이 다가갔는데, 도리어 도연명에 대해서는 더욱 가깝다.[339]

---

336) 이서구의 시문 텍스트의 성격에 대해서는 본 논문의 제4장 제1절에서 상론하였다.
337) 李書九, 『薑山詩集』 권1 卷首 '李調元 評'. "薑山, 諸體皆工, 而尤嫺五古. 元本陶謝, 而時泛觸於儲孟之間, 詩品爲最高矣."
338) 李書九, 『薑山詩集』 '李調元 序文'. "吾獨於薑山集, 而竊歎靖節之去人未遠也."
339) 李書九, 『薑山詩集』 권1 卷首. "(李雨村)又曰: '薑山淸才不凡. 諸詩, 直逼漢魏, 以

④ 이서구의 오언고시는 충담(沖澹)하여 글자마다 당음(唐音)이니 왕유(王維)와 맹호연이 끼친 것이다.340)

⑤ 이서구의 오언고시는 충담·한원(閒遠)하여 왕유·위응물(韋應物)의 문정(門庭) 가운데 사람 같다.341)

⑥ 오언고시는 청광(淸曠)·이담(夷澹)하여 바로 진위인(晋魏人)의 집에 들어갔다고 할 수 있다.342)

⑦ (이조원이) "이서구는 모든 시체가 다 공교로운데, 오언고시는 더욱 우아하다. 도연명과 사령운에 뿌리를 두고 있으며 때로는 저광희와 맹호연의 사이를 넘나든다"고 했는데, 이는 바꿀 수 없는 정론(定論)이다.343)

이상을 정리하면 첫째 이서구는 모든 시체에 다 능하였지만 특히 오언고시에 능한 것으로 평가되고 있다.344) 근체시나 칠언고시가 본격적으로 출현하기 이전의 한(漢)·위(魏)·진(晋)의 시가 대체로 오언고시였는데, 그가 오언고시에 특장(特長)이 있다는 것이다. 둘째 이서구 시는 인물로는 도연명·사령운·왕유·위응물·저광희·맹호연 등의 시풍에, 시대로는 한·위·진(晋)·당의 시풍에 가까운 것으로 평가되고 있다. 이들은 산수자연시의 대가들이고 그 창도자가 바로 도연명이었는데, 이서구

還而於彭澤, 尤近.'"

340) 李書九, 『薑山詩集』 권1 卷首. "(李雨村) 又曰: '薑山五古沖澹, 字字唐音, 王孟之遺也.'"

341) 白斗鏞 편, 『箋註四家詩』 권4 卷末 '潘庭筠 評'. "薑山五古, 沖澹閒遠, 王韋門庭中人."

342) 李書九, 『薑山詩集』 권1 卷首. "祝芷塘曰: '五古, 淸曠夷澹, 直可造晉魏人之室.'"

343) 李德懋, 『靑莊館全書』 권34 『淸脾錄』 권4 「薑山」. "'薑山, 諸體皆工, 而尤嫻五古. 原本陶謝, 而時汎觴於儲孟之間.' 此可爲不易之論也."

344) 여기에는 그의 오언절구도 상당수 대상이 되었을 것이다. 이서구의 오언절구는 평측에 크게 구애받지 않은 이른바 고절구(古絕句)의 작품이 많다. 예컨대 『전주사가시』에 수록된 그의 오언절구 13수 가운데 무려 9수가 근체시의 평측법에 어긋난다. 『전주사가시』의 모본인 『한객건연집』은 원래 창작 시기 순으로 구성되었던 것으로 보이며, 『강산시집』도 창작 시기 순으로 구성되어 있다. 중국 문사들의 입장에서는 그의 오언절구와 오언고시는 특별히 구분되지도 않았을 것이고, 구태여 구분할 필요도 없었을 터이다.

역시 산수자연시의 계보를 계승하고 있다는 것이다. 셋째 이서구 시의 풍격이 충담·한원·청광·이담한 것으로 평가되고 있다. 그의 오언고시가 도연명을 비조로 하는 산수자연 시인들의 시가 주로 갖고 있는 풍격을 띠고 있음을 인정한 것이다. 이서구 스스로도 어려서 옛사람의 시 가운데 도연명의 시 및 왕유·위응물·맹호연·저광희의 고담(高澹)·한아(閑雅)한 풍격의 작품을 좋아하였다고 술회하였으니,345) 제가의 비평과 상통한다. 주자가 "도연명의 시는 평담(平淡)하니 자연에서 나온 것이다"346)라고 평하였듯이, 도연명의 오언고시야말로 평담 혹은 충담한 풍격의 전형으로 꼽힌다. 그런데 이서구의 오언고시가 도연명의 그것과 가깝다고 평가를 받았으니, 그의 시문학에 대한 극찬이 아닐 수 없다.

그러나 이서구의 모든 시가 도연명과 같은 지극한 경지에 도달했던 것으로 일반화시켜 생각해서는 안 된다. 이 평가들 자체야 더할 나위 없는 극찬이지만, 이것이 지나치게 강조되다 보면 그 시문학의 본질이 희석될 수 있다. 이서구의 시문학에 대사회적 개혁의식이 존재하지 않는다거나 그의 시문학이 사림파 문학에 가깝다고 규정한 논의들은 대체로 이상의 평가들에 대해 과도하게 의미를 부여한 경우들이다. 선인제가의 평어에서 언급한 대로 그의 시 가운데 오언고시가 주로 그러하며, 그 중에서도 특히 산수 간에 은거하던 시기에 지어진 작품들이 그러하다. 그의 초기 시 중 오언고시는 10%여에 불과하며, 이 중에서도 도연명의 경지에 닿아 있다고 평가받을 만한 작품은 23~24세 무렵의 시기에 지은 것들로 한정된다.

개별 시에 대한 평어를 보더라도, "맑으면서도 아름답다",347) "예스럽고 담박하면서도 그윽하고 맑다",348) "매우 맑다",349) "잘된 부분은 도

---

345) 李書九,『惕齋自述』, 3면. "辛巳 (……) 於古人詩, 酷愛陶詩及王韋儲孟高澹閑雅之作."
346) 朱熹,『朱子語類』권140「作文(下)」. "淵明詩, 平淡, 出於自然. 後人學它平淡, 便相去遠矣."
347)『四家詩』(권4)「5고」「雨餘徒西崗口步至白雲溪作」(23세 작) '李調元 評'. "淸而腴."
348)『四家詩』(권4)「5고」「早起看晴」(23세 작) '李調元 評'. "古淡幽潔."

연명의 경지와 곧장 닿아 있으며, 위응물·유종원만이 단지 견줄 수 있다"350) 등의 평을 받은 작품이 모두 오언고시이며, 시기적으로 영평 은거 기간인 23~24세 무렵에 나온 것들이다.

이서구의 모든 시가 도연명 시의 평담·충담한 풍격을 지녔다고 일반화시키는 것은 무리이며, 초기 시 중에서도 은거 기간에 지어진 시들의 대표적 특성으로만 이해하는 것이 타당할 것이다. 은거 기간에 지어진 이서구의 오언고시가 도연명에게 견줄 수 있는 수준을 지녔다는 것만으로도 그 시문학의 탁월함은 인정되지만, 이를 확대 적용하여 그의 모든 초기 시 특히 율시, 더 나아가 후기 시에까지 적용하려는 시도는 옳지 않다. 은거 기간에 지어진 초기 시의 경우라도 율시(律詩)는 도연명 시의 풍격을 지닌 작품이 별로 보이지 않는다. 오언고시의 경우에도 후기에 지어진 것들은 목민관으로서의 선정 의지, 현실에 대한 비판과 우국충정 등 경세적 주제의식을 보여주는 작품들이 월등하게 많다. 이서구의 시문학은 그 자신의 삶의 현실, 그 자신의 구체적 정서와 밀접하게 연관되어 있거니와, 오언고시의 경우 은거기간에는 도연명의 경우와 같은 평담한 풍격의 시를 다수 지었고, 관료로 활동하는 기간에는 경세적 주제의식을 보여주는 작품을 주로 창작하였던 것이다.

둘째는 이서구의 시를 왕사정의 시풍과 관련지은 경우들이다.

① 왕사정의 격조와 비교하면 더욱 가깝다.351)

② 이서구는 왕사정의 시를 더욱 돈독히 좋아하여, 그의 박아(博雅)한 재주와 청완(淸婉)한 생각으로 발자취를 따라 본받아서, 미약하기는 하지만 그 전체를 갖출 수 있었다. 내가 그의 시를 보건대, 오묘하게 서로 닮았다. 비록 그의 시를 평양(平壤)의 독각린(獨角麟)으로 지목한다고 하더라도 또한 지나치지 않

---

349) 『詩集』(권3) 38장(23세 작) 「冬夜讀孟襄陽詩却寄山中故舊」 '李調元 評'. "淸絶."
350) 『詩集』(권3) 46장(24세 작) 「山中大雪有懷仲牧」 '李調元 評'. "高處, 直接彭澤, 韋柳, 但可韻頑."
351) 白斗鏞 편, 『箋註四家詩』 권4 卷末 '潘庭筠 評'. "視王漁洋格調, 尤近."

을 것이니, 왕사정의 시와 앞뒤를 다투더라도 결코 뒤쳐지지 않을 것이다.352)

③ 이서구는 왕사정의 시를 마음에 그리고 힘써 추구하여 등당입실하게 되었다. 나는 이서구를 추대하여 우리나라의 왕사정이라 하면서 기증한 시에, "강산시는 명담(明澹)에다 연애(妍哀)까지 갖추어서, 위체(僞體)의 시가(詩家)들을 구별하여 제거했네. 얼굴에서 글 기운이 훤하게 떠오르니, 왕어양(王漁洋)의 그 유파가 해동으로 왔나 보다"라고 하였다.353)

④ 나는 일찍이 그의 시 짓는 솜씨가 왕사정과 같고 그의 넓은 식견이 주이준(朱彛尊)과 같음에 감탄하였다.354)

이상의 평어들은 이서구가 왕사정의 시를 힘써 수용하여 자신의 시풍을 일신하였음을 인정한 것이다. 그가 왕사정의 영향을 받았다는 것은 곧 신운설의 수용을 뜻하는 것이다. 앞서 이서구가 왕사정 신운설을 수용하여 채색설이란 자기 이론으로 체화하고 있을 뿐만 아니라, 이를 통해 그의 시문학을 무한한 여운의 흥취가 물씬 풍기는 수준 높은 세계로 끌어올리고 있음을 논증한 바 있다. 그러나 이서구의 신운설 수용은 진경(眞境) 추구의 경향과 충돌하는 측면이 있는 것으로 오해될 소지가 크다. 일반적으로 시에서 여운의 흥취를 지나치게 강조하다 보면, 결국 공소(空疎)한 데로 흐르는 것이 아닌가 여길 수 있기 때문이다.

왕사정의 신운설은 만유(萬有)를 포괄하여 마치 시론의 대성(大成)이고 정종(正宗) 같으나 실은 공소(空疎)에 흘러 현실을 이탈하였다고 평가되기도 한다. 그리고 이러한 시론 이전에 사대부 계급은 귀족생활의 여흥(餘興)으로 순예술면에만 치중하여 백거이(白居易)와 같은 사회시를 지양하

---

352) 李書九, 『薑山詩集』 '潘庭筠 序文'. "李進士薑山, 尤篤嗜公詩, 能以其博雅之才淸婉之思, 追踪步武, 具體而微. 余觀其詩, 惟妙惟肖, 雖目爲平壤之獨角麟, 亦未爲過, 然公之詩前後不下."

353) 李德懋, 『靑莊館全書』 권34 『淸脾錄』 권3 「王阮亭」. "薑山爲詩, 心摹力追, 登堂入室. 余嘗推轂爲東國漁洋, 以贈詩曰 : '薑山明澹且硏哀, 僞體詩家別有裁, 眉宇上升書卷氣, 漁洋流派海東來.'"

354) 李德懋, 『靑莊館全書』 권34 『淸脾錄』 권4 「薑山」. "余嘗嘆其典裁如王漁洋, 淹雅如朱竹垞."

고 오로지 은약몽롱(隱約朦朧)만을 일삼아 그것으로써 시인으로 자처한 것이 사실이었다.[355]

반신운파(反神韻派)의 일원인 조집신(趙執信)은 시교(詩敎)와 성정(性情)의 의의를 내세우면서 왕사정이 풍류(風流)를 지나치게 숭상한 사실을 비판하였다.[356] 풍류란 다름 아닌 여운의 흥취이다. 원래 사공도의 『이십사 시품』에서는 설격(設格)이 매우 폭넓었는데 왕사정이 사공도의 의도를 축소하여 유독 "맛이 시고 짠 맛의 밖에 있다[味在酸鹹之外]"나 "한 글자에도 드러내지 않았는데 풍류를 다 얻었다[不著一字, 盡得風流]"와 같이 풍류 즉 여운을 강조하는 내용만 내세웠다는 것이다.[357] 아울러 조집신은 왕사정이 『당현삼매집(唐賢三昧集)』에 사회현실에 대해 많은 관심을 가졌던 두보와 백거이의 시를 취록하지 않은 사실에 대해 못마땅하게 생각하였다.[358]

그러나 왕사정이 시에서의 풍류를 강조했던 것과는 달리 이서구는 '성정'도 매우 중시하였다. 이서구의 시에 대해 "그의 시는 가흥·가관·가애·가가하여 비단을 펼쳐 수를 놓은 듯하나 지나치게 아름다운 데에는 빠지지 않았고, 장강(長江)·대하(大河)와도 같으나 넘치는 데에는 빠지지 않았도다. 알맞고도 알맞으니, 한결같이 '성정지정(性情之正)'에서 나왔구나"[359]라고 한 이조원의 평가가 그 사실을 잘 대변해 준다. 또한 왕사정이 두보를 존중하지 않았던 것과는 달리, 이서구는 두보에 대해 지극히 존중하였다.[360]

---

355) 車相轅, 『中國古典文學評論史』, 汎學圖書, 1975, 551면 참조.

356) 趙執信, 『談龍錄』. "詩之爲道也, 非徒以風流相尙而已. 記曰: '溫柔敦厚, 詩敎也.' 馮先生, 恒以規人. 小序曰: '發乎情, 止乎禮義.' 余謂斯言也, 眞今日之針砭矣夫."

357) 趙執信, 『談龍錄』. "司空表聖云: '味在酸鹹之外.' 蓋槪而論之, 豈有無味之詩乎哉. 觀其所第二十四品, 設格甚寬, 後人得以各從其所近, 非第以不著一字, 盡得風流, 爲極則也."

358) 趙執信, 『談龍錄』. "阮翁, 酷不喜少陵, 特不敢顯攻之 (……) 又薄樂天."

359) 李書九, 『薑山詩集』'李調元 序文'. "其爲詩也, 可興可觀可哀可歌, 鋪錦列繡, 而不失於綺, 長江大河, 而不失於濫. 渢渢乎, 一出於性情之正焉."

그렇다고 하여 이서구가 조집신 등 반신운파의 주장에 동조했던 것
은 결코 아니다. 이서구의 지우인 이덕무는 조집신이 풍반(馮班)의 시로
종장을 삼아 『담용록(談龍錄)』을 지어 왕사정을 헐뜯었고 또 왕준(王峻)이
란 자가 이따금 왕사정을 배척하였으나, 이들은 바로 하루살이 같은 무
리인데 어떻게 왕사정을 흔들 수 있었겠느냐고 반문하였다.361) 이덕무
는 또 왕사정의 문집인 『대경당전집』을 읽고 나서 쓴 시에서 "중국의
훌륭한 일 공연히 선망하랴. 왕완(汪琬)의 문필과 왕사정의 시로구나[好
事中州空艶羨, 堯峯文筆阮亭詩]"라고 하면서 이서구 등에게 왕사정의 문집
을 자랑한 인연으로 해서, 이서구 등도 왕사정의 영향을 받아 그를 추앙
하게 되었다고 하였다.362) 다음은 이런 연유로 지어진 이서구의 시이다.

俗子雌黃巧索瘢   속인들은 교정합네 교묘하게 흉터 찾아
風懷蕭颯不成看   '풍회가 메말라서 볼 게 없다' 할 판인데,
中州勝事誰空羨   중국의 좋은 일을 누가 괜히 선망하랴.
愁殺東鄰李懋官   걱정할 뻔, 동쪽 이웃 이무관 그이일세.
   ―「어양산인의 시집을 읽고, 세 수[讀漁洋山人詩集三首]」363) 셋째 수

속자(俗子)는 곧 조집신 등 반신운파 인사들을 가리킨 말이다. 이 시로
보아 이서구 역시도 반신운파의 주장에 대해 적극 비판하며 왕사정을
표장(表章)하고 있음이 분명하다. 그러면서도 그는 조집신 등이 신운설을

---

360) 李書九, 『惕齋屛居錄』, 64면. "於少陵, 無所間然, 而尤服其五七."
361) 李德懋, 『靑莊館全書』 권34 『淸脾錄』 권3 「王阮亭」. "惟趙秋谷執信, 以馮定遠詩,
    爲宗匠, 著談龍錄, 詆謀漁洋. 擁正乾隆之間, 亦有王峻者, 時時侵斥. 此眞蜉蝣輩耳,
    何足撼漁洋也哉."
362) 李德懋, 『靑莊館全書』 권34 『淸脾錄』 권3 「王阮亭」. "帶經堂全集之來東, 纔二十
    餘年 (……) 於是有詩曰: '好事中州空艶羨, 堯峯文筆阮亭詩.' 遂記張夸震於泠齋薑山
    楚亭諸人, 學皆詛嚼濃郁, 耳濡目染, 流波所及, 能知有王漁洋於天壤間者, 亦稍稍相
    望也. 今僅五六年, 其表章之功, 余亦不讓焉. 故薑山有詩曰: '(……).'"
363) 『詩集』(권2) 24장(23세 작). 『初集(坤)』 7장. 『四家詩』(권4) 「7절」. 『강산초집』에는 제
    1・2수만 실려 있다.

비판하기 위해 제시하였던 내용인 시교(詩敎)와 성정에 대해서는, 그리고 시교(詩敎)의 전범인 두보 시에 대해서는 자못 존중하고 있는 것이다. 여기에서 우리는 이서구가 왕사정 신운설을 시작(詩作)을 위한 충분조건이 아니라, 아련한 여운의 흥취를 창조하고 암시적 의미가 농후한 시를 위한 한 가지 수단으로서의 필요조건으로만 수용하였음을 느끼게 된다. 그래서 그는 왕사정의 신운설을 그대로 수용하지 않고, 채색설이라는 새로운 논리로 바꾸어서 수용하였던 것이다.

이서구보다 20여 년쯤 선배인 중국문사 옹방강(翁方綱)은 신운이 '풍치정운(風致情韻)'만을 이르는 것이 아니라고 하였다. 왕사정이 풍치정운으로서의 신운만을 꼭 집어 거론한 것은 '시필성당(詩必盛唐)'의 복고를 주장하며 모의와 표절을 일삼았던 명대 전칠자 이몽양(李夢陽)·하경명(何景明)과 같은 무리들에 대한 반박을 위한 것이었을 뿐이며, 이는 신운의 전체적인 뜻을 보여주는 것이 아니라는 것이다.[364] 신운설을 공소한 것으로 혹평한 조집신 등과는 달리, 왕사정이 말하는 신운의 의미를 역사성을 지닌 특수한 개념으로 수용하였던 것이다.

옹방강은 또 시는 반드시 자신에게 절실하고 시대에 절실하고 사정(事情)에 절실하여 하나하나가 실지(實地)를 갖출 수 있게 된 뒤에야 점차 신운의 경지에 가까워질 수 있다고 주장하였다. 자기 스스로 실지를 갖추어 충실(充實)하게 하지 않으면 신운의 경지를 논의할 수 없다는 것이다.[365] 왕사정 소위 신운의 개념을 자신의 입장에서 재해석하고 있는 것이다. 이서구 역시도 자신과 시대와 사정에 절실한 시 세계를 추구하였거니와, 이를 통해 그는 왕사정의 신운설을 적극 수용하여 시적으로

---

364) 翁方綱, 『復初齋文集』 권3 「坳堂詩集序」. "神韻者, 非風致情韻之謂也. 今人不知, 妄謂漁洋詩, 近於風致情韻, 此大誤也. 神韻乃詩中自具之本然, 自古作家皆有之, 豈自漁洋始乎. 古人蓋皆未言之, 至漁洋, 乃明著之耳. 漁洋所以拈擧神韻者, 特爲明朝李何一輩之貌襲者, 言之, 此特亦偶擧其一端, 而非神韻之全旨也."

365) 翁方綱, 『復初齋文集』 권8 「神韻論」 中. "詩必能切己切時切事, 一一具有實地, 而後漸能幾於化也. 未有不有諸己, 不充實諸己, 而遽議神化者也."

실천하였으면서도, 신운설이 초래할 수 있는 공소성에는 빠지지 않았다. 이로 인해 그는 자신과 시대와 사정에 절실한 사실주의적 시 세계를 개척하였으면서도, 여운의 홍취라는 문예적 미감도 아울러 갖추게 되었다. 이서구가 수용한 신운의 개념도 조집신 등이 생각하는 부정적 의미로서의 그것이 아닌, 옹방강이 제시한 그것이었던 것이다.

셋째는 이서구의 율시를 송시 혹은 만당·북송의 시풍과 관련지은 경우들이다.

① 칠언율시는 송시를 참조하여 또한 '새롭고 빼어난 생각[新穎之思]'이 많다.366)

② 근체시는 격률이 정제(整齊)하고 풍조가 해랑(諧朗)하여, 만당(晚唐)·북송(北宋)의 사이에 있어도 역시 응당 높이 한자리를 차지할 만하다.367)

이 평어들은 율시 특히 칠언율시에 대한 것으로, 겨우 두 조목에 불과한 내용이지만 쉽게 넘길 수 없는 말들이다. 이 평어들은 그의 시가 갖고 있는 다양한 스펙트럼을 단순화시켜 재단하는 단초로 작용할 수 있을 것이다. 또한 이서구 시에 대해 고시나 절구는 훌륭하지만 율시는 다소 수준이 떨어진다는 식의 잘못된 평가를 내리는 데에 오용될 수도 있을 것이다. 율시의 최고 수준은 아무래도 송시 혹은 만당·북송의 시보다는 당시 혹은 두보 시의 경지에 이르렀다는 평가일 것이기 때문이다.

이서구의 율시 중에는 매우 난해한 작품도 일부 발견된다. 만당(晚唐)의 이상은(李商隱)은 괴벽스런 전고와 지나치게 함축적인 표현을 많이 써서, 그의 시를 읽어보면 문구가 아름답고 음조가 멋지지만 글 뜻을 이해하기 어려운 것이 많다.368) 이상은의 이러한 시풍은 북송(北宋) 초의

---

366) 白斗鏞 편, 『箋註四家詩』 권4 卷末 '潘庭筠 評'. "(薑山五古, 沖澹閒遠, 王韋門庭中人. 視王漁洋格調, 尤近.) 七律, 參以宋體, 亦多新穎之思. (年纔二十餘, 眞天才也.)"

367) 李書九, 『薑山詩集』 권1 卷首. "祝芷塘曰 : ('五古, 淸曠夷澹, 直可造晉魏人之室.) 近體, 格律整齊, 風調諧朗, 在晚唐北宋間, 亦應高置一座.'"

서곤파(西崑派)에게 그대로 계승되었다.369) 그런데 이상은이나 서곤파의 경우와 같은 난해한 작품이 이서구의 초기 율시에도 발견된다. 심지어 는 『전주사가시』의 주를 단 박학다식한 박제영(朴齊永)조차도 시어의 뜻을 '미상'으로 처리한 경우가 있는 것이다.370)

이러한 측면이 이서구의 초기 율시를 만당·북송의 시풍으로 평가하게 만드는 원인이 되었을 것이다. 시대에 따른 고하(高下)를 따진다면, 만당·북송의 시는 높이 평가되지 않는 경우가 일반적이다. 그러나 이서구의 근체시가 만당·북송의 사이에 있어도 한자리를 차지할 만하다는 식의 평가들은 고하를 떠나서, 그의 시 일부가 만당·북송 시인들이 추구한 시적 특질을 효과적으로 구현하였음을 높이 평가한 것으로 보아야 한다.

축덕린은 이서구의 작품에 대해 "기격이 씩씩하고 예스러우며 풍조가 높고 평온하다. 이 시는 단지 하경명·이몽양과 맞설 뿐만이 아니라, 곧 바로 이상은과 필적할 수 있을 것 같다"371)고 평가하기도 하였다. 모의 표절을 일삼았던 전칠자 하경명·이몽양, 괴벽한 전고를 지나치게 사용하였던 만당 이상은의 시와 비교하여 이렇게 평가한 것은 이서구의 율시에 대해서도 지나친 전고의 사용을 지적한 것임에는 틀림없다. 그러나 한편으로는 이상은이 지향하였던 성률(聲律), 전후칠자가 지향하였던 격조와 기상을 이서구 역시도 충실히 구현하였음을 인정한 것이기도 하다.

이서구의 율시에 대한 비평은 오히려 그의 개별 시에 대한 평어들에서 훨씬 다양하고 정확하게 나타난다. 위에 든 총평들은 개별 시평들을

---

368) 金學主, 『中國文學史』, 신아사, 1989, 296~299면 참조.
369) 金學主, 위의 책, 360~361면 참조.
370) 『四家詩』(권4) 「7율」 「謝鄭子參寫贈新書一部兼短絶」 「함련」. "曾聞柳庫收三本, 快見王興掃一番"의 '왕여(王興)'를 '미상(未詳)'으로 처리하였다.
　　『初集(乾)』 12장 「謝鄭子花鈔贈新書一部」의 자주(自註)에 의하면, '王興'는 "釋適之金壺記云: '前蜀相王鍇, 藏書二千卷, 一一皆親蹟, 每趨朝, 於白藤檐子內, 寫書, 書法尤謹'"으로 풀이되어 있다.
371) 『詩集』(권4) 49장(24세 작) 「送葛川金君歸關西三首」(7율) '祝德麟 評'. "氣格雄蒼, 風調高穩. 如此詩, 非唯抗衡何李, 直可追配義山矣."

통해 보완될 필요가 있다. 이서구의 초기 율시 중에는 두보의 경지에 근사한 것으로 평가받는 작품도 있고, 두보 시의 경지에 도달하지는 못하였다 하더라도 그 경지에 이르기 위한 중간 단계로서 송의 소식(蘇軾)・황정견(黃庭堅), 육유(陸游)의 경지에 이르렀다고 평가받는 작품도 있다.

대표적 예를 들자면, "글자마다 두보의 경지"372)라고 평을 받은 작품도 있고, 두보를 직접 거론한 것은 아니지만 그 경지에 이르렀음을 인정하는 내용인 "정교하고 신묘하여 자연스럽게 이루어진 것이니, 사람의 힘으로 도달할 수 있는 경지가 아니다"373)는 평을 받은 작품, "'石田春雨種人蔘(자갈밭에 봄비 와서 인삼을 심어 본다)' 일곱 글자는 영원히 남을 수 있을 것이다"374)는 평을 받은 작품, "'슈(收)'자와 '반(返)'자가 모두 옛사람의 경지에 이르렀다"375)는 평을 받은 작품 등이 그것이다. 율시는 아니지만 "규모가 두보의 경지를 좇았다"376)는 평을 받은 작품, "이런 종류의 구법은 당인이 아니면 분별하지 못할 것이다"377)는 평을 받은 작품도 두보 시의 경지로 인정될 만한 작품이다.

소식・황정견이나 육유의 경지에 이른 작품으로 인정되는 것으로는 "아려(雅麗)함이 소식・황정견에 가깝다"는 평과 함께 "전아(典雅)하여 속되지 않다"는 평을 받은 작품,378) "육유를 배워서 그 정신을 얻었다"379)는 평을 받은 작품 등이 있다. 율시는 아니지만 "육유의 예술적 경지와 비슷하다"380)는 평을 받은 작품, "황정견의 경지와 비슷하다"381)는 평가

---

372) 『詩集』(권3) 47장(24세 작)「新晴出漢北門」(오율) '李調元 評'. "字字少陵."
373) 『四家詩』(권4)「7율」「野亭晚行」'李調元 評'. "工妙天成, 非人力所到."
374) 『四家詩』(권4)「7율」「早從屋東門小立溪上懷人」'潘庭筠 評'. "石田七字, 足以千古."
375) 『四家詩』(권4)「5율」「休夏(二首)」'李調元 評'. "收字返字, 皆到古人."
376) 『詩集』(권3) 40장(23세 작)「郭胤佰八分小帖」(오고) '潘庭筠 評'. "規撫少陵."
377) 『詩集』(권3) 39장(23세 작)「朝爽閣詩爲金丈用謙作三首」(오절) '李調元 評'. "此等句法, 非唐人不辨."
378) 『四家詩』(권4)「7율」「鄭五叔子參存達要余以八分書其所製詩强把筆仍贈此索和」'潘庭筠 評'. "雅近蘇黃."; '李調元 評'. "典而不俗."
379) 『四家詩』(권4)「7율」「懷堤川趙處士衍龜」'李調元 評'. "學放翁, 而得其神."

를 받은 작품도 있다.

이서구 스스로 초년에는 당인의 시를 좋아하였으나, 만년의 지론은 반드시 송시로 귀결되었다고 하였고, 또 두보의 시에 대해서는 이의가 없다고 하였다. 특히 두보의 오칠언 율시에 대해서는 더욱 그러하였다고 하였다.382) 그 스스로의 언급에서 보듯 이서구는 젊어서 당시를 좋아하였다. 그렇다면 이서구가 좋아하였다는 당시는 구체적으로 어떤 것인가. 이는 현실주의 시인 두보의 시보다는 자연시파인 왕유·위응물·저광희·맹호연 등의 작품을 의미할 것이다. 이들은 도연명이 꽃피웠던 전원시에 사령운이 개척한 산수시의 수법까지 동원하여 자연시파를 이루었으나, 맑고 조용한 생활에 젖어 사회나 민생의 문제를 도외시한 측면이 있었다.383) 이서구 역시도 젊어서는 자연시파 시인들이 보여주었던 이러한 성격의 시를 좋아하였고, 이 특성들을 구현하여 오언고시나 오언절구에서 수준 높은 성취를 이루었던 것이다.

그러나 글자의 배열, 음률의 조화 및 대구 등을 통한 고도의 형식미를 갖춘 율시의 경우에는 초년에도 이미 자연시파의 시들보다는 두보의 시를 배우려고 하였던 것으로 보인다. 두보 시는 그 시대 사회상을 매우 잘 반영하고 있기 때문에 예로부터 시사(詩史)라 하였거니와, 그의 시가 높은 평가를 받는 다른 이유의 하나는 시율이 엄격한 율시를 잘 지었기 때문이다.384) 두보는 '사람됨이 편벽(偏僻)되어 가구(佳句)를 탐하여서, 말이 남을 못 놀래면 죽더라도 마지않네'385)라고 읊었거니와, 이서구 역시

---

380) 『詩集』(권3) 45장(24세 작) 「山居春晴偶題絶句三首」(칠절) '李調元 評'. "似老學菴筆意."
381) 『四家詩』(권4) 「7절」 「雜畫」 '李調元 評'. "似山谷老人."
382) 李書九, 『惕齋屛居錄』, 63~64면. "詩, 則少喜唐人, 而晚年持論, 必以宋爲歸, 於少陵, 無所間然, 而尤服其五七."
383) 金學主, 앞의 책, 255~259면 참조.
384) 金學主, 위의 책, 270~276면 참조.
385) 杜甫, 『杜詩鏡銓』 권8 「江上値水如海勢聊短述」. "爲人性僻耽佳句, 語不驚人死不休."

도 항상 칠언율시 한 편을 10일 동안 구상하지 않고서는 남에게 보일 수 없다고 하였으며, 그가 시 짓기를 이와 같이 했으므로 한편 한편이 모두 공교롭다고 평가를 받았다.[386) 율시 창작에서의 이와 같은 각고의 노력은 분명 두보 시의 경지를 추구한 결과로 여겨진다.

이상에서 살펴본 바와 같이 선인제가의 비평들은 이서구의 시를 도연명 등의 풍격, 왕사정의 시풍, 만당·북송의 시풍과 연관시킨 것이다. 이는 자칫 그가 학시(學詩)의 대상을 무엇으로 삼았느냐는 쪽으로 연구자의 관심을 유도할 수도 있어 문제가 될 수 있다. 물론 이서구도 전대의 시를 전혀 배우지 않았을 리는 없겠으나, 이는 부차적인 문제에 불과하다고 본다. 이서구는 전대(前代) 시에 대한 모방을 극구 비판하며 진경(眞境)을 추구하는 시를 지었다. 자아진실에 근거하여 당시(唐詩)가 아닌 '우리 시'를 짓고자 한 시인이었던 것이다. 이는 패러다임의 전환에 해당하는 획기적인 변화를 반영하는 것이다.

이제 이서구 시문학에 대한 연구자의 평가도 선인제가의 비평 잣대에서 벗어나 새로운 기준으로 진행되어야 한다. 이서구의 시문학에 대한 제가의 비평 중에 그릇된 것이 있는 것은 아니지만, 이것들이 그 시문학의 전반적 특질을 대변해주지 못하는 것임을 분명히 확인하였다. 또한 이서구 시문학의 특질을 전대 시인들의 시풍과 연관시키는 것이 헌 그릇에 새 물건을 담는 격이 아닌가 하는 의구심도 떨쳐 버릴 수 없다. 현재적 관점에서의 새로운 평가가 필요한 것이다. 이제 제가의 비평에 대해서는 앞서 논한 정도로 정리해 두고, 그의 시문학적 특질을 현재적 관점으로 새롭게 추출해 보아야 할 시점에 도달하였다고 여겨진다.

---

386) 洪翰周, 『智水拈筆』 권3. "近世李惕齋, 常言七律一篇, 非十日構思, 則不可示人. 此雖過當, 惕齋詩如是, 故能篇篇皆工矣."

제 4 장

시작품의 양상과 대표적 두 경향

1. 작품세계의 전박적 양상

1) 시문 텍스트의 변모

시작품의 전박적 면모와 경향을 논하기 앞서, 논의의 기본 토대를 마련하기 위한 방도로 먼저 그의 시문 텍스트에 대해 정리해보기로 한다. 그의 시문집으로는 초기 시를 수록한 『강산시집(薑山詩集)』(『석모산인미정초(席帽山人未定艸)』), 『강산초집(薑山初集)』이 있고, 초기 시와 후기 시를 망라한 『척재집(惕齋集)』이 있다.

『강산시집』(『석모산인미정초』)[387]은 4권 1책으로 구성된 이서구의 초기

---

387) 이들 시집은 거의 유사한 체제와 내용을 갖고 있다. 그런데 표제(表題)는 『강산시집』과 『석모산인미정초』로 다르게 되어 있고, 내제(內題)는 둘 다 『강산초집(薑山初集)』으

시 선집이다. 각 권 머리에 '이(李)'(『강산시집』) 혹은 '이서구낙서찬(李書九洛瑞撰)'(『석모산인미정초』)이라고 표시하여, 이서구의 자찬본임을 밝히고 있다. 『강산시집』과 『석모산인미정초』를 구별하자면, 『강산시집』에는 모두(冒頭)에 이서구의 「강산집자서(薑山集自序)」, 이조원(李調元)과 반정균(潘庭筠)의 「강산집서(薑山集序)」, 축덕린(祝德麟)의 제목 없는 서문(序文)이 실려 있다. 『석모산인미정초』에도 이서구 · 이조원 · 반정균의 서문이 제목 없이 똑같은 내용으로 실려 있고, 축덕린의 글은 『강산시집』의 내용에서 앞부분이 누락된 채 「논운학서(論韻學序)」라는 제목으로 실려 있다. 두 책 모두 1권의 앞부분에 이조원 · 반정균 · 축덕린의 총평(總評)이 붙어 있고, 시집 곳곳에 개별 시들에 대한 이조원 · 반정균 · 축덕린의 평어(評語)들이 붙어 있다. 그리고 마지막 권 끝에 나강(羅江) 이정원(李鼎元)과 해염(海鹽) 심심순(沈心淳)의 발문(跋文)이 붙어 있다.

『강산시집』에는 이서구가 19세 되는 임진(1772, 영조 48)년부터 25세 되는 무술(1778, 정조 2)년까지의 작품을 창작 시기 순으로 수록하고 있다. 다만 『석모산인미정초』에 비해 3제 9수의 시가 누락되어 있다.[388] 누락된 시를 보충하면 『강산시집』에 수록된 시는 모두 194제 284수에 해당한다.

『강산시집』이 현재의 모습으로 이루어지게 된 내력에 대해서는 이서구가 쓴 자서(自序)와 시집의 편제를 통해서 짐작할 수 있다.

드디어 지난날 지은 작품들 중에서 조금 바르고 아름다운 것들을 뽑아서 합

로 되어 있다. 그러나 건 · 곤 2책의 『강산초집』(奎, 古3447-29-1,2)과 구별하기 위하여 내제의 『강산초집』이란 명칭은 사용하지 않을 것이다. 그리고 『석모산인미정초』란 명칭은 완결된 시집의 제목으로 적절하지 않다고 보아, 이것은 『강산시집』과 구분하여 쓸 때만 사용하고 두 시집을 아울러 지칭할 때에는 『강산시집』이라고만 할 것이다. 『강산시집』과 『석모산인미정초』 둘 다 이서구 · 이조원 · 반정균의 서문에서는 『강산집(薑山集)』이라 지칭하였고, 이정원의 발문에서는 『강산시집』이라고 지칭하였다. 표제에서도 쓰인 『강산시집』이라는 명칭이 『강산집』이라는 명칭보다는 대표성을 가질 것이다.

388) 『席帽山人未定艸』(권3) 「上元日憶前年應講時事有感(1수)」(7율), 「懷友人在楊州田舍同仲牧聯句(1수)」(聯句), 「南扶餘懷古送進士族叔靑七首(7수)」(7절).

처 이 시집을 만들었다. 마침 이웃 이덕무가 사신을 따라 연경에 들어가면서, 농암 김창협·삼연 김창흡 두 선생 그리고 근세의 사천 이병연의 고사를 인용하며 베껴 가기를 힘써 청하였다. 나는 안 된다고 사양하였으나 뒤에는 또한 거절할 수 없어 결국 허락하였다. 이덕무가 가는 길에 절강(浙江) 사람 반정균과 촉(蜀) 사람 이조원의 무리를 만나 내보였다. 모두가 추천하고 자랑할 만하다고 그릇되게 칭찬을 더해 주며 서문을 지어서 부쳐 주었는데, 그 뜻이 매우 근실하고 두터웠다. 그러한 까닭에 여러 아우를 시켜서 그것들을 모두 책 속에 기록하게 하였다.[389]

이덕무가 입연을 위해 서울을 떠난 날은 이서구가 25세 되던 1778(정조 2)년 3월 17일이므로,[390] 『강산시집』의 모본(母本)은 이보다 전에 이루어졌음을 알 수 있다. 이덕무가 이 모본을 중국 문단에 소개하여 중국 문사들의 서문, 총평 및 개별 시평, 발문 등을 받아 왔던 것이다. 이를 바탕으로 하여 『한객건연집(韓客巾衍集)』에 수록되어 있던 이조원·반정균의 총평, 개별 시에 대한 평어를 첨가하여,[391] 마침내 완성된 체제의 『강산시집』을 세상에 내놓게 된 것이다.

『강산시집』의 자서(自序)를 쓴 때가 1778(정조 2, 25세)년 12월 3일로 되어 있으나, 시집에는 같은 해 12월 11일에 쓴 시도 수록되어 있다.[392] 그러므로 완성된 체제의 『강산시집』이 나온 시기는 날짜까지 정확히 한정할 수는 없고, 대략 1778(정조 2, 25세)년 말 정도로만 확정할 수 있다. 유금(柳琴)이 사가의 시 선집인 『한객건연집』을 연경에 가지고 간 때가

---

389) 李書九, 『薑山詩集』「自序」. "遂取舊作稍爾雅者, 合爲此集. 會隣人李懋官, 隨使入燕, 引農岩三淵兩先生及近世槎川李公故事, 力請鈔去. 余辭以不可, 後亦不能牢拒, 卒許焉. 李君行遇浙人潘庭筠蜀人李調元輩, 出示之. 皆謬加推詡, 爲作序以寄, 意甚勤厚. 因令諸弟幷錄之卷中."

390) 李德懋, 『靑莊館全書』 권66 『入燕記』上 참조.

391) 『강산시집』에 기록된 이조원과 반정균의 총평 및 개별 시에 대한 평어 중 일부는 『한객건연집』에 있던 것을 그대로 옮겨 적은 것이다.

392) 李書九, 『薑山詩集』 권34 63張 「記夢」「小引」. "前夜夢, 仲牧來, 言夢與其友名君丹者忘其姓, 共賦一詩, 遂誦傳之, 覺來只記其末句云: '翠柳千行, 黃庭一回.' 意甚異之, 作此以寄. 時戊戌十二月十一日也."

1776(영조 52, 23세)년 말이므로, 이 시집은 『한객건연집』이 나오고 나서 대략 2년 후에 정리된 것이다.

『강산초집』은 건(乾), 곤(坤) 2책으로 구성되어 있다. 표제는 모두『강산초집』으로 되어 있으나, 내제는 건, 곤이 각각 『강산초집』, 『강산집하권(薑山集下卷)』으로 되어 있다. 곤책의 끝에 나강(羅江) 이정원과 해염 심심순의 발문이 붙어 있다. 이는 원래 『강산시집』에 있던 것을 그대로 옮겨서 첨부한 것이다. 그리고 개별 시의 곳곳에 평어들이 붙어 있는데, 이는 『한객건연집』과 『강산시집』에 붙었던 것들을 종합하여 첨가한 것이다. 『강산초집』은 어떤 연유로 엮어진 책인지 그 내력을 알 길이 없다. 다만 『강산시집』이 시를 창작 순으로 배열한 것과는 달리 시체(詩體)별로 배열하였고 수록된 시도 훨씬 더 많다. 창작 연대가 확인되는 시 가운데 가장 먼저 것은 19세(1772년, 영조 48)에 지은 시393)이고, 가장 나중의 것은 영평에 은거하고 있던 27세(1780년, 정조 4)에 지은 시394)이다. 그러나 시집의 편제로 보아 그 이전의 시들과 이후의 시들도 다수 수록되어 있음을 알 수 있다.395)

이서구가 은거생활을 마치고 재 출사하는 때가 1784(정조 8, 31세)년이므로, 『강산초집』은 그가 본격적으로 시를 짓기 시작한 10대 후반기부터 재 출사하기 이전인 20대 후반까지의 시를 모은 것으로 볼 수 있다. 정연한 편제를 갖춘 시집이라면 시체 별로 시를 수록할 경우에 같은 시체 내의 작품들끼리는 창작시기 순으로 배열하는 것이 일반적인데 『강산초집』의 경우는 그렇지 않다. 전체적으로는 창작시기 순으로 시를 배열했지만 각 시체의 후반부에서는 오류가 보인다. 『강산초집』은 완결된

---

393) 「水標橋絕句十首」(坤, 1장).
394) 「永州山居四時雜絕八首」(坤, 15장).
395) 칠언절구 63제 가운데 「水標橋絕句十首」 앞에 두 수가 더 실려 있고, 「永州山居四時雜絕八首」 뒤에 14제의 작품이 더 실려 있다. 이 시집이 시체 별로 시를 수록하고 있기는 하나 동일 시체 내에서는 대체로 시기 순으로 수록하였음을 염두에 둔다면, 19세 이전의 작품들과 27세 이후의 작품들도 다수 수록되어 있음을 짐작할 수 있다.

시집이라기보다는 초기 시를 일단 수습한다는 의미로 엮어진 미완성 시집으로 여겨진다.

『강산초집』에는 총 358제 555수의 시를 수록하고 있다. 『강산시집』에 비해 164제 271수의 시를 더 수록하고 있는 셈이다. 한편 『강산시집』에는 실려 있지만 『강산초집』에는 실려 있지 않은 시도 상당수 있다. 이를 통해 『강산시집』과 『강산초집』은 엮어진 시기로만 보면 선후 관계를 맺고 있으나, 내용상으로 보았을 때는 선후 관계가 없는 별개의 시집임을 짐작할 수 있다. 이 누락된 시들을 『강산초집』에 첨가하면, 『강산시집』과 『강산초집』에 실린 초기 시의 총 제(題)·수(首)의 수효를 집계할 수 있다.396) 14제 18수의 시397)는 『강산시집』에서만 발견되고 『강산초집』에서는 보이지 않는다.398) 아울러 『강산초집』의 「독어양산인시집(讀漁洋山人詩集)」(7절)은 2수이나 『강산시집』에는 3수(권2)로 되어 있고, 『강산초집』의 「마상절구(馬上絶句)」(5절)는 3수이나 『강산시집』에서는 4수(권4)로 되어 있고, 『강산초집』의 「정유정월오일(丁酉正月五日)」(6언)은 2수이나 『강산시집』에는 3수(권3)로 되어 있다. 결국 『강산시집』과 『강산초집』에

---

396) 『한객건연집』에 수록된 시는 이상 두 시집에 모두 포함되어 있다.
397) 『詩集』(권1) 「送人西遊平壤後七日得其留書(1수)」(5율), 「初秋有懷四首(4수)」(5고), 「鄭河陽敾畵爲金孺成晩淳作(1수)」(5절), 「久不作詩適見宋人六言欣然試筆僅成二首(2수)」(6언). 『詩集』(권2) 「仲牧有約不至只送一詩恨然賦此(1수)」(5율), 「晩憩西崗口作(1수)(5고). 『詩集』(권3) 「雪夜與仲牧飮余不勝栖坐醉倒席上曉起因作長句以贈(1수)」(7고), 「僕頃以三十韻易柳君一墨今日又有人贈胡筆一枚徵詩甚勤作此以謝(1수)」(7고), 「騎牛行(1수)」(7고). 『詩集』(권4) 「早出朝宗峽步踰薪坡嶺作(1수)」(5고), 「月夜獨步樹影下有懷仲牧(1수)」(5고), 「暮自龍山江放舟至四忠書院(1수)」(5고), 「夕坐懷仲牧(1수)」(5고), 「記夢(1수)」(5고). 이 중 「記夢」은 『석모산인미정초』에서는 제목이 「前夜夢仲牧來言夢與其友名君丹者忘其姓共賦一詩遂誦傳之覺來只記其末句云翠柳千行黃庭一回意甚異之作此以寄時戊戌十二月十一日也」로 되어 있다. 『강산시집』에서는 이것을 「記夢」이란 제목 아래에 인(引)으로 적었다.
398) 『강산초집』의 「素玩亭晚春同仲美懋官仲牧二首」(7율)와 『강산시집』의 「晚春同仲牧二首」(권1), 『강산초집』의 「鄭叔子花至次韻柳惠甫九日作二首」(7율)와 『강산시집』의 「鄭叔子花暮至作一首」(권1)는 제목이 약간 다르지만 내용은 거의 같다. 동일한 시로 보아도 무방하다.

실린, 30세 이전에 창작된 이서구의 초기 시를 모두 합하면 372제 576수가 된다. 도표화하면 다음과 같다.

시체	제·수	5절	22제44수	연구(聯句)	1제1수
7율	117제149수	5고	38제52수	6언	8제16수
5율	107제155수	7고	15제15수	총계	372제576수
7절	63제142수	금언(禽言)	1제2수		

『척재집』 중 1권부터 3권까지가 시집이다. 초기 시로부터 후기 시까지 폭넓게 수록되어 있다. 창작 연대를 정확히 고증할 수 있는 가장 늦은 시기의 작품으로는 그가 69세 되던 1822(순조 22)년에 지은 「일산관유증신사홍성백석주(壹山舘留贈新使洪成伯奭周)」(권3, 7율) 시이다.399) 그가 작고한 때가 72세이므로 『척재집』에는 전 생애에 걸쳐 창작된 시가 수록되었다고 보아도 무리가 없다.

『척재집』에는 총 384제 543수의 작품이 수록되어 있다. 이 중 초기 시는 168제 222수 정도로 확인되고 후기 시는 194제 295수 정도로 확인된다.400) 나머지 22제 24수의 작품은 그 중간에 위치하여 시기를 확정하기에 어렵다. 168제 222수의 초기 시 중에서 132제 182수는 『강산시집』, 『강산초집』과 같은 초기 시집에서 확인할 수 있다.401) 도표화하면 다음과 같다.402)

---

399) 洪翰周, 『智水拈筆』 권3. "惕齋六十後, 以補外例, 再按湖南, 壬午春, 遞還. 淵泉受其代, 方與交符於參禮驛, 惕齋先賦一律要和. 其詩曰 : (……)."
400) 『척재집』은 동일한 시체 안에서는 대체로 창작 시기 순으로 시를 배열하였지만, 오류도 상당수 발견된다. 그러나 초기 시와 후기 시의 구분만큼은 명백하게 되어 있다. 다만 칠언고시의 마지막에 수록된 「明趙忠毅公鐵如意歌」는 22세에 지은 초기 작인데 배열이 잘못되어 있다. 필사 과정에서 누락된 시를 끝에 덧붙인 것으로 보인다. 초기 시는 20대 후반까지의 작품 중에서 초기 시집에 실린 시 중에서 가장 뒤에 배치된 시까지를, 후기 시는 31세 이후에 지은 것이 분명한 작품부터 시작하여 집계하였다.
401) 이 중 4제 4수 정도를 제외한 거의 대부분의 시는 개작의 양상을 보이고 있으나, 개작된 시는 독립적인 작품으로 집계하지 않았다.
402) 오언율시 중에는 배율(排律) 한 수(「春塘記事排律」)가 포함되어 있다. 시집의 편제를

	초기 시	초기 시집 소재시	초기 시집 미수록시	시기 미정시	후기 시	총계
5절	14제29수	9제21수	5제8수	4제6수	1제2수	19제37수
6언	2제4수	2제4수	x	x	x	2제4수
7절	37제56수	30제47수	7제9수	2제2수	45제85수	85제144수
5고	17제22수	17제22수	x	9제9수	37제50수	63제81수
7고	9제9수	8제8수	1제1수	6제6수	9제9수	24제24수
5율	50제55수	27제31수	23제24수	1제1수	60제94수	111제150수
7율	39제49수	39제49수	x	x	42제55수	81제104수
총계	168제224수	132제182수	36제42수	22제24수 / 194제295수 216제319수		385제544수

『척재집』에만 실려 있고 초기 시집에는 실리지 않은 시, 즉 초기 시 중 초기 시집에 실리지 않은 시, 창작 시기를 확정할 수 없는 시 그리고 후기 시를 모두 합하면 총 252제 361수이다. 이를 초기 시집에 실린 372 제 576수와 합계하면 총 624제 939수가 된다. 『척재집』에 수록된 초기 시집 소재 시 중에는 개작된 시가 거의 대부분이고, 이들 중에는 개작의 정도가 광범위하여 독립적인 시로 보아야 하는 경우도 있다. 이러한 가 정하에 이서구 시 작품의 수효를 최대한으로 잡았을 때, 『한객건연집』· 『석모산인미정초』·『강산시집』·『강산초집』·『척재집』에 수록된 시는 모두 합해도 1,000수를 넘지 못하는 셈이다. 그러나 이서구가 실제로 창 작했던 시는 1,000수 정도에 머무르지 않았을 터이다. 초기 시 중에 『척 재집』에만 실린 시가 상당수 있음을 두고 볼 때 초기 시집들 역시 이서 구 시의 선집(選集)에 불과함을 추측할 수 있고, 초기 시집에 실린 시들 가운데 『척재집』에 수록된 시가 겨우 3분의 1에 불과함을 두고 볼 때 『척재집』의 후기 시들 역시도 그 일부만이 실린 것임을 짐작할 수 있다.

따라 여기에서는 율시로 집계하였다.

2) 작품세계의 전박적 특성과 시기 구분

이서구의 시문학 작품은 다양한 양상을 띠고 있다. 일반적으로 그러하듯, 이서구 역시도 일상사에서 부딪히고 생각하는 거의 모든 요소들을 시의 제재로 삼았다. 자신의 회포, 지인(知人)들과의 교유, 가족 간의 사랑, 임금에 대한 그리움, 신변잡기적 일상사, 주변의 자연경물, 갖가지 고동서화, 역사적 사건 및 고적(古蹟), 산수 유람의 흥취, 귀거래의 의지, 전원의 삶 등등 그의 삶과 삶의 테두리를 구성하는 거의 모든 요소들이 시화되고 있으며, 제화시·제발시(題跋詩)·갱어제시(賡御製詩)·만시(輓詩) 등도 적지 않은 부분을 차지하고 있다.

이러한 시들 중에서 제재상 양적으로 가장 큰 비중을 차지하는 경우는 그의 사촌아우인 중목(仲牧) 이정구(李鼎九)와의 교유를 바탕으로 하여 읊은 시로, 100여 수를 훨씬 상회할 정도의 많은 작품을 남기고 있다. 양적인 측면으로만 보자면 이서구 시문학 작품 중에서 가장 중요하게 다루어져야 할 부분인 셈이다. 그러나 이서구 시문학의 본질적 특성을 규명하기 위해서는, 역설적이지만 이정구와의 교유시보다는 오히려 그의 시작품 중에 오직 한 수밖에 발견되지 않는 의고시(擬古詩)에 대해 관심을 기울여 볼 필요가 있다. 무엇에 대해 읊었는가보다는 어떠한 태도로 읊었는가에 대한 문제가 그의 시문학 연구에서는 더 중요할 수 있으며, 이 시는 그가 의고주의적 시작 태도를 지니지 않았다는 반증이 될 수 있기 때문이다.

의고시에는 대체로 두 종류가 있다고 할 수 있다. 첫째는 옛 시문을 모방(摹倣)하는 것으로 주로 악부시(樂府詩) 계열의 시들이 여기에 해당한다. 둘째는 '고지(古志)'를 따라서 '금정(今情)'을 밝히는 것으로 육기(陸機), 도연명 등의 의고시가 여기에 해당한다.[403] 전자는 주로 전대 시의 외

---

403) 蕭統 편, 『文選』 권30 「雜擬上」 「擬古詩十二首(陸機)」 '注'. "良曰 : '雜謂非一類, 擬比也. 比古志, 以明今情.'"

적인 측면을 모방한 것이며 후자는 내적인 측면을 배우고자 한 것이다. 이조 중기 삼당시인의 일인인 이달(李達)의 시집을 보면 「반죽원(斑竹怨)」·「채릉곡(采菱曲)」이니, 「장신궁사시사(長信宮四時詞)」·「보허사(步虛詞)」니 하는 등의 악부시 계열의 작품들이 상당수 수록되어 있다. 이 작품들은 서시(西施)가 곱게 치장을 하기라도 한 듯 아름다운 모습을 유감 없이 보여준다. 악부시 계열의 작품들만 놓고 본다면 이달 시는 당나라 누군가의 시와 섞어 놓았을 때 쉽게 분간해내기 어려울 정도의 탁월함을 지니고 있다. 그러나 우리네 산하와 역사, 우리나라 사람의 고유한 정서는 전혀 보여주지 못하고 있는 것이 사실이다.

17세기 한시의 종장격으로 칭송 받았던 정두경(鄭斗卿) 역시도 성당시의 테두리를 넘어 한위고시(漢魏古詩), 악부시(樂府詩)까지 학습하여야 한다고 주장하며 복고주의의 기치를 드높였다. 그러나 그의 시는 실상 정경(情境)이 참되지 않음으로 인해 허황된 폐단을 노정하였다고 평가받았다.[404] 삼당시인 이후 정두경에 이르는 시기의 시인들은 말할 것도 없고, 사가가 활동하던 시기에도 많은 시인들은 여전히 진실성이 결여된 의고적 가허적(假虛的) 시풍을 떨쳐 버리지 못하였던 것이다. 반면 이서구를 비롯한 사가는, 김창협·김창흡 이래의 진실을 추구하는 시풍을 계승하여, 비록 당시(唐詩)에 순일(醇一)하지 못하였다는 혹평은 받았을지언정, 우리의 것을 진실한 것으로 받아들이는 주체적 시작 태도를 확립하고 있다. 이들은 자신들이 당나라 사람이 아닌 우리나라 사람이라는 사실을 자각하여 진실성이 결여된 의고적 모방적 시작 태도를 일거에 해소하였다. 이른바 '우리 시[我詩]'를 확립함으로써 주체적 사실적 시세계를 개척하였던 것이다.[405]

---

404) 李夏坤, 『頭陀草』 책16 「洪滄浪詩集序」. "東溟又以悲壯整麗矯之, 然叫呶紛拏, 情境不眞, 故其弊也虛."

405) 白斗鏞 편, 『箋註四家詩』 「箋註四家詩序(尹喜求)」. "之四家者, 天分高獨詣深, 而讀書又多, 多不貌襲也, 不空鑿也. 謂今不可唐, 而我不可別, 於是乎始有我, 我始有我詩, 而四家立矣."

앞서 밝혔듯이, 이서구의 시에도 「의고시 한 수로, 미인향초(美人香草)의 생각을 그윽하게 붙여 본다[擬古一首窃寓其美人香草之思焉]」406)는 제목의 의고시 한 수가 남아 있기는 하다. 우리 시를 확립하였다고 평가받는 이서구의 시 중에서는 가장 문제시되는 작품인 셈이다. 그러나 이 시는 전대의 의고시들과는 달리 고인(古人)들의 뜻을 따라서 지금의 정(情)을 밝혔다고 하는 육기·도잠 등의 의고시, 이를테면 박지원의 '법고창신(法古刱新)'의 정신과 맥을 같이하는 작품으로 보아야 한다.

이 작품의 전반부는 신선을 좇아 선계(仙界)를 유람하는 내용이지만, 후반부는 선계에서 군왕을 만나 인사하고 물러나는 내용으로 구성되어 있다. 이서구가 영평에 은거하며 재 출사하기 이전 시기에 이 작품이 창작되었다고 본다면,407) 이는 군왕인 정조에 대한 절실한 그리움을 주제로 하여 읊어진 시가 분명하다. 제목에 구태여 '의고'라는 어휘를 사용한 데에는 유선시(遊仙詩)의 형식을 빌려 자신의 진정(眞情)을 표현하고자 한 의도가 들어 있다. 앞서 이서구의 시문학 작품이 일상사에서 부딪히고 생각하는 거의 모든 요소들을 시의 제재로 삼았다고 밝혔지만, 이서구 시문학에는 유선(遊仙)과 같은 종류의 가공적(架空的) 세계가, 위에서 언급한 단 한 수의 작품을 제외하고 난다면 전혀 나타나지 않는다. 설령 일상적 삶의 모습이라고 하더라도 그 스스로가 직접 목도하였거나 체험하지 않은 경우라면 시화되는 경우가 거의 없다. 그 자신의 삶의 현실, 그 자신의 구체적 정서와 밀접하게 연관된 제재들만이 시화된 것이다.

이서구의 시문학 작품 중에 이정구와의 교유시가 유독 많은 분량을

---

406) 『初集(坤)』 35장 「擬古一首窃寓其美人香草之思焉」. "至人秉玄化, 獨立超太淸, 我欲從之遊, 絶彼塵世情, 仙仙兩腋羽, 十日御風輕, 西指弱水塗, 北戒崑崙征, 雲軿不少留, 前路何坦平, 俯視扶桑淶, 渺若杯水傾, 飄然入金門, 君王見且驚, 再拜謝君王, 歸來瑤草耕."

407) 이 시의 창작 시기를 정확히 확정할 수는 없다. 그러나 「仁叔元嬪挽詞」시 다음에 배치되어 있는 것으로 보아, 원빈(元嬪)이 사망한 1779(정조 3, 26세)년 내지는 그 직후의 작품인 것만큼은 분명하다.

차지하고 있는 것도 실상은 이정구라는 인물의 공적인 명성이나 그 어떤 이유 때문이 아니라 그 자신과의 유달리 각별했던 인연 때문이었다. 이서구는 5세에 모친과 조부를, 17세에 부친·중부(仲父)를 잃었을 뿐만 아니라 18세에는 그가 스승으로 삼았던 숙조(叔祖)까지 작고하였다. 이로 인해 온 세상을 다 둘러보아도 의지할 데 없는 외톨이 신세가 되었다. 그래서 형제들 중 비슷한 연배인 사촌아우 이정구와 더불어 각별한 관계를 유지하게 되었던 것이다.408)

이정구도 어려서 모친을 여읜 데다 열한두 살쯤에는 공부를 싫어하여 날마다 이웃 아이들과 어울려 놀기만 하였다. 이서구가 이런 그를 불쌍히 여겨 가르치고 인도하여 학문에 힘쓰게 하였다고 한다. 남들이 없는 밀실(密室)에 함께 앉아서, 피부로 온기를 전하면서 지극한 정을 나누었던 것이다.409) 이렇듯 이서구와 이정구의 관계는 각별하기 그지없는지라, 어려서부터 같은 글방에서 함께 공부하던 중이라도 장차 서로 간의 외로운 마음을 해소하기 어려울 때에는 시를 주고받으며 서로를 위로하였던 것이다.410) 이와 같이 그는 시 자체를 위한 시, 혹은 무언가 목적을 위한 시가 아니라 자신의 삶과 정서를 바탕으로 삼은 시를 지었다. 이서구의 시 중에 가족인 부친, 누이들, 아우들, 부인에 대해 읊은 시, 또는 별로 알려지지 않은 처사들과의 교유를 읊은 시가 상당수 남아 있는 것도 근본적으로는 이정구와의 경우와 같은 이유 때문일 것이다.

이는 이서구의 산수유람과 관련된 시에서도 분명히 드러난다. 그는

---

408) 李書九, 『惕齋自述』, 6면. "府仰穹壤, 無所依庇, 而諸弟群從, 俱在蒙稺, 惟從弟某, 纔授室焉. 年少而有雋才, 遂日與之提携勸勉, 對床讀書."

409) 李書九, 『自問是何人言』「靭齋詩序」. "追念潛夫季十一二時, 不甚喜讀書. 時先君子在堂, 以其早喪考妣, 性且柔弱, 不忍割愛刻敎, 聽其自適. 潛夫於是日逐隣里兒, 匏舟枉馬, 嬉戲以娛樂. 余甚憐之, 嘗在密室, 坐無他人, 因與呼名訓誨. 手拊其背, 背膩手煖, 惕然感悔, 伏膝悲唲, 涕流入口."

410) 李書九, 『自問是何人言』「靭齋詩序」. "余與潛夫, 季相適, 自在童秋, 同塾而學. 且身世傶伶, 無以相慰, 每良辰燕夕, 迭吟互哦. 潛夫善屬文, 其詩深沈秀潔, 饒有風致, 顧余常自以爲不及."

여느 사람들과 마찬가지로 승경(勝景)을 유람할 기회가 많았다. 대표적인 경우를 들면, 영변부사로 있던 1791(정조 15, 38세)년에 묘향산(妙香山)을 유람하였고, 또 평양으로 가서 연광정(練光亭)에 올랐다. 성천부(成川府)로 들어와서 비류강(沸流江)에 배를 띄웠으며 강선루(降仙樓), 궁루대(窮樓臺)에 올라서 산수의 승경을 즐기기도 하였다.[411] 일반적으로 승경을 유람하며 느끼는 흥취는 시의 제재로 삼기에 매우 효과적이다.

그러나 이서구는 이 당시의 유람과 관련하여 특별하게 시를 남기지는 않았다. 그는 보편적 의미에서의 승경이 아니라, 자신이 숨쉬고 살았던 삶의 공간에서 승경을 발견하고자 하였다. 자신의 삶의 터전이었던 서울과 그 주변, 자신의 은거처였던 영평과 그 주변, 그리고 서울과 영평을 오가는 길목에서 주로 승경을 찾아 시화하였다. 목민관이 되어 외직에 나가 있던 시기에도 풍류를 위한 승경이 아니라 자신 및 백성들의 삶과 밀접하게 연관된 곳을 찾아내어 시적 제재로 수용하였다. 그 지역에 위치한 갖가지 승경들을 다 제쳐 두고, 선비로서의 기상을 키울 수 있는 곳, 현실을 반성하게 하는 역사고적, 국방의 요새지 등을 찾아내어 시화하였다. 이처럼 이서구는 풍류를 위한 시 혹은 시 자체를 위한 시가 아니라 자신의 삶과 삶의 공간, 자신의 사상과 정서를 표현해내기 위한 현실 지향적 시 세계를 극력 추구하였던 것이다.

이서구의 시문학 세계는 그 스스로의 삶과 밀접하게 연관되어 있다. 그러한 까닭에 그 자신의 삶의 변화에 따라 시 세계의 양상도 많은 변화를 겪었다. 삶의 변화에 따라 시문학 역시도 초기 시와 후기 시로 대별되는 것이다. 72세라는 적지 않은 삶을 산 이서구의 일생을 시기 별로 구분하는 작업은 쉬운 일이 아니다. 구분의 기준을 무엇으로 삼아야 하는가의 문제 때문이다. 그러나 시인으로서의 이서구 일생은 초기와 후기로 뚜렷이 구분된다.

---

411) 『年譜』 '정조 15년' 참조.

이서구의 사가로서의 활동은 1767(영조 43, 14세)년부터 1779(정조 3, 26세)년까지의 10여 년이 전성기였다. 1779년 이덕무·유득공·박제가가 모두 외각(外閣)의 검서관(檢書官)이 되어 공무로 인해 여가가 없어지게 되었고, 이서구도 1778(정조 2, 25세)년 말에 초기의 시작품을 엮어『강산시집』을 내놓고 이어 27세 이후까지의 작품을 모은『강산초집』을 엮게 된다.412) 그는 세상 사람들이 자신을 '문인(文人)'으로서 호칭하는지라 두려워서 1778년 이후로는 한가로운 음풍농월(吟風弄月) 따위를 완전히 끊어 버렸다고 선언하였다.413) 이서구의 이 선언대로라면 그가『강산시집』을 내놓은 25세 때까지가, 시기 구분에 있어서의 초기에 해당하는 셈이다. 그러나 25세 즈음을 기준으로 하여 초기와 후기를 구분하는 이 방식은 초기를 설명하는 데에는 자못 선명하지만, 후기를 설명하는 데에는 다소 논리적 선명성이 떨어진다고 여겨진다. 이는 이서구의 초기에 대해서는 그 시기적 성격을 설명해주고 있지만, 후기에 대해서는 그 시기적 성격을 제시하지 못하는 논리이다. 아울러 그의 초기 시집인『강산초집』에 27세에 지은 시가 남아 있고 그 이후의 시들도 다수 수록되어 있기 때문이다.

이 시점에서 우리는 이서구 시 세계의 변화 과정을 그의 삶의 이력과 연관시켜 파악할 필요가 있다. 이서구는 초년에는 시율(詩律)로 드날렸고, 중년에는 정치로 알려졌고, 만년에는 경술로 자락(自樂)하였다고 평가받았다.414) 초년에는 시인, 중년에는 정치가, 만년에는 학자였던 셈이다. 이서구의 정치적 이력으로 보면 그의 정치가, 학자의 지위는 경세가(經世家)라는 개념으로 통합될 수 있고, 또 시 세계의 변화과정과 관련하여 중년과 만년은 특별히 구분되지 않으므로 후기로 통합될 수 있다. 이렇게 본다면 이서구의 후기는 그가 경세가로 접어드는 본격적 시점이

---

412) 남재철,「四家의 交遊樣相과 그 詩의 연구」,『淵民學志』7집, 연민학회, 1999 참조.
413) 李書九,『惕齋自述』, 10면. "余屏居旣久, 交遊斷絶, 而特以無他嗜好, 只以書籍自娛. 故世忽文人稱之, 余不勝驚懼, 愈思斂藏, 自戊戌以後, 雖間漫吟哦, 一切斷棄."
414)『惕齋先生行錄撫遺(坤)』64張「吳老洲熙常語趙白川中植」. "洞陰李相公, 初年以詩律鳴, 中年以政治聞, 晩年以經術自樂. 晩年勝於中年, 中年勝於初年, 可謂善變也云."

언제냐에 따라서 그 시기를 규정할 수 있는 것이다.

이서구는 1774(영조 50, 21세)년 과거에 급제하여 관료 생활에 입문하게 되지만 벼슬에 임명되었다가 곧 체직되기를 반복하다가, 1776(영조 52, 23세)년에 이르러 탄핵을 받아 8년 간의 긴 은거에 돌입하게 된다. 그가 재출사를 통해 본격적으로 관료생활에 임하기 이전인 1783(정조 7, 30세)년 까지는 여전히 문인으로 활동한 시기의 연장선이었지, 경세가로 접어든 시기가 아니었다. 이서구가 본격적으로 경세가로 접어드는 시기는 그가 경세제민의 의지를 실천할 수 있는 실질적 조건을 갖춘 시기, 즉 재 출사를 통해 관료생활을 본격화하는 1784(정조 8, 31세)년 이후부터일 것이다. 그는 1778(정조 2, 25세)년 말쯤, 옛사람들이 지은 시를 관찰해 보았더니 모두가 '경사백가(經史百家)'에 근거한 것이었더라고 반성하며, 이제까지의 음풍농월로서의 시작행위를 그만두겠노라고 선언하였다.[415] 이는 문인으로서의 시작행위를 접고 경세가로서의 시작(詩作)에 임하겠노라는 의지의 표명이다. 그러기에 집안의 아우가 쓴 시권(詩卷) 뒤에 써 준 시에서도 옛 경전에 의거하여 시를 지으라고 극구 권하였던 것이다.[416] 그러나 그러한 선언이 현실화되기 위해서는 현실적 조건이 요구될 뿐만 아니라, 다소간의 과도기도 필요할 것이다.

이서구의 경세가로서의 의지가 현실화되는 시점은 그가 31세 되던 1984(정조 8)년 이후 본격적인 관료생활을 시작하면서부터인 것이다. 요컨대 이서구는 초기에 해당하는 30세까지는 문인으로서의 시인으로 활동하였고, 후기에 해당하는 31세 이후로는 경세가로서의 시인으로 활동하였다. 그는 '문인'으로 평가받는 것이 두려워 25세 이후로는 음풍농월을 그만두었다고 하였거니와, 초기의 이서구는 분명 '시율'로 이름을 날

---

415) 李書九, 『薑山詩集』 「自序」. "因忽念此道雖小, 默觀古人所造, 非盡習經史百家之書者, 亦未易作也. 於是又頹然自廢. 然閱數年, 詩已累百篇, 逐取舊作稍爾雅者, 合爲此集."

416) 『惕齋集』(권3) 「5율」 「題族弟穉叙淳九詩卷後二首」(其二). "(……) 君看賢達士, 誰不藉遺經."

린 '문인'이었다. 물론 여기에서의 문인이란 개념은 보편적 의미에서의 그것이 아닌, 시문학의 변혁 운동에 참여한 실학파 문인을 의미한다. 그러나 실학파 문인으로서의 성격과는 상관없이, 이 시기 이서구는 아직 국가의 현실이나 백성들의 삶에 대해 심각하게 고민할 수 있는 객관적 상황에 있지 않았다. 이는 그의 초기 시를 문학 내적 변혁운동이란 관점에서 분석하는 것이 효과적임을 보여주는 것이다. 사가가 비판성이 강한 정론시보다는 간결하고 함축성 있는 서정시 즉 진실한 서정, 생동하는 형상, 시적 구조의 조화 등을 추구하였다고 한 이북 문학사에서의 언급은 이서구의 경우 그의 초기 시에 적용될 수 있는 평가인 셈이다.

반면 31세 이후에 해당하는 이서구의 후기 시는 경세가로서의 시가 많다. 이서구는 재 출사 이후 내외 요직을 두루 역임하면서 실학적 경륜을 바탕으로 하여 경세제민의 의지를 실천하고자 하였다. 그는 자신의 관료로서의 사명에 대해 적극적으로 자각하고 있었으며, 이러한 인식을 바탕으로 현실문제에 대해 끊임없이 관심을 기울였다. 단순한 문인으로서가 아니라, 시인임과 아울러 백성들과 더불어 고통을 함께 나누는 경세제민의 정치가로서 자임하였던 것이다. 그러므로 이 시기 이서구는 시 자체의 변혁운동이란 관점보다는 사회정치적 현실을 시 속에 어떻게 투영하느냐의 문제, 즉 시의 주제론적인 측면에 더 주목할 수밖에 없었다. 이서구의 문학세계가 스스로의 삶과 밀접하게 연관되어 있다고 본다면, 경세가로서의 그는 국가 현실과 백성들의 삶에 대한 관심을 보여주지 않을 수 없었던 것이다. 이는 그의 후기 시를 시문에 투영된 주제의식의 측면에서 분석하는 것이 더 효과적임을 보여준다.

이상의 사실들을 바탕으로 하여 본 논문에서는 이서구의 30세 이전 초기 시의 경향을 '사실적 표현미학'으로, 31세 이후 후기 시의 경향을 '경세적 주제의식'으로 규정하였다. 물론 이서구의 시문학을 초기 시는 '사실적 표현미학'이라는 문학 내적 변혁운동의 관점으로만, 후기 시는 '경세적 주제의식'이라는 주제의식의 측면으로만 도식화해서 연구한다면 문제가 발생할 것이다. 30세 이전의 초기 시와 31세 이후의 후기 시가 단선적(單線的)으로 명확하게 구분되는 것은 아니기 때문이다. 초기 시에도 '경세적 주제의식'을 담은 작품이 적지 않게 발견되며, 후기 시도 '사실적 표현미학'을 담아내지 못한 것이 아니기 때문이다.

그러면서도 그의 시문학 작품을 시기적으로 구분하여 각각의 주된 특징을 추출하라고 한다면, '사실적 표현미학'이라는 초기 시의 경향, '경세적 주제의식'이라는 후기 시의 경향은 분명하게 확인된다. '사실적 표현미학'이라는 초기 시의 경향은 후기 시에도 계승되지만, 후기의 경우는 초기 시에서 성취한 결과물의 자연스런 연장선상에 놓여 있을 뿐이며, '경세적 주제의식'이라는 후기 시의 경향은 초기 시에도 일부 드러나지만, 초기의 경우는 후기 시의 성격을 완결해 가는 초기 단계의 전주곡(前奏曲)에 불과하다.

이상의 사실들을 감안하여 본 논문에서는 '사실적 표현미학'이라는 초기 시의 경향을 논증함에 있어서는 다소 후기 시도 예로 수용하였다. '경세적 주제의식'이라는 후기 시의 경향을 논증함에 있어서는 초기 시 역시도 초기 시에 준하는 중요한 논거로 수용하였다. 후기 시의 경향을 논증하는 데에 있어서는 사적(史的)인 흐름이 중요한 의미를 지니는 경우가 있기 때문이다.

2. 사실적 표현미학 ― 초기 시의 경향

1) 생활공간에서의 소재 수용

시인을 둘러싼 삼라만상이 모두 시의 대상이 될 수 있을 터이다. 그러나 각 시인의 성향에 따라 특별히 선호하는 제재(題材)가 추출되기도 하는데, 그 제재가 시인의 일상생활과 감정 등 생애의 면모를 보여주기도 한다.417) 그러기에 어떤 시인이 특별히 선호하는 제재를 추출해보는 작업은 중요하지 않을 수 없다. 그 중에는 민속(民俗)·향토풍물(鄕土風物)과 관련된 제재를 유난히 선호하는 시인도 있을 것이고, 혹은 불교·도교적 제재를 유난히 선호하는 시인도 있을 것이고, 혹은 유자로서의 자기 수양과 관련된 제재를 유난히 선호하는 시인도 있을 것이다. 이 각각의 시인들은 그 내면의식에 있어서도 각이(各異)한 성격을 지니고 있을 것임은 분명한 사실이다.

그러나 작품 제재의 분류·추출보다도 제재를 묘사하는 과정에 동원된 갖가지 구체적 소재들의 성격을 파악하는 작업이 더 중요한 경우도 있다. 과거 선비 시인들에게 있어서는 시를 짓는 행위가 일상생활의 한 요소로 되어 있었기 때문에 일상사 거의 모든 것들이 시적 제재로 수용되었다. 그러한 까닭에 그들이 시적 대상으로 삼는 제재에는 공통적인 것들이 많다. 친구 사이의 교유를 읊지 않은 시인도 없을 터이고, 자연 경물을 읊지 않은 시인도 없을 터이고, 역사적 사건에 대해 읊지 않은 시인도 없을 터이다. 옛 시인들에게 있어서 제재의 공통성은 매우 폭넓게 나타나는 현상이다.

어떤 시인의 선호하는 제재를 추출하여 그 의미를 분석해내는 작업도 의의가 있지만, 그보다는 그 제재를 표현하는데 동원된 갖가지 구체적 소재들의 성격을 파악함으로써 그 시인이 제재를 인식하는 태도를 살펴보는 것이 더 중요한 경우도 있다. 예를 들어, 마포(麻浦)의 뱃놀이라는 제재로 읊어진 시는 수도 없이 많지만, 제재의 표현된 방식은 달라진 경우를 발견할 수 있다. 어떤 시인들은 '소선(蘇仙)'·'영천(潁川)'이니 '금오산(金鰲山)'·'앵무주(鸚鵡洲)'니 '서호(西湖)'·'임포(林逋)'니 하는 탈

---

417) 宋寯鎬, 『柳得恭의 詩文學 硏究』, 태학사, 1985, 73면 참조.

속적 혹은 중국적 소재들을 동원하여 우리네 한강이 아닌 중국의 명승지 혹은 선경(仙境)으로 조작해내기도 하였으며,[418] 또 어떤 이는 우리식 소재들을 통해서 우리의 한강을 있는 그대로 사실적으로 묘사해내기도 하였다.

사실주의를 지향하는 시인들은 시적 대상이 그 무엇이든, 그것을 자신들의 구체적 삶과 연관시켜 수용하려는 경향을 보인다. 자신이 우리나라 사람임을 자각한 시인이라면, 시의 소재 또한 우리의 생활공간 속에서 찾아낼 것이다. 사가의 일원이자 사실주의 시인의 한 명인 이서구는 중국적 '당시(唐詩)'를 넘어서서 '우리 시[我詩]'를 확립한 시인으로 평가받고 있다. 중국의 시를 본뜨던 의고적 시작 태도를 일소해 버리고, 이른바 "눈앞의 경물마다 시가 되어 살아나는[眼前景物摠成詩]"[419] 사실주의적 시문학의 경지를 열었던 것이다. 이는 정약용의 주체적 문학정신을 대변하는 '조선시선언(朝鮮詩宣言)'[420]과도 상통하는 면이 있다.

이서구는 이제까지 '부취(腐臭)'한 것으로 인식되어 간과되어 온 우리가 살고 있는 우리 일상사의 생활공간 속에서 시적 소재를 수용하였다. 그것은 농정조흥(弄情助興)을 위한 풍광이나 읊어 대던 종래의 구태적 관습을 떨쳐 버리고, 소박하고 가식 없는 촌부의 마음으로 시적 대상에 접근하는 사실주의적 시작 태도를 보여주는 것이다.

이서구의 시에는 한강이든 청계천(淸溪川)이든 우리의 풍토 그대로 우리의 생활 풍속과 관련하여 묘사되어 있다. 국토산하 어디를 가든 그 곳에 깃들어 있는 우리 조상들의 숨결을 호흡하고 있는 것이다. 또한 이서구는 우리네 농촌과 농촌에서의 삶의 모습들을 있는 그대로 수용하였

---

418) 예컨대, 강희맹(姜希孟)은 "蘇仙泛潁何所施, 我亦愛此瀲漣漪"라고 읊었고, 서거정(徐居正)은 "三山隱隱金鰲頭, 漢江歷歷鸚鵡洲"라고 읊었고, 이승소(李承召)는 "且向西湖載酒遊, 醉折和靖梅花枝"라고 읊었고, 성임(成任)은 "孤帆隱映天盡頭, 五胡烟浪連滄洲"라고 읊었다(『新增東國輿地勝覽』 권3 「漢城府」, 「題詠」 「麻浦泛舟」 참조).

419) 李書九, 『惕齋集』 권1 「7절」 「題李懋官德懋湖西詩卷二首」.

420) 宋載邵, 『茶山詩研究』, 창작사, 1986, 33~39면 참조.

고, 그 자신의 이러저러한 일상들도 아무런 가식 없이 소박하게 묘사하였다. 결코 아화(雅化)되지 않은 우리네 삶의 투박한 모습 그대로가 시적 소재로 수용되었던 것이다.

다음은 이서구가 한강과 그 강을 배경으로 살아가는 사람들의 모습, 서울의 심장부에 위치한 청계천 다리와 관련된 우리 고유의 민속과 과학기구들을 소재로 수용한 시들이다.

繫纜堤邊柳	방죽 가 버들에다 닻줄을 매고
觀魚兩港間	강어귀 사이에서 고기를 보네.
落花沿水下	낙화는 물을 따라 떠내려가고
飛絮逐風還	버들개진 바람 좇아 되돌아오네.
高鳥滄江闊	높은 새에 푸른 강은 트여 보이고
孤帆盡日閒	외론 배는 하루 종일 한가롭구나.
天晴栗島望	날씨 좋아 밤섬이 바라 뵈더니
遙見老姑山	저기 멀리 노고산도 보이는구나.

―「봄날 삼개의 배 안에서, 네 수[春日麻浦舟中四首]」[421] 둘째 수

봄날 삼개[麻浦]에 배를 띄워 놓고 읊었다. 제재만 놓고 보자면 전대 시인들도 빈번하게 애용하던 관습적인 틀을 벗어나지 않는다. 그러나 전대 시인들이 항용 그러했던 것과 같은 중국적 혹은 선경의 모습으로 조작된 흔적은 전혀 보이지 않는다. 한강 가 방죽에 흔하게 자생하던 수양버들, 마포의 복사골[桃花內洞]을 중심으로 하여 지천으로 피던 복사꽃, 한강 가 백사장을 무대로 활동하던 갈매기, 마포와 여의도 사이에 위치하였던 밤톨 모양의 밤섬[栗島],[422] 현재의 마포구 노고산동에 솟아

421) 『初集(乾)』 35장. 『詩集』(권1) 9장(20세 작). 『시집』에는 네 수 중 제2수만 수록되어 있고, '繫纜'이 '係纜'으로 되어 있다.
422) 『국역신증동국여지승람』 비고편 『동국여지비고』 권2 「한성부」, 「산천」, 「栗洲」. "일명 栗島라고도 하고 일명 駕山이라고도 한다. 길이가 7리인데, 경성의 서남쪽 10리 곧 麻浦 남쪽에 있다"(* 이하 "『국역신증동국여지승람』 비고편 『동국여지비고』"는 "『동국여

있던 노고산(老姑山), 이 모두가 마포 혹은 마포 주위에 실재하던 자연경
관이다. 낙화(落花)라는 어휘와 관련하여 무릉도원을 조작해낼 만도 하거
니와, 하등 중국적 혹은 선경적 분위기를 풍기지 않는 우리네 생활공간
속의 자연경관이 시적 소재로 가감 없이 수용되고 있는 것이다.

極目還無際	멀리 봐도 도리어 끝이 안 뵈니
澄波此杳然	맑은 물결 이야말로 아득하구나.
堤喧爭渡客	방죽에선 나룻손님 북적거리고
渚返打魚船	물가에선 고깃배가 부딪히누나.
靄滌羅衣島	아지랑이 나의도를 씻기어 주고
烟流蔓艸川	안개는 만초천에 흐르는구나.
攬玆春水宅	여기 이 춘수택을 끌어 잡고서
芦葦可延緣	갈대 사이 서성이며 갈 수 있겠네.

—「봄날 삼개의 배 안에서, 네 수[春日麻浦舟中四首]」셋째 수

방죽에서 나룻배를 타려는 손님들이 앞을 다투며 소란스럽게 떠들고
있는 모습이나 물가에 매어 놓은 고깃배들이 하안(河岸)에 부딪히는 소
리가 매우 사실적이다. 더군다나 마포 남쪽에 있는 나의도(羅衣島)와 청
파(靑坡)의 만초천(蔓艸川)이 시적 소재로 수용된 것이 더욱 주목을 끈다.
이서구는 나의도를 율도(栗島)와 동일시하였는데,[423] 정확히 말하자면 나
의도는 잉화도(仍火島) 즉 현재의 여의도(汝矣島)이다.[424] 만초천은 지금의
용산(龍山) 전자상갓길 밑으로 지나는 덩굴내이다.[425] 시인들 중에는 용

지비고』"로 약술한다).
423) 自註. "栗島, 一名羅衣."(『初集』)
424)『동국여지비고』권2「한성부」「목장」「羅衣洲」. "또 仍火島라고도 하며 도성 서쪽
15리에 있는데, 곧 西江 남쪽이다. 栗洲와 서로 잇달았는데, 장맛물로 하여 끊어져 둘
이 되었다."
425) 自註. "靑坡一派水, 謂之蔓艸川."(『初集』)
『동국여지비고』권2「한성부」「산천」「蔓草川」, "수원이 경성 서쪽 母岳에서 나와서
성을 돌며 남쪽으로 흐르는데 (……) 靑坡 남쪽에 있는 舟橋를 지나 蔓草川이 되고, 서

산팔경(龍山八景)이라 하여 만초해화(蔓川蟹火)를 읊는 경우도 있었다고는 하나, 전대의 시에서 이런 식의 고유명사가 시어로 수용된 경우를 찾기란 쉽지 않을 것이다. 전대의 시에서라면 '죠(鳥)'·'천(川)'자 앞에 그럴듯한 수식어를 붙여서 고유명사의 틀을 벗어나게 하려 했을 터인데, 이서구는 우리식 어휘를 직접 시어로 사용하였다. 나의도와 만초천과 같이 자못 비루해 보일 법도 한 대상들이 거리낌 없이 그 모습 그대로 시적 소재로 수용된 것이다.

(……)

洲人挐船去	물가 사람 배를 끌고 어딜 가는지
一櫂剪寒綠	노 하나만 차가운 강 가르는구나.
回望箭橋樹	살곶교 옆 나무들을 돌아다보니
煙銷見群牧	안개 지며 목동들이 보이는구나.

(……)

—「걸어서 두무개 뒤 산기슭을 지나 누구네 동산 정자에 이르며 [步踰荳浦後麓至某氏園亭]」426)

도성 동남쪽 10리 지점에 있던 일명 동호(東湖)라고도 불리는 두무개[荳毛浦]427) 뒤 산기슭을 지나가며 읊은 시의 일부로, 살곶이[箭串] 즉 한강 가 뚝섬[纛島] 일대의 경관을 묘사한 부분이다. 살곶이는 두무개의 상류에 있는데, 그 지역이 평탄하고 넓으며 수초(水草)가 매우 풍요로워서 이조시대 국마(國馬)를 키우던 목장이었다.428) 전교(箭橋)는 살곶교[箭串橋]이다. 원래 이름은 제반교(濟盤橋)였고,429) 일명 '전곶교'라고도 하였다.

남으로 〈흘러〉 龍山江에 들어간다."
426) 『初集(坤)』 27장. 『詩集』(권2) 22장(23세 작). 『四家詩』(권4) 「5고」. 『사가시』에는 '洲人'이 '州人'으로 '船'이 '舟'로 '櫂'가 '棹'로 '銷'가 '消'로 되어 있다.
427) 『동국여지비고』 권2 「한성부」 「산천」 「荳毛浦」 참조.
428) 『新增東國輿地勝覽』 권3 「漢城府」 「山川」 「箭串」. "卽國之東郊. 其地, 平曠, 水草甚饒, 繚以周阹, 牧養國馬, 廣袤三十四里."
429) 『新增東國輿地勝覽』 권3 「漢城府」 「橋梁」 「濟盤橋」. "在箭串."

두무개 혹은 뚝섬 나루에서 출발하였을 것으로 보이는 배 한 척이 유유히 한강을 가로지르고 있고, 살곶이다리 주위의 나무들 뒤로 드넓게 펼쳐진 살곶이 벌판에는 강안개가 사라지며 군목(群牧)들의 모습이 보이고 있다고 하였다. 군목은 국마 사육을 담당한 관리를 지칭하는 말로, 살곶이 목장에 실제로 감목관(監牧官)이 있었음을 염두에 두고 볼 때,[430] 대상 하나하나가 우리나라의 실재하는 풍경으로 묘사되어 있음을 알 수 있다.

> (……)
> 漢江昨日春欠解　　한강 물은 지난날에 봄 가뭄이 풀린지라
> 爲買扁舟小如履　　조각배를 샀는데 신발처럼 조그맣다.
> 柳絮時節河豚肥　　버들개지 나는 시절 복어는 살졌겠고
> 櫻花落處鰣魚美　　앵두꽃이 떨어질 제 준치는 맛있겠네.
> (……)
>
> —「강호행으로, 친구의 빗속에서 읊은 시에 차운하다
> 　　　　　　　　　　　　　　[江湖行次友人帶雨詩韻]」[431]

앞 두 행에서는 비가 지나간 후에 물이 불어난 한강에 배를 띄워 놓은 흥취를 객관화시켜 묘사하였고, 뒤 두 행에서는 한강의 생태를 읊었다. 하돈(河豚) 즉 황복(黃鰒)은 서해안에만 서식하는 어종으로, 진달래꽃이 필 즈음이면 산란을 위해 한강으로 거슬러 올라온다고 한다. 시어(鰣魚) 즉 준치 역시도 주로 서남해안에서 서식하는 어종으로 이 시기 산란을 위해 한강 하구로 몰려든다고 한다. 황복은 버들개지가 날릴 때에 가장 살이 지고, 준치는 앵두꽃이 떨어질 즈음에 가장 맛이 좋은 것으로 알려져 있는바, 한강 생태의 일 단면이 가감 없이 시적 소재로 수용되고 있다.

> 漁翁歸暮雨　　어부 영감 저녁 비에 돌아왔는지

---

430) 『국역신증여지승람』 권11 「양주목」 (비고) 「목장」 「箭串場」 참조.
431) 『初集(坤)』 41장. 『詩集』(권4) 55장(25세 작). 『시집』에는 '欠'이 '氷'으로 되어 있다.

蟹舍宿寒烟　어부 집이 찬 연기에 잠겨 있구나.
數點洲邊火　강가의 여기 저기 불빛을 보니
遙知估客船　아마도 장사꾼들 배인가 보다.

— 「강가의 저녁[江夕]」[432]

한강 가 어디쯤에 있을 어촌 마을의 저녁 풍경을 읊었다. 기·승구에서는 저녁비와 어촌에서 피어오르는 찬 연기를 보고, 고기잡이를 마치고 집에 돌아온 어옹(漁翁)을 연상하고 있다. 이어 전·결구에서는 어두운 저녁 강가의 불빛들을 보며 고객선(估客船)을 연상하고 있다. 이 시는 당나라 시인들의 의사(意思)를 깊이 터득했다고 평가받는바,[433] 어부영감과 장삿배가 모두 상상 속에서 읊어지기는 하였으나, 두 눈으로 직접 목도하듯 선명한 인상으로 다가온다. '게딱지같은 허름한 집[蟹舍]'을 통해서 어부 영감의 궁핍하면서도 소박한 삶을 연상할 수 있고, 강가의 '여기저기에 비치는[數點]' 불빛들을 통해 장삿배의 흥청거리는 모습을 연상할 수 있다. 한강을 무대로 살아가는 사람들의 삶의 모습이 잘 묘사되어 있음을 볼 수 있다.

都人踏用上元宵　도회인들 대보름 밤 답교놀일 하는 곳은
只在雲從第一橋　운종가의 최고 다리 수표교가 다만 있네.
佇待月高人散後　달 높이 떠 사람들이 흩어지길 기다린 후
獨來此地好逍遙　이곳에 홀로 와서 기분 좋게 거닌다네.

— 「수표교에서 지은 절구, 열 수[水標橋絶句十首]」[434] 첫째 수

우리의 전통 민속인 답교(踏橋) 놀이를 소재로 수용하였다. 수표교(水標

---

432) 『初集(坤)』 22장. 『詩集』(권2) 29장(23세 작). 『四家詩』(권4) 「5절」. 『惕齋集』(권1) 「5절」.
433) 『四家詩』 '潘庭筠 評'. "深得唐人意思."
434) 『初集(坤)』 1장. 『詩集』(권1) 8장(19세 작). 『四家詩』(권4) 「7절」. 『시집』과 『사가시』에는 열 수 중 제4·6·7 이상 세 수만 수록되어 있으며, 『사가시』에는 제목이 「水標橋同白塔詩社諸人作七絶」로 되어 있다.

橋)435)는 현재의 종로구 관수동(觀水洞)과 중구 수표동(水標洞) 사이 청계천(淸溪川)에 놓여 있던 다리로, 대광통교(大廣通橋)·소광통교(小廣通橋)436)와 더불어 서울 사람들이 답교놀이를 위하여 즐겨 찾던 대표적 명소이다. 정월 대보름달이 뜨면 서울 사람들은 모두 운종가(雲從街)437)로 나와 종소리를 듣고 나서 여러 다리를 밟았다. 이렇게 하면 다리[脚]에 병이 나지 않는다고 믿었던 것이다. 이날 저녁이면 예(例)에 따라 통행금지를 완화하였으며, 이에 따라 운종가 주위 수표교 등의 다리에는 피리를 불고 북을 치는 행렬로 인산인해를 이루었다고 한다.438)

『지봉유설』에 따르면, 답교놀이는 고려 때에 이미 시작되었으나, 풍기의 문란 때문에 문제가 되다가 임진왜란 이후에는 완전히 사라졌다고 한다.439) 『실록』에는 1360(명종 15)년 서울의 남녀들이 혼잡하게 모이고 혹은 싸운다고 하여 사헌부로 하여금 답교놀이를 금지하게 하였다는 기록이 보인다.440) 이로 보아 이조 중기 이후 서울에서의 답교놀이가 상당기간 금지되었던 것으로 보인다. 그러나 이서구의 이 시를 보면 1772(영조 48)년 당시에는 답교놀이가 다시 부활되어 성행하였음을 알 수 있다. 『실록』에도, 1770년과 1771년 연달아 답교놀이 때문에 정월 대보름날 밤에 통행금지를 해제하게 하였다는 기사가 보인다.441) 이서구 역시도 서

---

435) 현재 서울특별시 유형문화재 제18호로 지정되어 있으며, 장충단공원(獎忠壇公園)에 옮겨져 있다.
436) 청계천 입구에 있는 광교(廣橋). 광교는 광통교의 준말로 대광통교와 소광통교가 있었다. 대광통교는 종로구 서린동(瑞麟洞)에 있었고, 소광통교는 남대문로1가 남쪽에 있었다.
437) 『新增東國輿地勝覽』권3「漢城府」「市街」「雲從街」. "卽鐘樓西街."
438) 柳得恭, 『京都雜志』권2「歲時」「上元」. "月出後, 都人悉出鍾街聽鍾, 散踏諸橋, 云 '已脚病.' 大小廣通橋及水標橋最盛. 是夕例弛夜禁, 人海人城, 簫鼓喧轟 (……) 今俗, 婦女無復踏橋者矣."
439) 李睟光, 『芝峰類說』권1「時令部」「節序」. "俗以上元月出, 占歲豊稔. 又是夜爲踏橋之戲, 始自前朝. 在平時甚盛, 士女騈闐, 達夜不止, 法官至於禁捕 (……) 壬辰亂後, 無此俗矣."
440) 『명종실록』권26 '15년 5월 신미(6일)' 참조
441) 『영조실록』권114 '46년 1월 임진(14일)'; 『영조실록』권116 '47년 1월 정사(15일)' 참조

울 도회인의 한 사람으로서 답교놀이에 참여하였던 것이다. 비록 점잖은 선비의 체면을 손상시킬 수 없어 북적거리는 행렬이 잠잠해지기를 기다린 후에야 답교놀이에 참여하였지만, 각병(脚病)이 사라지고 액을 면하기를 바라는 소박한 심정은 여느 도회인들과 마찬가지였을 것이다. 우리네 민속놀이도 시의 훌륭한 소재로 수용될 수 있음을 확인하게 해준다.

急雨時行漾綠蕪　　소나기가 마침 내려 잡초 위에 출렁이면
群流合漲只斯須　　물줄기들 합쳐 붇이 단지 잠깐 사이련만,
瀠波石標秤三尺　　석표 주위 도는 물결 겨우 3척 가리키니
蕩殺靑銅子母鳧　　어미새끼 청둥오리442) 모두 흩어 사라졌네.
　　　　　　　　　　　　　—「수표교에서 지은 절구, 열 수[水標橋絶句十首]」둘째 수

　수표교의 수표석(水標石)을 소재로 한 시이다. 수표교는 1420(세종 2)년에 놓인 것으로 당시 그 곳에 마전이 있어서 마전교(馬廛橋)라 부르다가, 1441(세종 23)년에 청계천에 흐르는 수위를 측정하기 위하여 수위계(水位計)를 세움으로써 수표교라는 명칭이 생기게 되었다. 즉 다리 서쪽 물속에 수표석을 세우고 척촌(尺寸)의 숫자를 새겨 비가 올 때 청계천의 물이 얼마나 불어나는가를 알게 하였던 것이다.443) 그러나 이서구가 시의 소재로 수용한 석표(石標)는 세종 때 만들어진 그것은 아니다. 현존하는 수표석주(水標石柱)444)에는 '경진지평(庚辰地平)'이라는 네 글자가 조각되어 있는데,445) 경진년은 영조가 청계천을 준설하여 수위의 표준을 정한

---

442) 자주(自註)에서 "오리 중에서 청록색을 가장 많이 띠는 것을 '청동(靑銅)' 오리라고 이른다[鳧之最靑綠者, 謂之靑銅鳧]"고 하였는데, 이는 청둥오리의 색깔을 염두에 둠과 아울러 청둥오리를 음차한 표기로 여겨진다. 이서구가 스스로 만든 말이거나, 혹은 우리식 표기법이 아니었을까 생각해본다.
443) 『세종실록』 권93 '23년 8월 임오조' 참조.
　　『新增東國輿地勝覽』 권3 「漢城府」 「橋梁」 「水標橋」. "在長通橋東, 橋西水中, 立石標, 刻尺寸之數, 凡雨水, 以知深淺."
444) 현재 보물 제838호로 지정되어 있으며, 세종대왕기념관에 옮겨져 있다.
445) 『동국여지비고』 권2 「한성부」 「교량」 「水標橋」. "중부 長通坊, 장통교 동쪽에 있다.

때로 알려진 1760(영조 36)년이다.

그러므로 이서구가 보았던 그 수표석주를 비록 장소는 다르지만 현재 우리도 볼 수 있는 것이다. 이 수표석주에는 양면에 주척(周尺) 1척마다 눈금을 1척에서 10척까지 새겼고, 3척·6척·9척 선상에는 둥근 홈을 파서 각각 갈수(渴水)·평수(平水)·대수(大水) 등을 헤아리는 표지로 삼았다고 한다. 그런데 이서구의 시에서는 물결이 삼척(三尺)을 가리킨다고 하였으니 그때는 아마 갈수기였던 것이다. 그래서 소나기라도 확 쏟아져서 해갈이 되기를 기원하였던 것이다. 그런데 비는 오지 않고, 이곳에서 서식하던 청둥오리 떼도 모두 다 사라져 버렸다. 우리의 고유한 수위계인 수표석주를 시적 소재로 수용하여 비가 오기를 희구하는 마음을 읊어 내고 있음을 볼 수 있다.

다음은 이서구가 우리의 국토산하 여기저기를 지나면서 읊은 시들이다.

飄然行橐倦長途	가벼이 봇짐 매고 쉬엄쉬엄 먼 길 가며
馬上披看列邑圖	말안장 위에 앉아 열읍도를 펼쳐 보네.
紅樹遙分弓裔國	단풍나문 궁예국을 저 멀리로 나누었고
蒼山橫斷貊王都	푸른 산은 맥왕 도읍 가로질러 갈라 있네.
縈雲石棧歸僧見	구름 얽힌 비탈길에 가는 중이 보이는데
傍水蘆田落雁孤	물 옆의 갈대밭의 기러기가 외롭구나.
薄暮將尋蕭寺宿	땅거미 지려 하여 묵어 갈 절 찾으려다
殘碑落日訪彭吳	쇠락한 팽오비를 해도 다져 방문했네.

— 「수동 가는 길에[水洞道中]」446)

영평에서 강원도 고성군(高城郡)에 있는 수동(水洞)이란 곳으로 가는 도

다리 서쪽 물 가운데 石標를 세우고, 庚辰地平 네 글자를 새기고, 또 尺寸의 수효를 새겨서 빗물의 얕고 깊음을 알게 하는데, 높이가 10척이다."

446) 『初集(乾)』 16장. 『詩集』(권2) 35장(23세 작). 『四家詩』(권4) 「7율」. 『惕齋集』(권2) 「7율」. 『척재집』에는 제목이 「紫藤嶺」으로 되어 있고, 내용도 대폭 개작된 채 실려 있다.

중 읊었다. 열읍도(列邑圖)라는 화두를 꺼내어 작품 속에 궁예국(弓裔國)·맥왕도(貊王都)·팽오(彭吳) 등 여러 지명·사적(史蹟)을 시적 소재로 수용하고 있는데, 이는 이 작품의 지형도를 형성하면서 작품의 분위기를 만들어낸다. 『열읍도』라는 역사·지리서를 즉석에서 펼쳐 보며 그 현장의 분위기를 흠뻑 느끼고 있는 것이다. 특히 함련의 경우에는 국토산하의 장엄함을 느끼게 한다. 그러기에 이 시에 대해 장활(壯濶)하다거나, 3·4 구가 매우 밝다는 평가가 있었던 것이다.[447]

이서구는 "궁예국은 지금의 철원이고 맥왕도는 지금의 춘천인데, 두 고을이 모두 영평의 접계에 있다. 한 무제(武帝)가 팽오(彭吳)를 시켜 창해군(滄海郡)[448]에 통하게 하였다. 지금도 팽오비(彭吳碑)가 춘천에 남아 있다"[449]고 주를 달았고, 또 "『한서』의 「식화지(食貨志)」에 무제가 팽오로 하여금 예맥도(濊貊道)를 통하게 하였다고 하였으며,[450] 고전(古傳)에 팽오비는 우수주(牛首州)에 있다고 하였는데 지금의 춘천부(春川府)이다"[451]라고 주를 달았다. 이와 같이 우리의 지리와 역사에서 연원한 전고를 시적 소재로 대폭 수용하고, 여기에 상세한 주석을 붙여서 우리나라 사람뿐만이 아니라 중국인들도 이해할 수 있도록 의도하였다. 이는 우리의 것을 있는 그대로의 모습으로 보편화하려 한 것으로 그의 주체적 자아 인식 태도를 엿보게 해준다.

> 日暮行人古鐵圓　저물녘에 가는 길손 옛철원에 이르러서
> 淸秋吟望入山川　맑은 가을 읊고 보며 산천으로 들어가네.

447) '李調元 評'. "壯濶."(『四家詩』); '潘庭筠 評'. "三四高亮."(『四家詩』)
448) 현재의 강릉(江陵)이다(『新增東國輿地勝覽』 권44 「江陵大都護府」 「古跡」 「滄海郡」 참조).
449) 自註. "弓裔國, 今鐵原, 貊國, 今春川, 二郡皆與永平接界. 漢武帝, 使彭吳, 通滄海郡. 今彭吳碑, 尙在春川."(『四家詩』)
450) 『漢書』 권24(하) 「食貨志」 제4(하). "彭吳, 穿穢貊朝鮮, 置滄海郡."
451) 自註. "漢書食貨志, 武帝使彭吳, 通濊貊道. 古傳, 彭吳碑, 在牛首州, 卽今春川府." (『初集』)

馬前樹映東關路　　말 앞에는 나무들이 동관 길에 어른대고
鴈外雲遮北嶺天　　기러기 끝 먼 구름은 북령 하늘 막고 있네.
壯士裹尸哀絶域　　장사는 시체 되어 먼 땅에서 슬펐었고
奸雄竊國笑當年　　간웅은 나라 훔쳐 그 당시에 웃음 샀지.
浮生底處非羈旅　　뜬 인생이 어디선들 나그네가 아닐까만
野店猶存一宿緣　　들 주막은 외려 남아 하룻밤의 인연일세.
　　　　—「저물녘에 예포점에 이르러서 짓다[暮抵裔浦店作]」[452]

　저물녘에 철원에 있는 예포점(裔浦店)이란 주막에 이르며 지었다. 장사
(壯士)와 간웅(奸雄)이라는 시어를 사용하고 있는데, 이는 각각 김응하(金
應河)와 궁예(弓裔)의 고사를 시적 소재로 수용한 것이다. 그들을 장사와
간웅으로 묘사함으로써 인물에 대한 작자의 평가를 단적으로 제시하였
다. 작자는 철원에 이르러 철원과 관련된 우리의 역사적 사실을 떠올려
보았을 것이다. 철원은 김응하[453] 장군의 고향이자 그를 배향한 포충사
(褒忠祠)와 「요동백김응하장군묘비(遼東伯金應河將軍廟碑)」[454]가 소재한 곳
이기도 하다. 아울러 그 옛날 궁예가 태봉국(泰封國)의 도읍으로 삼았던
곳이기도 하다.
　이서구는 "김응하 장군은 이 고을(철원) 사람인데, 만력 기미년에 심하
(深河)[455]에서 죽은 무리이다"[456]라고 주를 달았다. '장사'라는 한 마디

---

452)『初集(乾)』28장.
453) 그는 1618(광해군 10)년 건주위(建州衛)를 치려고 명나라에서 원병요청을 하자, 이듬
　　해 도원수 강홍립(姜弘立)을 따라 좌영장(左營將)이 되어 참전하였다. 명나라 유정(劉
　　綎)이 군사 3만 명을 거느리고 부차령(富車嶺)에서 패하여 자결하자, 3천 명의 휘하군
　　사로 수만 명의 후금 군을 맞아 싸우다가 중과부적으로 패하고, 그도 전사하였다. 그
　　보답으로 1620(광해군 12)년에 명 신종(神宗)이 요동백(遼東伯)으로 추봉하였다.
454) 강원도 철원군 철원읍에 있는 충무공(忠武公) 김응하의 묘비. 강원도유형문화재 제
　　105호로 지정되었다. 당초에는 포충사에 함께 있었으나 한국전쟁의 전화(戰禍)로 인하
　　여 포충사우는 소실되고 비만 남아 있다고 한다.
455) 李德懋,『靑莊館全書』권67『入燕記』下. "又曰, '深河, 在興京盛京之間, 往往有京
　　觀, 卽高麗人塚.' 此盖金應河敗死之處也."
456) 自註. "金將軍應河, 此鄕人, 萬曆己未, 死于深河之徒."(『初集』)

말에 김응하의 장렬했던 기개가 완연히 표현되었다. 또한 "신라 말에 궁예가 이 지역을 훔쳐 이르렀는데 국호는 태봉이다"[457]라고 주를 달았다. 궁예를 나라를 훔친 간웅으로 혹평함으로써 김응하 장군과 극적으로 대비시켰다. 김응하 장군을 기림으로써 청나라에 대한 적개심을 드러내었음은 물론이려니와, 은연중 궁예국과 청나라를 동일시하는 의도도 있었을 것이다.

千柄朱華冒綠池　수많은 붉은 연꽃 푸른 연못 덮었는데
玩荷亭畔夕陽時　완하정 주위로는 석양 깔린 때로구나.
隣翁少住爲佳耳　이웃 영감 잠깐만 머물러도 좋은데다
野酌三巡復中之　들판 술 몇 순배에 성인에 들어맞네.
碧樹空留黃氏屋　푸른 나무 하릴없이 황씨 집에 머무르고
靑山長對朴公祠　푸른 산은 멀리서 박공사당 대하였네.
秋來畏作異鄕客　가을 옴에 타향의 나그네 됨 두렵거니
京國如今有所思　서울에선 지금쯤 생각한 이 있으리라.
　　　　—「연못 가 정자에서 감회가 있어서[池亭有懷]」[458]

자신이 은거하였던 영평에서 읊었다. 완하정(玩荷亭)·황씨옥(黃氏屋)·박공사(朴公祠) 등 우리의 역사적 전고를 지닌 소재들을 시어로 수용하고 있다. 완하정은 이서구의 5대조 효민공(孝敏公) 이유(李俁)가 지은 정자로 작자 당시에는 허물어져 있었다고 한다.[459] 황씨(黃氏)와 박공(朴公)은 각각 황정욱(黃廷彧)과 박순(朴淳)을 가리킨다. 이서구는 "백운계 남쪽에 옛날의 판서 지천 황정욱의 옛집이 있고, 서쪽에 영의정 박순의 사당이 있는데, 조정에서 사액하여 옥병서원(玉屛書院)이라고 호칭하였다. 두 공은 모두 이름 있는 신하이다"[460]라고 주를 달고 있다. 주석을 통해서 보

---

457) 自註. "新羅末, 弓裔, 竊抵此地, 國號泰封."(『初集』)
458) 『初集(乾)』 15장. 『詩集』(권2) 32장(23세 작). 『四家詩』(권4) 「7율」. 『시집』과 『사가시』에는 '異'가 '離'로 되어 있다.
459) 題下註. "亭名玩荷, 五世祖孝敏公所構, 今廢."(『初集』·『詩集』)

듯 이서구는 그들을 한적자재(閑適自在)하고 고고발속(孤高拔俗)한 삶을 산 선비의 전형으로 인식하고 있었던 것이다. 이러한 측면에서 볼 때, 벽수(碧樹)와 청산(靑山)은 이들의 인품을 표상(表象)하는 관념적 의미가 개입된 시어라고 볼 수 있다. 이와 같이 그의 시에 나타나고 있는 사물들은 그의 현실에 밀착된 실질적인 전고들에 의해서 단순한 소재적 차원을 넘어서는 심화되고 함축적인 의미를 갖게 된다.

다음은 이서구가 우리의 농촌을 지나가며 목도(目睹)한 풍경 혹은 그 농촌에서 살아가는 사람들의 모습을 소재로 수용한 시들이다.

望邨必驅馬	마을 뵈면 필시 말을 내달리나니
馬蹄舂如杵	말발굽이 절구처럼 절구질하네.
童稚爭倚門	아이들은 앞 다투어 문에 기대고
父老散偶語	어른들은 흩어져서 쑥덕거리네.
籬犢牟然呼	울 옆의 송아지는 '음매' 울면서
回首送其去	머리 돌려 지나는 말 전송을 하네.

— 「말을 몰아 달리다[驅馬]」[461]

시골마을에 말을 탄 사람이 쏜살같이 질주하여 들어오는 순간, 한가하던 마을 모습이 돌연 술렁거리기 시작한다. 이 잠시 동안의 소란스런 단상들을 시적 소재로 포착·수용하여 시골마을의 정경을 재치 있게 묘사하였다. 조금 전까지만 해도 쉬엄쉬엄 말을 몰았을 터인데, 멀리로 마을 모습이 나타나자마자 습관적으로 갑자기 말을 채찍질하여 내달리기 시작한다. 땅바닥을 박차며 힘차게 내달리는 말발굽 모습이 마치도 절구질하는 절구공이의 모습을 연상시킨다고 하였다. 달려 들어오는 말의 역동적임과 아울러 위협적이기까지도 한 모습이 적실(的實)하게 표현되었다.

---

460) 自註. "溪南有古判書芝川黃公廷彧舊居, 西有領議政朴公淳遺祠, 朝家賜號玉屛書院, 二公, 俱是名臣."(『四家詩』)
461) 『初集(坤)』 24장.

이에 골목에서 놀고 있던 마을 아이들은 문에 기대어 달리는 말을 빤히 쳐다본다. 이 순간 아이들의 심사는 질주해오는 말에 대한 두려움이 절반, 말을 탄 사람에 대한 호기심이 절반일 것이다. 마을의 어른들도 말을 피하여 흩어져서 삼삼오오 짝지어서 서로 쑥덕거린다. 어른들의 심사 역시도 무슨 일이 일어났나 하는 두려움과 호기심일 것이다. 아이·어른 할 것 없이 정신이 쏙 빠져 있는 순간, 울타리 옆에 매어 두었던 송아지 한 마리만이 한가롭게 음매[牟然] 하고 소리 내어 울며 순식간에 스쳐 지나가는 말을 향해 환송 인사를 보낼 뿐이다. 송아지의 환송 인사를 끝으로 시골마을에는 다시금 한가로운 평화가 찾아왔을 터이다. 질주하는 말의 모습, 시골 사람들의 순간적이지만 꾸밈이 전혀 없는 반응, 황소의 한가로운 울음소리가 잘 어우러져 매우 감각적인 시상을 형성하고 있다.

孤柳流陰覆澗扉　　덩그마한 버들 그늘 물가 집 앞 덮은 채로
鷄聲村落抱斜暉　　닭이 우는 마을에는 저녁 빛이 가득한데,
丈夫種麥田間去　　남정네는 보리 뿌려 밭으로 떠나갔고
留得渾家摘菜歸　　집에 머문 아낙네는 나물 캐어 돌아오네.
　　　　　　　　　　　　　　—「시골집을 지나가며[經田家]」462)

어느 농삿집을 지나가며 그곳 시골 사람들의 일상적 삶의 모습을 시적 소재로 수용하고 있다. 덩그맣게 서 있는 한 그루 버드나무 그늘이 시냇가에 있는 집 대문 앞을 자욱이 덮었다. 닭소리가 울려 퍼지는 촌락에 석양빛이 가득하다. 이때 누구네 집 남정네는 보리를 심기 위해 밭으로 떠나가 있고, 집에 머물러 있던 아낙네는 집 앞 텃밭에서 나물을 캐어 돌아온다. 특이한 사실이라고는 단 하나도 표현되지 않았다. 그저 우리네 농촌 마을의 일상적이고 소박한 풍경이다. 그러나 기이한 풍경의

---

462) 『初集(坤)』 2장.

묘사보다도 오히려 더 신기한 느낌으로 다가온다.

紅鴨欄邊小約危　　붉은 오린 난간 가의 외다리서 위태한데
數行髟柳拂新絲　　몇 줄기 앙상 버들 새 가지가 흔들린다.
斜陽一帶青溪色　　저물녘의 시냇물은 푸른 빛 한 줄기고
犢鼻褌張麂眼籬　　잠방이는 노루 눈의 격자 울에 널려 있네.
—「남산 아래의 시골집을 지나가며(두 수)[過南山下村家(二首)]」463) 첫째 수

　서울 남산 아래의 물가 시골집을 지나가며 읊었다. 봄날을 맞아 붉은
빛이 감도는 오리 한 마리가 난간 가의 외나무다리 위를 위태롭게 걷고
있다. 시냇가로 몇 줄기의 앙상한 버드나무가 서 있는데, 새 가지가 돋
아나서 바람에 흔들거리며 싱그럽다. 우리네 시골마을의 소박한 시냇가
풍경이 사실적으로 묘사되었다. 저물녘의 시냇물은 푸른 빛 일색인데,
시골집을 바라보니 '노루 눈과 같은 격자 모습의 울타리[麂眼籬]'에 쇠
코잠방이[犢鼻褌]가 널려 있다. 농사꾼들이 일을 할 때 흔히 입는 가랑
이가 무릎까지 내려오게 지은 짧은 홑바지가 싸리나무나 대나무를 격자
(格子)로 얼기설기 엮어 만든 울타리에 널려 있는 것이다. 이 시는 중국
문사에 의해서도 "풍치(風致)를 상상해볼 수 있겠다"464)는 평을 받았거
니와, 전대 시인들이 보면 비루하기 그지없는 모습들을 시적 소재로 과
감히 수용하여 멋스러운 모습으로 바꾸어 내고 있다.

一笠黃茅傍古槐　　덩그러니 누런 초가 느티나무 곁했는데
紡車響處板扉開　　물레소리 나는 곳에 판자문이 열려 있네.
繫牛石上灰青碗　　소 매 놓은 바위 위엔 회청 빛의 사발 놓여
知是招人買酒來　　알겠구나, 술 받으러 오라고 부르는 것.
—「남산 아래의 시골집을 지나가며(두 수)[過南山下村家(二首)]」 둘째 수

---

463) 『初集(坤)』 12장. 『詩集』(권3) 45장(24세 작). 『惕齋集』(권1) 「7절」. 『척재집』에는 제1
　수만 실려 있고, 『시집』에는 '欄'이 '闌'으로 되어 있다.
464) 李調元 評. "風致可想."(『詩集』)

삿갓 하나를 씌워 놓은 듯 덩그런 초가 주막집이 느티나무 고목 옆에 위치해 있다. 괴(槐)는 원래 콩과의 낙엽 교목인 '회화나무'를 뜻하는데, 우리나라에서는 통상 '느티나무'를 뜻하는 글자로 쓴다. 초가집과 느티나무가 어우러진 풍경은 우리네 시골 마을에서 흔히 볼 수 있는 일상적인 것이다. 그런데 물렛소리[紡車響]가 들려와서 가만히 보았더니, 그 집에 판자로 된 사립이 열려 있다. 판자 한두 장을 대충 걸어 놓은 허술한 문짝이 사실적일 뿐만 아니라 정겹기 그지없다. 그 주막 옆 느티나무 그늘 아래에는 소를 매어 놓는 바위가 있는데, 그 바위 위에 회청 빛의 사발이 하나 놓여 있다.

중국에서는 주막 표시로 염자(帘子) 즉 주막 기를 걸어 놓는 것이 일반적인데, 우리나라 시골에서는 문 밖에 단지 빈 사발 하나만을 놓아두고서 주막임을 표시하였다고 한다.[465] 그래서 작자 역시 우리나라 사람답게 이곳이 주막임을 금세 알아보았던 것이다. 아마도 그 주막집에 들어가 탁한 막걸리 한 잔으로 잠시 쉬어 갔으리라. 우리나라의 생활 습관 그대로가 시의 소재로 수용되고 있고, 그것이 비루한 것이 아닌 매우 소중한 것으로 인정되고 있다.

다음은 이서구 자신의 신변과 관련된 일상의 모습을 시적 소재로 수용한 작품들이다.

兒生何所似	이 아이가 어디에서 태어났을까?
吾意亦難知	내 생각엔 대단히 알기 어렵네.
忽怪能成子	키울 수 있을는지 의심했다가
仍思更肯誰	다시금 뉘 닮았나 생각하누나.
情爲達士累	정이란 건 달사에겐 짐이 되지만
喜是家人私	기쁨이란 가족들의 사심이구나.
念我曾如爾	나도 전엔 너 같았다 생각해보니

---

465) 自註. "村人買酒, 不用帘子, 門外只置一空碗."(『初集』)

斯須已此時　　잠깐 새에 어느새 이때가 됐네.
　　　　　　　　—「아들이 태어났다는 말을 듣고[聞生子]」[466)]

이서구는 15세 되던 1768(영조 44)년 1월에 장가들어, 5년여 만에 부모·조부모도 없는 외로운 처지에서 첫아들 건길(建吉)을 얻었다. 그러헌 까닭에 그 기쁨이 남달랐을 것인데, 이 시에서 그 마음을 고스란히 보여주고 있다. 득남(得男)의 기쁨을 시적 소재로 수용한 것도 의미가 있으려니와, 그 기쁨의 심리도 소박하기 이를 데 없다. 경련에서 잠시 체통(體統)을 잃지 않으려는 선비로서의 자세도 보여주지만, 전체적으로는 인간 본연의 소박한 정서를 보여준다. 생명 탄생의 신비로움 앞에서 경탄하는 모습, 자신이 아비로서의 자격을 갖추고 있는지에 대한 불안감, 아이가 누구를 닮았나 하는 호기심 등 갖가지 미묘한 감정이 교차하면서도, 전체적으로는 젊은 아비로서의 기쁨에 어쩔 줄 몰라 하는 소박한 모습을 여과 없이 보여준다. 젊은 아비라면 누구든 경험할 수 있는 보편적 감정을 있는 그대로 시화하였다.

百事那堪惱病中　　온갖 일을 어찌 참나, 병중이라 괴롭히니
食單多忌午盤空　　식단도 많이 꺼려 점심상도 텅 비었네.
晴垣近映西隣棗　　개인 담이 어우러진 저 이웃집 대추 열매
悄遣羣兒拾墜紅　　근심스레 애들 시켜 떨어진 알 줍게 했네.
　　　　　　　—「병이 든 후에 짓다, 두 수[病後絶句二首]」[467)] 첫째 수

병중(病中)에 읊었다. 이서구는 자라면서 수많은 병치레를 겪었고, 성장한 후에도 크게 다르지 않았던 것으로 보인다.[468)] 그러다 보니 그의

---

466) 『初集(坤)』 38장. 『惕齋集』(권2) 「5율」. 『척재집』에도 같은 제목의 시가 수록되어 있으나 대폭 개작되었다.
467) 『初集(坤)』 6장. 『詩集』(권1) 17장(22세 작). 『四家詩』(권4) 「7절」. 『사가시』에는 제1수만 실려 있다.
468) 李書九, 『惕齋自述』, 1면. "生而善病, 瀕危者屢, 賴醫治獲痊."

시에는 질병과 관련된 소재가 유난히 많이 등장한다. 아울러 병자들이 경험할 수 있는 고뇌도 잘 드러나 있다. 병 때문에 모든 일을 감당하기 어렵지만 그 중에서도 먹는 문제가 가장 고역이라고 하였다. 식단(食單)에 금기해야 할 음식이 많기 때문이다. 오반(午盤)이 텅 비었다고 한 표현에 그 심각성이 잘 드러나 있다. 때는 가을인지라 산해진미(山海珍味)가 넘치는 시절이건만, 마음대로 먹지 못하는 신세를 '공(空)'이라는 글자 하나가 충분히 대변하고 있다.

이러한 때에 마침 이웃집 대추나무에서 떨어진 빨간 대추알이 보였으니 참으로 먹음직스러워 보였을 것이다. 그래서 어린 아이들을 시켜서 주워 오게 하였던 것이다. 아이들을 시켜서 대추를 주워 오게 하는 행위는 그 자체로서 소박한 삶의 태도를 보여주는 것이지만, 그러나 '초(怊)'자에 표현되어 있듯이 그것을 먹어야 할지 말아야 할지에 대한 근심도 동시에 찾아왔다. 병이란 삶의 일부일 수밖에 없고, 이를 시적 소재로 수용하는 것은 당연하게 보일 수도 있다. 그러나 이 시의 경우처럼 생활적인 분위기를 물씬 풍기는 시도 많지 않다. 단순히 병을 소재로 삼은 것이 아니라 병자의 삶의 실상에 근접한 구체적인 정서를 시적 소재로 수용하였기 때문이다.

荳花籬落語秋虫	콩꽃 덮인 울타리에 벌레 소리 잦아지니
催辦寒閨月半功	한달 반치 베 짜는 것 끝내라는 재촉인 듯.
機響兒啼相繼續	베틀 소리, 아이 울음 서로서로 이어지며
夜深猶見一燈紅	밤 깊어도 붉은 등불 여전히 켜져 있네.

——「영평 산속 집 사계절의 이러저러한 일들을 읊다, 여덟 수
[永州山居四時雜絶八首] 여섯째 수469)

---

469) 『初集(坤)』 15장(27세 작). 『惕齋集』(권1) 「7절」. 『척재집』에는 제목이 「山居四時雜興四首」로 되어 있고, 『초집』의 8수 가운데 제2·4·6·7수가 대폭 개작된 채 실려 있다. 제하(題下)에 '庚子'(1780년, 정조 4, 27세)라는 주가 있다.

이서구는 영평의 산속 집에 은거하며 사계절의 이러저러한 흥취를 읊은 여덟 수의 시를 지었다. 일반적으로 산거사시(山居四時)를 읊은 시들은 관념적 사유의 결과물일 가능성이 많다. 사시(四時)에 대해 읊는다고 하더라도 그 창작 시점은 동일할 수밖에 없으며, 아울러 산거사시류의 시가 갖는 보편적 성격이 선행하기 때문이다. 그러나 이서구의 이 시는 그가 실제로 경험했던 내용들을 바탕으로 하여 지은 것이며, 그 스스로 이 점을 강조하였다.[470] 그야말로 자신의 생활공간 속에서 소재를 찾아 시를 지었던 것이다.

위에 든 시는 여섯째 수로, 시선을 밖으로 돌려 늦가을 밤에 베 짜기 작업을 하는 시골 사람들의 애환을 읊었다. 콩이 덮여 있는 울타리에서는 가을도 다 끝나 감을 안타까워하는 듯 풀벌레들이 자지러지게 울어댄다. 그 소리가 마치 한 달 반 치 베 짜기 작업을 빨리 끝내라고 재촉하는 소리와 같다고 하였다. 베 짜기 작업에 바빠 정신이 없어 어린아이를 돌볼 틈도 부족하다. 한창 베를 짜다 보면 아이가 치근거리며 운다. 그러면 잠시 일손을 멈추고 아이를 달래야 한다. 겨우 아이를 달래어 재우고 나면 다시 베 짜기 작업이 기다린다. 이런 상황이 계속되다 보니, 베틀소리와 아이 울음소리가 엇갈려 이어지며, 밤 깊도록 등잔불 하나를 빤히 켜 놓지 않을 수 없는 것이다. 백성들의 평범하면서도 고달프지 않을 수 없는 일상의 애환이 차분하면서도 곡진한 어조로 잘 표현되어 있다.

歲晏中林獨下帷　한 해 다 간 이 산중에 홀로 깊이 앉았으니
鄕園風味百相宜　시골 동산 사는 흥취 모든 것이 다 좋으니,
地爐滿爇松毛火　맨 화로에 솔가리 불 잔뜩 담아 놓아두고
怡是山窓聽雪時　기쁘도다, 산창 앞서 눈 소리를 듣는 것이.
　　　―「영평 산속 집 사계절의 이러저러한 일들을 읊다, 여덟 수
　　　　　　　[永州山居四時雜絶八首]」일곱째 수

---

470) 題下「小引」. "仲牧將卜築黃公溪上, 爲余豫道鄕園之樂, 亹亹可聽. 余之別永州, 于今三載, 回首故山, 不禁根觸, 因賦絶句以贈之. 此皆余曾所備嘗者也."(『初集』)

이 시는 일곱째 수로, 시선을 안으로 돌려 겨울 밤 자신의 흥취를 읊었다. 한 해가 다 져 가는 겨울, 이 산중에 훗훗하게 깊숙이 들어앉았으니, 한가한 이 생활 모든 것이 즐겁다. 맨 질그릇 화로에 솔가리 불을 잔뜩 담아 놓고 산창(山窓) 앞에 앉아 눈 내리는 소리 듣는 것, 이 얼마나 소중하고 행복한 일인가. 고급 청동화로에 숯불을 그득 담아 놓고서 고대광실 깊은 방안에서 공경대부(公卿大夫)들이 가득 모여 기생을 앞세워 금준미주를 마신다고 하더라도, 이서구의 이 소박한 행복을 당할 수 없을 것이다. 지로(地爐)·송모화(松毛火)·산창청설(山窓聽雪)에서 보듯 소박하기 이를 데 없는 시골 생활에서 경험하는 것들이 시적 소재로 수용되어 겨울밤의 풍미를 한껏 돋워 주고 있다.

2) 시어 수용의 범위 확대

시인에게 있어서 풍부한 시어 구사 능력은 당연히 요청되는 것이겠지만, 객관적 세계를 묘사하는 경우 시인 각자의 시선에 따라 시어의 탐색이 다른 방식으로 나타난다. 시적 대상을 주관적 자아로 지향하는 낭만주의적 시인이라면, 예컨대 방초(芳草)와 같은 다분히 추상적인 시어만을 가지고서도 자연경물을 충분히 묘사할 수 있을 것이다. 객수(客愁)와 같은 주관적 정서가 시인이 표현하려는 중심 목표이며, 자연경물의 묘사는 부차적인 문제에 불과할 수도 있기 때문이다.

그러나 시적 대상을 객관적 세계로 지향하는 사실주의적 시인이라면 그 양상이 사뭇 달라진다. 정서의 표현 이전에 자연경물 자체의 묘사가 시인의 중심 목표가 되기 때문이다. 이들 시인에게 있어서 주관적 정서란 자연경물의 구체적인 묘사를 통해서 자연스럽게 스며 나오는 종국적 결과물일지언정, 시인의 의식적 표현 대상은 아닌 것이다. 자연경물을 구체적 사실적으로 묘사하기 위해서는 우선 경물 자체에 대한 섬세한 관찰과 예리한 통찰이 요구되거니와, 이는 시인의 감각이 담당할 몫이다. 그러나 자연경물에 대한 감각이 예리하게 발동한 후라도 그 시인의 어휘 구사 능력이 부족하게 되면 사실적인 묘사에 한계가 있기 마련이다. 시어와 실재하는 대상 사이에서 심각한 분리현상이 발생하기 때문이다.

눈앞에 수만 가지 초목(草木)이 펼쳐져 있다 치더라도 그 구체적 이름을 알지 못한다면, 그저 이름 없는 존재로 추상화되거나 아예 인식의 대상에서 제외되고 말 것이다. 이서구는 사람들이, 나는 것은 새요, 꿈틀거리는 것은 벌레요, 빼어난 것은 풀이요, 솟아난 것은 나무라는 식으로 사물에 대해 추상적으로 인식할 뿐 그것들 각각의 다른 다양한 모습들을 구체적으로 구분하여 인식하지 못한다고 지적하며, 이는 순전히 금충초목(禽蟲艸木)이라는 네 글자 때문이라고 하였다. 그런데 만약 이 네 글자마저 없었더라면 사람들의 추상적인 인식마저도 불가능하게 되었을 것이라고 하였다.[471] 그러한 까닭에 시인이 대상을 사실적으로 묘사하기 위해서는 먼저 관습적이고 답습적인 사물 인식 태도를 지양하고 섬세한 관찰력과 예리한 인식 태도를 확보하여야 한다. 아울러 고양된 감각을 시적으로 형상화할 수 있는 시어에 대한 탐색작업이 필수적이지 않을 수 없다.

물론 시어에 대한 탐색 노력이 사실주의적 시인들만의 징표는 아닐 것이다. 의고(擬古)를 지향하는 시인들 역시도 종래의 전범적(典範的) 시어들을 부단히 학습하여 어휘력의 향상을 꾀하였음은 물론이다. 그러나 이들 시인이 구사하는 시어는 구체적 사물현상과 유리된 화석화(化石化)된 어휘일 가능성이 많다. 이들은 여전히 관습적이고 답습적인 사물 인식 태도에 얽매여 있음으로 인해, 그 구사하는 시어도 근본적 틀을 벗어

---

471) 李書九,『自問是何人言』「素玩亭禽蟲艸木卷序」. "彼禽翔而蟲蠕, 艸秀而木挺, 有萬不同, 各極其態, 凡夫人之見之者, 亦但知翔爲禽而蠕爲蟲, 秀者謂之艸而挺者謂之木者, 何也. 彼其胸中, 只有禽蟲艸木四者, 存焉而已. 若使四字者, 不製於古, 則必幷其名而不之知也."

나지 못하는 것이다. 사실주의적 시는 묘사하려는 대상과 시어가 일체감을 획득해야 하는데, 한성(漢城)을 경락(京洛)이나 진성(秦城)으로 표현하고 혹은 초목의 구체적 명칭을 관습적 어휘로 대체해 버리는 따위의 추상적 시어 선택은 애초에 시인이 의도하였던 감각적 형상을 독자에게 온전한 모습으로 전달할 수 없게 만든다.

이서구는 이조 후기 사실주의적 시인의 대표격인 사가 가운데서도 시어의 탐색 부분에 유달리 관심을 기울였다. 그는 시인이 육서(六書)의 뜻에 통달하지 못하면 사물에 접촉·감동하여 시를 지으려는 의지가 성정(性情)에서 나날이 치솟는다 하더라도 한 구절의 시도 지을 수 없다고 단언하였다.[472] 시는 분명 사람의 마음이 사물에 감동되어 말로 표현된 것이지만,[473] 그 마음을 표현하는 수단인 시어에 대한 구사 능력도 필수적임을 주장한 것이다. 전통적으로 유학에서는 사람이 감동하는 바에 사정(邪正)의 차이가 있음에 유의하여 올바른 시인이 되기 위해서는 성정을 도야할 것을 강조하였거니와, 이서구의 경우에는 성정의 효과적 표현 수단으로서의 언어 문제에 대해서까지도 많은 관심을 기울였던 것이다.

이서구의 시어 탐색은 시어의 수용 범위를 대폭 확대함과 아울러 우리의 것에 대해 관심을 기울이는 방식으로 나타났다. 그는 일용(日用)에 상행(常行)하는 수천백의 글자만을 가지고서는 표현하고자 하는 것을 이루 형용할 수 없다고 하였다.[474] 이서구 당대까지도 여전히 학시(學詩) 대상의 제한으로 인하여 시어로 수용할 수 있는 어휘가 제한되어 있었던

---

472) 李書九,『惕齋集』권7「對策」「文字」. "苟使詩人, 不達乎六書之旨, 則關關之鳴, 不知其爲雎鳩也, 華華之華, 不知其爲常棣也 (……) 雖使觸物感事, 比興之義, 日發於性情, 必不能成一章之詩也."
473) 『詩經集傳』「序」. "詩者, 人心之感物, 而形於言之餘也, 心之所感, 有邪正, 故言之所形, 有是非."
474) 李書九,『惕齋集』권7「對策」「文字」. "日用常行之數千百字而止, 則將何以探賾經傳之奧文, 洞見述作之微旨, 發爲文章, 又將何以究極天下之理, 而形容胸中之言乎."

것이 사실이다. 특히 선비 시인들의 경우에는 공식적으로 접하는 문헌에서 전고를 찾았는데, 이서구는 이러한 관습의 틀을 깨고 폭넓은 문헌과 우리의 것에서 시어를 탐색하였다. 『본초강목』·『모시초목조수충어소(毛詩草木鳥獸蟲魚䟽)』·『예기』 등의 문헌을 이용하여 초목(草木)과 조수(鳥獸)의 이름을 징험하였고, 의서(醫書)·도서(道書)·불서(佛書)·악부(樂府) 등 전대의 시인들이 별로 관심을 기울이지 않았던 문헌에서도 폭넓게 시어를 찾아내었다. 이러한 시어 탐색은 단순히 새로운 시어의 발견에 그치지 않고 시적 수사도를 높이는 데에도 매우 중요한 역할을 하였다.

이서구의 시어 탐색은 초목과 조수 명칭의 폭넓은 수용에서 가장 두드러진다. 그는 『시경』을 배우면 조수초목(鳥獸草木)의 이름을 많이 알게 된다고 한 『논어』의 기록을 인용하며,[475] 초목과 조수의 명칭에 대해 지대한 관심을 보여주었다. 또한 그는 금충초목(禽蟲艸木)이야말로 천지(天地)의 문장이라고 하였다. 그래서 문장을 수식하고자 하는 사람은 천지에서 그 문장을 빌릴 수밖에 없다고 하였다. 이러한 인식의 바탕 위에서 『소완정금충초목권(素玩亭禽蟲艸木卷)』이라는 시집까지 엮어졌던 것이다.[476] 문장을 쓰려면 금충초목을 소재로 수용해야 하고, 그러기 위해서는 금충초목의 명칭에 대해 관심을 기울이지 않을 수 없을 터이다.

腐婢花開日暖	팥꽃들이 피어나자 햇볕은 따스하고
慈姑葉大風輕	올방게 잎 큼직하여 바람은 경쾌한데,
野夫自有能事	촌 농부도 자연스레 능한 일이 있으리니
解道艸名穀名	풀이름과 곡식 이름 많이 알고 있으리라.

　　　　　　—「말 위에서 육언시를 대충 지어 중목과 함께 하다. 두 수
　　　　　　　　　[馬上漫賦六言同仲牧二首]」[477] 첫째 수

<hr>

475) 李書九, 『惕齋集』 권7 「對策」, 「文字」. "孔子曰: '詩多識乎鳥獸草木之名.'"

476) 李書九, 『自問是何人言』 「素玩亭禽蟲艸木卷序」. "夫禽蟲艸木者, 天地之文章也, 文章者, 人之飾也. 人之欲飾其文章者, 安得不假文章於天地也哉 (……) 遂裒其所著, 編爲素玩亭禽蟲艸木卷."

477) 『初集(坤)』 45장.

촌 농부들도 잘하는 일이 있을 것이라 하였다. 그것은 그들이 초명(艸名)과 곡명(穀名)에 대해 잘 아는 것이다. 이는 이서구로 하여금 부러움을 한껏 자아내게 했을 터이다. 구태여 『시경』을 학습하지 않고서도 절로 초곡(草穀)의 이름을 많이 알고 있기 때문이다. 그러나 이서구에게 중요한 것은 초곡의 우리식 방언명(方言名)을 아는 것에 그치지 않는다. 우리식 명칭을 징험해서 그 이름의 대상 식물을 한자식 명칭으로 풀이하는 것이다.[478] 그것도 기존에 널리 쓰이는 명칭보다는 다른 시인들이 별로 사용하지 않던 참신하고도 구체적인 명칭으로 풀이해내는 것이다.

그 결과가 기·승구의 부비(腐婢)·자고(慈姑)이다. 팥꽃을 일반적으로 쓰는 소두화(小豆花)가 아닌 중국 방언인 부비화(腐婢花)로 표현하였다. 『본초강목』에 따르면, '부비'는 '소두화' 즉 팥꽃이라고 하였고, 이서구도 『본초강목』에 두화(豆花)를 일명 '부비'라 한다고 주석을 붙였다.[479] 부취(腐臭)가 나는 것 같다고 해서 토인(土人)들이 그렇게 부르는 것이다. 자고(慈姑) 즉 '올방게' 역시 전대 시인들이 일반적으로 쓰던 자고(茨菰)를, 이서구가 참신하게 표현해낸 시어이다. 자고(慈姑)는 다년생 초본식물로 높이가 3·4척으로 수전(水田)에서 자란다. 땅속에 덩이줄기가 있어 여름에 덩이줄기로부터 가지가 나온다. 『본초강목』「자고(慈姑)」조, 석명(釋名)에 보면 자고(慈姑)는 한 뿌리에서 해년마다 열두 개의 새 뿌리가 나오는데, '자애로운 어미[慈姑]'가 여러 자식을 키우는 것 같다고 해서 이렇게 이름이 붙여졌다고 한다.

이서구가 『본초강목』에 관심을 기울였다는 사실은, 의학적(醫學的)인 문제와는 별반 상관이 없는 것으로, 그가 초목(草木) 명칭에 대한 관심과 식견이 매우 많았음을 보여주는 것이다. 공자가 『시경』을 통해서 초목 명칭을 배웠듯이, 이서구는 『본초강목』을 통해서 초목 명칭을 익혔던 것이다. 물론 이러한 관심은 야부(野夫)와의 대화를 통해 더욱 확대되었

---

478) 『初集(乾)』 7장 「新晴夕偶作」. "勤徵土品編花史, 細驗方言釋草名."
479) 自註. "本艸, 豆花一名腐婢."(『初集』)

을 터이다. 촌 농부는 단순히 초목 명칭에만 '능사(能事)'함이 있는 것이 아니라, 그 식물의 생태와 관련된 식견에도 '능사'함이 있었을 것이기 때문이다. 또한 이서구가 '부비(腐婢)'와 '자고(慈姑)', 즉 '여(女)'부가 들어간 글자들을 대구(對句)로 배치하여 시적 수사도를 높이고 있음에도 유의할 필요가 있다. 단순히 새로운 시어를 찾아내는 데에 그치지 않고, 그 시어를 이용하여 시적 수사도를 고양시키고 있기 때문이다.

東風無力柳空垂	봄바람에 맥도 없이 버들가지 쳐졌는데
詩句終難絆暮暉	시구로도 저녁 빛을 붙잡을 수 끝내 없네.
閏後三旬從此盡	윤달 맞은 서른 날이 앞으로 다 가리니
人於今夕自然悲	이 사람은 오늘밤에 자연스레 슬프구나.
丁香結綬林光暖	정향 열매 맺으란 듯 숲 속 빛이 따뜻하고
乙鳥馴雛院日遲	제비 새끼 치라는 듯 뜰의 해도 더디구나.
已向輕陰銷薄暑	엷은 그늘 찾아가서 늦더위를 식히는데
生衣展處草如眉	여름옷이 펼쳐진 곳 풀 모양이 눈썹 같네.

— 「윤달에 중목과 모여 함께 하며[閏月會同仲牧]」[480]

이서구는 을조(乙鳥)라는 어휘에 대해, 제비[燕]를 일러 '을조'라 한다고 주석을 붙였다.[481] 『본초강목』 「연(燕)」조, 석명(釋名)에 따르면, 이시진(李時珍)은 연(燕)자는 전문(篆文)의 상형(象形)이고, 을(乙)은 '그 울음으로 스스로를 부르는 것(其鳴自呼)'이라고 하였다. 즉 '을'은 제비의 울음을 본뜬 의성어라는 것이다. 그러나 이 '을조'라는 시어의 의미는 연자(燕子) 혹은 현조(玄鳥)를 대신해서 쓴 단순한 이명(異名)에 그치지는 않는다. '을조'가 정향(丁香)이라는 시어와 대구로 쓰였기 때문이다. 정향(丁香)은 향목(香木)의 일종으로 계설향(鷄舌香)이라고도 하는데 열대식물이다. '정향'이란 시어는 전인의 시에서도 빈번하게 나오는데, 이서구는 정향(丁香)의

---

480) 『初集(乾)』 2장.
481) 自註. "燕謂之乙鳥."(『初集』)

정(丁)자를 오행의 화(火)에, 방위의 남(南)에 해당하는 천간(天干)의 제4위(第四位)로 이해한 것으로 보인다.

한편 명 매응조(梅膺祚)가 찬한『자휘(字彙)』에 따르면, 조명(鳥名) '연을(燕乙)'에서의 '을(乙)'과 천간(天干) '갑을(甲乙)'에서의 '을(乙)'이 원래 글자와 음이 모두 달랐지만, 예문(隸文)에서는 이미 '을(乙)'로 함께 쓰고 음(音)도 같다고 한다. 그러므로 천간을 의미하는 갑을(甲乙)의 을(乙)자도 제비를 뜻하게 되었다고 한다. 결과적으로 정향(丁香)과 을조(乙鳥)는 천간으로 대구가 된다. 즉 이서구는『본초강목』에서 '을조'라는 참신한 시어를 탐색하여 사용하고 있을 뿐만 아니라, 이 어휘를 이용하여 기묘한 대구를 만듦으로써 시의 수사적 측면도 고려한 것이다. 시어에 대한 천착의 정도가 자못 심오하다.

久雨仍成濕	오랜 비로 습기 온통 절어 있어서
空堦長屋遊	빈 뜰엔 이끼들이 자라났는데,
竹梢來燕子	대숲 끝에 제비들이 날아오르고
匏背上蝸牛	통박 등엔 달팽이가 기어오르네.
樓靜新經月	다락 조용, 새삼 한달 지나 버렸고
江明已近秋	강물 맑아 벌써 가을 가까웠구나.
生涯甘澆落	이 생애가 쓸모없음 달게 여기며
猶作醉鄕侯	오히려 취한 나라 임금이 됐네.

—「여름에 쉬며, 두 수[休夏二首]」[482] 둘째 수

중국문사 이조원이 글자마다 세련되었다고 호평한 시이다.[483] 어휘 하나하나가 세련되지 않은 것이 없지만 특히 수련의 옥유(屋遊)라는 시어가 주목을 요한다. 물론 우운(尤韻)으로 압운하고자 한 의도로 이 시어를 썼을 수도 있지만, 단순히 운자만을 고려한 것으로 보기에는 예사롭

---

482)『初集(乾)』46장.『詩集』(권2) 27장(23세 작).『四家詩』(권4)「5율」.
483) 李調元 評. "以下字字烹鍊."(『四家詩』)

지 않다. 『본초강목』「옥유(屋遊)」조, 석명(釋名)에 따르면, 옥유(屋遊)는 와의(瓦衣)·와태(瓦苔)·와선(瓦蘚) 등으로 불리며 지붕 위의 가려 보이지 않는 곳에서 자란다고 하였는데, 전대 시인들의 시에서는 거의 찾아보기 어려운 시어이다. 일반적으로 쓰는 시어인 와의(瓦衣)와 비교하여 보았을 때, '옥유'라는 어휘는 오랜 장맛비로 온통 습기에 절어 있던 빈 뜰에 잔뜩 성장해 있는 이끼의 모습을 표현하기에 매우 효과적이다. 유(遊)자가 함유하고 있는 동태적(動態的)인 어감 때문이다. 이서구가 초목 명칭에 관심이 많았음을 알 수 있을 뿐만 아니라, 그 어휘를 통해 시적 수사도를 한층 높이고 있음을 다시 한번 확인하게 된다.

客到孤亭暮景收　　외딴 정자 손님 오자 저녁 풍경 막 걷히려
斜陽頹澹雨初休　　석양은 곱게 지고 비는 처음 그치는데,
微紅藥草藏階足　　발그레한 작약은 계단 발치 숨어 있고
迥白梨花表屋頭　　멀리 하얀 배꽃들은 지붕머리 화안하다.
且把繁華酬晩賞　　또한 좋은 풍경 갖고 늦은 감상 값 쳐주며
宜將時序助芳愁　　괜히 가는 시절 갖고 한봄 시름 덧칠랴만,
祇憐蕭蕭春暉盡　　다만 얼른 다 지나간 이봄만이 안타깝네.
搏黍雙飛語已流　　꾀꼬리는 짝져 날며 소리 이미 흘렀으니.
　　　　—「소완정에서 늦봄에 중미, 무관, 중목과 함께 하며, 두 수
　　　　　[素玩亭晩春同仲美楙官[484]仲牧二首]」[485] 첫째 수

이서구는 미련의 박서(搏黍)라는 시어에 대해 육기(陸璣)의 『초목조수소(草木鳥獸疏)』에 이르기를 꾀꼬리를 제(齊)나라 사람은 박서(搏黍)라 부른다고 주석을 붙였다.[486] 육기는 『모시초목조수충어소(毛詩草木鳥獸蟲魚疏)』

---

484) '楙官'은 '懋官'의 오류이다.
485) 『初集(乾)』 10장. 『詩集』(권1) 15장(22세 작). 『四家詩』(권4) 「7율」. 『시집』에는 제목이 「晩春同仲牧二首」로 되어 있다. 『사가시』에는 두 수의 시가 별개의 작품인 것처럼 분리 수록되어 있는바, 각각 「晩春同朴燕巖李懋官從弟仲牧鼎九作」과 「春晩」으로 되어 있다. 『시집』과 『사가시』에는 '宜將'이 '肯將'으로 되어 있다.
486) 自註. "『陸機草木鳥獸疏』云：'黃鳥, 齊人謂之搏黍.'"(『初集』)

에서 『시경』의 「갈담(葛覃)」 "황조우비(黃鳥于飛)"구를 풀이하며, 제인(齊人)은 꾀꼬리를 '박서'라고 한다고 하였던 것이다. 5월이 되어 보리가 다 익으면 꾀꼬리의 울음소리가 들리지 않는 까닭에 이 시절의 꾀꼬리를 '박서'라 부른다고 하거니와, 꾀꼬리 소리가 이미 다 사라져 가는 시절인 늦봄의 아쉬움을 표현하기 위해서는 시절(時節)의 추이(推移)를 내포하고 있는 '박서'라는 시어가 제격이 아닐 수 없다. 전고의 수용 범위를 『모시초목조수충어소』로까지 확대하였음도 주목을 요하거니와, 이를 통해 시적 의미의 긴밀도도 한층 강화되고 있음을 확인할 수 있다.

婉娩風歸處   따뜻하게 바람이 불어오는 곳
孤花態自知   외론 꽃의 자태 절로 알아보겠네.
香清沈水骨   향기 맑아 침향 나무 뼈대와 같고
紅蘸守宮脂   붉음 잠겨 도마뱀의 가루와 같네.
膜滑攀蝴約   껍질 미끌, 나비 붙기 힘이 들겠고
房深鑽蠭疑   씨방 깊어 벌도 뚫지 못할 것 같네.
從容傾百媚   그 자태가 온갖 교태 이길 듯하니
賭在艶陽時   풍광 고운 봄날과도 내기하겠네.
                        ─「석류꽃[海榴花]」[487]

함련에서 석류 열매의 진한 향기와 붉게 물든 빛깔을 묘사하였는데, 침수(沈水)와 수궁(守宮)이라는 식물과 곤충 명칭을 시어로 수용하여 강렬함이 극에 도달한 최상의 감각을 전달하고 있다. 이서구는 침향(沈香)을 일러 침수골(沈水骨)이라 하고, 석척사(蜥蜴砂)를 일러 홍수궁(紅守宮)이라 한다고 주석을 붙였다.[488] 침수(沈水)가 곧 침향(沈香)이니, '침수골'은 침향목을 일년 내내 물 속에 쌓아 두어 표면이 문드러지게 하여 뼈대만 남게 한 것으로 향료 중에 최상급에 해당한다. 또한 수궁(守宮)은 곧 석

---

487) 『初集(乾)』 35장.
488) 自註. "沈香, 謂之沈水骨, 蜥蜴砂, 謂之紅守宮."(『初集』)

척(蜥蜴)이니, 수궁지(守宮脂)는 단사(丹砂)를 먹여 키워서 몸이 붉게 된 도마뱀의 가루로서 여인의 몸에 찍어 바르면 죽을 때까지도 지워지지 않는다고 한다.[489] 지분(脂粉) 중에서도 최고의 효과를 지닌 셈이다. '골(骨)'과 '지(脂)'자는 대구도 절묘하거니와 침수(沈水)와 수궁(守宮)의 의미도 한층 강화시켜 강렬한 감각을 만들어내고 있다.

경련에서는 석류 열매의 미끌미끌한 껍질과 깊숙이 감추어진 씨방의 상태를 묘사하였다. 이 부분에서는 '벌'을 봉(蜂)자가 아닌, 『예기』에 수록된 범(蠭)자로 대신한 것이 주목을 끈다. 이서구는 『예기』를 들어 범(蠭)[490]은 봉(蜂)이라고 주석을 붙였다.[491] '봉'자 대신 '범'자를 쓴 것은 평성인 '봉'자를 피하여 측성자를 쓰고자 한 의도가 작용하였거니와, 아울러 시의 의미를 강화하기 위한 수단으로도 활용되었으리라 여겨진다. 『예기』에 "벌은 머리 위에 갓이 있고, 매미는 늘어진 갓끈이 있다(范則冠, 而蟬有緌)"고 하였는바, 벌의 갓과 매미의 갓끈이 서로 유리(遊離)되어 있는 이미지가 석류의 씨방이 너무나 깊숙하여 벌도 감히 뚫지 못한다는 의미와 절묘하게 결합되었다.

十番紅雨已經過	열 번째의 꽃비까지 이미 다 지난지라
歸客孤舟悵物華	외론 배의 가는 손님 봄경치를 슬퍼하네.
昨日同遊何處是	지난 날 함께 놀던, 어느 곳이 이곳인가?
桃花瘦盡鳥聲沙	복사꽃도 다 시든 채 새소리만 흐느끼네.

　　　　　　　　—「산으로 돌아가는 조산인을 보내며(다섯 수)
　　　　　　　　　[送趙山人還山(五首)]」[492] 셋째 수

---

489) 祝穆, 『事文類聚』 後集 권50 「蟲豸部」 「蜥蜴」. "一說, 取蜥蜴, 以器養之, 食以硃砂, 體盡赤, 擣萬杵, 以點女人肢體, 終身不減, 若與南合, 則減, 故曰守宮."

490) 『禮記』 「檀弓下」. "成人曰 : '蠶則績, 而蟹有匡, 范則冠, 而蟬有緌, 兄則死, 而子皐爲之衰.'" 『예기』에는 '범(蠭)'자에 '虫'이 붙어 있지 않지만, '蠭'과 '范'은 결국 같은 글자이다.

491) 自註. "『禮記』, 范, 蜂也."(『初集』)

492) 『初集(坤)』 3장.

십번홍우(十番紅雨)라 한 것으로 보면 계절적 배경을 십번채화화신풍(十番荣花花信風)이 부는 우수(雨水) 일후(一候)가 막 지난 때로 생각할 수도 있으나, 전체적인 내용으로 보아 이는 오류로 보인다. 도화수진(桃花瘦盡)이라 한 것으로 보아 십삼번도화화신풍(十三番桃花花信風)이 부는 경칩(驚蟄) 일후(一候)때보다도 훨씬 뒤인 늦은 봄이 이 시의 계절적 배경에 해당할 것이다. 이서구와 더불어 늦봄의 물화(物華)를 즐기지 못하고 조산인(趙山人)이 떠난다. 그러므로 조산인이 '물화'의 쇠잔함을 슬퍼할 뿐만 아니라, 이서구도 또한 슬프기 그지없을 것이다. 그러한 까닭에 도화(桃花)도 다 말라 시들고 새 소리도 '흐느낀다[沙]'고 한 것이다.

이서구는 『예기』를 들어, 사(沙)는 시(嘶)와 같은 새 소리라고 주석을 붙였다.[493] 그런데 왜 험벽한 글자인 사(沙)자를 시어로 사용하였을까. 압운을 고려하여 제운(齊韻)인 시(嘶)자 대신 마운(麻韻)인 사(沙)자를 썼을 가능성도 있다. 아울러 시어 선택의 상투성을 피하기 위한 의도도 있었을 것이다. 그러나 이런 것만이 이유는 아니다. '물화'가 다 시들어 가는 상태를 표현하기 위해, 복사꽃이 개진(皆盡)한 정도를 넘어 수진(瘦盡)하였다고 강조하여 그 쇠잔함의 질량을 강화하였다. 사(沙) 역시 "새가 윤택이 없는 색조를 띠며 흐느껴 울면 부취(腐臭)가 난다(鳥離色而沙鳴鬱)"[494]고 한 『예기』에서의 전체적 의미와 연관되어, 그 쇠잔함의 질량을 강화하는 효과를 준다. 결국 사(沙)자는 압운에 대한 고려 및 시어의 참신성을 제고하는 효과 외에 내용상으로 이별의 한을 극대화하기 위한 수단으로도 활용된 것이다.

生衣經水濺　　여름옷에 튀는 물이 스쳐 지나고
涼笠冒雲斜　　얇은 갓에 비낀 구름 침범하는데,

---

493) 自註. "沙與嘶同, 鳥聲也. 見『禮記』."(『初集』)
494) 『禮記』「內則」. "牛夜鳴則庮, 羊泠毛而毳羶, 狗赤股而躁臊, 鳥離色而沙鳴鬱, 豕望視而交睫腥, 馬黑脊而般臂漏."

晚路蛇眉草　저문 길에 사미초가 자라고 있고
荒堤雉飯花　거친 둑엔 치반화가 피어 있구나.
僧樵混女汲　나뭇꾼중, 물아낙과 섞여 오가고
梵寮雜民家　절집이 민가들과 함께 있구나.
數里纔翹首　몇 리 겨우 고개 들어 바라다보니
么岑尙半霞　작은 봉엔 외려 반이 노을이구나.
　　　　―「북한산을 유람하며, 여덟 수[遊北漢山中八首]」[495] 일곱째 수

함련에서 만로(晚路)에 사미초(蛇眉草)가 자라고 있고 황제(荒堤)에 치반
화(雉飯花)가 피어 있다고 하였다. '사미초'와 '치반화'는 얼른 보기에는
보편적으로 쓰이는 어휘처럼 느껴지지만 대부분의 사전에도 등재되어
있지 않고 전대 시인의 시구에서도 찾아보기 어려운, 실상은 우리말에
서 수용한 시어로 보인다. 구체적으로 어떤 대상의 식물을 지칭하였는
지는 알 수 없으나, 아마도 '뱀눈썹풀'·'꿩밥꽃'쯤 되는 토종 식물을 지
칭한 것이리라. 이는 이서구가 우리 북한산에 흔하게 자생하는 풀이
름·꽃이름을 한자식 시어로 풀이하여 수용한 것이다. 그는 이 시의 주
석에, '사미초'는 줄기 하나 가지 셋으로 언덕 바위 사이에서 잘 자라며,
'치반화'는 꽃이 모두 미세한 가루 같으며 물가 풀섶 사이에서 잘 자란
다고 풀이하고 있다.[496] 북한산을 직접 유람하면서 '사미초'와 '치반화'
를 직접 목도하고서, 그 스스로 이른바 방언(方言)을 자세히 징험하여 초
명(草名)을 풀이한 경우인 것이다.[497]

最愛攀枝學弄珠　가지 올라 꽃가루로 구슬 만듦 귀여웁고
更憐名字是羅敷　이름조차 '나부'이니 더욱더 어여쁜데,
花間避雨衣猶濕　꽃 사이서 비 피할 제 옷날개 외려 젖고

---

495) 『初集(乾)』34장. 『詩集』(권1) 8장(20세 작). 『四家詩』(권4) 「5율」. 『시집』과 『사가시』
　　에는 8수 중 제5수만 실려 있다.
496) 自註. "蛇眉草, 一莖三椏, 善生岸石間. 雉飯花, 花皆細屑, 善生沙艸間."(『初集』)
497) 『初集(乾)』7장 「新晴夕偶作」. "勤徵土品編花史, 細驗方言釋草名."

空際掎風力漸孤　　하늘 끝에 바람 일면 힘이 점점 약해지나,
縱道輕儇多薄態　　날쌘 중에 박한 자태 많은 거라 말하는데
幸因循默保微軀　　다행히 침묵 좇아 작은 몸을 보존하여,
東皇快許生涯足　　봄신께서 풍족한 삶 기꺼이 주신다면
開遍深紅復淺朱　　짙고 옅은 꽃송이들 두루 열어 편람하리.

　　　—「나비를 주제로 시를 지어 중목과 함께 하다, 네 수
　　　　　　　[賦得蛺蝶同仲牧四首]」[498) 넷째 수

　　이 시는 곤충 이름을 풀이하기 위해 우리말을 징험한 경우를 보여주
는 대표적인 경우이다. 방언에서는 접(蝶)을 나부(羅敷)라 한다고 한 주석
에서 보듯이,[499) 이 시에서의 나부(羅敷)는 협접(蛺蝶)을 뜻하는 우리말
'나비'의 음차(音借)로 쓰였다. 그러나 또 한편으로는 나부(羅敷)라는 미인
(美人)을 지시하는 말이기도 하다. 조왕(趙王)이 술을 마시고 겁탈하려 하
자 거문고를 타며 「맥상상(陌上桑)」이라는 노래를 불러 그치게 하였다는
왕인(王仁)의 처 '나부'처럼,[500) 이서구가 보고 있는 나비의 모습 또한 아
름답기 그지없다는 것이다. '나비'라는 우리말을 아름답고 절조 높기로
이름난 미인 '나부'와 연관시킨 것이 매우 이채롭다. 이와 유사한 경우
로 청둥오리를 '청동부(靑銅鳧)'로 표기한 경우도 있다.[501) 이서구의 시어
탐색에 대한 관심을 잘 보여주는 경우라고 하겠다.
　　이서구는 또 의서(醫書)·도서(道書)·불서(佛書)·악부(樂府) 등의 문헌
에서도 많은 시어를 찾아내고 있다. 이에 해당하는 시를 각각 한 수씩만
들어보기로 한다.

---

498)『初集(乾)』24장.
499) 自註. "方言, 蝶謂之羅敷."(『初集』)
500) 郭茂倩 편찬,『樂府詩集』권28「相和歌辭」3. "崔豹古今注曰: '陌上桑者, 出秦氏
　　女子. 秦氏, 邯鄲人, 有女名羅敷, 爲邑人千乘王仁妻. 王仁後爲趙王家令. 羅敷出採桑
　　於陌上, 趙王登臺見而悅之, 因置酒欲奪焉. 羅敷巧彈箏, 乃作陌上桑之歌以自明, 趙
　　王乃止.'"
501)『初集(坤)』1장「水標橋絶句十首」(其二). "蕩殺靑銅子母鳧." 自註. "鳧之最靑綠者,
　　謂之靑銅鳧."

早園申小僮	새벽 밭에 작은 아이 불러 타일러
長夏課閑工	긴 여름의 한가한 일 맡겨 놓았네.
步履殘香動	걸음마다 남은 향기 일렁거리고
行衣嫩色通	나들 옷에 엷은 빛이 두루 비추네.
草心依露弱	풀줄기는 이슬 맞아 연약해지고
泉脈到渠洪	샘물줄긴 도랑 만나 거세어지네.
偶得無名樹	우연히 이름 모를 나무를 얻어
移栽亂石東	돌무더기 이쪽으로 옮겨 심었네.

—「밭에 물을 대며[灌園]」502)

경련의 초심(草心)과 천맥(泉脈)은 위응물(韋應物)의 "남정(南亭)에는 풀
심지가 푸르러지고, 봄 못에는 샘 줄기가 일렁거리네(南亭草心綠, 春塘泉脈
動)"503)라고 한 구절을 점화한 것으로 보인다. 위응물이 '남정' 가에 자
란 초심(草心)의 푸른 색채와 '춘당'에 솟는 천맥(泉脈)의 생동하는 움직
임에 관심을 두고 묘사하였다면, 이서구는 '초심'과 '천맥'의 상태를 심
장(心臟)이 약해지고 맥박(脈搏)이 거세어지는 인체(人體)의 상태로 비유한
것이다. 이는 심장이 약해지고 맥박이 거세어진다는 말은 모두 의서(醫
書)에 보인다고 한 주석에서 확인할 수 있다.504) 이서구가 의서에 나오
는 어휘를 사용한 것은 의학적 개념이나 그 지식을 전달하고자 한 의도
에서가 아니다. 자신이 표현하고자 하는 물태(物態)를 감각적이고도 적실
하게 묘사하고자 하는 의도인 것이다.

詩情約略境全微	시 흥취가 소략하고 의경도 너무 횡해
帳裏無人急解圍	아무 없는 휘장 안서 서둘러서 벗어나네.
失次賓鴻經夕到	길 잃은 외기러기 저녁 겪어 도착하고
淪紅晚葉側風飛	불그레한 단풍잎이 바람 따라 흩날리네.

502) 『初集(乾)』 41장.
503) 韋應物, 『韋蘇州集』 권7「春遊南亭」「함련」.
504) 自註. "心弱脈洪, 俱見醫書."(『初集』)

秋船趁水輸新粟　　가을 배는 물길 맞춰 새 곡식을 수송하고
夜屋生寒易舊衣　　밤 맞은 집 한기 돌아 헌 옷을 갈아입네.
欲向蒲團成小睡　　자리로 향해 가서 잠시나마 잠자고자
憑渠酒力合雙扉　　술기운에 의지하여 두 눈을 붙여 보네.

　　　　　　　　　　　　　　　—「저녁 뒤에 중목과 함께[夕後同仲牧]」505)

　　미련의 합쌍비(合雙扉)라는 말은, 축자적으로는 '두 문짝을 닫는다'는
의미인데, 이렇게 해석하고 보면 문맥이 자못 어색해진다. 쌍비(雙扉)라
는 시어가, 유장경(劉長卿)의 "두 문짝을 푸른 산봉 끝자락에서, 저 멀리
석양 향해 열어보노라[雙扉碧峰際, 遙向夕陽開]"506)라고 한 구절에서 보듯,
고인의 거의 모든 시에서는 축자적인 의미 그대로 쓰였다. 그러나 이서
구의 이 시에서는 도가(道家)에서 쓰는 은어(隱語)로서 '두 눈의 눈꺼풀'
이라는 특수한 의미로 쓰였다. 도서를 들어 눈꺼풀을 일러 문짝이라 한
다고 한 그의 주석을 통해 그 의미를 확인할 수 있다.507) 압운을 위해
비(扉)자를 쓴 것도 사실이려니와, 도서에 나오는 전고를 이용하여 그 의
미를 훨씬 감각적으로 표현하고 있음에 유념해야 한다.

幽獨還如淨信人　　홀로 숨어, 오히려 정신한 사람 같고
可憐孤學托前因　　가련한 외론 학이 전생 인연 의탁한 듯.
謾云高節枝枝好　　높은 절개 가지마다 아름답다 말하지만
自是情根兩兩親　　이로부터 정의 근기 서로서로 친압하네.
水月觀音臨震旦　　수월관음 보살님이 진단에 친림했고
烟波釣徒閱玄眞　　연파조도 그이께서 현진의 공 쌓았구나.
蜜脾更有春來豔　　꿀벌 집이 다시 봄 돼 농염함이 있으리니
暖榮濃香別樣新　　다순 꽃술, 짙은 향이 특별히 새로움다.

　　　　　　　　　　　　　　　—「매화, 네 수[梅花四首]」508) 셋째 수

505)『初集(乾)』12장.『詩集』(권1) 19장(22세 작).『四家詩』(권4)「7율」.『사가시』에는 제
　　목이「夕後書字」로, 수련의 '境'이 '景'으로, 미련의 '小'가 '煖'으로 되어 있다.
506) 劉長卿,『劉隨州集』권2「遊休禪師雙峰寺」「수련」.
507) 自註. "道書, 謂眼睫曰扉."(『初集』)

정신인(淨信人)·전인(前因)·정근(情根)·수월관음(水月觀音)·진단(震旦)509)
과 같은 어휘는 모두 불서(佛書)에서 연유한 시어이다. 매화는 일반적으
로 불의(不義)에 굴하지 않는 선비정신의 표상으로 여겨지는데, 함련에서
명시적으로 밝히고 있듯, 이 시에서는 불교적인 시어를 대폭 수용하여
매화의 이미지를 표현하고 있다. 이는 이 시가 보편적인 의미로서의 매
화가 아닌, 새롭게 의미가 부여된 존재로서의 그것을 묘사하고 있음을
의미한다. 이 시의 첫째 수에서도 매화를 전단불(栴檀佛)과 수월관음(水月
觀音)으로 비유하고 있다.510) 그는 이 시에서 매화의 보편적 상징의미보
다는 매화 자체의 청신(淸新)한 이미지를 부각시키기 위해 노력하였고,
이를 위해 불서의 전고를 대폭 수용한 것이다.

天氣熏人日色淸	날씨는 따스하고 햇살은 마알갈 제
落花重院奈柔情	꽃 지는 깊은 뜰에 부드런 정 어이하나.
流鶯對雨雙文濕	꾀꼬리가 비 맞은 듯 쌍문은 젖었으니511)
戱蝶揹風片夢輕	나비가 바람 탄 듯 조각 꿈은 가벼워라.512)
嬌妒難忘歡昔昔	아리따운 시샘으로 기쁜 밤들 못 잊어서
癡魂猶惜怨卿卿	바보 혼은 오히려 미운 낭군 생각일세.
芳盟却恨心非石	고운 맹세, 되레 마음 바위 아님 원통하여
一半香肥刺小名	반쪽의 향기론 몸 작은 명예 꾸짖노라.

　　　　　　　― 「탁금사시사로 혜풍이 돌아오지 않음을 조롱하다(세 수)
　　　　　　　　[濯錦四時詞嘲惠風不歸(三首)]」513) 첫째 수

---

508) 『初集(乾)』 5장.
509) 自註. "佛家, 以中土稱震旦也."(『初集』)
510) "屈指番風第幾巡, 孤花專得色香新, 西天鼻寂栴檀佛, 南海魂歸水月人 (……)."
511) '쌍문(雙文)'은 당 전기(傳奇) 「앵앵전(鶯鶯傳)」에 나오는 최앵앵(催鶯鶯)의 자(字)이
　　다. 결국 이 구절은 홀로 남은 작자 자신을 장생(張生)에게 버림받은 '쌍문'으로, 호서
　　로 유람을 간 유득공을 과거를 보러 장안(長安)으로 올라간 '장생'으로 비유한 표현으
　　로 보인다.
512) 이 구절은 호접지몽(胡蝶之夢)을 염두에 두고서 상황에 맞추어 변화시킨 표현으로
　　보인다. 유득공에 대한 그리움으로 꿈길에서나마 조우하고자 꿈을 꾸어도 모든 것이
　　덧없어 시름이 풀리지 않는다는 의미일 터이다.

경련에서 환석석(歡昔昔)이라 하였는데, 석석(昔昔)이란 어휘의 의미를 주목하지 않을 수 없다. 이서구는 이 시에 대해 악부(樂府)에 「석석염(昔昔鹽)」곡이 있음을 들어 석석(昔昔)은 야야(夜夜)이고 염(鹽)은 환(歡)이라고 주석을 붙였다.514) 일반적으로 야야(夜夜)라고 쓸 시어를 악부의 곡명(曲名)에서 사용한 '석석'이란 어휘로 대체함으로써, 시어의 아정(雅正)함과 참신성을 획득한 것이다. 「석석염」은 『악부시집』에 수(隋) 설도형(薛道衡)의 「석석염이수(昔昔鹽二首)」, 당(唐) 조하(趙嘏)의 「석석염이십수(昔昔鹽二十首)」가 전하는바,515) 모두 정부(征婦)의 규원(閨怨)을 그 내용으로 하고 있다. 그런데 이서구의 이 시도 호서(湖西)로 유람을 간 유득공을 변새로 수자리를 서러 간 정부(征夫)로, 이서구 자신을 남편을 애타게 기다리는 규방(閨房)의 정부(征婦)로 비유하여 쓰고 있다. 다분히 장난 끼를 부려서 쓴 것이다. 이는 시제(詩題)의 조(嘲)자를 통해서도 확인된다. 이처럼 이서구는 악부의 곡명으로까지 시어의 전고 범위를 확대하였을 뿐만 아니라, 시의 전체 내용도 그 시어가 포함된 악부의 내용과 연관시키고 있다. 이를 통해 해당 시어와 전체 시 내용의 긴밀성을 높였을 뿐만 아니라, 시 자체의 의미에도 그 질량감을 실었다.

3) 시와 그림의 통합적 사고

주지하다시피, 한시(漢詩)는 이미지(Image)를 중시하는 경향이 매우 강하다. 한때 이미지즘 운동의 선구적 역할을 담당했던 에즈라 파운드(Ezra Pound, 1885~1972)는 한시, 특히 이백(李白)의 시에서 많은 영향을 받은 것으로 알려져 있다. 그는 한시의 두드러진 시각적 요소와 상징성에서 선

---

513) 『初集(乾)』 6장.
514) 自註. "樂府, 有昔昔鹽曲. 昔昔, 夜夜也. 鹽, 歡也."(『初集』)
515) 郭茂倩 편찬, 『樂府詩集』 권79 「近代曲辭」 1.

명하고 간결하고 고담(枯淡)한 새로운 시의 전형을 찾았던 것이다.516) 이는 한시가 본질적으로 회화성(繪畫性)을 강하게 지니고 있음을 보여주는 예이다. 그러나 한시 작가라고 해서 모두가 이미지만을 본령으로 삼는 것은 아니다. 이미지보다는 리듬(Rhythm) 즉 음악성(音樂性)을 더 중시하는 시인도 많다. 한시가 정형률의 구조를 지니고 있음을 본다면 이는 당연한 결과일 것이다.

이조 중기 삼당시인(三唐詩人)의 경우에는 시의 회화성보다는 음악성을 더 중시한 것으로 알려져 있다. 시의 음악성은 감성(感性)에, 회화성은 지성(知性)에 호소하는 경향이 강하다고 본다면, 음악성을 중시하는 시인은 '내가 우니, 자연도 운다'는 식으로 대상 경물을 주관적으로 인식하여 표현할 가능성이 많다. 그 자신의 정서에 깊이 빠져들어서 정서의 질량을 최대한 강화하는 것으로써 시작(詩作)의 목적을 삼으려고 한다.

> 積雪千山路　쌓인 눈에 뒤덮인 수 없는 산길
> 孤烟一水村　외론 연기 감도는 물가 한 마을,
> 行人欲投宿　나그네 찾아 들어 투숙하려니
> 殘日已黃昏　지는 해는 어느덧 황혼이구나.
> —「안주의 시골집에 유숙하려 하며[宿安州村舍]」517)

이 시는 감성을 중시하는 것으로 유명한 삼당시인 이달(李達)의 작품으로, 그의 시 중 비교적 회화성이 농후한 경우를 예로 들어 보았다. 기·승구가 유리표박(遊離漂泊)하는 작자의 지치고 고달픈 심신상태를 알리려는 기흥구(起興句)로 배치되고 있음에 주목해야 한다. 작자의 지치고 막막한 노정(路程)과 이 길 위에서의 고독함을 최대한으로 표현하기 위해서 시어의 질량을 조절하고 배합하여 의도적으로 만들어낸 것이다.

---

516) 李昌培, 『二十世紀 英美詩의 形成』, 민음사, 1979, 106~119면 참조.
517) 李達, 『蓀谷詩集』 권5 「五言絶句」.

천(千)과 일(一)이라는 시어가 그 역할의 수행에 중요한 요소로 작용하였다.[518]

물론 이달의 이 시는 실재하는 풍경을 보고 표현한 것이리라. 그러나 겨울날 저물녘이면 시골 마을 어디서나 볼 수 있는 보편적인 풍경으로, 그 구체성을 확보하지는 못하였다고 여겨진다. 즉 자신의 고달픈 정서를 표현하기 위한 수단으로 선택된 대상 경물이지, 있는 그대로의 객관적 대상은 아닌 것이다. 이처럼 감성을 중시하는 시인들은 설령 자연경관을 묘사한다고 하더라도, 자신의 감성이 지닌 색채에 따라 대상을 변화시킬 가능성이 많다. 이들에게 있어서 자연경관의 묘사는 부차적인 문제일 뿐이기 때문이다.

그러나 지성을 중시하는 시인들은 대상 경물을 있는 그대로 묘사함으로써 그 속에 자신의 마음을 의탁하려 한다. 여기에는 다분히 정관(靜觀)과 침묵의 사색을 지고(至高)하고도 이상적으로 생각하는 예술의 신(神) 아폴로의 자세가 있는 것이다.[519] 에즈라 파운드에게 이미지즘 문학의 철학적 이론을 부여해준 휴움(T. E. Hulme, 1883~1917)은 낭만주의 문학이 한숨과 눈물을 동반하게 된 이유를 시인들이 이 세계를 인간 중심으로 생각하여 인간에게 절대적 권위를 부여하는 데서 나온 결과라고 말한다. 새로운 시대의 문학은 그러한 그릇된 휴머니즘의 철학에서 벗어나 고전주의적 인생관을 가져야 한다고 주장한다.[520] 인간 자신의 내적(內的) 정서가 아닌 객관적 세계에 대한 구체적 관심을 촉구한 것이다. 이는 르네상스 이후 근대 유럽 문학에 있어서 사실주의의 출현을 의미하고 있는 것이다.

이서구를 비롯하여 사가 시인들은 모두 시의 회화성에 대해 지대한 관심을 기울임으로써 사실주의적 시세계를 개척하였다. 사가는 시상(詩

518) 宋寯鎬, 「蓀谷 李達 詩 硏究」, 『東方學志』 64집, 연세대 국학연구원, 1989 참조.
519) F. 니체, 김대경 역, 『비극의 탄생, 바그너의 경우, 니체 대 바그너』, 청하, 1982 참조.
520) 李昌培, 앞의 책, 같은 곳 참조.

想)을 선명하게 시각화하고 생동화(生動化)하고 입체화하기 위해 회화의 시에 대한 상보적 특질을 인식하였고, 이런 특질을 시작(詩作) 과정에서 실천적으로 활용하였다.521) 이 중에서도 특히 이서구는 이른바 채색설(彩色說)이라는 독특한 이론을 바탕으로 하여 신운미(神韻味)가 가득한 회화적 시세계를 개척함으로써 사가 중에서도 탁월함을 드러낸 바 있다.

이서구는 채색설을 통해 금빛 물감과 붉은 물감을 바른 것만을 가지고서 채색이라고 할 수 없다고 지적하며, '구름'과 '안개'라는 외면적 껍데기를 적절히 맞추어 그림으로써 '눈'과 '달'이라는 내면적 알맹이가 저절로 드러나게 하는 방식이야말로 진정한 채색이라고 주장하였다. 이는 객관적 대상을 주관적으로 인식함에 있어서 실체를 놓치지 않고 그 내면적 진실성까지 담아내기를 주장하였던 박지원의 사의론(寫意論)과 맥을 같이 하는 논리이다.522)

이처럼 이서구는 객관 대상으로서의 자연경관을 시로써 묘사할 때에 그 외형만을 그리지 않고 내면적 흥취까지 포착하려 하였으며, 그의 많은 시에 채색설의 논리가 효과적으로 반영되어 있다. 대표적인 작품을 들어보자면 「압구정을 바라보며[望狎鷗亭]」,523) 「저녁 경치[夕景]」, 「새벽에 일어나 물이 불어난 것을 보며[曉起觀漲]」,524) 「김갈천과 함께 저녁에 유하정을 찾아가는 길에 분운시로, '야광천저수(野曠天低樹)' 다섯 글자를 얻어서[同金葛川夕訪流霞亭道上分韻得野曠天低樹五字]」,525) 「비온 끝에 서강구로부터 걸어서 백운계에 이르러 짓다[雨餘徒西崗口步至白雲溪作]」,526) 「저

---

521) 宋寯鎬, 「朝鮮朝後期四家詩에 있어서 實學思想의 檢討」, 『淵民李家源先生七秩頌壽紀念論叢』, 정음사, 1987 참조.
522) 유홍준, 『조선시대 화론 연구』, 학고재, 1998, 142~149면 참조.
523) 『初集(乾)』 13장. 『詩集』(권2) 22장(23세 작). 『四家詩』(권4) 「7율」. 『惕齋集』(권3) 「7율」. 『척재집』에는 이 작품이 대폭 개작된 채 실려 있다.
524) 『初集(坤)』 22장. 『詩集』(권2) 25장(23세 작). 『四家詩』(권4) 「5절」. 『惕齋集』(권1) 「5절」.
525) 『初集(坤)』 22장. 『詩集』(권2) 27장(23세 작). 『四家詩』(권4) 「5절」.
526) 『初集(坤)』 28장. 『詩集』(권2) 31장(23세 작). 『四家詩』(권4) 「5고」. 『惕齋集』(권2) 「5

물녘에 백운계로부터 다시 서강구에 이르러, 잠시 소나무 그늘 아래 누워서 짓다. 세 수[晚自白雲溪復至西崗口少臥松陰下作三首]」,[527] 「저물녘에 시냇가에 가서 옥병고인을 보내며[晚往溪上送玉屛故人]」,[528] 「산길을 가며[山行]」, 「산중에 큰 눈이 왔는데 중목이 그리워서[山中大雪有懷仲牧]」[529] 등의 작품이 있다.

이 중 두 수만 예시하기로 한다.

殘靄斂汀舍　　남은 노을 물가 집에 스러지는데
疊翠紛山郭　　저녁 빛이 산자락에 내려 깔린다.
歸帆掛返照　　돛단배에 석양빛이 걸려 있는데
天末櫓聲落　　하늘 끝에 노 소리가 사라져 간다.

　　　　　　　　　　　　　　　　　　　─「저녁 풍경[夕景]」[530]

강가의 저녁 풍경을 읊은 한 폭의 그림과도 같은 시이다. 놋소리가 차차 사라져 가는 환청(幻聽)이 한 폭의 그림 속에서 배어 나오는 듯하다. 물가의 집에는 붉은 노을도 다 사그라지고 짙푸른 저녁 빛이 산자락에 깔리고 있다. 짙푸른 산자락을 배경으로 해서 한 조각 석양빛이 걸린 돛단배가 돌아가고 있다. 그 돛단배가 하늘 끝 저 멀리로 사라져 가며 삐거덕삐거덕 노 젓는 소리도 함께 사라진다. 시각적 이미지의 선명함이 차차 약화되며 청각적 이미지로 전환되더니, 끝내는 청각적 이미지마저 분해되고 만다. 사라져 버린 놋소리 끝에 남은 것은 실체를 알 수 없는 아련한 여운(餘韻)뿐이다. 감각이 사라진 그 경지에서 그림의 여백

___

고」. 『시집』과 『척재집』에는 제목이 「雨後徒西崗口步至白雲溪作」으로 되어 있다.
527) 『初集(坤)』 20장. 『詩集』(권2) 31장(23세 작). 『四家詩』(권4) 「5절」. 『惕齋集』(권1) 「5절」. 『사가시』에는 제목이 「自白雲溪復至西岡口少臥松陰下作」으로, 『척재집』에는 「早秋歸洞陰弊廬晚步溪上作三首」로 되어 있다.
528) 『初集(坤)』 32장. 『詩集』(권2) 33장(23세 작). 『四家詩』(권4) 「5고」. 『惕齋集』(권2) 「5고」.
529) 『初集(坤)』 36장. 『詩集』(권3) 46장(24세 작). 『惕齋集』(권2) 「5고」.
530) 『初集(坤)』 22장. 『詩集』(권2) 25장(23세 작). 『四家詩』(권4) 「5절」.

에 해당하는 빈 공간이 마련되고, 우리는 그 텅 빈 공간 속에서 무한한 정서적 흥취를 느끼게 된다.

이는 다음 시에서도 분명히 확인된다.

數棘荒寒堆亂石　　가시덤불 을씨년히 돌무더기 쌓인 채로
斜陽欲盡廢田頭　　묵어 버린 밭머리엔 저녁 햇빛 곧 다 질 듯.
野棠結子珊瑚顆　　산호 알을 꼬옥 닮은 열매 달린 찔레나무
何處飛來黃褐侯　　어디에서 날아 왔나, 산비둘기 한 마리는.
　　　　　　　　　　　　　　　　　　　—「산길을 가며[山行]」531)

가을날 저물녘을 시간적 배경으로 하여 돌무더기 사이에 가시덤불이 을씨년스럽게 자라고 있다. 돌무더기가 쌓여 있는 그 묵은 밭두둑 가에 찔레나무의 붉은 열매가 산호 알을 꼭 닮은 채로 서 있다. 그 찔레나무 위에 황갈후(黃褐侯) 한 마리가 앉아 있는 것이다. 한 폭의 화조도(花鳥圖)를 쉽게 연상할 수 있다. 황한(荒寒)은 자연경물인 가시덤불에 대한 외양 묘사이며, 여타의 어휘들도 시인의 직접적 심경상태를 표현하지는 않았다. 그럼에도 불구하고 이 시는 우리에게 쓸쓸한 분위기를 강렬하게 전한다. 쓸쓸함이라는 정서적 여운은 찔레나무에 앉아 있는 '황갈후'의 모습에서 나온다. 황갈후는 시인의 쓸쓸한 모습을 반영한 것임과 아울러 이 시를 읽는 독자로 하여금 쓸쓸함을 느끼게 하는 매개 역할을 하기도 한다. 이조원도 이 시에 대해 "왕사정을 만난다면 반드시 『지북우담(池北偶談)』에 뽑혀 들어갈 것"이라고 평하였다.532)

이처럼 이서구의 시는 객관적 대상의 실체를 놓치지 않으면서도 그 내면적 흥취까지 잘 담아내고 있다. 물론 그의 모든 시가 위에 제시한 경우들처럼 한 폭의 완벽한 그림으로 구현된 것은 아니다. 그러나 정도

---

531) 『初集(坤)』 9장. 『詩集』(권2) 36장(23세 작). 『四家詩』(권4) 「7절」. 『惕齋集』(권1) 「7절」.
532) 李調元 評. "如逢玩亭, 定擇入池北偶談."(『四家詩』)

의 차이는 있을지언정, 그 대부분의 시가 음악성보다는 회화성을 중시하고 있음은 분명한 사실이다. 이와 같이 이서구의 시가 회화적 요소를 강하게 함유하게 된 것은 그의 회화에 대한 수준 높은 식견이 작용하였을 것이다. 영·정조 대를 거치며 상당수의 중국 회화가 우리나라에 들어와서 문인이나 문인 화가들이 그것을 보거나 또 찬문(贊文)을 쓰기도 하였다. 정조 대 이후로는 특히 박지원·이덕무·유득공·박제가·이서구·남공철·신위 등의 문집에 관련 기록들이 많이 보인다.533)

이서구는 상당수의 중국 회화를 소장하였다. 그의 문집에는 동기창(董其昌)의 그림 및 진홍수(陳洪綬)의 「초충도(艸虫圖)」와 「호접도(蝴蝶圖)」를 보고서 쓴 시도 남아 있다.534) 명말 동기창의 그림은 당시 우리나라에도 광범위하게 소개되어 있었던 것으로 보이지만, 청대 진홍수의 그림까지 우리나라에 전해졌음을 확인시켜 주는 예이기도 하다. 이서구의 중국 회화에 대한 관심은 그가 인가(人家)의 벽에서 우연히 청인(淸人) 수민(殳敏)의 「고목죽석도(枯木竹石圖)」를 발견하고서 자신이 소장하고 있던 김홍도(金弘道)의 필적(筆跡) 세 장과 바꾸었다는 일화를 통해서도 단적으로 확인된다.535) 그는 중국 회화의 소장에 대한 관심뿐만 아니라, 회화자체에 대한 식견도 수준이 높았다.

우선 제화시(題畵詩) 몇 편을 통해 그의 회화에 대한 식견을 확인해 보자.

畵裡秋山照玉堂　　그림 속의 가을 산이 옥당을 비추는데
鵝溪三尺倣倪黃　　아계 비단 세 자 그림, 예·황을 본떴구나.

---

533) 한정희, 『한국과 중국의 회화』, 학고재, 1999, 280~299면 참조.
534) 『惕齋集』(권2) 「5고」 「題陳洪綬畵二首」.
535) 『初集(坤)』 22장 「殳敏畵枯木竹石」 題下註. "卷首著款云: '己丑夏五月, 寫于南別宮, 霽峯殳敏.' 又有姓名小印. 盖康熙時, 隨使來東者.";「小引」. "余從人家壁上, 見一枯木竹石圖, 頗蕭散有致, 遂以今世畵史金弘道筆三本, 易之. 驗其小款, 有己丑夏五月寫于南別宮霽峯殳敏十四字, 下印姓名小章 敏, 盖肅宗己丑勅行時, 所隨來者云. 因與從弟, 各製小詩以題, 甲午嘉平後二日."

解衣槃礴非吾事　　자유롭게 그리는 건 내 일 비록 아니지만
如此林泉興亦長　　이와 같은 자연 속의 흥취 또한 길어지네.
　　　　　　　　　　　　　—「동현재의 그림을 보고[觀董玄宰畫]」[536]

　　현재(玄宰)는 명말 동기창(1555~1636)의 자(字)이다. 동기창은 당(唐) 선종
(禪宗)의 남북 분파에 착안하여 중국 회화를 출신 성분과 화풍에 따라 남
북 이종(二宗)으로 구분 지었는데, 문인들이 수묵과 담채를 써서 사의적(寫
意的)인 측면을 중시해서 그린 것을 북종화(北宗畫)와 대비해서 남종화(南
宗畫)라 하였다. 그는 남종화의 시창인(始創人)을 당의 왕유(王維)로 보고,
그 정통이 오대(五代)의 형호(荊浩)·관동(關仝)·동원(董源)·거연(巨然), 북
송(北宋)의 미불(米芾)·미우인(米友仁) 부자 등을 거쳐 원말(元末) 사대가인
황공망(黃公望)·예찬(倪瓚)·오진(吳鎭)·왕몽(王蒙) 등과 명(明) 오파(吳派)의
심주(沈周)·문징명(文徵明) 등에게로 이어진다고 파악하였다.[537]
　　이서구가 본 동기창의 그림이 어떤 작품이었는지는 고증할 수 없지
만, 시에 표현된 그림의 구도와 방예황(倣倪黃)이란 표현으로 보아「방황
공망산수도(倣黃公望山水圖)」정도가 아니었나 추측해 볼 수는 있다. 예황
(倪黃)은 황공망과 예찬을 지칭하는 것으로 두 사람 모두 남종 문인화의
정맥으로 인정된다. 경련에서 보듯 이서구 본인은 그림을 직접 그리지
않았지만 남종 문인화인 동기창의 그림에 깃든 고품격의 임천흥(林泉興)
을 마음껏 즐기고 있다. 그의 남종 문인화에 대한 수준 높은 식견을 알
수 있다.
　　이서구의 남종 문인화에 대한 식견은 이조 후기 문인화풍의 한 맥을
형성하고 있는 이인상(李麟祥)과 이윤영(李胤永)의 그림을 보고서 지은 시
들에서도 잘 나타난다. 이인상은 이조 후기 시·서·화를 갖춘 대표적

---

536)『惕齋集』(권1)「7절」.
537) 譚旦冏 편, 金基珠 역,『中國藝術史－繪畫篇』(열화당, 1985)과 한정희,「문인화의
　　개념과 한국의 문인화」(『한국과 중국의 회화』, 학고재, 1999) 참조.

인 문인화가로 문자향이 가득한 그림을 그렸는데, 이서구는 그의 편두소경(扇頭小景)에 제화시를 지었다.538) 또한 이인상과 더불어 절친한 친구인 이윤영의 「허정추폭도(虛亭秋瀑圖)」를 보고서 읊은 시도 있다.

(……)

畫松畫石豈無意	솔과 바위 그린 것이 어찌 뜻이 없을 거며
不著人物眞遊戱	사람을 안 그림도 정말로 유희리오?
借問作此者爲誰	묻노니, 이것을 그린 이가 누구이뇨?
丹陵處士今淸閟	단릉처사 오늘날의 청비각 예찬일세.
丹陵山水四郡東	동쪽의 우리나라 단양 지방 그 산수를
一夢先向仇池通	한 번 꿈에 제일 먼저 구지 경승 찾았으니,
千嶂萬壑水精堆	수많은 산과 골에 수정이 쌓여 있어
米家硏山兒孫同	미불의 「연산도」와 너무나도 똑같구나.
幻境因與畫境遇	꿈 경지를 그림 경지 그 속에서 만나 보니
指頭颯沓烟雲赴	손끝에서 어지럽게 구름 안개 다다를 듯.
荊關董巨且莫論	형호 · 관동, 동원 · 거연 장차 논의 하지마라
落筆要寫胸中趣	붓을 대어 모름지기 흥중 흥취 옮겼으니.

(……)

— 「이윤지 선배의 허정추폭도에 대한 노래
[李胤之先輩虛亭秋瀑圖歌]」539)

윤지(胤之)는 이윤영의 자이다. 이윤영(1714~1759, 숙종 40~영조 35)은 이조 후기의 문인화가로 본관은 한산(韓山), 호는 단릉(丹陵) · 담화재(澹華齋)라 하였다. 과거에 뜻을 두지 않고 산수(山水)와 더불어 평생을 보냈다고 하며 평소에 단양(丹陽)의 산수를 좋아하여 즐겨 찾았다. 나중에는 단양의 구담(龜潭)에 정자를 짓고 그곳에서 지냈기 때문에 단릉산인(丹陵散人)이라고 하였다. 전반 4행에서는 이윤영을 원말의 예찬과, 중반 4행에서

---

538) 「李元靈麟祥扇頭小景」,『初集(坤)』 26장.『詩集』(권1) 13장(21세 작).『四家詩』(권4)「5고」).
539)『初集(坤)』 43장.

는 북송의 미불과, 후반 4행에서는 오대의 형호·관동·동원·거연과 비교함으로써, 이윤영의 그림이 남종 문인화의 정맥을 잇고 있음을 인정하였다.

전반 4행에서는 그림 속에 있는 폭포 주위의 경관과 정자에 대해 읊었다. 이윤영이 송(松)·석(石)을 그린 것에는 반드시 그 표현하고자 하는 의미가 있을 것이라고 하였다. 이윤영이 선비의 불변하는 절개를 표현하고자 하였음을 간파한 것이다. 또한 그가 인물(人物)을 그리지 않은 것도 유희(遊戱)가 아닐 것이라고 하였다. 원말 문인화가 예찬은 산수소경(山水小景)에 대부분 인물을 그려 넣지 않았다고 한다.[540] 그림 속에 사람을 그리지 않음으로써 세상에 참 선비가 없음을 탄식한 뜻을 붙인 것이다.[541] 그런데 이서구는 이윤영도 예찬의 의도를 그림 속에 그대로 표현하였다고 보았다. 제목의 허정(虛亭)이라 한 표현에서 보듯, 그림 속의 정자 안에 아무도 없는 것을 두고서 이른 것이다. 즉 이윤영이 인물을 그리지 않음으로써 인간의 조변석개(朝變夕改)하는 세태를 비판하고 소나무와 바위를 그림으로써 선비의 불변하는 절개를 표현하려 하였다고 본 것이다. 그러한 까닭에 그는 단양에 은거하였던 이윤영을 청비각(淸閟閣)이라는 서실(書室)을 짓고 은거하였던 예찬의 화신(化身)으로 여겼던 것이다.

중반 4행에서는 그림 속에 있는 폭포에 대해 읊었다. 이윤영은 우리나라 단양지방의 산수경관을 꿈꾸고서 그것을 그림으로 그렸는데 폭포수의 모습이 수정과 같았다고 한다. 그래서 그의 거처를 수정루(水精樓)라고 명명하였다는 것이다.[542] 이윤영은 단양의 구담(龜潭)에 정자를 짓고 은거하였는바, 「허정추폭도」가 그 곳에 있는 한 폭포를 묘사한 것임

---

540) 自註. "倪雲林, 作山水小景, 多不畵人物."(『初集』)
541) 潘天壽, 『中國繪畫史』, 上海人民美術出版社, 1983, 172~173면. "倪瓚 (……) 所寫 山水, 不位置人物, 問之則曰 : '今世那復有人.'"
542) 自註. "胤之嘗夢丹陽山水, 畵化爲水精, 因名其居曰水精樓."(『初集』)

을 밝히고 있는 것이다. 즉 이윤영이 꿈에 일찍이 서유천(小有天)에 가만히 통(通)하여 있는 만고(萬古)의 구지산(仇池山)과도 같은,543) 천장만학(千嶂萬壑) 속에서 수정과도 같이 쏟아져 내리는 단양의 폭포수를 꿈꾸고서 그것을 그림으로 그렸다는 것이다. 그런데 이윤영의 이 「허정추폭도」가 북송 미불의 「수정연산도(水精硏山圖)」544)와 자식과 손자가 서로 비슷하듯 똑같은 것이다.

후반 4행에서는 그림을 보고서 느끼는 가슴 속의 흥취를 읊었다. 이윤영이 꿈속에서 보았던 경지가 그림의 경지로 변화되었는데, 그 모습이 손에 잡힐 듯 생생하다는 것이다. 한편 이윤영의 그림을 묘사하는 데에 있어서 예찬과 미불뿐만이 아니라 오대의 형호·관동·동원·거연까지 언급하여 비교함으로써, 남종 문인화의 정맥에 속하는 화가들을 대거 등장시키고 있다. 이는 이윤영의 화법이 당 왕유로부터 시작하여 원말 사대가로 이어지는 남종 문인화의 정맥을 계승하고 있음을 인정한 것이다. 그러면서도 그가 단순히 중국 문인화를 방작(倣作)한 데 그친 것이 아니라, 흉중취(胸中趣)를 요사(要寫)하였다고 함으로써 그 주체성을 인정하였다. 이서구의 중국 회화사에 대한 거시적 안목과 문인화에 대한 수준 높은 식견을 확인할 수 있다.

이서구는 중국 회화사에 정통했을 뿐만 아니라, 우리나라의 회화사에 대해서도 깊은 식견을 지니고 있었다. 다음은 이덕무의 화조도를 보고 읊은 시이다.

率居去後李寧死	솔거가 돌아간 후 이녕조차 사망하니
東方近日無絶技	동방에는 요즘 와서 높은 재주 없어져서,
寫生佳處知者稀	사생의 좋은 것을 아는 자가 드물어져
虛舟醉眠徒爲爾	이징과 김지만이 오로지 알았으나,

543) 杜甫, 仇兆鰲 注,『杜詩詳註』권7 「秦州雜詩二十首」其十四. "萬古仇池穴, 潛通小有天 (……)."
544) 自註. "米芾有水精硏山."(『初集』)

泥金竹鶴涉樊籬　　이금 안료, 대·학 그림 범위를 넘어섰고
設色花鳥虧形似　　채색 수법, 꽃·새 그림 형사조차 못했는데,
誰能畫此野田黃　　누가 능히 이 들판의 황작을 그렸는가?
眼前突兀東隣李　　눈앞에서 우뚝 선 이웃집의 이씨일세.
(……)
明窓雪屋供點染　　환한 창의 눈 덮인 집, 점염법을 사용했고
妙解通靈具至理　　정통으로 신령 통해 깊은 이치 갖추었네.
正翹側刷態殊絶　　바른 꽁지 기운 귀얄 자태 자못 절묘하고
珊瑚瑟瑟叢刺裡　　산호 열매 엄숙하게 가시덤불 속에 있네.
使我神明還舊觀　　내 신명이 원래 모습 회복하게 해주나니
畫中定得詩中旨　　그림 속서 시 속 뜻을 확실하게 얻는구나.
(……)

ㅡ「철각도에 대한 노래로 청장관 이산인을 위해 장난삼아 짓다
[鐵脚圖歌戲爲靑莊李山人作]」[545]

이덕무가 참새를 보고 그린 그림을 읊은 시이다. 전반 8행에서는 우
리나라의 회화사를 개관하였고, 후반 6행에서는 이덕무의 「황작도(黃雀
圖)」에 대해 읊었다. 황룡사 「노송도(老松圖)」로 유명한 통일신라의 솔거
(率居)와 「예성강도(禮成江圖)」로 알려진 고려의 이녕(李寧) 이후로는 이조
전기의 허주(虛舟) 이징(李澄)과 취면(醉眠) 김지(金禔)만이 사생(寫生)의 가
처(佳處)를 깨달았다고 하였다. 이조 전기에는 안견(安堅)·이상좌(李上
佐)·김명국(金命國)과 같은 화원화가, 이암(李巖)·이경윤(李慶胤)·이정(李
霆)과 같은 왕실출신 화가, 강희맹(姜希顔)·양팽손(梁彭孫)·조속(趙涑)과
같은 사대부 화가, 김지·이징과 같은 몰락한 양반 내지 서얼출신의 화
가 등이 다양하게 배출되었는데,[546] 이서구가 구태여 솔거·이녕과 함
께 이징·김지만을 선별하여 서술한 것은 이덕무 역시 그들과 비슷한

---

545) 『初集(坤)』 40장. 『詩集』(권4) 54장(25세 작). 『楊齋集』(권2) 「7고」. 『척재집』에는 제
　　목이 「寒林雙雀圖戲爲李懋官作」으로 되어 있는데, 대폭 개작되어 있다.
546) 유홍준, 앞의 책, 75~88면 참조

처지인 서얼 출신이기 때문으로 보인다.

허주 이징은 16세기의 대표적인 문인화가로서 왕실출신이었던 이경윤의 서자였다. 취면 김지는 좌의정을 지낸 이안로(李安老)의 아들이지만, 이안로가 정유삼흉(丁酉三凶)으로 몰려 사사되자 과거와 벼슬에 길이 막혀 독서와 서화로 일생을 보냈다. 이서구는 이징의 그림을 이금죽학(泥金竹鶴)으로, 김지의 그림을 설색화조(設色花鳥)로 특징지었다. "사생의 좋은 것을 아는 자가 드물어져, 이징과 김지만이 오로지 알았구나"라고 한 구절에서 보듯, 이징과 김지의 재예를 수준 높은 것으로 인정하였다. 그러면서도 이들의 그림이 갖는 한계를 간과하지 않았다. 이징은 「죽학도(竹鶴圖)」를 그릴 때 금니(金泥)나 은니(銀泥)를 많이 사용하였고, 김지 역시 여러 빛깔로 채색(彩色)한 「화조도(花鳥圖)」를 즐겨 그렸으나 모두 공교롭지는 못하였다는 것이다.[547] 이징과 김지의 그림이 공교롭지 못하였다고 한 이유는 섭번리(涉樊籬)와 휴형사(虧形似)라고 한 구절에 표현되어 있다. 이금을 안료로 한 그림은 장식적인 효과를 중시하는 까닭에 속기(俗氣)가 묻을 수밖에 없고, 여러 빛깔로 채색한 그림도 신사(神似)는 물론이려니와 형사(形似)마저 어그러뜨린다는 것이다.

이서구는 신사(神似) 즉 사의(寫意)를 남김없이 발휘한 그림을 우리나라의 회화사에서 찾지 못하다가 이덕무의 「황작도」에서 발견하였다고 함으로써, 그의 그림을 극찬하였다. 이덕무가 그림의 배경이 되는 환한 창의 눈 덮인 집을 그렸는데, 점염법(點染法)을 통해 묘사하여 지극한 이치를 갖추었다고 하였다. 참새의 바른 꽁지와 기울어진 귀얄의 자태가 너무나도 절묘하게 묘사되어 있고, 참새가 앉아 있는 찔레나무의 붉은 열매가 가시덤불 속에서 엄숙하게 있다고 하였다. 이어 자신이 화중(畵中)에서 시중지(詩中旨)를 얻었다고 하였는바, 이덕무의 그림이 갖는 문인화로서의 성격을 극명하게 말한 것이다. 이덕무는 참새의 '쇠같이 튼튼

---

547) 自註. "李畫竹鶴, 多用金銀泥. 金亦喜作雜彩花鳥, 并不工."(『初集』)

한 다리[鐵脚]'를 그려서, 분수에 맞춰 스스로 즐거워하는 사군자(士君子)의 올바른 자세를 표현하려고 하였던 것이며, 이서구 역시 그 뜻을 정확히 간파하였던 것이다.[548] 또한 사의(寫意)를 중시하는 남종 문인화의 정맥이 이덕무에게로 이어지고 있음도 인정한 것이다. 이서구의 회화사 및 그림에 대한 식견이 유감 없이 발휘되어 있다.

위에 든 시들 이외에도 이서구의 시에는 여러 수의 제화시(題畵詩)가 있거니와,[549] 그의 그림에 대한 수준 높은 식견은 제화시가 아닌 여타 다른 시들에서도 확인된다. 이 중에는 화보(畵譜)에 나오는 색채 이미지나 화법(畵法)과 관련된 용어를 시어로 수용한 경우가 많다.

> 樹抄顚頂樹底昏　　머리 위를 부딪치는 나무 아랜 어둑한데
> 輕霞一半現何村　　엷은 노을 한 자락이 웬 마을서 나타나고,
> 遙山乍染棠梨褐　　저 먼 산에 갑자기 팥배 갈색 물들면서
> 幾片斜陽淨有痕　　몇 조각 석양빛이 맑게 흔적 남겨 놨네.
> ―「초가을에 빗속에서 지은 절구로 중목에게 차운하다, 아홉 수
> [初秋雨中絶句次仲牧九首]」[550] 여섯째 수

초가을, 여우비가 오는 중에 석양이 내려 깔리는 먼 산의 특이한 빛깔을 당리갈(棠梨褐)로 표현하였다. 당리(棠梨) 즉 '팥배'는 그 열매가 점점 짙은 색깔로 변하면서 결국 흑갈색(黑褐色)이 되고, 열매 곳곳에는 반점(斑點)이 촘촘하게 박혀 있다고 한다. 이서구는 저물녘에 멀리로 보이는 초가을 산의 빛깔을 이 팥배의 갈색빛이 물든 것으로 묘사하고 있다.

---

548) 李德懋, 『靑莊館全書』 권32 『淸脾錄』 권1 「題黃雀圖」. "余愛陳思王賦雀'眼如劈椒, 頭如顆蒜'之語, 摸寫玅絶, 手畫一鐵脚以驗其狀. 薑山題范石湖詩 : '羣雀歲寒保聚, 兩鶉日晏忘歸, 草間豈無餘粒, 刮地風號雪飛.' 於圖傍仍曰 : '羣雀則能保聚安穩, 守分自怡 兩鶉則鹿鹿營食, 辛苦於風雪之中, 至日晏而忘其歸. 以喩貪得而不知止, 士君子, 寧爲雀之保聚, 無爲鶉之忘歸.' 石湖, 必有意而作."
549) 이 중에는 겸재 정선(鄭敾)의 그림을 두고 쓴 시도 있다(「鄭河陽敾畫爲金孺成晚淳作」, 『詩集』(권1) 17장(22세 작)).
550) 『初集(坤)』 4장.

일반적인 갈색이 아닌 '당리갈'로 묘사한 까닭에 독자는 팥배의 자잘한 검붉은 반점까지도 연상하게 된다. 그런데 특이한 것은 그가 실재하는 팥배의 이미지로써 자연 경관을 묘사한 것이 아니라, 화보 속에 나오는 팥배의 색채 중 한 가지 이미지로 자연 경관을 환치하여 묘사한 점이다.551) 이는 이서구가 화보를 보지 못하였다면, 전·결구와 같은 신묘(神妙)한 표현이 나오기 어려웠을 것임을 환기시켜 준다.

아울러 이서구가 화보 속의 색채 이미지를 시적 표현에 수용함으로 인해 우리로 하여금 구체적이면서도 선명한 영상을 떠올리게 해준다. 팥배의 갈색빛은 실재(實在)하는 것이면서도 평소 우리들에게 거의 인식되지 못하는 것이 사실인데, 화보를 통해서는 그 이미지가 선명하게 인식될 수 있기 때문이다. 화보에서의 색채 이미지를 사용함으로 인해, 작자는 우중(雨中) ― 여우비 ― 임에도 불구하고 저 멀리 보이는 산에 몇 조각 석양빛이 남아도는, 실제로 존재하지만 평소에는 거의 인식하기 어려운 특이하기 그지없는 장면을 온전하게 있는 그대로의 모습으로 전해 준다. 또한 작자가 자연경관을 보고 느낀 미감(美感)까지도 그대로 전해 준다.

寂寂茅檐霽景遲　　고요하게, 띳집 처마 맑은 햇살 아늑한데
鵓鴣聲裡坐尋詩　　집비둘기 울음 속에 시구 앉아 찾노라니,
棠梨一樹西墻外　　한 그루 팥배 나무 저 담장 밖 서 있는데
挑出丁香鹿角枝　　정향·녹각 그 가지를 집어내어 세워 논 듯.

　　　　　　―「산속 집에서 봄날 날씨가 개어 우연히 절구를 짓다, 세 수
　　　　　　　　　　[山居春晴偶題絶句三首]」552) 첫째 수

작자는 지금 고요한 산 속에 거처하며, 맑은 봄날을 맞아 집비둘기가 울어대는 속에서 시 구절이나 찾으며 한가롭게 앉아 있다. 그런데 팥배

---

551) 自註. "畫譜, 有棠梨, 褐靑黃色也."(『初集』)
552) 『初集(坤)』 11장. 『詩集』(권3) 45장(24세 작).

나무 한 그루가 저쪽 담장 밖으로 솟아 있다. 이서구는 나뭇가지를 그리는 법에 정향(丁香) 가지 모양으로 그리는 법과 녹각(鹿角) 가지 모양으로 그리는 법이 있다고 주석을 붙였다.[553] 맑은 빛이 아늑하게 비치는 적적(寂寂)한 띳집 담장 밖으로 솟아 있는 팥배 나무 한 그루의 모습을 화법에서의 정향지(丁香枝)와 녹각지(鹿角枝) 수법으로 그린 나뭇가지 모습으로 환치하여 묘사한 것이다.

고요하게 앉아 전원생활의 한적함을 즐기고 있는 작자의 모습이 담장 밖으로 홀로 서 있는 팥배나무의 모습으로 전이되며 한적한 분위기를 더욱 고조시킨다. 이러한 분위기를 만들어내는 데는 그 무엇보다도 팥배나무에 대한 탁월한 묘사가 큰 기여를 하고 있다. 비록 실재하는 모습일지라도 독자에게 그 이미지 그대로를 온전하게 전달하는 것은 결코 용이하지 않다. 그런데 그 모습을 화법에서의 '정향지'와 '녹각지'로 환치하여 묘사해 놓고 보니, 독자는 팥배나무의 가지 모습을 선명하게 인식할 수 있게 되었다. 이 시에 대해 이조원은 "육유(陸游)의 예술적 경지와 같다"[554]고 평하였다.

曉雨添江練	새벽 비가 강의 흰 빛 더해 주어서
澄暉晚來散	맑은 빛이 저녁에야 흩어지겠네.
遙岑列雁齒	먼 산봉은 배열 맞춰 나란히 섰고
俯映空靑亂	물에 비친 푸른 하늘 어지럽구나.
港際隱漁歌	항구 끝엔 뱃노래가 들릴 듯하고
烟中鳴水鸛	안개 속에 물황새가 울어대누나.
豆人立沙岸	콩 같은 이 모래언덕 서 있는 채로
柳陰津船喚	버들 그늘 나룻배를 부르는구나.
眠鷗逈堪數	조는 백구 멀리서도 세볼 만하고
遊魚靜可玩	노는 고기 고요하여 볼 만하구나.

---

553) 自註. "畫樹枝法, 有丁香梢鹿角梢."(『初集』)
554) 李調元 評. "似老學菴筆意."(『詩集』)

去把槎頭竿　　뗏목 앞의 낚싯대를 가졌는지라
行藏久已牉　　진퇴가 오래 이미 나눠진 거네.
　　—「일찍 일어나서 맑게 갠 것을 보고, 두 수[早起看晴二首]」555) 둘째 수

새벽비가 끝나 맑게 갠 강물과 그 주위의 풍경을 보고서 읊었다. 강 주위의 여러 장면들이 운치 있게 묘사되어 있다. 이런 경관 모두가 작자로 하여금 은자(隱者)로서의 생활에 만족해하도록 하는 요소이다. 이 중에서도 특히 두인(豆人)이라고 한 표현이 눈길을 끈다. 이서구는 이 시어에 대해 "화법(畵法)에서는 1장(丈)의 산(山) 대 1척(尺)의 수(水), 콩알만한 크기의 인간 대 1촌(寸)의 말 비율로 그린다[畵法, 丈山尺水, 豆人寸馬]"고 자주를 붙였다. 저 멀리 모래 언덕 위에 서 있는 그 누군가를 화법에서의 두인(豆人)으로 환치시켜 묘사한 것이다. 자연경물 속에 실재하는 인물을 마치 그림 속의 인물인 양 묘사한 것이다.

이는 이서구가 형호(荊浩)의 「화산수부(畵山水賦)」를 잘 이해하고 있었음을 확인할 수 있게 해준다. 「화산수부」에서는 "장산척수, 촌마두인(丈山尺水, 寸馬豆人)"의 비율로 산수화를 그리라 하였다. 원근법(遠近法)을 염두에 둔 의도도 있겠지만, 인간의 모습을 작게 그림으로써 그 사람으로 하여금 자연에 동화되도록 하려는 의도도 있을 것이다. 이서구 역시도 인간을 '두인'으로 왜소화시켜 대자연의 일부로 복종시켰다. 이 '두인'은 대상화된 작자 자신의 모습일지도 모른다. 시적 표현에 화법의 표현 수법을 끌어들임으로써, 시의 주제의식을 한층 강화한 것이다.

帆頭水墨潑江天　　뱃머리에 검은 먹물 강 하늘에 퍼진 듯해
欲雨山光太米顚　　비 오려는 산 풍광이 정말 미불 그림일세.
飮渚雄虹初解渴　　물가 뻗친 수무지개 비로소 갈증 풀고

---

555) 『初集(坤)』 28장. 『詩集』(권2) 29장(23세 작). 『四家詩』(권4) 「5고」. 『강산시집』에는 '江'이 '紅'으로 되어 있으나 뜻이 통하지 않는다. 『사가시』에는 '豆人'이 '荳人'으로 되어 있다.

臥堤衰柳不成眠　　둑에 누운 쇠한 버들 잠 이루지 못하겠네.
微茫極浦漁人逈　　아득한 포구 끝엔 어부들이 멀리 있고
搖落蒼崖艸閣懸　　까마득한 푸른 절벽 초각이 매달렸네.
無限烟波詩句裏　　'끝없는 안개 물결' 그 시구절 읊는 중에
孤懷遙被卯君憐　　외론 내가 아우님의 애틋한 정 멀리 입네.
—「호수의 소나기에 중목이 그리워서[湖上急雨有懷仲牧]」[556]

　소나기를 보면서 사촌아우에 대한, 그야말로 소나기처럼 밀려드는 격정적인 그리움을 토로하였다. 비가 오기 직전의 상황과 비가 온 뒤의 풍광을 섬세하고 재치 있게 묘사하였다. 소나기가 쏟아지기 직전 어둑어둑해지는 날씨를 강하늘에 먹물이 번지는 상황으로 표현하였고, 단비를 맞고 있는 자연을 무지개가 갈증을 풀고 버드나무가 잠을 이루지 못하는 상황으로 표현하였다. 이 중에서도 특히 관심을 끄는 부분이 수련으로, 화법에서의 발묵법(潑墨法)을 염두에 두고 쓴 표현이다.

　발묵법은 먹물을 뿌려서 산수를 그리는 수법으로 흔히 우경(雨景)을 그릴 때 사용한다. 곧 소나기가 오려는지 강물 위로 검은 구름이 몰려드는 실제 광경을, 화가가 산수화를 그릴 때 먹물을 뿌리는 상황으로 환치하여 묘사한 것이다. 또한, 비가 오려는 산의 풍광을 미전(米顚)이라고 한 것은 미불(米芾)의 그림을 염두에 두고 쓴 표현이다. 비가 오려는, 운무(雲霧)로 가득한 산의 풍광을 미불이 마음대로 먹물을 흩뿌려서 그린 발묵 산수화의 한 장면으로 파악한 것이다. 소나기를 그리움의 상징으로 볼 수 있다면, 수련의 표현은 그리움이라는 주제의식을 드러내는 데에 효과적인 장치로 작용하고 있다.

　위 시에서 이서구가 객관적 상황으로서의 '우경'을 미불이 그린 그림의 한 장면으로 환치하여 인식·묘사한 경우를 볼 수 있거니와, 그의 시

---

556)『初集(乾)』13장.『詩集』(권2) 23장(23세 작).『四家詩』(권4)「7율」.『초집』과『시집』
　　에는 '衰柳'가 '人柳'로, '漁人'이 '漁舟'로 되어 있고,『初集』에는 '潑'이 '澄'으로 되
　　어 있는데 의미를 고려하여 모두『사가시』를 따랐다.

에는 이런 식의 표현법이 빈번하게 등장한다. 이제 그러한 예들을 살펴보기로 한다.

纓竹看初到　도착할 땐 대갓끈이 처음 뵈더니
今來結束新　이제 보니 띠 차림이 새로웁구나.
當風吳道子　바람 맞는 띠를 그린 오도자 그림
圖佛李公麟　길게 늘인 관음 띠의 이공린 그림.
(……)
　　　　　　―「어떤 손님이 나를 찾아왔는데 매고 있는 허리띠가 드리워진
　　　　　　　옷자락보다 길어서[有客過余結帶長於垂]」557)

어떤 손님이 이서구를 방문하였는데, 그가 두른 허리띠가, 드리워진 옷자락보다 더 긴 모습을 보고서 읊었다. 바람에 휘날리는 듯한 기다란 허리띠를 차고 있는 천진(天眞)스런 방문자의 모습을 보고서, 그것을 당의 오도자(吳道子)와 송의 이공린(李公麟) 그림으로 환치하여 묘사한 것이다. 이서구는 "오도자는 인물을 그림에 허리띠가 바람에 날아오르는 모양인지라 당시 사람들이 그것을 '오대당풍(吳帶當風)'558)이라고 하였고, 이공린이 긴 띠를 그렸는데 관음보살의 띠였다"고 주를 붙였다.559) 방문자의 천진스런 복장과 표일(飄逸)한 기상을 보고서 중국 화가의 그림을 연상하고 있는 바, 회화에 대한 그의 풍부한 식견을 유감없이 보여주는 대목이다.

樓臺眉目映空灣　누대의 고운 모습 빈 물굽이 어울렸고
船尾魚罾柳影閒　배는 꼬리 그물 싣고 버들 숲 속 매었는데,

557) 『初集(乾)』 32장.
558) 郭若虛, 『圖畫見聞誌』 권1 「論曹吳體法」. "吳之筆, 其勢圓轉, 而衣服飄擧, 曹之筆, 其體稠疊, 而衣服緊窄, 故, 後輩稱之曰 : '吳帶當風。曹衣出水.'"
559) 題下註. "吳道子, 畫人物, 衣帶飛揚. 時人, 謂之吳帶當風. 李公麟, 畫長帶, 觀音帶."(『初集』)

小李將軍金碧畫   소리장군 이소도의 금벽산수 그림으로
儂家洗出夕陽山   우리네 저녁 산을 씻은 듯이 그려 냈네.
　　　　— 「비온 후에 석양의 경치를 바라보며[雨後晚眺]」560)

　저물녘 비 갠 강마을의 화려하고 선명한 석양 경치를 묘사하였다. 빗
물에 씻겨 깨끗해진, 석양이 내려 깔리는 강마을의 경관을 소리장군(小
李將軍)이 금벽화(金碧畫)로 씻어 내어 그렸다고 하였다. '소리장군'은 당
이사훈(李思訓)의 아들 이소도(李昭道)이다. 이사훈과 이소도 부자는 명말
동기창이 북종산수화의 창시자로 규정했던 인물들로, 금벽산수(金碧山水)
의 명가(名家)들이다. '금벽화'란 여러 가지 화려한 물감을 사용하여 그
린 산수화로, 금벽(金碧) 또는 청록산수화(青綠山水畫)로도 호칭된다.
　이서구가 강마을의 경관을 '소리장군' 이소도가 그린 '금벽화'로 환치
시켜 인식하고 묘사한 것은 자연 경관을 겉모습에 의존하여 있는 그대
로 수용하는 것이 아니라, 심미적인 안목으로 내재적 아름다움을 포착
하고 있음을 의미한다. 여기에는 다분히 이서구의 자연 경관을 대하는
정감적(情感的)·심미적(審美的) 태도가 내포되어 있다. 자연경물 하나하
나를 애정을 가지고 관찰했을 때, 그 모두가 그림처럼 아름다운 것으로
인식되는 것이다.

清風祠外夕陽曛   청풍사 저 밖으로 석양빛은 꺼칠하고
過雨青谿碧樹紛   비 지나간 푸른 시내 푸른 숲이 엉켰는데,
飲水黃牛唇影短   물 마시는 황소 입술 모양새도 짤막한 채
平郊數里戴嵩圖   편편한 들 몇 리쯤이 대숭의 그림일세.
　　　　— 「다락원 가는 길에[樓院道中]」561)

---

560) 『詩集』(권2) 24장(23세 작). 『初集(坤)』 8장. 『四家詩』(권4) 「7절」. 『초집』에는 '眉目'
　　이 '看日'로 되어 있다.
561) 『初集(坤)』 8장. 『詩集』(권2) 29장(23세 작). 『四家詩』(권4) 「7절」.

결구에서 평교수리(平郊數里)가 대숭도(戴嵩圖)와 같다고 하였다. 이는 곧 기·승·전구에서 묘사된 그 장면이다. 이를 그림으로 환치해서 보자면, 기·승구는 그림의 배경에 해당하고 전구가 핵심 요소이다. 즉 「수우도(水牛圖)」에 해당한다. 아름다운 전원의 풍경 속에서 한가롭게 노니는 황소의 모습이 그림 속의 장면으로 환치되어 있는 것이다. 당 대숭(戴嵩)은 수우(水牛)를 그림에 그 야성(野性)을 잘 표현했다고 하며, 전야(田野) 풍경의 묘사에도 뛰어났다고 한다. 시골에서 흔히 접할 수 있는 평범한 광경이 대숭의 그림으로 환치되어 묘사된 것은 이서구의 대상 경물에 대한 정감적 심미적 인식 태도가 내포되어 있음을 유감 없이 보여주는 것이다.

牛欄西畔逕初紆　　소외양간 저쪽으로 산길 처음 굽어 돌고
繞舍靑蒼萬木扶　　집 둘레에 푸릇푸릇 수만 나무 엉클어져,
好向中林窓缺處　　숲 속의 창문 헤진, 그곳 반겨 향하여서
倩誰重寫勘書圖　　뉘를 시켜 거듭해서 「감서도」를 그리리오
　　　　— 「산속 집에서 봄날 날씨가 개어 우연히 절구를 짓다, 세 수
　　　　　　　　　　　　[山居春晴偶題絶句三首]」562) 둘째 수

진(晉)의 고개지(顧愷之)가 그린 「감서도(勘書圖)」를 염두에 두고 쓴 시이다.563) 「감서도」의 현존 여부는 알 수 없으나, 이서구가 묘사한 광경 자체가 곧 「감서도」와 다르지 않다고 본다. 기·승구에서 묘사한 것은 「감서도」의 배경 그림에 해당한다. 그 수풀을 배경으로 하여, 헤진 창문이 나 있는 집이 한 채 놓여 있다. 그 헤진 창 안에는 구부정하게 앉아서 글씨를 살피고 있는 사람이 보인다. 이 인물은 고개지가 그린 「감서도」 속의 인물일 뿐만 아니라, 이서구 자신의 대경화(對境化)된 모습이기도 하다. 감서(勘書)의 주체는 날씨가 화창한 봄날, 산속 서재에서 책을

---

562) 『初集(坤)』 11장. 『詩集』(권3) 45장(24세 작).
563) 自註. "晉顧愷之, 有勘書圖."(『初集』)

보고 있는 이서구요, 이서구의 이러한 모습 자체가 곧 「감서도」 속 은자와 같다는 것이다. 즉 결구의 표현은 자신의 삶이 곧 「감서도」 속 은자의 삶과 같은데 무엇 하러 다시금 「감서도」를 그릴 것이냐는 반문이다. 현실 속의 삶을 그림 속의 삶으로 환치하여 인식하고 있다.

早霧蔥籠一色鋪　　새벽안개 짙푸르게 한 빛으로 퍼져 있어
千章楊柳摠如無　　버드나무 수천 그루 모두 없는 것과 같아,
以他虛影生微豔　　빈 그림자 그로 인해 숨은 광채 생겨나니
薄似徐熙沒骨圖　　서희의 몰골도와 완벽하게 비슷하네.
　　　　　　　—「수표교에서 지은 절구, 열 수[水標橋絶句十首]」[564] 다섯째 수

　몰골도(沒骨圖)란 몰골법(沒骨法)으로 그린 그림이다. 몰골법은 윤곽선(輪郭線) 없이 색채나 수묵을 사용하여 그리는 화법으로, 물상의 뼈인 윤곽 필선이 빠져 있다는 뜻에서 붙여진 이름이다. 원래는 채색법의 일종으로 구륵법(鉤勒法)과 반대되는 수법이었으나, 수묵화가 보편화되면서 색채뿐 아니라 수묵으로도 윤곽선을 사용하지 않고 농담으로 형태를 나타내는 경우 몰골도(沒骨圖)라 부르게 되었다 한다. '몰골도'는 서희(徐熙)와 그의 손자 서숭사(徐崇嗣)로부터 시작되었다.
　서희의 몰골도가 윤곽이 없는 것처럼 이 시에서 묘사된 광경도 윤곽이 전혀 없다. 버드나무 수천 그루가 서 있되, 새벽의 짙푸른 안개에 덮여 그 윤곽이 숨어 버렸다. 짙푸른 새벽안개 속에 수천 그루 버드나무의 허영(虛影)만 있는 것이다. 그러면서도 그 '허영'에서 미염(微豔)이 생겨난다고 하였으니 그 운치가 탄성을 자아내게 한다. 실재하는 자연의 경관이 몰골법으로 그린 그림으로 환치·묘사되고 있는 것이다.

---

564) 『初集(坤)』 1장. 『詩集』(권1) 8장(19세 작). 『四家詩』(권4) 「7절」. 『시집』과 『사가시』에는 열 수 중 제4·6·7 이상 세 수만 수록되어 있으며, 『사가시』에는 제목이 「水標橋同白塔詩社諸人作七絶」로 되어 있다.

林泉蕭瑟置孤亭　　임천이 소슬한데 외론 정자 두었으니
眞作坡翁擇勝銘　　진실로 소동파의 택승명을 짓겠구나.
映艇白蘋漁子臥　　배에 비친 백빈에 고기잡이 누워 있고
滿襟黃葉酒人停　　소매 가득 누런 잎에 술꾼이 머무르네.
池花沒骨徐郎墨　　연못 꽃은 윤곽 없어 서랑의 그림 같고
野水分頭酈氏經　　들판 물은 갈래 나눠 여씨의 수경이라.
趁暮歸來烏牸倦　　저녁 되어 돌아오는 검은 소는 한가롭고
秋窓依舊數峯靑　　가을 창엔 예와 같이 뭇 봉우리 푸르구나.
　　　　　—「들 정자 곁을 저물녘에 걸으며[野亭晚行]」565)

　이 시에서도 경련 앞구에서 보듯, 저물 녘 연못에 핀 꽃의 모습을 몰
골법(沒骨法)으로 그린 그림으로 환치하여 묘사하고 있다.『전주사가시』
에 주를 단 박제영은 서랑(徐郎)을 서숭사(徐崇嗣)로 인정하였다.566) 서희
(徐熙)뿐 아니라 그 손자인 서숭사도 화조(花鳥)를 그림에 윤곽선을 이용
한 묘사(描寫)가 아닌 단분(丹粉)과 점염(點染)만을 이용하여 그림을 그렸
는지라, 필묵(筆墨)의 골기(骨氣)가 없었다고 한다. 저물녘이 되어 물기를
가득 머금은 연못에 핀 꽃이 몰골법으로 그린 서숭사의 그림 같다고 하
였으니, 골기가 전혀 없이 하늘거리는 꽃의 풍치를 쉽게 상상하게 한다.

人家多住斷橋西　　인가들 여러 채가 다리 저편 자리 잡아
野水縱橫罨畫迷　　들물 길이 이리저리 엄화인가 싶기도 해,
縣裡擔柴朝暮去　　마을 속에 땔감 지고 아침저녁 갈 적마다
樵風十里若耶溪　　나뭇짐에 십리 바람 약야겐 양 불어 주네.
　　—「양문에서 이러저러한 것들을 읊다, 두 수[梁文雜絶二首]」567) 둘째 수

565)『詩集』(권2) 34장(23세 작).『初集(乾)』16장.『四家詩』(권4)「7율」.『惕齋集』(권2)「7
율」.『척재집』에는 제목이「野亭」으로 되어 있는데 대폭 개작되었다.『초집』에는 '銘'
이 '名'으로 되어 있는데 오류이다.『사가시』에는 '墨'이 '畫'로 되어 있다.
566)『四家詩』(권3)「7율」「徐觀軒招朋茗飮焚沈水香於新買鑪製色甚古揷翠冰紋小壺爲
妙品(二首)」중 제2수, '沒骨圖'구에 대한 '박제영(朴齊永) 주' 참조
567)『詩集』(권2) 31장(23세 작).『初集(坤)』8장.『四家詩』(권4)「7절」.『초집』에는 제목이

한바탕 가을비가 지난 7·8월쯤의 경관을 묘사하였다. 잔뜩 불은 물이 도랑을 이루어 이리저리 뻗어 있는 들판의 모습을 엄화(罨畵)라는 그림으로 환치하여 묘사하였다. 엄화란 채색이 선명한 그림, 즉 잡채색화(雜彩色畵)를 지칭하는 용어이다. 이는 자연경물이나 건축물 등의 화려한 자태를 표현하기에 적절한 양식이다. 그런데 이서구는 불은 들물이 이리저리 아무렇게나 뻗어 있는 다채롭고도 선명한 모습을 잡채색화인 엄화로 환치하여 묘사한 것이다. 자연 경관이 엄화라는 양식의 그림으로 환치됨으로써 그 경관이 제공하는 생동감(生動感)이 자연스럽게 표현되었다.

夙計江湖也轉疎	시골 간단 오랜 계획 갈수록 헤식어서
卽今頻說畫移居	이젠 자주 '이거도나 그려야지' 말하는데,
夜燈身健猶敎子	밤 등잔에 몸 건강해 그냥 아들 가르치고
春雨家貧未燒畬	봄비 와서 가난해도 묵밭 미처 못 태웠소?
十五年曾桑下憩	십오 년을 일찍부터 뽕나무 밑 쉬어 살며
三千卷復老來書	삼천 권을 늙어 가며 다시 베껴 놓았겠죠?
紺巖山外空搔首	감암산 이 밖에서 괜히 머리 긁적이니
峽水遙生悵望餘	먼 산골 흘러온 물 슬픈 시선 끝에 뵈오

— 「제천의 조산인에게 부치며[寄堤川趙山人]」568)

충주(忠州)의 개천산(開天山)에 은거하다가 제천(堤川)의 공전호(公田湖)로 이사한 처사 조연구에게 부친 시이다.569) 함·경련에서는 조연구의 삶을, 수·미련에서는 자신의 처지를 읊었다. 은자로서 살아가는 조연구와

「梁父雜絶二首」로 잘못되어 있다.
568) 『詩集』(권1) 16장(22세 작). 『初集(乾)』 11장. 『四家詩』(권4) 「7율」. 『惕齋集』(권3) 「7율」. 『척재집』에는 제목이 「寄題忠州趙處士衍龜開天山居」로 되어 있는데, 대폭 개작되어 있다. 『사가시』에는 제목이 「懷堤川趙處士衍龜」로 되어 있다. 『초집』에는 '畫移居'가 '畫裡居'로 되어 있다. 『사가시』에는 '畫裡居'가 '盡移居'로 되어 있는데 오류이다.
569) 題下註. "處士, 今年春, 自開天山中, 又徙堤川之公田湖. 年高力學, 著書滿室."(『四家詩』)

세속의 길에서 벗어나지 못하는 자신의 처지를 대조시키고 있는 것이다. 이 시는 이서구가 과거에 급제한 후 은거하기 이전의 작품이므로, 그의 은거하려던 계획이 갈수록 해이어진다는 고백은 거짓이 아니었을 것이다. 그러므로 "즉금빈설화이거(卽今頻說畵移居)"라고 하였던 것인데, 이 구절의 '화이거(畵移居)'는 송인(宋人)이 그린 「갈치천이거도(葛稚川570)移居圖)」를 염두하고 쓴 것이다.571) 자신의 세속적 삶에 대한 회한을 송인의 그림을 매개로 하여 강화시키고 있는 것이다. 이 시를 통해 이서구의 회화에 대한 풍부한 식견과 아울러 회화를 대하는 그의 태도도 알 수 있다. 그러나 『전주사가시』에서는 이 점을 간과하여 화이거(畵移居)의 화(畵)자를 진(盡)자로 잘못 판독하였다. 이는 이서구의 회화에 대한 풍부한 식견이 그의 시를 이해하는 중요한 열쇠임을 보여주는 대표적인 예이기도 하다.

3. 경세적 주제의식―후기 시의 경향

1) 관료적 삶의 지향과 좌절

이조의 사대부들에게는 현실적으로는 관료적 삶을 지향하면서도 명분상으로는 은사적(隱士的) 삶을 더 높이 평가하는 풍조가 있었다. 이러한 사고는 전통적 유학관념에서 그릇 기인한 것으로 보인다. 주지하다시피 유학에서는 선비란 써 주면 도(道)를 행하고 버리면 은거하는 것이 원칙이다. 용사(用舍)의 여부를 자신과 상관이 없는 것으로 보며, 이로 인해

---

570) '치천(稚川)'은 중국 진(晉)나라 때의 학자 갈홍(葛洪)의 자이다.
571) 自註. "宋人, 有葛稚川移居圖."(『初集』)

세상에 나아가 도를 행하는 것과 은둔하여 숨는 것 모두를 만나는 상황에 따라 편안히 여기면 그만인 것으로 인식한다.[572] 그러나 행장(行藏)을 운명적인 것으로 수용하는 것이 공자(孔子)·안자(顔子)와 같은 성인의 경지에 이르지 못한 대다수 이조 사대부들에게는 거의 실천 불가능하면서도, 명분상으로는 지향하지도 않을 수 없는 갈등의 원천이었던 것이다.

이로 인해 실제로는 관료적 삶을 욕망하면서도 이에 대한 속죄심리로 은사적 삶을 동경·희구하는 경우가 많았던 것이며, 특히 시문학 작품에서는 은사적 삶만이 유독 가치 있는 것으로 그려지기 십상이었다. 그러므로 사대부의 시문학에서 관료적 삶의 지향을 직접·긍정적 주제 의식으로 삼은 작품은 별로 발견되지 않는다. 이러한 시문학 경향은 사대부들의 현실적 지향과 명분적 이념 사이의 부조화를 보여주는 실례이기도 하다. 이런 측면에서 볼 때, 관료적 삶을 지향하고 그 지향이 좌절되는 과정을 읊은 이서구의 시들은 연구자의 관심을 끌기에 충분하다. 그의 관료적 삶에 대한 지향이 경제제민의 추구 의지와 밀접히 관련되어 있기 때문에 더욱 그러하다.

이서구도 다른 사대부들이 종종 그러하듯 타고난 성품이 과거 공부를 좋아하지 않은데다 벼슬에 대해서도 욕심이 없었는데, 집안의 생계 때문에 어쩔 수 없이 과거를 보게 되었노라 술회하고 있다. 그는 21세인 1773(영조 50)년 문과에 급제하고 난 뒤, 3일 간의 유가(遊街) 때에도 조정 대신들을 찾아다니지 않았다고 기록하였다.[573] 그는 또한 적자(嫡子)가 없는 것, 점점 늙어 가는 것, 과거에 급제한 것을 평생의 세 가지 큰 한으로 들었고, 이 중에서도 과거에 급제한 것을 가장 큰 한으로 술회하였다.[574]

---

572) 『論語集註』「述而」. "子謂顔淵曰 : '用之則行, 舍之則藏, 惟我與爾有是夫.' ○ 尹氏曰 : '用舍, 無與於己, 行藏, 安於所遇, 命不足道也. 顔子幾於聖人, 故亦能之.'"

573) 李書九, 『惕齋自述』, 89면. "余素性澹拙, 不喜擧業, 且早經家禍, 自勝冠以後, 已知世路艱險, 榮進一念, 本自泊如, 惟願窮經考古, 著書自娛. 而特以門戶之計, 不能決意廢擧, 一朝蹉誤, 倖竊科名. 聞榜之日, 便愀然不樂, 三日遊街, 只拜先廟, 不造訪朝紳."

이상의 기록들을 액면 그대로 수용하고 보면,[575] 그의 성격이 관료적 삶보다는 본질적으로 은사로서의 삶에 대해 더 많은 기호(嗜好)를 가졌던 것이 아닌가 하고 성급하게 추단할 수도 있다. 또한 그의 시문학 작품 중에서도 관료적 삶을 긍정적인 것으로 수용하여 읊은 작품을 기대하기 어렵지 않나 여겨지기도 한다. 실제로 그의 적지 않은 시작품이 은사적 삶의 양태를 보여주는 것들이다. 그래서 우리 문학사에서는 그의 시작품을 "관조와 침잠의 경지에서 맑고 온화하고 고요한 조화를 요량해"[576]내었으며, "대부분 관조하는 자세로 주위의 사물을 관찰하며 고요함을 얻고자 한 것들"[577]로 규정하는 평가들이 적잖게 있었던 것이다.

　이는 이서구의 『한객건연집』·『강산시집』의 시작품에 대한 중국문사들의 평가에 기인한 것이다. 앞서 살펴본 바와 같이, 이조원·반정균·축덕린 등의 문사들은 이서구의 작품 특히 오언고시가 도연명·왕유 등의 산수자연을 노래한 시들과 유사한 풍격을 지녔다고 평가하였다. 이러한 견해는 이덕무도 추인한 바 있듯이 바꿀 수 없는 정론(定論)이 되어, 우리 문학사에서도 그대로 수용되고 있는 것이다. 그러나 이는 이서구 시문학의 다양한 특질들 가운데 일 측면을 대변한 것에 불과한 것이다. 『한객건연집』과 『강산시집』은 그의 초기 시들 중에서 선별적으로 실어 놓은 것이며, 특히 그가 은거를 시작한 23세 중반부터 25세 말까지

---

574) 李書九, 『惕齋自述』, 10면. "戊子年間, 與一二朝士, 相唔於禁省. 余曰 : '吾則平生有三大恨, 無子一漸老一登第一.' 或曰 : '餘固宜也, 登第何恨.' 余曰 : '此一恨, 比他尤大.' 衆皆笑. 此雖一時戱言, 可知余素心也."(원문의 '戊子'는 이서구가 15세이던 1768(영조 44)년에 해당하는데 오류가 분명하다. 맥락상 '戊午'(1798, 정조 22, 45세)로 수정되어야 한다고 여겨진다.)

575) 이러한 기록들은 외척세도에 대한 그의 비타협적 태도로 인해, 그가 정치적으로 완전히 방폐되는 1805(순조 5, 52세)년 이후의 것들이다. 환로의 어려움을 두루 겪고 난 이후에 나온 것이기 때문에, 이것만으로는 그의 환로에 대한 젊은 시절의 생각을 추론하기는 어렵다고 본다.

576) 李丙疇·李鍾燦·金光淳·宋寯鎬·金甲起·尹光鳳 공저, 『韓國漢文學史』, 반도출판사, 1994, 415면.

577) 조동일, 『(제2판)한국문학통사』 3, 지식산업사, 1989, 207면.

의 작품들을 위주로 수록하였다. 그러므로 이들 시집에는 도연명・왕유 풍의 작품들이 대폭 실렸던 것이며, 이는 특정 시기 이서구의 시문학을 규정하는 한 요소임에는 분명하다.

그러나 일부 문학사에서 규정하듯, 이서구의 시문학을 관조와 침잠의 경지에서 맑고 온화하고 고요한 조화를 요량해내었으며, 대부분 관조하는 자세로 주위의 사물을 관찰하며 고요함을 얻고자 한 것들로 규정함과 아울러 "그의 문학에 투철한 시대의식이 있을 수 없음은 물론"578)이라거나, "이서구의 문학은 투철한 의식을 갖기 어려웠다"579)는 평가를 붙인 것은, 이서구의 관료로서의 적극적 소명의식을 도외시한 채 내려진 성급한 일반화에 불과한 것이다. 그의 시문학 작품을 총체적으로 분석해보면, 관료적 삶에 대한 지향 역시도 강렬하게 표출되고 있음을 발견하게 된다. 아울러 그 사고의 근원에 경세제민(經世濟民)의 투철한 소명의식이 자리 잡고 있음을 확인하게 된다.

이서구는 은사적 삶만을 유독 값진 것으로 간주하는 속유(俗儒)들의 명분론적 출처의식에 사로잡혀 있지 않았다. 그는 설령 관료적 삶을 적극 수용한다고 하더라도 그 속에서 '깨끗함[潔]'을 지킬 수만 있다면, 이 또한 은사적 삶과 다를 것이 없다고 보았다. 벼슬길에 나가든 은거를 하든 '깨끗함'을 지킬 수만 있다면 모두가 가치 있는 것이었다. 사대부의 올바른 처신을 출처라는 외면상의 선택에서 찾지 않고 내적 절조(節操)의 유무에서 찾았던 것이다.580) 그렇다면 그에게 있어 관료로서의 절조란 무엇인가. 이는 관료로서의 올바른 의식을 지녔는가의 문제로 환치될 수 있는 문제이다. 이제 이서구의 출처문제와 관련된 시작품을 분석하여 그 속에 투영된 경세적 주제의식을 살펴보기로 하자.

---

578) 이병주 외, 앞의 책, 415면.
579) 조동일, 앞의 책, 207면.
580) 『惕齋集』(권1) 「7절」 「蔡君一祥自湖西有詩見寄問及出處和韻以謝四首」(其二). "卅載林泉自在身, 忘他憂樂任天眞, 行藏異趣終歸潔, 强意安排却捐身."

다음 시는 그의 과거급제 이전인 20세 때의 작품으로,[581] 그가 사환기 이전에 벼슬에 대해 어떠한 생각을 갖고 있었는지 그 사고의 심층을 투시할 수 있게 해준다.

二十布衣位　　스물에도 포의의 지위인 채로
低個志士流　　숙이고서 배회하니 지사 부류네.
檢身非有道　　스스로를 점검하면 도는 없으나
懷物肯無憂　　'회물'함에 어떻게 근심 없으랴.
翠雀嬉淸水　　비취공작 맑은 물을 즐거워하고
蒼鷹眄素秋　　푸른 매는 가을 하늘 노려보누나.
長風凌萬里　　장풍 타고 만리를 날아갈진대
獨立信虛舟　　홀로 서서 빈 배에 몸을 맡겼네.

　　　　　　　　　　　　　　　　　　　—「느낌이 있어서[有感]」[582]

자신의 나이 벌써 스물인데도 아직 벼슬을 하지 못한 포의(布衣)의 신세라고 하였다. 그저 머리를 숙이고 배회하는 지사(志士)의 부류인 것이다. '지사'란 원대한 뜻을 품은 선비인데, 이서구에게 있어서 그 뜻은 경세제민의 포부일 것이다. 자기 자신을 돌이켜 점검해 보면 치인(治人)의 도(道)가 부족하다고 하였다. 이런 식의 겸사 배후에는 자신의 '유도(有道)'에 대한 강렬한 자부심이 내재되어 있기 마련이다. 그러기에 그는 회물(懷物)[583]에 있어서 시름이 없을 수 있겠느냐고 반문하게 된다. 경세제민의 원대한 포부는 있지만 이를 실천하기 위한 지위를 얻지 못하고 있는 현실적 상황을 문제로 삼고 있는 것이다.

---

581) 이 작품 및 아래에 예시한 몇몇 작품들은 30세 이전에 지어진 초기 시이다. 그러나 이서구 후기의 시 경향이 일조일석에 도출된 것이 아니라, 그의 젊은 시절부터 자연스럽게 발아된 것임을 증명하기 위한 논거로 수용하였다.

582) 『初集(乾)』 37장.

583) 관리로서 백성들을 위무(慰撫)하고 사랑한다는 의미(『後漢書』 권76 「循吏列傳」 제66 「王渙」. "其政化懷物如此, 民思其德, 爲立祠安陽亭西, 每食輒弦歌而薦之.").

이어 취작(翠雀)과 창응(蒼鷹)의 비유를 통해 자신의 고고(孤高)한 뜻과 웅대(雄大)한 기상을 표현하고 있다. 그러나 현재는 이러한 뜻과 기상을 펼칠 수 없는 상황이다. 한 마리 새가 되어 장풍(長風)을 타고 만 리를 날아가고자 하나, 아직 그 바람을 만나지 못한 것이다. 아직 자신의 뜻과 기상을 펼칠 실제적 조건이 갖추어 있지 않기 때문이다. '장풍'을 만나기 위해서는 일단 과거에 급제하는 것이 선결조건일 것이다. 그러나 현재의 상태는 어떠한가. 홀로 서서 텅 빈 배에 몸을 맡기고 있는 '포의'의 '지사'일 뿐이다. 이 상황을 극복하고 경세제민의 원대한 포부를 실천하기 위해서는 우선 과거급제가 선행되어야 할 것이다.

우리는 위 시에서 과거급제를 통해 경세제민의 의지를 실천하고자 하는 이서구의 강렬한 소망을 감지할 수 있거니와, 여기에는 그의 관료적 삶에 대한 긍정적 인식 태도가 내재되어 있음이 사실이다. 이 시의 내용은 집안의 생계 때문에 어쩔 수 없이 과거를 보았다고 했던 그의 고백과는 거리가 있음을 확인할 수 있게 해준다. 결국 그는 1774(영조 50, 21세)년 8월에 문과에 급제하여 관료생활에 입문하게 된다. 이 당시에 그가 관료로서의 삶을 어떠한 태도로 수용하고 있었는지, 그리고 출처의 문제에 대하여 어떠한 방식으로 인식하고 있었는지 다음 두 수의 시에서 확인해 보자.

朝衣新着剩偸閒	관복을 새로 입고 한가로운 틈을 내어
簫鼓登臨地勢寬	풍악 잡혀 올라 보니 지세도 탁 트였다.
岸石泉通飛閣爽	언덕 바위 쏟는 샘물 정자 지나 시원하고
人家烟傍晚林寒	인가에서 피는 연기 저녁 숲 옆 싸늘하니,
蕭辰擺却傷心事	가을 맞아 마음 상한 온갖 일들 툴툴 털고
勝界從他劇意歡	신난 풍경 그냥 따라 마음껏 즐기지만,
已恐山移隨我到	북산이문 나를 따라 이를까 봐 두려워서
烏紗不合鬢邊安	검은 관모 살쩍 편케 써지지 않는구나.

— 「창의문 밖에 있는 김씨의 새 정자에서[彰義門外金氏新亭]」584)

만림한(晩林寒)·숙신(蕭辰) 등의 구절에서 보듯 이 시의 시간적 배경은 늦가을이다. 이서구가 과거에 급제한 때가 1774년 8월이므로, 이 시는 과거급제 후 한 달 정도의 얼마 안 되는 시점에서 지은 것임을 알 수 있다. 창의문(彰義門)은 현재의 서울 창의동(彰義洞)에 있는 이조시대 성문으로 자하문(紫霞門)으로도 불렸다. 창의문을 벗어나면 승경지가 펼쳐져 있는데, 그곳에 고관대작들의 별장이 있었다고 한다. 새로 관직에 임명되어서 공사다망(公私多忙)한 중 한가로운 틈을 내어서 창의문 밖에 있는 누군가의 별장 정자로 유람을 나섰다. 거기다가 풍악(風樂)까지 잡혔으니 흥겨움이 지극하였으리라. 물론 경승이 아름다워서 흥겹기도 하였겠지만 새로 관복(官服)을 입게 되었으므로 더욱 흥겨웠던 것이다. 새로 관직을 제수 받은 기쁨이 잘 드러나 있는바, 그의 관료 생활에 대한 기대감을 엿볼 수 있다.

이어 이서구는 가을을 맞았지만 마음을 상하게 하는 온갖 일들을 툴툴 털어 버리고 신나는 풍경을 그냥 따라서 즐길 뿐이라고 하였다. 이것이야말로 그의 벼슬길에 접어든 초기의 솔직한 심정이었을 것이다. 그러면서도 한 편으로 '산이(山移)'585) 고사를 언급한다. 그 역시 주옹(周顒)처럼 은자의 생활을 버리고 벼슬길에 나선 까닭에 혹여 자신을 못마땅하게 여겨서 이문(移文)이 이르는 것이 아닌가 걱정하고 있는 셈이다. 그 결과 검은 관모가 살쩍에 편안하게 써지지 않는다고 토로하였다. 현실상의 가치와 명분상의 가치가 갈등을 빚는 것이다. 그러나 이러한 갈등은 어디까지나 벼슬아치로서의 자기 단속일 뿐이요, 벼슬아치가 된 것에 대해 후회하고 있는 것은 결코 아니다.

다음 시는 창작 시기를 명확히 파악할 수는 없으나, 위 작품과 비슷한

---

584) 『初集(乾)』 30장. 『詩集』(권1) 12장(21세 작). 『四家詩』(권4) 「7율」. 『사가시』에는 제목이 「彰義門外金氏園亭」으로 되어 있고, '蕭辰'과 '不合'이 각각 '佳辰'과 '祗合'으로 되어 있다. 『석모산인미정초』에는 「尋友人東郊別業二首」 중의 한 수가 이 시에 잘못 붙어 있으므로, 마땅히 바로잡아야 한다.
585) 孔稚圭, 「北山移文」(『古文眞寶(後集)』 권2).

시기에 어떤 벼슬을 제수 받고 나서 지은 것임은 확실하다. 이 시에 이르러서는 현실과 명분 사이에서의 갈등의식도 더 이상 문제되지 않는다.

聖世無遺棄　성세라서 버림 받은 사람 없게 돼
除書下側微　교지가 천한 내게 내려왔으니,
浮名還自誤　헛된 명성 되레 나를 그르치리니
素計却全非　본디 계획 되레 전부 어긋났구나.
才拙君恩重　재주는 졸렬해도 군은 두텁고
言深友道稀　언사는 진지하나 우도 드무네.
獨憐秋後菊　홀로 가을 지난 국화 사랑하노니
心事不相違　심사가 어긋 서로 나지 않아라.
　　　　　—「벼슬을 제수 받고서 감회를 적다[拜官志感]」[586]

　태평성대에는 선비가 존중되는 법인지라 훌륭한 선비로서 등용되지 않는 사람이 없게 되어서 자신에게도 벼슬을 제수하는 교지(敎旨)가 내려왔다. 그런데 막상 벼슬을 받고 보니 헛된 명성 즉 환로가 도리어 자신을 어긋나게 하였다고 하였다. 궁경(窮經)·고고(考古)하며 은사로서 살아가고자 하였던 평생의 소원이 전부 어긋나 버렸다는 것이다. 사대부는 벼슬을 하느냐 마느냐를 따라 관료로서의 삶이냐 은사로서의 삶이냐를 판가름하는 갈림길에 들어선다. 그런데 과거에 급제하여 벼슬길에 들어섰으니, 이미 관료로서의 삶을 선택해 버린 셈이다. 함련에서 보듯 이서구는 은사로서의 삶의 가치를 과소평가하였던 것은 아니다. 그러나 은사로서의 삶보다는 관료로서의 삶에 더 큰 의미를 부여하고 있었기 때문에 결국 벼슬길을 선택하였던 것이다.

　이어 이서구는 관료로서의 삶의 선택은 두터운 군은(君恩)의 결과요, 은사로서의 삶의 포기는 우도(友道)의 소원해짐을 초래하였다고 하였다. 임금의 두터운 은혜를 입어 벼슬을 하게 되었지만, 이를 못마땅하게 여

---

586) 『惕齋集』(권3) 「5율」.

기는 친구들이 많았던 것으로 보인다. 그 중에는 혹 선비로서의 절개를 굽혔다고 책망하는 이들도 있었을 터이다. 그러나 여기에 대한 그의 생각은 다르다. 그는 모든 꽃들이 지는 때를 기다려서 피어나는 국화의 고고한 절개를 사랑하노라고 하였다. 자신의 심사도 국화의 그것과 다르지 않다는 것이다. 지금은 비록 벼슬길에 들어섰지만, 벼슬 자체가 절개의 유무를 판가름하는 기준이라고는 생각하지 않기 때문이다. 관료적 입장을 십분 긍정하면서도, 오상고절(傲霜孤節) 역시도 지키겠노라는 사대부로서의 현실적 태도를 확인할 수 있다.

이서구는 관료생활에 접어든지 겨우 2년 만에 탄핵을 받고 은거하게 된다. 이 시기 그는 전원시들을 창작하기도 하였지만, 다음 시들처럼 관료로서의 자기 변호, 혹은 환로에의 재 출사(出仕) 의지를 표명한 작품들도 다수 창작하였다. 이 작품들이 전원시를 다수 창작한 은거 시기에 나온 것임을 주목한다면, 그의 관료적 삶에 대한 추구 의지를 더욱 강하게 느낄 수 있다.

書床寂寞歲初移	책상은 적막한 채 한해 처음 시작되니
志士窮途眼淚垂	지사는 궁한 길서 눈물 줄줄 흘리누나.
入幕難爲三語掾	막부 들어 삼어연587)이 되기는 어려우나
出關將賦五噫詩	관문 나와 오희시588)는 마땅히 읊으리라.
古人恨不逢今我	옛사람도 지금의 나 못 만난 걸 한할 테니
小黷還慙賭大癡	소힐로써 대치와 겨룸 되려 부끄럽다.
可使知音當世在	만약에 참된 벗이 이 세상에 있다 치면

---

587) 『晉書』 권49 「列傳」 제19 「阮籍·咸子瞻」. "見司徒王戎, 戎問曰 : '聖人貴名敎, 老莊明自然, 其旨同異.' 瞻曰 : '將無同.' 戎咨嗟良久, 卽命辟之, 時人謂之三語掾."

588) 오희시(五噫詩)란 후한의 양홍(梁鴻)이 경사(京師)를 지나가며 지었다는, 매 구절 끝에 희(噫)자를 써서 다섯 구절로 구성한 오희가(五噫歌)를 두고 말한 것이다. 오희가의 내용은 다음과 같다. "陟彼北邙兮噫, 顧瞻帝京兮噫, 宮闕崔巍兮噫, 民之劬勞兮噫, 遼遼未央兮噫." 이 노래는 궁실을 짓는 백성들의 고통을 생각하며 지은 것으로, 황제가 이 노래를 듣고서 양홍을 구하고자 하였으나 결국 실패하였다고 한다(『後漢書』 권83 「逸民列傳」 제73 「梁鴻」 참조).

閑愁何必挂些兒　　시름 하필 사소한 이런 때에 걸리리오
　　　　　　　　　　　　　　　　—「느낌을 적다[志感]」[589]

　이 시는 세초이(歲初移)라고 한 구절에서 보듯, 탄핵을 받아 벼슬에서
물러난 해의 이듬해 정초(正初)에 지어졌다. 환로에서 축출된 후 처음으
로 맞이하는 새해이다 보니 적막(寂寞)한 느낌이 더욱 사무쳤을 것이다.
이제 지사(志士)의 처지로 되돌아와 울분의 눈물을 흘리고 있으니, 궁도
(窮途)라는 어휘가 그 상황을 잘 대변하고 있다. 이어 삼어연(三語掾)과 오
희시(五噫詩)라는 전고를 통해 자신의 울분을 구체화시키고 있다. 자신은
완첨(阮瞻)처럼 누군가의 천거를 받아 다시 환로에 나가기 어려운 신세
이다. 궁하고도 외로운 처지 때문이다. 그러나 응당 양홍(梁鴻)처럼 백성
들의 고통을 노래하겠노라 하였다. 비록 곤궁한 '지사'의 처지이지만 백
성들의 고통으로부터 눈을 돌릴 수 없기 때문이다. 자신을 알아주지 못
하는 조정에 대한 원망과 아울러 백성들에 대한 걱정이 토로되고 있음
을 볼 수 있다.
　이어 그는 현 조정에서는 자신의 경륜을 알아주지 못하였지만 고인
(古人)이라면 오히려 인정해 주었을 것이라 자부함으로써, 스스로의 곤궁
한 처지를 자위(自慰)한다. 자신이 곤궁한 신세에서 벗어나려고 아무리
노력한다고 해도, 이는 '작게 보면 영리한 행위[小黠]'이지만 '크게 보면
바보스런 짓[大癡]'에 불과할 것이기 때문이다. 여기에서의 '고인'은 한
유(韓愈)를 염두에 두고 쓴 것으로 보인다. 한유는 궁귀(窮鬼)의 말을 빌
려 "소인(小人)과 군자(君子)는 그 마음이 같지 않은 것이니, 오직 시국(時
局)에 어긋나야만 비로소 하늘과 통하게 되는 것"이라고 하였다.[590] 그

---

589)『初集(乾)』17장.『詩集』(권3) 42장(24세 작).『초집』에는 '三語掾'이 '三語椽'으로 되
　　어 있는데 이는 오류이다.
590) 韓愈,「送窮文」(『古文眞寶(後集)』권3). "徐謂主人曰: '子知我名, 凡我所爲, 驅我令
　　去, 小黠大癡. 人生一世, 其久幾何. 吾立子名, 百世不磨. 小人君子, 其心不同, 惟乖
　　於時, 乃與天通.'"

역시도 시국과 어긋나버린 자신의 곤궁한 처지를 통해서, 은근히 자신을 알아주지 못하는 조정에 대해 불만을 토로하고 있는 것이다. 그러기에 만약 자신을 알아주는 참된 벗이 이 시대에 있게 된다면, 이런 부질없는 시름이 어찌 찾아오겠느냐고 장담하였던 것이다. 관료로서의 자기변호의식이 강하게 토로되어 있음을 볼 수 있다.

이러한 태도는 다음 시에서처럼 재 출사에 대한 의지 표명으로 이어진다.

搏風毛羽已低垂	바람 맞은 털·깃털이 벌써 축 늘어지니
將此衷情說向誰	이 충정을 가지고서 누구에게 말할 건가.
九死猶懷明主戀	아홉 번을 죽더라도 임금 사랑 생각하며
三年空作放臣辭	삼년 괜히, 쫓긴 신하 하소연만 하였구나.
天如有耳還多事	하늘에도 귀 있으나, 되레 일이 많은 건가!
雲本無心也不知	구름 본래 무심커늘 알아주지 않는구나.
讀破詩書成底用	시서 모두 독파한들 무슨 쓰임 이루리오
可憐閑過太平時	태평 시절 하릴 없이 지나감이 안타깝다.

—「세모에 느낌이 있어서 지은 세 수[歲暮有感三首]」[591] 셋째 수

이 시는 위 시가 나온 지 거의 2년쯤 되는 1778(정조 2, 25세)년 세모(歲暮) 때 지은 작품이다. 은거를 시작한 지도 햇수로 3년째의 작품인 것이다. 은거 중인 자신을 바람에 축 늘어진 깃털 같은 존재로 비유하였다. 이미 곤궁한 처지에 처하게 되니, 예나 지금이나 변함이 없는 임금을 향한 충정(忠情)을 하소연할 곳도 없다. 아무리 죽을 고비를 넘겨야 하는 상황에서라도 임금에 대한 그리움은 변함이 없었고 또 없을 것이다. 그러한 까닭에 굴원이 초사를 읊듯, 방축된 신하로서 끊임없이 임금에 대한 그리움을 노래해 왔다. 그러나 '공(空)'이란 글자에서 보듯, 충군연주(忠君戀主)의 지극한 정도 공허한 메아리로 되돌아왔을 뿐이다.

---

591) 『初集(乾)』 22장. 『詩集』(권4) 62장(25세 작).

만약 하늘에도 귀가 있다면 자신의 하소연을 들어줄 것인데, 그 하늘은 할 일이 너무 많아서인지 자신에게 귀를 기울여 주지 않는다고 하였다. 자신의 충정을 알아주지 못하는 임금에 대한 원망이 나타나 있는 것이다. 또한 구름은 본래 사심(私心)이 없는데, 또한 그것을 알아주지 않는다고 하였다. 자신은 아무런 사심도 없는데 임금이나 세상이 그것을 알아주지 않는다는 것이다. 그러한 까닭에 자신이 경전을 독파하여 경륜의 토대를 쌓아 놓는다고 할지라도 세상을 위해 쓸 수 없다. 경세제민의 의지를 실천하고자 했던 이서구의 입장에서는 참으로 안타까운 현실이었을 것이다. 태평한 시절을 만나 자신의 경륜을 마음껏 펴 보지도 못하고 세월만 무심하게 흘러가기 때문이다.

같은 시 첫째 수[592]를 보면, 이서구의 모습이 세속과 환로에 대한 미련을 완전히 떨쳐버린 듯한 존재로 여겨지기도 하지만, 이는 자기 위안을 위한 진정제(鎭靜劑)로서의 다짐일 뿐이다. 둘째 수[593]를 보면, 방축된

---

592)「歲暮有感三首」其一. "萬木刁騷積雪明, 殘年風景一崢嶸, 詩魔不速揚揚去, 愁緖無從續續生, 肯作酸寒窮士態, 猶存歷落古人情, 短窓堅坐功名足, 且擁塵編替百城(모든 나무 횡해지고 쌓인 눈은 화안한데, 남은 한해 풍경들은 한결같이 오싹하네. 시마(詩魔)는 안 부르니 의기양양 떠나가고, 시름은 까닭 없이 잇대어 일어나네. 초라한 궁사(窮士) 모습 기꺼이 수용하니, 초연(超然)한 고인(古人)의 정 오히려 남게 되네. 창 앞에 굳게 앉자 공명(功名)이 넉넉하니, 먼지 낀 책 장차 잡고 많은 성(城)과 바꾸리라)." ※ "且擁塵編替百城": 『北史』 권33「列傳」 제21「李孝伯兄祥・諡」. "竊見故處士趙郡李諡 (……) 每曰: '丈夫擁書萬卷, 何假南面百城.'"

593)「歲暮有感三首」其二. "放眼不知天地寬, 揭來經歷苦多端, 一身無與世間事, 十口難禁秋後寒, 可使陳蕃能下榻, 休言貢禹復彈官, 人生未必長枯落, 殘局何妨斂手看(아무래도 모르겠네, 천지의 관대함을. 지난 일들 돌아보니 괴롭게도 바쁘더니, 내 일신이 세상일에 관여하지 않게 되니, 열 식구의 겨울 추위 막기조차 어렵구나. 진번 능히 의자를 내줄 수가 있다 치면, 우공 다시 갓을 턴다 말하지 않을 것을. 인생 꼭 영원토록 영락하진 않을 테니, 실패한 이 국면에 손놓고 봄 꿰 꺼리라)." 『초집』에는 제2수의 '放眼'・'經歷'・'殘局'이 각각 '數眼'・'經營'・'殘句'로 되어 있으나 뜻이 통하지 않아 『시집』에 근거하여 바로잡음. ※ "可使陳蕃能下榻": 『後漢書』 권66「陳王列傳」 제56「陳蕃」. "郡人周璆, 高潔之士, 前後郡守招命, 莫肯至, 唯蕃能致焉, 字而不名, 特爲置一榻, 去則縣之." 『後漢書』 권53「周黃徐姜申屠列傳」 제43「徐穉」. "時陳蕃爲太守, 以禮請署功曹, 不免之, 旣謁而退. 蕃在郡不接賓客, 唯穉來, 特設一榻, 去則縣之." ※ "休言貢禹復彈官": 『漢書』 권72「王貢兩龔鮑傳」 제42「王吉」. "吉與貢禹爲友, 世稱'王陽

신하로서 언젠가 재 등용될 것에 대한 믿음이 드러나 있다. 그에게 있어서는 독파시서(讀破詩書)도 종국에는 환로에 나가 경세제민의 의지를 실천하는 수단이었음을 볼 수 있거니와, 수기(修己)에 만족하지 않고 적극적으로 치인(治人)의 도리를 다하고자 했던 그의 관료로서의 소명의식을 확인하게 된다.

이서구는 8년 간의 은거생활을 마치고 1784(정조 8, 31세)년에 이르러 마침내 재 출사의 소망을 이루게 된다. 이후 그는 요직을 두루 역임하며 그 동안 갈고 닦았던 경륜을 마음껏 펼치며 경세제민의 의지를 피력하는 시를 다수 읊었고, 유배 중에는 백성들의 생활 현장을 직접 목도하며 탐관오리의 횡포를 질타하는 사회비판적 시도 다수 창작하였다. 이 시기 이서구에게 있어 출처의 문제는 그리 중요한 문제가 되지 못하였다. 정조의 치세(治世)에 당하여 관료적 삶을 긍정적으로 수용하며 자신의 경륜을 마음껏 펼칠 수 있는 시기였기 때문이다.

그러나 이서구가 1805(순조 5년, 52세)년 무렵 권유(權裕) 옥사와 관련하여 외척 세도정권으로부터 탄핵을 받기 시작하면서, 또다시 출처는 중요한 문제로 대두되었다. 다만 예전에는 출처문제에 대한 갈등의 주축이 관료적 삶의 지향에 있었다면, 이제는 은사적 삶의 지향으로 바뀌어 가게 된 것이 그 차이였다. 그러나 이 은사적 삶의 지향은 관료적 삶의 추구가 좌절된 결과로서의 산물이었을 뿐, 그 스스로 선택한 것은 아니었다. 그는 관료로서의 소명의식이 그 누구보다도 강했고, 그런 그에게 있어 관료적 삶은 그 어떤 것과도 바꿀 수 없는 소중한 것이었기 때문이다.

다음 시는 출처문제와 관련하여 이서구에게 관료적 삶이 어떠한 의미를 지니고 있는 것인지 보여준다. 정순왕후의 수렴청정이 끝나는 1803(순조 3, 50세)년 12월 이후 안동김씨를 비롯한 외척 세력이 정국을 주도해 나가는 와중에서 그들과 극도의 갈등을 빚었던 그로서는 자신

在位, 貢公彈官", 言其取舍同也."

의 생존을 위해서라도 관직을 훌훌 털어버리고 귀전(歸田)을 단행했을 법도 하거니와, 여전히 경세제민의 포부를 저버리지 못하고 있음을 보여준다. 영평으로 돌아가서 긴 은거에 돌입하기 1년 전인 1804(순조 4, 51세)년 즈음에, 그가 출처문제에 대해 어떤 생각을 갖고 있었는지 알게 해주는 것이다.

夙駕關河路	아침 일찍 변방 길에 수레 차리고
緬見山澤居	아득하게 강호 거처 그려보나니,
巖穴信多賢	산중에는 실로 현자 많을 터인데
余胡獨于于	나만 어찌 혼자서 어려울까요
親朋送我行	친한 벗들 내 행차를 전송하고자
鞍馬集城隅	말을 타고 성 모퉁이 집결했는데,
雲物變新秋	자연경치 새 가을로 바뀌었는데
川潦亘脩途	시냇물이 먼 길까지 뻗쳐 있어서,
美彼所懷人	그리운 거기 당신 찬미하다가
逸興在江湖	탈속 흥취 강호에 있게 됐으니,
勞生豈吾願	힘든 삶을 어찌 내가 원할까 마는
垂老許太疎	늙으면 적은 순행 허락된지라,[594]
雖無經濟才	경세제민 그 재주는 비록 적으나
愛物或有餘	백성 사랑 언제나 남아 있어서,
持此謝窮黎	이것으로 궁한 백성 사례할 거니
出處竟何如	이 출처가 끝내는 어떠한가요

—「갑자년 6월에 평안도 관찰사로 부임하는 길에 파산[595]에서 비에 막혀 도연명의 시 '조풍규림(阻風規林)'[596]에 두 수로 화운하여 두호[597]에 머무르고 있는 재상 서용보에게 부치려 하다[甲子六月將赴西藩滯雨坡山和陶詩阻風規林二首將寄斗湖徐相龍輔]」[598] 첫째 수

594) 班固, 『白虎通』 권3(상) 「巡狩」. "所以不歲巡狩何, 爲太煩也, 過五年, 爲太疎也."
595) 경기도 파주(坡州)로 추측된다. 파주에 파산서원(坡山書院)이 있다.
596) 원시는 「庚子歲五月中從都還阻風於規林」(陶潛, 『陶靖節詩集』 권3)이다.
597) 한강 두미진(斗迷津)으로 추측된다.
598) 『惕齋集』(권2) 「5고」.

1804(순조 4, 51세)년 6월 이서구가 평안도관찰사로 부임할 때 지은 시이다. 아침 일찍부터 평안도 감영으로 가기 위해 수레를 준비해 놓고서, 저 멀리 친구가 머무르고 있는 강호(江湖)를 그려보았다. 그곳에는 현자(賢者)들이 많이 있을 터인데, 유독 자신만 고단한 벼슬길을 밟아야 한다고 생각하니 너무도 힘들게 느껴졌다. 이러한 때에 비까지도 많이 내려 시냇물이 멀리 뻗어 있고, 시냇물이 끝나는 먼 그곳에 친구가 머무르고 있다. 친구의 아름다운 은거의 삶을 생각하다 보면 탈속(脫俗)의 흥취가 일어나며 강호가 더욱 그리워졌을 것이다. 그러나 자신은 여전히 벼슬길에 머물러 있다. 그 자신도 결코 고단한 관료로서의 삶을 원한 것은 아니었지만, 백성들을 사랑하는 마음은 언제나 남아 있기 때문에 경세제민의 재주를 통해 궁핍한 백성들에게 사례하겠노라고 말한다. 그러면서 친구에게 자신의 이와 같은 출처관에 대하여 과연 어떻게 생각하는지를 묻는다.

淵明一爲縣	도연명은 한 번 고을 다스리다가
欲去便去之	떠나고 싶어지자 바로 떠났소
人生貴適意	인생에서 뜻에 맞음 귀하게 여겨
本與名不期	본래부터 명예와는 기약 없다가,
我今徂西土	내가 지금 평안도 땅 나가게 되자
積雨無歇時	장맛비가 쉼 없이 내리는지라,
川陸險且阻	물길·뭍길 험한데다 또 막혀 있어
征車淹在玆	가던 수레 머무르며 이곳에 있소
儻能撫凋瘵	병든 백성 위무 만약 할 수 있다면
辛苦亦不辭	힘든 것을 사양하지 않겠지마는,
但恐此棲棲	다만 걱정, 벼슬로 바쁘게 살다
終爲識者疑	끝내는 식자들이 의심함이오

―「갑자년 6월에 평안도 관찰사로 부임하는 길에 파산에서 비에 막혀 도연명의 시 '조풍규림(阻風規林)'에 두 수로 화운하여 두호에 머무르고 있는 재상 서용보에게 부치려 하다[甲子六月將赴西蕃滯雨坡山和陶詩阻風規林二首將寄斗湖徐相龍輔]」 둘째 수

도연명이 그러했던 것처럼 이서구도 인생에서 뜻에 맞는 것을 귀하게 여겨서 본디 명예를 구하고자 하는 생각이 전혀 없다고 하였다. 그도 자신만을 위해서라면 벼슬보다는 은거가 더 좋은 것임을 모르는 바 아니라는 것이다. 그러나 그는 지금 서쪽 평안도로 가고 있다. 장맛비가 쉬지 않고 계속 내리는지라, 수로(水路)나 육로(陸路)가 모두 험하다. 이는 벼슬길의 험난함을 비유하는 것이기도 하다. 이러한 힘든 상황에서도 그는 자신이 목민관으로서 병든 백성들을 위무(慰撫)할 수 있다면, 관료적 삶의 온갖 신고(辛苦)도 사양하지 않겠다고 말한다. 다만 걱정되는 것은 벼슬살이로 바쁘게 살다 보면, 식자(識者)들에 의해 부질없이 벼슬길에 헤매는 사람으로 의심받는 것이라고 하였다. 그러나 자신의 경륜을 바탕으로 백성들을 구제하는 치인(治人)의 도리를 그 누구라서 나무랄 것인가. 이는 곧 식자들의 의심을 받지 않기 위해서라도 목민관으로서의 임무에 최선을 다해야겠다는 다짐의 표현이기도 한 것이다.

이상에서 보는 바와 같이 이서구는 그 누구보다도 관료적 삶의 가치를 적극 인식하고 있었고, 그것을 바탕으로 경세제민의 의지를 실천하려는 포부도 강렬하였다. 그러나 그의 관료로서의 의지는 외척 세도정권에 의해 끝내 좌절을 겪게 된다. 다음 시는 이서구의 추천을 받아 황해도관찰사가 된 이존수(李存秀)가 조정에서 논핵을 당하자, 그를 위로하기 위해 부쳐 준 시이다. 이존수는 1803(순조 3, 50세)년에 이조판서였던 이서구가 추천하여 황해도관찰사가 된 사람이다. 원래 외척 세력의 한 명이 이서구에게 황해도관찰사가 되기를 요구하였는데, 이서구가 거절하였다고 한다. 그런 연유로 해서 1804(순조 4, 51세)년에 이르러 외척 세력이 앙심을 품고 이존수를 헐뜯었던 것이다.

| 擧世工俯仰 | 온 세상이 처세술에 공교로운데 |
| 我拙君亦然 | 나와 그댄 모두가 서투르지만, |

勗此歲寒操	세한에 절조 지킴 힘을 기울여
聊以慰暮年	애오라지 노년을 위로합시다.
衆人苦見嗤	사람들이 괴롭게도 비웃는 것은
無乃性太偏	성품 너무 편벽됐다 그런 것이니,
愚樸寡所偕	우둔하여 함께 하는 사람 적음에
上策卽歸田	최고 계책 그건 바로 귀전일 거요.
朱幡擁節旄	수레에서 부절·깃대 잡고 있음이
不如借一廛	일전 밭을 빌림만 같지 못하니,
貧當帶經鉏	가난하면 책과 호미 마땅히 차고
倦可曲肱眠	쉴 때에는 팔을 굽혀 잠을 잡시다.
窮達有定兮	곤궁·영달 정해짐이 있는 것인데
豈爲浮榮遷	어찌하여 뜬 영화를 찾겠습니까.
惟將好心期	오직 좋은 마음으로 기약하여서
獨契千載前	오로지 천년 전에 합치합시다.
紛紛毀與譽	어지럽게 헐뜯음과 기리는 것이
起滅若雲烟	연기처럼 일어났다 사라지리니,
身困道始亨	몸 곤하면 도 비로소 형통하는 법
君請視昔賢	그대는 옛 현인을 보길 바라오.

— 「도연명의 '초조시방주부등치중(楚調示龐主簿鄧治中)'시에 화운하여 황해도 관찰사 성노 이존수에게 주려 하다[和陶詩楚調示龐主簿鄧治中將寄海西李觀察性老存秀]」599)

온 세상 사람들이 다 불의와 적당히 타협하면서 세상을 살아간다. 그런데 이서구 자신은 그러한 처세술에 서투르고, 이존수 또한 그러하다고 하였다. 절개를 지키며 올곧게 살아가는 것이 오히려 처세에 서투른 것이 되어 버린 세상인 것이다. 그러나 이서구는 이존수에게 세한지절(歲寒之節)을 꿋꿋이 지키며 노년(老年)을 부끄럽게 보내지 말자고 권유한다. 이들은 성격이 너무 편벽된 것이 아니냐며 뭇 사람들에게 비웃음을 당한다. 청류(淸流)로서의 원칙을 지키는 삶이 오히려 편벽된 것으로 평

599) 『楊齋集』(권2) 「5고」.

가되고, 더 나아가 우둔한 것으로 평가되는 것이 현실이다. 그래서 자신들처럼 우둔하여 불의(不義)한 사람들과도 적당히 타협하면서 함께 어울려 살아가는 능력이 부족한 사람에게는 곧바로 전원으로 돌아가는 것이 상책이라고 하였다. 실상은 환로라는 것이 밭 몇 뙈기를 빌려 농사를 짓는 것만 같지 못하다는 것이다.

이어 그는 가난하더라도 경전과 호미를 허리에 함께 차고서 주경야독하고, 힘이 들어 쉴 때에는 잠시 팔을 베개삼아 잠을 청하는 소박한 삶이야말로 환로의 질곡과 비교할 수 없는 소중한 삶임을 주장한다. 사람의 곤궁과 영달은 운명적으로 정해져 있는 것인데, 부질없이 뜬 영화를 구할 필요가 없다는 것이다. 호심호보(好心好報), 어질고 착한 마음이면 하늘이 복을 갚는다고 하였다. 이러한 마음으로 옛적 성인들의 삶을 본받아 살아가자는 것이다. 세상에서는 헐뜯고 기리는 말이 연기처럼 일어났다가 사라지곤 한다. 일시적으로 헐뜯는 말을 듣더라도 언젠가는 진실이 밝혀지기 마련이다. 옛 현인의 삶을 돌이켜보면 알 수 있듯이, 사람은 곤궁해져야 비로소 도가 형통하는 법이라고 하면서, 일시적인 곤궁함을 너무 걱정하지 말라고 하고 있다. 환로의 험난함을 겪으면서 귀은(歸隱)의 참 가치를 깨닫고 있는 것이다.

臨水軒窓暑氣收	강물 앞의 다락 창에 더위 기운 사라지니
偶然棲息卜淸幽	우연히도 맑고 깊은 장소 가려 깃들었네.
徘徊野鶴將斜日	들 학이 배회하니 저녁 해가 지려하고
蕭瑟林蟬又一秋	숲 매미가 적어지니 또 한 번의 가을일세.
南畝終成歐老志	앞밭에선 마침내 구노(歐老)의 뜻 이뤘는데
東山猶有謝公憂	동산에선 오히려 사안(謝安) 시름 남았으나,
安危廊廟諸賢在	국가 안위 조정 안의 현자들에 맡겨 두고
好借餘秊伴海鷗	남은 생을 잘 빌려서 갈매기와 짝하리라.

―「교외로 나가서, 벼슬을 버리고 장차 동음의 옛집으로 돌아가려 다짐하며 [郊解官將歸洞陰故廬]」[600]

동음(洞陰)은 영평(永平)의 신라 때 명칭이다.601) 1805(순조 5, 52세)년에 벼슬을 완전히 버리고서 교외(郊外)로 나가, 영평의 묘사(墓舍)로 영원히 돌아가고자 다짐하며 읊었다. 다락 창으로 강물을 내려다보고 있노라니 더위 기운이 확 사라진다. 가을이 시작되는 때이기도 하지만, 그 장소 자체가 맑고 깊은 곳에 있어서 더욱 시원하게 느껴졌을 것이다. 시간적으로는 고고한 학이 배회하고 있는 저물녘이고, 계절적으로는 숲 속의 매미 소리도 점점 뜸해지는 초가을이다. 이러한 때에 맑고 그윽한 교외에 나오니 은거에 대한 욕구가 더욱 강해졌을 것이다.

송의 구양수(歐陽修)가 신법(新法)을 주창한 왕안석(王安石)과 뜻이 맞지 않아 벼슬을 버리고 영천(潁川)으로 물러나 살았듯이, 이서구 자신도 외척세도가들과 뜻이 맞지 않아 영평으로 물러나 남쪽 들밭에서 농사나 지으면서 살겠다고 하였다. 그러나 환로를 통해 경세제민하고자 하는 의지가 완전히 사라진 것은 아니다. 여전히 환로에 대한 뜻이 남아 있는 것이다. 진(晉)의 사안(謝安)은 누차 조정의 부름을 받았으나, 회계(會稽)의 동산(東山)에 은거하며 벼슬에 나아가지 않았다. 그러나 사안은 결국 부름을 받아들여 조정에 나갔다. 이미 남과 더불어 동락(同樂) 하였으니 남과 더불어 동우(同憂)하지 않을 수 없어서였기 때문이다.602) 이서구의 마음속에는 내심 사안처럼 백성들과 더불어 근심을 함께 하기 위해 환로에 다시 나가고 싶은 생각이 있었을는지도 모른다. 나라와 백성에 대한 근심을 완전히 떨쳐 버리지 못하였기 때문이다.

그러나 종국적으로 국가의 안위(安危)는 조정에 있는 어진 신하들에게 맡겨 두고, 자신은 남은 생애를 갈매기들과 짝하며 보내겠노라고 다짐

---

600)『惕齋集』(권3)「7율」.
601)『新增東國輿地勝覽』권11「永平縣」「建置沿革」. "本高句麗梁骨縣, 新羅改洞陰, 爲堅城郡領縣. 高麗顯宗九年, 屬東州, 睿宗始置監務. 後以衛社功臣康允紹之鄕, 陞 爲永興縣令, 本朝太祖三年, 改今名."
602)『晉書』권79「列傳」제49「謝安」. "謝安, 字安石 (……) 旣累辟不就. 簡文帝. 時爲 相曰 : '安石旣與人同樂, 必不得不與人同憂, 召之必至.'"

한다. 이서구의 입장으로 보았을 때, 현 조정의 신하들이 국가의 안위를 책임질 수 있는 현명한 이들로 보였을 리는 만무하다. 그러기에 사안이 환로로 나갈 수밖에 없었던 고사를 떠올려 보기도 하였을 것이다. 그러나 도저히 구제할 수 없는 피폐한 국가 현실은 이서구의 경륜으로서도 어찌할 수 없는 것이었고, 그래서 갈매기들과 짝하며 남은 생애을 보내겠노라 다짐한 것이다. 경세제민이 결국 불가능하다면 차라리 자기 자신만이라도 절개를 지키며 깨끗이 살겠다는 다짐인 것이다.

柴門常對數峰寒	사립문은 겨울 산들 항상 마주 하였는데
歸臥田園歲已闌	전원으로 돌아오니 세월 이미 늦었지만,
怪石長松人外境	괴석과 키 큰 솔은 사람 밖의 경지이고
疎籬殘雪畫中看	성긴 울과 남은 눈은 그림 속서 본 듯해라.
讀書漸惜餘年短	책 읽으며 남은 생이 짧음 점점 아까우나
閱世方知晩節難	세상 보며 노년 절개 어려움을 알게 됐네.
滿目溪山如此好	눈 가득한 자연 풍광 이와 같이 좋건마는
白頭何事始休官	다 늙어서 무슨 일로 이제야 벼슬 벗나.

　　　　　　―「겨울날 동음의 산속 거처로 돌아와서[冬日歸洞陰山居]」[603]

　백성과 나라에 대한 근심이 없는 바는 아니지만, 모든 것을 접어 두고 비로소 영평의 자연 속으로 돌아왔다. 사립문은 예나 지금이나 변함없이 저 앞 산봉우리들을 마주하고 있었다. 그런데 자신은 벼슬길을 헤매다가 이제야 백발의 머리로 돌아왔다. 환로 중에 잠시 짬을 내어 깊고 그윽한 자연풍광을 접하면서 자연에 돌아가겠노라고 쉽게 내뱉는 여느 시인의 일반적인 목소리와는 다르다. 환로의 모진 풍상을 겪어 가며 경세제민을 위해 최선을 다하다가 결국 좌절을 겪고서, 그 결과로 귀은의 참 가치를 깨닫게 된 참 선비의 목소리이다. 그러므로 괴석장송(怪石長松)을 바라보며 시련에 굴하지 않는 선비의 참 절개를 생각할 수도 있

---

603)『惕齋集』(권3)「7율」.

제2부 이서구의 삶과 시문학 연구　　321

고, 소리잔설(疎籬殘雪)을 바라보며 자연의 참된 아름다움도 음미할 수 있는 것이다.

이어 책을 읽으면서 남은 생애가 얼마 남지 않음을 안타까워하고 있다. 그러나 험난한 세로를 겪으면서도 세한(歲寒)의 참 절개를 지켜 냈으니, 그에게 자부가 없을 수 없다. 노년의 절개 지키기가 어려움을 알게 되었다고 한 것은, 자신이 그 절개를 지켜 냈다는 자부심의 표현인 것이다. 긴 생애를 살아오며 경세제민의 포부를 실천하고자 몸부림쳤으면서도, 끝내 불의와는 타협하지 않았으니 결코 회한만 남는 삶은 아니었던 것이다. 눈에 가득한 자연풍광은 이제라도 만끽하면 될 터이다. 이서구의 출처에 대한 의식이 이러하였기에, 당대의 산림 홍직필도 그의 만절(晚節)의 진실함을 칭송하며 순조 대의 원우완인(元祐完人) 혹은 당세(當世)의 유상(儒相)으로 추앙할 수밖에 없었던 것이다.

2) 우국애민(憂國愛民)의 충정

이서구가 우국애민의 충정으로 일생을 마쳤음은 앞서 상론하였으므로 더 이상의 부연은 더하지 않는다. 그의 우국애민에 대한 충정은 당연히 그의 시작(詩作)에도 투영되어 있다. 이는 주로 선정(善政)에 대한 다짐 및 당부, 사회현실에 대한 비판으로 구체화되어 나타난다.

앞서 언급하였듯이, 그는 1787(정조 11, 34세)년 경상우도암행어사가 되었을 때에 지방의 진정(賑政)·환정(還穀)·군정(軍丁)·노비(奴婢) 등 제 폐단을 목도함으로써, 비로소 백성들의 득실(得失)에 대해 구체적으로 이해하게 되었다고 고백하였다. 물론 그는 경상우도암행어사로 활동하기 이전에도 백성들의 삶에 대해 관심을 가졌을 터이다. 다만 이 시기를 특히 지목하여 백성들의 득실을 이해하게 되었다고 한 것은, 단순한 관심의 수준을 넘어 백성들과 더불어 고통을 함께 나누는, 이를테면 여민동고

(與民同苦)의 마음을 갖게 되었음을 뜻하는 것이다.

이서구의 백성들과 더불어 고통을 함께 하고자 하는 마음은 선정에의 다짐과 당부로 시화되어 나타나기도 하였지만, 한편으로는 탐관오리들의 학정에 대한 준엄한 비판으로 나타나기도 하였다. 자신과 몇몇 사람들의 선정만으로는 도저히 치유 불가능한 사회현실에 대한 통렬한 고발이었던 것이다. 그에게 있어서 선정의 다짐과 당부는 사회현실에 대한 비판과 동전의 양면을 이루는 것으로 인식되었던바, 이는 그의 시에 잘 투영되어 있다.

다음은 1784(정조 8, 31세)년 영평 은거를 끝내고 재 출사하여 관료생활을 본격화하기 직전 시기에 창작된 작품으로 보이는 시이다. 영평의 백성들이 가뭄에 비가 오기를 기도하는 곳으로 알려진 화적연(禾積淵)이라는 이름의 연못에서 읊은 작품이다.

吾鄕好山水   우리 고향 산수경관 아름다운데
玆譚最詭異   이 연못이 그 중 가장 기묘하다네.
眞宰造幽境   조물주가 그윽한 곳 만드시다가
奇想偶一試   기이한 생각으로 시험해 봤나.
聞名昔已久   명성은 오래 전에 들었었지만
冥搜今乃至   깊이 찾다 지금에야 이르렀구나.
(……)
陰森吁可怪   껌껌하여 정말로 괴이도 하니
下有神龍閟   저 아래엔 신룡이 숨어 있어서,
物性能變化   물성도 제 능히 변화하는데
蟠屈豈無意   구불구불 서려 어찌 뜻이 없으리.
會當起風雨   기회 얻어 비바람을 일으킨다면
膏澤四野施   큰 은택을 온 세상에 베풀 것이라.
                    ―「화적연에서[禾積淵]」[604]

604) 『惕齋集』(권2) 「5고」題下註. "縣人禱雨處."

표면적으로는 가뭄에 단비가 내리기를 기원하는 내용을 읊었지만, 이면적으로는 기회를 얻어 선정을 베풀고 싶다는 원대한 포부를 읊은 작품이다. 실제로 가뭄이 든 때에 이곳에 가서 읊은 시가 아니고, 일찍부터 명성을 듣고 있다가 유람 차 찾아와서 읊은 시임을 생각한다면, 이면의 다른 주제를 염두에 둔 이중구조의 시임을 알 수 있다.

연못 안이 너무도 컴컴하고 아득하여 분명 신룡(神龍)이 숨어 있는 형상이라고 하였다. 이는 이서구의 넓고도 깊은 가슴속에 웅크리고 있는, 천하를 경륜하고자 하는 웅대한 포부를 비유한 것이다. 물성(物性)도 변화할 수 있는 것인지라, 만약 깊은 연못 안에 서려 있는 저 신룡이 비바람을 일으킨다면, 온 세상의 메마른 대지에 단비를 흠뻑 내려줄 것이다. 이서구 역시도 만약 경륜을 마음껏 펼칠 수 있는 기회를 만난다면, 천하의 헐벗고 굶주린 백성들을 모두 구제할 수 있을 것이다. 아직은 백성들의 실상에 근거한 구체적 리얼리티를 확보하지는 못한 단계로 보이지만, 그의 선정에 대한 웅대한 포부와 다짐만큼은 분명하게 전달해 준다.

다음은 이서구가 1787(정조 11, 34세)년 경상우도암행어사의 교지(教旨)를 받들고 나서 아침 일찍 한강(漢江)을 건너가며 지은 작품으로, 여기에서도 스스로의 선정에 대한 포부와 다짐을 잘 보여주고 있다.

直指承新命	직지605)로서 새로운 명을 받드니
雙星動暗文	쌍성 함께 암문606) 위에 일렁거리네.
江船淩曉霧	강배는 새벽안개 뚫고 지나고
嶺路入春雲	조령 길은 봄구름 속 뻗어 있다네.
列郡民生困	모든 고을 백성의 삶 곤궁한지라
荒年聖念勤	흉년 맞아 임금 생각 부지런하니,
持心比淸漢	마음가짐 은하수를 따라 하여서

605) '직지'는 '임금이 직접 내리는 명령' 혹은 '암행어사'를 뜻하는 말이다.
606) '암문'은 '봉서(封書)'·'사목(事目)' 등을 이르는 말로 추측된다.

將以獻明君　　이내 장차 밝은 임께 보답해야지.
　　　─「경상우도암행어사 교지를 받들고서 아침 일찍 한강을 건너가며
　　　　　　　　　　　　　　　[奉旨按廉嶺右早渡漢江]」[607]

　암행어사로서의 어명을 받들고 보니, 견우·직녀성이 암문(暗文) 위에
일렁거렸다고 하였다. 임무를 수행하기 위해 깜깜한 새벽부터 노정(路程)
에 들었음을 알 수 있다. 이어 강을 가르는 배가 새벽안개를 뚫고 지나
자니, 조령(鳥嶺)을 넘어가는 길이 봄 구름 속에 뻗어 있노라고 하였다.
한강에서 어찌 조령 길이 보였을까마는, 마음이 벌써 그 고개를 넘어 달
려가고 있기에 이런 표현이 나왔던 것이다. 이처럼 마음이 바빴던 이유
는 은하수와 같이 맑은 마음으로 군왕의 뜻에 보답하기 위해서이거니
와, 그 방법은 경련에서 찾을 수 있다. 당시 경상도의 여러 고을에 흉년
이 들어 민생(民生)이 곤궁하기 이를 데 없었고, 이로 인해 정조의 걱정
도 쉴 틈이 없었던 것이다. 이에 그는 임금의 뜻에 보답하는 길이 오로
지 이 지방의 각가지 폐단들을 척결하여 백성들의 고통을 어루만지는
것임을 자각하고 있었던 것이며, 이러한 자각을 바탕으로 하여 선정의
웅대한 포부와 다짐을 천명하고 있는 것이다.
　다음의 시는 창작 시기를 확인하기는 어렵지만, 백성들의 질고(疾苦)
를 몸소 경험한 상황에서 나온 것임은 확실한 작품으로, 길거리에서 굶
어 죽은 백성들의 참혹한 시체를 보고 그 죽음을 애도하며 읊었다. 백성
들의 가혹한 실상에 근거하여 리얼리티를 확보한 작품이다.

春風定何物　　봄바람이 정녕코 무엇인지를
浩蕩不可名　　호탕하여 이름조차 붙일 수 없네.
陽和鼓群動　　다순 볕이 온 생명을 일깨워 주니
所遇皆發生　　만나는 바 모두가 피어 자라며,
窮壑雪漸消　　구렁에선 눈이 점점 녹아내리고

---

607) 『惕齋集』(권3)「5율」.

平原艸已萌	들판 위론 풀이 이미 싹이 트이며,
林巒改舊容	산등성엔 옛 모습이 새로워지고
禽鳥有新聲	새들은 봄의 소리 읊어 대어서,
萬類欣自得	모든 무리 기쁘게 자득한지라
見此天地情	여기에서 천지의 정 보게 되건만,
念彼溝中瘠	구렁 속의 저 시체를 생각하나니
獨非同胞氓	저들 홀로 동포 백성 아닌 것인가?
黃壤莫肯受	누런 땅도 기꺼이 수용 안하고
白日尙遺明	밝은 해도 외려 빛을 빠뜨렸구나.
乃知位育功	알겠거니, 벼슬로써 공 배양함은
始自南畝耕	앞들에서 밭 갊으로 시작한단 걸.
堯湯豈不仁	요·탕 임금 어떻게 불인했기에[608]
雨暘猶隔並	기후가 더욱 더 불순했겠나?
安得造元化	어찌하면 조화 근원 얻어 가지고
枯槁亦敷榮	마른나무 역시도 꽃피게 하나.[609]

　　　　　　　　　　―「길거리에서 굶어 죽은 사람을 애도하며[哀道殣]」[610]

　　10행까지는 봄바람이 불어 만류(萬類)가 자득(自得)한 모습을 묘사하였고, 11행부터는 자연의 자득함에 참여하지 못하고 길거리에서 굶어 죽은 처참한 시체들을 보며 굶주린 백성들을 살려낼 방도에 대해 서술하였다. 소생(甦生)하고 있는 자연의 모습과 죽어버린 인간의 현실을 극명하게 대조시킴으로써 주제의식을 극대화하고 있다.

　　봄바람이 불어오자 만물을 소생시키는 기운이 매우 성하다. 따스한

---

608) 노자는 "天地不仁, 以萬物爲芻狗, 聖人不仁, 以百姓爲芻狗"(『道德經』)라고 탄식하였는바, 실제로 천지(天地)는 어질건만 당시의 군주[聖人]들이 불인(不仁)하여 백성들이 도탄에 빠졌던 것이다. 이 시에서도 요탕(堯湯)과 같은 우리 임금님은 실제로 불인하지 않는데 목민관들이 불인하여 백성들이 도탄에 빠지게 되었다는 의미를 내포하고 있는 것이다.
609) '마른나무[枯槁]'는 9행의 '모든 무리 기쁘게 자득한지라[萬類欣自得]'라고 한 구절로 미루어 볼 때, 굶어 죽어 가는 백성들을 비유한 말이다.
610) 『惕齋集』(권2)「5고」.

햇볕은 겨우내 움츠리고 있던 존재들을 일깨워서 그 어느 것 하나 피어 자라지 않는 것이 없다. 햇볕이 들지 않는 골짜기에도 점점 눈이 녹고 있고, 너른 들판 위에는 풀들이 새싹을 돋우고 있다. 산등성이는 푸른 빛깔로 원래의 모습을 회복하고 있고, 새들도 지저귀며 즐거워하고 있다. 이처럼 만물이 기쁘게 자득하는 모습을 통해 작자는 천지(天地)의 인정(仁情)을 확인하게 된다.

그러나 작자는 이와 같은 봄날을 맞았음에도 불구하고 굶어 죽은 저 구렁 속의 백성들을 생각하며 안타까워한다. 누런 대지는 만물을 다 수용하고 밝은 해는 만물을 다 비추어야 하는데, 유독 저 불쌍한 백성들은 땅의 수용도 해의 비춤도 받지 못하는 곤궁한 처지이기 때문이다. 여기에서 그는 자신과 같은 벼슬아치들의 임무를 생각하게 된다. 벼슬아치의 진정한 임무란 백성들로 하여금 편하게 농사짓도록 해주는 것과 같은 평범하고 소박한 것임을 깨닫는다. 우리 임금이 요·탕 임금만큼 인자하지 못해서 백성들이 굶어 죽는 것도 아니고, 음양(陰陽)이 조화를 잃어 장마나 가뭄 때문에 백성들이 굶어 죽는 것도 아니다. 그렇다면 백성들이 굶어 죽는 책임은 결국 목민관들에게 돌아가는 셈이다. 그래서 그는 목민관의 한 사람으로서, 도탄에 빠진 백성들을 살려 낼 수 있는 방법을 궁리하게 된다. 탐관오리들의 학정으로 인해 백성들이 굶어 죽어가는 안타까운 현실을 목도(目睹)하며, 선정을 통해서 백성들을 구제하고자 하는 그의 경세의식을 보여주고 있는 작품인 것이다.

이서구의 선정 의지는 자신의 다짐에만 그치지 않고 목민관으로 부임하는 다른 사람들에 대한 당부에서도 잘 나타난다. 다음은 황해도관찰사로 부임하는 사람을 환송하며 지은 시이다. 1803(순조 3, 50세)년에 이조판서였던 자신이 추천하여 황해도관찰사가 된 이존수(李存秀)를 전송하며 읊은 시로 추정된다.

漢廷剖竹屬循良　　한나라는 부절 쪼개 순량에게 주었으니

五馬初春出帶方	태수 수레 초봄 맞아 황해도로 나가누나.
驛樹連雲迎皁盖	역의 나문 구름 접해 수레 일산 맞을 거고
官梅衝雪映銅章	관청 매환 눈을 뚫고 관리 인장 비추리라.
十年花石存經濟	십 년 간의 수탈에도[611] 경제 보존 시킨다면
一郡絃歌荷寵光	한 고을의 교화로써 임금 은총 받으리라.
好把此身酬聖主	마땅히 몸을 바쳐 성군께 보답하면
璽書應復見徵黃	조서로써 응당 다시 부름을 받으리라.

— 「황해도 관찰사로 나가는 사람을 전송하며[送人出宰海西]」[612]

수·함련에서는 신임 관찰사의 부임 여정(旅程)을 상상하며 그려보고 있
다. 그는 새로 관찰사로 임명되어 화려한 수레를 타고 황해도로 떠나가려
한다. 부임 도중에 지나갈 역관(驛館)의 나무들도 관찰사의 수레 일산(日傘)
을 환영할 것이고, 부임지의 관청에 피어 있는 매화도 차가운 눈 속에서임
에도 불구하고 관찰사의 인장(印章)을 비추며 환영할 것이다. 관찰사로 부
임하는 사람에 대한 격려를 임지 백성들이 열렬하게 환영하는 모습을 통
해서 표현하였다. 신임 관찰사에 대한 황해도 백성들의 커다란 기대감을
제시함으로써, 목민관으로서의 선정을 강력하게 당부하고 있는 셈이다.

경·미련에서는 황해도 백성들에게 부디 선정을 베풀고서, 내직(內職)
으로 다시 돌아오라고 격려하고 있다. 과거 10년 간 행해졌던 탐관오리
들의 가혹한 수탈로 인해 황해도 백성들이 피폐해질 대로 피폐해져 있
겠지만, 아직까지는 경세제민의 의지로 선정을 베풀 수 있는 여지가 남
아 있을 것이라는 것이다. 그래서 자유(子游)가 예악(禮樂)을 가르쳐서 고

---

611) 이 시에서의 '화석(花石)'은 전임 관찰사에 의한 가혹한 수탈을 상징하는 것이다. 예
전 송(宋) 휘종(徽宗)이 간신 주면(朱勔)으로 하여금 남방(南方)의 기이한 화석을 모두
찾아오게 하였다. 그런데 민간(民間)에 있는 돌이나 나무가 다 쓸 만한 것인지라 그 사
자(使者)가 직접 민가로 쳐들어가서 담장을 허물고 지붕을 부수어서 화석을 취하였다.
이로 인해 백성들의 원망이 물이 끓듯 치솟았다고 한다. 당시에 화석을 운반하는 선대
가 회수(淮水)와 변수(汴水) 사이를 끊이지 않고 왕래하였는지라 화석강(花石綱)이라는
말까지 생겼다(『宋史』 권470 「列傳」 제229 「佞幸·朱勔」 참조).

612) 『惕齋集』(권3) 「7율」.

을 사람들이 모두 현악(絃樂)에 맞추어 노래하게 하였듯이, 그 고을을 잘 다스려서 백성들을 교화하라고 당부하고 있다. 기꺼이 한 몸을 바쳐서 성심껏 선정을 베풀다 보면, 임금의 조서로써 다시 내직으로 들라는 명이 내릴 것이라고 격려하였다. 당시에 널리 성행하고 있던 탐관오리의 가혹한 수탈에 대한 준엄한 비판과 함께, 목민관으로서의 선정에 대한 당부도 잘 나타나 있다.

다음 작품은 1822(순조 22, 69세)년 3월에 전라도관찰사의 소임을 끝마치고 돌아오다가, 전주(全州) 삼례역(參禮驛) 소재 역관에서 신임관찰사로 부임해 오는 홍석주(洪奭周)와 만나 부절(符節)을 교환하면서 그에게 준 시이다.[613]

東南民力困饑荒	호남 지방[614] 백성들이 굶주림에 허덕이니
拯濟先須刺史良	구하려면 무엇보다 자사 은혜 필요하리.
我愧寇君治潁郡	나는 영천 다스렸던 구순에게 창피하나
公如汲直臥淮陽	공께서는 급암처럼 회양 땅에 누우시길!
十年淪落丹心在	오랫동안 떠돈대도 단심만은 남았으나
千里逢迎白髮長	먼먼 길에 맞이하니 백발만 길었구려.
同是先朝香案吏	우리 모두 선대 조정 은혜 입은 관리[615]이니
好將經術答明王	마땅히 경술로써 밝은 왕께 보답하세.

— 「일산관[616]에서 신임 관찰사 성백 홍석주에게 주고 떠나며
[壹山館留贈新使洪成伯奭周]」[617]

---

613) 洪翰周, 『智水拈筆』 권8. "惕齋, 六十後, 以補外例, 再按湖南. 壬午春遞還, 淵泉受其代, 方與交符於參禮驛. 惕齋先賦一律要和, 其詩曰 : (……)."
614) 호남(湖南)을 '동남(東南)'으로 표현한 까닭은 분명하지 않지만, 물산이 풍부한 중국의 동남지방과 비견하여 이렇게 표현한 것으로 여겨진다.
615) '향안(香案)'이란 향로를 설치한 궤안(几案)으로, 후대에는 사당의 신위(神位) 앞에 향로와 촛대를 설치한 궤안을 의미하게 되었다. 이 시에서의 '향안리(香案吏)'는 원진(元稹)의 「이주택과어락천(以州宅夸於樂天)」 시에 "我是玉皇香案吏, 謫居猶得香案吏"라 한 것에서 점화(點化)한 것으로, '선왕인 정조대왕의 신령을 섬기고 있는 관리'라는 뜻으로 쓰인 것으로 보인다.
616) '호산관(壺山館)'으로 되어 있는 경우도 있다.

수련에서는 호남지방의 백성들이 굶주림에서 벗어나기 위해서는 무엇보다도 신임관찰사의 어진 은혜가 필요할 것이라 하면서, 홍석주에게 선정을 독려하고 있다. 함련에서는 자신을 후한 광무제(光武帝) 때의 무신으로 영천태수(潁川太守)를 지낸 구순(寇恂)과 비교하고 신임관찰사 홍석주를 한(漢)의 간신(諫臣)으로 회양태수를 지낸 급암(汲黯)에 비교함으로써 역시 선정을 권유하고 있다. 선정을 베풀어서 백성들이 1년만 더 재임해 주기를 청하였다는 구순과 자기 자신을 비교하며, 그 구순에 비하면 자신의 치적(治積)은 부끄럽다고 하였다. 자신의 선정에 대한 자부심이 겸사를 통해 표현된 것이다. 아울러 홍석주에게도 호남 백성들에게 급암처럼 선정을 베풀어 달라고 당부한다.

경련에서는 홍석주를 만난 감회를 읊었고, 미련에서는 자신과 홍석주 모두 선대 조정에서 은혜를 입었던 관리이니, 경술(經術)을 통해 지금의 임금에게 보답하자고 다짐하였다. 홍석주는 정조 대에 규장각의 초계문신으로 발탁되어 정조의 은혜를 입었고, 그도 정조의 지극한 지우(知遇)를 입었다. 그러므로 그때 갈고 닦은 경술을 통해서 지금의 임금에게 보답하자는 것이다. 물론 홍석주가 할 수 있는 그 보답이란 호남백성들에 대한 목민관으로서의 선정이다. 경세제민의 경륜을 통한 선정에 대한 의지가 잘 표현되어 있다.

이상에서는 이서구의 선정에 대한 다짐과 당부를 읊은 시를 살펴보았거니와, 이제 그의 사회현실에 대한 비판의식을 보여주는 작품들을 보기로 하자. 다음은 이서구가 영평에 은거하던 초기인 1776(영조 52, 23세)년에 지은 시이다.

清秋梁骨縣　　해맑은 가을 맞은 양골 고을서
地勢望周遭　　지세를 사방으로 바라다보니,
水接中京壯　　물줄기는 중경으로 장관 이루고

---

617) 『惕齋集』(권3) 「7율」.

山橫北鎭高	산줄기는 북진 막아 드높이 섰네.
公廚官吏冷	관아618)에선 관리들이 쌀쌀맞으며
井稅峽民勞	토지세로 산골 백성 수고롭구나.
不見思菴老	사암 박순 선생께선 보이지 않고
遺祠首更搔	사당에서 머리 다시 긁적여 보네.

—「영평 읍내에서[永平邑內]」619)

수·함련에서는 아름다운 산수경관을 묘사하고, 경·미련에서는 그와 대조적인 인간사를 서술함으로써 비판적 주제의식을 극대화하였다. 양골현(梁骨縣)은 영평현의 고구려 때 명칭이다.620) 구태여 이 표현을 쓴 것은 이곳이 매우 유서 깊은 곳임을 강조하려는 의도일 것이다. 해맑은 가을을 맞아 동서남북 사방으로 바라다보니, 한 줄기 물이 개성(開城)을 향해 장관을 이루며 흘러가고, 천 층 산줄기가 함경도 쪽 북진(北鎭)을 가로막고 드높이 서 있다.621) 산수경관만 보아서는 참으로 아름다운 고 장인 것이다.

그러나 인간사를 돌아보면 영 딴판이다. 한때는 규모가 작은 고을이 라 송사(訟事)하는 백성들도 없고 전지가 비옥하여 해마다 풍년이 들던 살기 좋은 곳이었는데,622) 지금은 관아의 관리들이 수탈을 자행하며 쌀 쌀맞기 그지없고, 이로 인해 백성들은 세금도 못 내어 온갖 고생이다. 이에 이서구는 이곳 옥병서원(玉屛書院)에 제향되어 있는 사암(思菴) 박

---

618) '공주(公廚)'는 원래 관청주방(官廳廚房)을 의미하지만, 여기에서는 현관아(縣官衙)의 대유(代喩)로 쓰인 것으로 여겨진다.

619) 『初集(乾)』 46장. 『詩集』(권2) 34장(23세 작). 『초집』에는 '祠'가 '詞'로 되어 있는데, 『시집』을 좇아 전자를 따랐다.

620) 『新增東國輿地勝覽』 권11 「永平縣」 「建置沿革」. "本高句麗梁骨縣, 新羅改洞陰, 爲堅城郡領縣. 高麗顯宗九年, 屬東州, 睿宗始置監務. 後以衛社功臣康允紹之鄕, 陞 爲永興縣令, 本朝太祖三年, 改今名."

621) 『新增東國輿地勝覽』 권11 「永平縣」 「形勝」 「千層北峙一水南流」. "成任詩, 千層山 北峙, 一派水南流."

622) 『新增東國輿地勝覽』 권11 「永平縣」 「題詠」 「縣小民無訟」. "成任詩, 云云, 田肥歲 有秋."

순(朴淳)을 그리워한다. 박순은 서경덕(徐敬德)의 문인으로 동서 분당 속에서 서인으로 지목되어 탄핵을 받고 영평의 백운산(白雲山)에 은거하였다. 이서구 역시도 정치적 갈등 속에서 탄핵을 받고 이곳 영평에 은거하는 처지이니, 박순에 대한 감회가 남달랐을 것이다. 관리들의 수탈과 백성들의 질고를 몸소 경험하며 선현을 그리워하는 그의 의식 속에는 현 상황에 대한 불만과 아울러 현실 비판의식이 강하게 자리 잡고 있는 것이다.

다음은 이서구는 1791(정조 15, 38세)년에 울진(蔚珍)으로 유배되는데, 이때 유배지로 가던 중에 잠시 횡성(橫城)에 머무르며 지은 작품으로 여겨진다. 탐관오리들의 간악한 횡포에 대한 날카로운 비판의식이 잘 나타나 있다.

峽民事火耕	산골 백성 화전농을 일로 삼아서
薄田在窮谷	척박한 밭 깊은 골에 위치해 있네.
深榛拓薔翳	덤불에서 마른나무 제거해내고
庶艸開荒鞠	잡풀에서 황무지를 개간하여서,
钁此再易地	이를 파서 거듭하여 땅을 엎어서
成彼千夫牧	저기 많은 지아비의 밭 경계 이뤄,
縱橫作區畝	가로 세로 구역을 정하고 나서
高低散禾菽	위아래에 볍씨·콩씨 뿌려 놓아서,
斜塍蛛布網	밭두둑은 거미가 줄친 듯하고
密穗蠶聚簇	이삭들은 누에가 모인 듯하여,
全家待一飽	온 식구가 불리 먹길 기다리느라
日望千山麓	날마다 산기슭만 바라봤건만,
今歲多秋雨	올해는 가을비가 자꾸 내려서
山菓亦不熟	산과일도 그 또한 익지 않아서,
飢熊厭舐掌	주린 곰은 질리도록 발바닥 핥고
饞豕窘充腹	멧돼지도 부족하게 배를 채워서,

黃昏試獨來　해질 녘에 시험 삼아 혼자 오더니
白晝呼群族　대낮에도 무리들을 불러오는데,
齧黍如齧葂　기장을 뜯어먹길 꿀 먹듯 하여
勢甚風雨速　심한 기세 비바람이 빠른 듯한데,
計窮方自謀　방법 없어 스스로 꾀한 것일 뿐
豈知農人哭　농부들의 통곡함을 어찌 알랴만,
所嗟終歲勞　한스런바 일년 내내 고생하고도
將無數月蓄　몇 달치 축적조차 없게 될까 봐,
同隣共約誓　이웃들과 함께 모여 약속하기를
守畝相警逐　밭을 지켜 서로 막고 쫓자고 하여,
苫覆費葦茅　갈대와 띠풀로 거적을 덮고
結架依松棷　떡갈나무 의지하여 얼개 얽어서,
危柯響鈴鐸　가지 끝엔 방울 달아 울리게 하고
暗叢施鋒鏃　풀숲에는 칼과 살촉 설치해 놓고,
朝學山猿挂　아침에는 원숭이 양 나무를 타고
暮與林雨宿　저녁에는 숲 속 비에 지새우누나.
哀女爲小人　슬프도다! 너희들은 백성인지라
義當田功服　농사를 짓는 거야 당연한지라,
食力誰不然　농사일은 누군들 안 하랴 마는
乘危爾所獨　위험까지 무릅씀은 너희뿐이니.
天心重稼穡　하늘은 농사일을 중히 여기나
未忍甘暴戮　마구 죽임 차마 달게 아니 여겨서,
多麋聖亦書　많은 사슴 성인 또한 경전에 썼고
祭虎禮非黷　범제사가 『예기』에도 적혀 있거늘,
窮黎何罪辜　곤궁한 백성들이 무슨 죄 져서
惡獸更蕃育　악한 짐승 다시금 번식하는가?
無乃憫衰漓　순한 풍속 없어짐을 민망히 여겨
淳風返搆木　나무에 집 얽던 때로 돌린 것인가?
但思邃古世　다만 옛날 태고 때를 생각해 보면

未聞糴民穀	백성 곡식 거둬들임 못 들었는데,
穿穴生簿書	구멍 뚫음 장부에서 만들어지고
低昂任斗斛	저울질은 곡식 양을 멋대로 재서,
細利競錐刀	이끗은 송곳 끝을 다투어 얻고
苛政恣鞭扑	학정은 채찍과 매 멋대로 하니,
玆害未決癰	이 해독은 종기 아직 안 터진지라
其痛劇剜肉	그 고통이 살을 깎듯 극심하거니,
徒令俗自美	괜히 절로 풍속 좋게 되게 한다면
或恐計已蹙	계책 이미 위축될까 걱정이 되네.
惟願皇天慈	원하노니, 하늘이 자애로워서
屢降豊年福	풍년 복을 자주자주 내려 주어서,
三春勤鉏犁	봄 내내 호미 쟁기 열심히 써서
十口繼饘粥	열 식구 죽이라도 이어 댄다면,
木處雖恂慄	나무 위의 거처 비록 두렵더라도
無異臥華屋	좋은 집에 누운 거나 다름없으리.

—「횡성의 산골짜기 백성들이 산짐승들이 곡식을 상하게 하는 것이 고통스러워서 나무 위에 둥지를 틀어 놓고 밤낮으로 경계하고 지키고 있는지라 느낌이 있어 짓다[橫城峽民苦山獸傷稼結巢樹上晝夜警守感而有作]」[623]

22행까지는 화전(火田) 농사를 짓는 산골짜기 백성들의 소박한 꿈과 산짐승들의 횡포를, 44행까지는 백성들의 대책과 풍속의 사나워짐을, 45 행부터는 탐관오리의 간악한 횡포와 그에 대한 대책을 기술하였다.

강원도 횡성 고을 산골짜기에서는 화전농이 흔하기 때문에, 척박한 밭이나마 화전 농사를 짓는 그 자체는 그리 고통스러운 것이 아닐 것이다. 무성한 잡목을 찍어내고 잡풀을 베어 내어 다시 그 땅을 갈아엎어 밭을 만든다. 그리고는 밭을 서로 나누어서 거기에 볍씨도 심고 콩씨도 심는다. 온 가족이 배불리 먹을 가을날을 위해서 말이다. 온 가족이 배불리 먹을 가을날을 기다리는 산 속 백성들의 소박한 꿈이 잘 기술되어

---

623) 『惕齋集』(권2) 「5고」.

있다.

그러나 이러한 기대는 산짐승들의 횡포로 인해 흔들리기 시작한다. 금년에는 차가운 가을비가 유난히도 많이 내려서 산짐승들의 주식인 산과일조차도 잘 익지 않았다. 가을의 뙤약볕이 없이는 산과일도 그러하려니와 벼와 콩도 잘 익지 않는다. 그러다 보니 굶주린 곰은 배가 고파서 자신의 발바닥만 질리도록 핥고 있고, 멧돼지들도 배가 부르지 않다. 처음에는 이 짐승들 중에 한 마리가 굶주린 배를 채우기 위해 해질녘을 틈타 밭으로 내려오더니, 급기야는 밤이고 낮이고 가리지 않고 떼거지로 출몰한다. 그래서 비바람이 몰아치는 기세로, 소가 꼴을 먹듯 곡식을 먹어 해치운다. 이 짐승들인들 자신들의 행위가 농민들에게 해가 됨을 알아서 그러하겠는가. 다른 방법이 없어 스스로의 살 길을 찾는 계책일 뿐이다. 그러나 산짐승들의 이 계책이 백성들의 입장에서는 도저히 묵과할 수 없는 큰 횡포인 것이다.

이제 백성들은 산짐승들의 해악 때문에 몇 달치 소득마저도 사라질까 봐 걱정을 해야 하는 절박한 상황에 처해 있다. 그래서 이웃들과 함께 산짐승을 쫓아내기로 약속하고는 온갖 수단을 동원하여 경계를 선다. 갈대와 띠풀을 엮은 거적으로 지붕을 삼고 소나무나 떡갈나무를 얽어서 그 나무 위에 집을 만든다. 나무의 위험스러운 가지 끝에 방울을 달아 소리가 나게 하여 짐승들을 경계한다. 무성한 풀섶 속에 칼과 살촉을 거꾸로 설치하여 짐승들의 침입을 막기도 한다. 아침에는 잔나비처럼 나무를 타며 산짐승들 살피고 저녁에는 비를 그대로 맞아 가며 경계를 서기도 한다. 힘없는 백성으로 태어나서 농사를 짓는 것에 그치지 않고, 산짐승의 횡포를 막기 위해 위험까지 감수해야 하는 절박한 상황을 묘사하고 있는 것이다. 그러나 이것은 하늘의 섭리가 아니다.

농사는 천하의 큰 근본인지라 천심(天心)이 농사일을 중하게 여기기는 하지만, 그 농사를 위해 악한 짐승들을 마구 죽이는 것 또한 천심으로서는 차마 할 수 없는 것이기 때문이다. 그래서 성현의 경전 곳곳에 평화롭게 노니는 사슴에 대한 언급이 나오고,『예기』에는 멧돼지를 잡아먹게 하기 위해서 호랑이 귀신을 맞이하여 제사지내는 내용이 나와 있다.[624] 그런데 대체 곤궁한 백성들이 무슨 죄를 져서, 사나운 짐승들이 다시금 번식하느냐고 한탄한다. 이어 하늘이 태고적의 순후한 풍속이 사라져 가는 것을 민망하게 여겨서, 나무위에 집을 얽어 놓고 살던, 옛시절로 다시 돌이키려 하는 것이냐고 반문한다. 풍속이 사나워져 가는 현실을 역설적으로 말한 것이다. 그러나 사실 순후한 풍속이 사라져 가는 것이 사나운 짐승들 때문이겠는가. 여기에는 짐승보다도 더 포악한 탐관오리들의 학정이 개입되어 있다.

탐관오리들은 그 대부분이 불법적으로 장부를 조작하거나 도량형을 멋대로 속여서 과다하게 환곡을 거두어들인다. 백성들로부터 송곳 끝보다도 작은 이끗까지도 쥐어 짜내고, 이에 따르지 않으면 채찍과 매를 동원하여 백성들을 가혹하게 다스린다. 이와 같은 탐관오리들의 극악무도한 해악은, 종기를 터트려 악창(惡瘡)을 치료하듯 발본색원(拔本塞源)하여 척결해야 함이 마땅할 것이다. 악창을 그대로 방치하면 그 고통이 살을 깎는 듯 극심한 것과 마찬가지로, 탐관오리들의 고질적인 해악을 그대로 두게 되면 결국 해악을 척결할 수단이 완전히 사라지고 말 것이기 때문이다. 그렇다면 탐관오리를 발본색원할 수 있는 구체적인 방법은 무엇인가.

이에 대해 그는 자애로운 황천(皇天)이 풍년 복을 자주 내려 주기를 염원하며 시상을 종결한다. 여기에서의 '황천'이란 임금의 의미도 동시에 갖는 중의적 시어이다. 하늘이 자애로워 풍년 복을 자주 내려 준다는 것은 곧 임금이 정사를 잘 행하여 탐관오리의 발호를 막아 주는 것을 뜻하기도 한다. 그렇게 하여 봄 내내 열심히 농사를 지어 집안 식구의 죽이라도 계속 댈 수 있다면, 사나운 짐승들의 횡포로 인하여 비록 나무

---

624)『禮記·郊特牲』. "古之君子 使之必報之 迎貓爲其食田鼠也 迎虎爲其食田豕也 迎而祭之也 祭坊與水 庸事也."

위에 집을 짓고 산다고 하더라도 고대광실에서 사는 것이나 진배없이 행복할 것이라는 것이다. 횡성 백성들의 처지에서는 사나운 짐승들보다 탐관오리들의 횡포가 더 두렵기 때문이다. 가혹한 정사가 호랑이보다 무섭다[苛政猛於虎]는 말을 효과적으로 부연한 작품이라고 하겠다.

이서구는 울진에 유배당했다가 다시 경기도 광주의 지평(砥平)으로 이배(移配)된다. 이때 지평에 우거하던 이매(李邁)가 일가인 그가 왔다는 말을 듣고서 유배살이를 하는 오두막으로 세 번이나 찾아왔다. 이에 감회가 있어서 다음 시를 지었다. 일가인 이매의 삶을 통해서 이조 후기 농민들의 참혹한 생활을 적나라하게 고발하였다.

謫居無舊識	귀양지라 아는 사람 원래 없다가
吾宗忽相見	우리 일가 갑자기 보게 됐는데,
外家龍門裔	외가 쪽이 문벌가문 후예였으나
流落在玆縣	유락하여 이 고을에 살게 됐다네.
歲晏尙披褐	겨울 돼도 오히려 거친 옷 걸쳐
寒風慘顔面	추위로 얼굴빛이 참담도 하네.
自言少失學	스스로 말하기를 젊어 못 배워
未敢辭貧賤	가난하고 천한 신세 못 떨쳤지만,
望我作高官	나라도 고관이 되길 바라서
牙纛照畿甸	왕의 기가 기내를 비추게 될 때,
幸托先祖孫	다행히 한 선조의 후손 핑계로
要爲鄕里羨	시골 마을 선망되길 원했는데,
何故反蹭蹬	어찌하여 도리어 세력을 잃어
遭此嶺海謫	이곳 변방 귀양지로 오게 됐나네.
我聞發孤笑	내가 듣고 쓴웃음을 지어 보면서
謝子情眷眷	그대의 그리는 정 고맙지마는,
人生百年內	사람 사는 인생살이 백 년 동안에
誰不懷珪弁	누구인들 벼슬 생각 안 할까 마는,
升高易顚隮	올라가면 추락 쉽게 하게 돼 있고

涉險多絓胃　험지 밟다 대부분이 덫에 걸리니,

幽幽峽山裡　깊고 깊은 골짜기의 산 속 마을에

有土頗沃衍　이 땅 자못 비옥하고 평탄도 하며,

屋後松林密　집 뒤에는 소나무 숲 빽빽도 하고

門前溪水濺　문 앞에는 시냇물이 흘러갈 텐데,

我宦固不達　나의 벼슬 진실로 못 미친 바니

子耕且莫倦　그대는 농사 장차 게을리 마오

—「일가인 이매가 지평에 붙어사는데, 내가 왔다는 말을 듣고 세 번이나 귀
　　양살이를 하는 오두막에 찾아왔는지라 감회가 있어 시를 주다[宗人邁寓
　　居砥平聞余至三訪謫廬感懷贈詩三首]」[625] 첫째 수

　귀양지라서 전부터 알고 지내는 사람이 없었는데 일가인 이매가 찾
아왔다. 그는 친가가 왕실의 후예일 뿐만 아니라 외가 쪽으로도 명문과
인망이 높은 문벌집안의 후예였는데, 이제 집안이 기울어서 이 고을에
붙어살게 되었다고 한다. 그의 신세를 보니 한 해가 다 저물어 겨울이
되어도 따뜻한 옷을 입을 수 없을 정도로 가난해 보인다. 양반층의 일부
후손들이 고공(雇工)으로 전락하기까지도 했던 당대의 사회적 혼란상[626]
이 그의 경우를 통해서 잘 나타나 있다. 이매는 젊어서 학문을 하지 못
하였기 때문에 가난하고 비천한 신세를 면할 수 없다고 자조적(自嘲的)
으로 이야기하였다. 그래서 일가인 작자라도 고관대작이 되어서 왕을
보좌하여 이 고을을 순행할 때에, 그와 선조가 같은 후손이라는 사실이
라도 내세워서 시골 사람들의 선망이 되기를 바랐다고 하였다. 그런데
어찌하여 반대로 세력을 잃고서 이곳으로 귀양을 오게 되었느냐고 책망
한다.

　이에 대해 작자는 세상의 모든 사람들이 벼슬을 하고 싶어 안달하는
현실이 잘못된 것임을 지적한다. 깊은 산 속 마을에서 비옥하고 평탄한
논밭이나 일구며 살아가는 은사와도 같은 삶이 벼슬살이보다 훨씬 가치

---

625) 『惕齋集』(권2) 「5고」.

626) 鄭奭鍾, 「洪景來亂」, 『傳統時代의 民衆運動』 下(고승제 외), 풀빛, 1981 참조.

있는 것이라고 응답한다. 아울러 벼슬에 대한 부질없는 선망의식을 떨쳐 버리고 본분을 지키며 열심히 농사를 지으라고 충고한다.

이러한 두 사람의 대화는 그들의 진정한 생각이라기보다는 다음 시에서의 주장을 위한 가설이라고 볼 수 있다. 농민들의 참혹한 삶을 도외시하는 일반 사대부들의 관념적 사유를 꾸짖기 위한 의도적 장치인 것이다. 사환의 삶은 홍진(紅塵)이요, 궁경(躬耕)의 삶이야말로 진은(眞隱)이라는 식의 사대부들의 관념적 사고가 내포하고 있는 허구성을 폭로하고, 당시 농민들의 처참한 현실을 초래한 탐관오리들의 횡포를 비판하려는 의도를 담고 있다.

生理苦艱難	"사는 이치 괴롭게도 힘이 들어서
窮山暫寄跡	깊은 산에 잠시 자취 붙이게 되어,
傭人二息田	품팔이꾼 신세로서 2식627) 밭 빌려
親手剪荊棘	내 손으로 가시나무 베어 내어서,
爲彼數口食	저 몇 식구 식량을 마련하려면
罄此十指力	열 손가락 이내 힘을 다해야 하오
新穀旣登場	새 곡식이 등장 이미 하였지마는
未足充甔石	한 항아리 채우기도 부족하다오
婦本農家女	아낸 본디 농가의 여식인지라
布葛麤能織	갈포를 거치나마 짤 수 있지만,
今歲木綿荒	올해는 목화조차 흉년인지라
竟畝無一摘	끝내 목화 한 송이도 못 따냈다오
飢寒乃吾分	주림·추위 이에 나의 분수인지라
倖免非良策	죽음만 면한대도 좋겠지마는,
惟恐里正來	오로지 두려운 건 아전이 와서
叩門催秋糴	문 두드려 가을 세금 재촉함이오
常怪仕宦人	의심 항상 하였었소, 벼슬아치가
輒說躬稼穡	몸소 농살 짓겠노라 문득 말함을.

---

627) 自註. "山田一時所耕, 謂之一息."(『惕齋集』)

稼穡有何好	농사가 대체 어찌 좋은 일이요?
從年但愁色	일년 내내 다만 오직 시름뿐인 걸.
我今雖在家	내가 지금 비록 집에 있다 하지만
無異君被謫	귀양 온 당신과 다를 바 없소
幸得完官租	다행히 관의 세금 모두 낸다면
快若登仙籍	신선 장부 오른 듯이 기쁠 것이오"
斯言亦有理	이 말에 또한 이치 담겨 있어서
忽使余心惻	갑자기 내 마음이 슬퍼지누나.
求榮必見辱	영화를 구하면 꼭 치욕 당하고
取樂還懷慼	기뻐하면 도리어 슬퍼지나니,
萬事無全美	모든 일이 완전한 것 없는 법이요
造物相煎迫	조물주도 몹시 마음 졸일 것이니,
不如且置之	차라리 논의 말고 내버려두고
一笑便自適	한 번 웃고 편안하게 자적하세나.

—「일가인 이매가 지평에 붙어사는데, 내가 왔다는 말을 듣고 세 번이나 귀
양살이를 하는 오두막에 찾아왔는지라 감회가 있어 시를 주다[宗人邁寓
居砥平聞余至三訪謫廬感懷贈詩三首]」둘째 수

24행까지는 첫째 수에 대한 이매의 답변 형식으로, 25행부터는 이매
의 답변에 대한 작자의 재 응답 형식으로 구성되어 있다. 이매가 말하는
자신의 참혹한 삶이야말로 작자가 일찍이 지방관을 수행하며 현장에서
목도하였던 우리나라 농민의 참혹한 현실이라고 할 수 있다.

이매는 먹고 살기가 힘들어서 깊은 산 속으로 이주하여 품팔이꾼이
되었다. 명문의 후예인 그의 상황조차 이러한 것을 보면, 대다수 일반
농민들의 참혹한 현실은 쉽게 짐작할 수 있다. 이매는 품팔이꾼 신세가
되어 얼마 안 되는 밭을 빌려서 자신의 손으로 가시나무를 베어 내어
밭을 일구었다. 몇 식구의 식량을 마련하려면 열 손가락이 다 닳을 만
큼 온 힘을 기울여야 한다. 그러나 이렇게 고생을 해도 한 항아리의 곡
식을 채우기에도 부족한 것이 현실이다. 아내 또한 본디 농가의 여식이
라서 갈포를 짤 줄 알지만 올해는 또 흉작이 들어서 목화 수확량이 전

무하다. 삶의 기본 조건인 의식(衣食)조차도 해결할 수 없는 참담한 상황인 것이다.

그러나 그가 정작 두려워하는 것은 이러한 상황보다도, 고을의 아전이 찾아와서 세금을 독촉하는 것이다. 이러한 상황에도 불구하고 벼슬아치들은 입만 열었다 하면 시골로 돌아가서 몸소 농사를 짓겠노라고 떠들어댄다. 그러나 한시도 시름 잘 날 없는 것이 농부의 삶인데, 농사가 어떻게 좋은 것일 수 있느냐고 통렬하게 반문한다. 그러한 까닭에 이매는 비록 집에 있다고는 하지만 귀양을 온 작자의 신세와 하등 다를 것이 없다는 것이다. 이매에게 있어서는 삶 자체가 곧 귀양인 셈이기 때문이다. 이러한 현실 속에서도 세금만 무사하게 내어도 신선이 된 듯 기쁠 것이라는 이매의 말을 통해, 기본적 생존이 위협받는 상황 속에서도 세금을 걱정해야 하는 당시 농민들의 현실과 탐관오리들의 가혹한 횡포를 짐작할 수 있다. 작자는 우리 농민들의 참혹하고 불쌍한 현실을 잘 알고 있었다. 그런데 그 현실을 일가를 통해 다시금 확인한 것이다.

그래서 이서구는 영화(榮華)를 구하고 나면 반드시 욕(辱)을 당하게 되고 즐거움을 취하고 나면 도리어 슬픔이 일어나는 세상사의 이치를 이야기한다. 역으로 지금은 비록 고통스럽지만 참고 견디다 보면 반드시 즐거운 때가 찾아 올 것이라는 믿음의 제시이기도 하다. 그러나 이러한 이야기는 구체적 대안의 성격을 띠지 못하는 지극히 추상적인 것에 그친다. "모든 일이 완전한 것 없는 법이요, 조물주도 몹시 마음 졸일 것"이라는 말은 치유할 수 없는 사회현실에 대한 자신의 자각(自覺)을 표현한 것에 불과하다. 자신이 한 지역의 목민관이 되었을 때는 선정을 베풀어 경세제민의 의지를 펼칠 수 있었지만, 점차 망국을 향해 치달아 가던 당시의 정치·사회적 대세는 그로서도 어찌할 수 없었던 것이다. 이 시가 정조 대에 지어진 것임을 생각한다면, 비록 시를 통해서 작품을 남겨놓지는 않았지만, 순조 대의 정치·사회적 대세에 대해 그가 어떤 생각을 하였을지는 너무나도 명확하다.

3) 역사의 반추를 통한 현실 비판

임·병 양란 이후 국가의 지도이념으로 창안된 논리가 존주론(尊周論)
과 북벌론(北伐論)이었다. 그러나 효종의 사망 이후 청나라에 대한 복수
가 현실적으로 어려워지자, 북벌론과 표리를 이루는 존주론이 강화되는
경향을 보이기 시작했다. 그리고 그것은 명나라에 대한 의리를 강조하
면서 존주론을 강화하는 장치인 대보단(大報壇)을 설치하는 것으로 나타
났으며, 정조 대의『존주휘편』편찬으로 이어졌다.[628]

이서구는 실상 존주론을 천양하는 데에 기여한 핵심 인물이다. 그는
불과 22세 되던 1775(영조 51)년에『정미전신록(丁未傳信錄)』을 편찬하였
다.[629]『정미전신록』은 1667(현종 8)년 정미년에 제주도에 표도(漂到)한 명
(明)의 유국관상(遺國官商) 임인관(林寅觀)·진득(陳得)·증승(曾勝) 등 95인을
그해 10월 4일 연경으로 송북(送北)한 사실을 적록(摘錄)한 책이다. 그는
이 책에서 명나라 유국 관상을 사지(死地)로 몰아넣은 우리나라 관료들의
처사에 대해 비분강개해 함으로써 존주의리를 자신의 확고한 신념으로
받아들이고 있다.[630] 또한 그는 정조 대에『존주휘편』의 편찬을 주관하
여 존주의식에 입각한 정통적 역사의식을 보여주었다.『존주휘편』은 만
력(萬曆) 이후 우리나라가 명을 위해 의리를 지킨 시말(始末)을 편집한 책
이다. 그는『존주휘편』의 '편집의례(編輯義例)'를 정할 때에 숭정제(崇禎帝)
이후의 도광(弘光)·융무(隆武)·영력(永曆) 세 황제의 파천(播遷) 기간까지
도 명의 정통적 역사로 넣어 서술할 것을 주장함으로써 당대의 전형적

---

628) 정옥자, 「정조시대 연구 총론」, 『정조시대의 사상과 문화』(정옥자 외), 돌베개, 1999,
   28~36면 참조.
629) 『규장각한국본도서해제(奎章閣韓國本圖書解題)』에서는 『정미전신록』의 편찬자를
   미상(未詳)으로 처리하였으나, 이 책은 분명 이서구의 편찬서이다.
   李書九, 『惕齋屏居錄』, 17~18면. "顯宗丁未, 有漂人林寅觀等送北之事, 余於少時,
   蒐輯其時事實, 編成一書, 名曰丁未傳信錄. 上偶覽其書, 嘗教賤臣曰 : '其事不可泯,
   編書之意甚善. 予始見其書, 慷慨悲憤, 不忍竟讀也'."
630) 李書九, 『丁未傳信錄』「序文」참조.

인 역사 인식보다도 더 엄격한 존주의리를 보여주기도 하였다.[631]

이서구는 '시제(時制)'인지라 감히 어길 수 없었던 청의 연호(年號) 사용을 수용하지 않고 끝내 '숭정기원(崇禎紀元)'을 고집하였던 이의 태도를 칭송하며 그 스스로도 청의 연호를 사용하지 않았고,[632] 심지어는 청의 황제를 '청주(淸主)'라고 호칭하기도 하였다.[633] 청 고종(高宗)이 죽었을 때는 참최(斬衰)를 두 번 입지 않는다는 의리를 들어, 그 복제(服制)를 천담복(淺淡服)으로 하여 예(禮)를 행하라고 정조에게 청하기도 하였다.[634] 그 당시 마침 후금(後金) 정벌에 나섰다가 전사한 김응하(金應河)를 제사지내는 행사가 있었는데, 이서구가 스스로 가기를 청하였으니, 그의 청조에 대한 반감을 짐작할 수 있다. 청 황제의 거애(擧哀)를 행하는 날에 이르러는 정조도 그로 하여금 승정원을 지키게 하여 그가 예식(禮式)의 반열에 참가하지 않을 수 있도록 배려하였다 한다.[635]

이서구의 이와 같은 강렬한 존주의식을 통해서 볼 때, 우리는 그의 역사 인식에 대해 부정적 평가를 내릴 수도 있다. 존주론은 춘추사관(春秋史觀)과 맥을 같이 하거니와, 이러한 사관은 이조의 사대부들로 하여금 우리민족이 아닌 중화민족을 역사의 주체로 인정하게 할 소지가 많았기 때문이다. 실제로 이조 사대부들은 역사의 교육에 있어서도 우리

---

631) 正祖 命編,『尊周彙編』권7. "至是, 因賓對, 召見書九, 詢及編輯義例. 書九曰 : '(……) 我國僻處海外, 不得遙奉弘光隆武永曆三皇帝正朔, 固是千古遺恨. 今當彙次尊周文字, 宜遵故重臣已定之論, 且採先儒嚴大義之議, 以尊三皇帝之統, 則順治自歸, 僭僞當與, 元世祖至元以前, 爲一例. 此乃見於行事之深切著明者也. 誠有光於列聖朝尊攘之大義矣.' 王可之."

632) 李書九,『惕齋集』권9「行狀墓表墓碣墓誌」「明隱金君墓誌銘」참조.

633) 李書九,『惕齋屛居錄』, 18면. "己未春, 淸主殂, 訃使將至."

634) 李書九,『惕齋屛居錄』, 18~19면. "聖意, 又以五禮儀所載服制之非禮, 初欲改補編之制, 而議者又言其甚重. 賤臣則以爲禮有縓衰, 而今百官服制, 稱以斬衰, 雖在皇朝天王登假之日, 已乖不貳斬之義. 五禮儀所載, 尙爲失禮, 況今日乎 (……) 今日之畏約, 非如丙丁之際, 只以淺淡服行禮, 亦未爲不可, 與鄭民始, 爭論於上前, 上意雖不以賤臣言爲非, 而竟以縓衰則嫌於成尊, 淡服則近於茂禮, 遂以不屑之義, 命姑從舊禮."

635) 李書九,『惕齋屛居錄』, 19~20면. "是時, 適有致侑金忠武之事, 賤臣請行, 上笑而不許. 至行禮日, 使以承旨守院, 竟不參班."

민족의 사승(史乘)은 대상에서 제외한 경우가 허다하였다. 더군다나 오랑캐로 인식되던 청 왕조가 패권을 장악하고 있던 시기에 있어서 존주의리니 춘추사관이니 하는 말은 탁상공론의 공소한 관념에 그칠 뿐만 아니라, 나아가 국제질서로부터 스스로를 유리시키는 외교적 과오를 초래하게 할 수도 있었다. 춘추사관에 기반을 둔 존주의리가 이제 중화인 명이 사라진 상태에서는 우리민족이 중화가 되어야 한다는 소중화주의를 낳았는바, 소중화주의는 민족의 질곡을 은폐하는 슬로건으로 이용되는 경우도 많았던 듯하다. 이러한 측면에서 볼 때 이서구는 우리민족의 역사적 현실을 냉정하게 조감하지 못한 슬로건적 존주론의 묵수자에 불과한 자가 아니었나 여겨질 수도 있는 것이다.

그러나 이서구는 강렬한 존주론자였음에도 불구하고 존주론의 고루한 묵수자는 결코 아니었다. 이는 그의 학문적 관심이나 시작품의 경향을 통해 분명히 드러난다. 앞서 살펴본 바와 같이, 그는 우리의 지리·역사에 대해 많은 관심을 기울였고, 그와 관련된 학문적 성과도 상당량 남기고 있다. 이를 토대로 하여 정조의 『동국읍지(東國邑誌)』 편찬 사업에 주도적으로 참여하여 결정적인 역할을 하였다. 아울러 그는 당대 조정의 해이해진 국방의식에 대해 그 문제를 누차 지적하기도 하였다. 이서구의 민족의 지리·역사에 대한 지대한 관심, 당대 조정의 내수외양(內修外攘)의 소홀함에 대한 통렬한 비판으로 인해, 그의 존주론은 탁상공론에 그치지 않고 그 긍정적 의미를 획득하고 있는 것이다.

이는 존주론이 춘추의리 자체만의 테두리 속에 머무르지 않고, 민족의 자아각성과 자아비판으로 확대되었기에 가능한 것이었다. 춘추사관·존주론에 기반을 둔 소중화주의는 그 많은 맹점에도 불구하고 이조후기 진보적 지식인들에게 우리민족의 지리·역사에 대해 지대한 관심을 불러일으켜서, 소위 민족적 자아각성을 가능하게 한 요인으로도 작용하였던 것이다. 아울러 우리민족이 소중화로서의 실질적 자격을 갖추고 있는지에 대해 돌이켜봄으로써, 민족현실에 대한 비판의식이 싹트게도 하였다. 이는 존주론이 본래 갖고 있던 속성 가운데 긍정적 측면을 심화·확대시킨 결과일 것이다.

이서구의 우리의 지리·역사에 대한 관심과 식견은 그의 역사를 소재로 한 시들에도 다수 수용되어 나타나거니와, 이 시들은 흥망성쇠의 무상감이나 쓰라린 회고의 정에 함몰되지 않고 역사에 대한 엄정한 평가와 현실에 대한 준엄한 비판으로 이어진다. 이서구의 역사를 소재로 한 시는 두 가지 측면의 소재에서 특색을 드러낸다. 첫째는 백제의 망국(亡國)을, 둘째는 임병양란을 소재로 한 시들이다. 백제망국을 소재로 한 시들은 이서구 당대의 역사적 상황과 직접적인 관련이 없고, 창작 시기로도 그가 31세 이후 본격적으로 관료생활에 임하기 이전의 작품이기 때문에 경세적 주제의식이 명시적으로 드러나 있지는 않다. 그러나 과거 역사에 대한 비판과 반성을 통해 은연중 현실을 경계하고 있다. 망국의 한을 노래하는 것 자체가 과거를 거울삼아 현실을 돌이키게 하려는 장치이기 때문이다. 임병양란을 소재로 한 시들은 이서구 당대의 역사적 상황과 밀접한 관련이 있고, 창작 시기로도 그가 본격적으로 관료생활에 임하고 있던 시기의 작품들이기 때문에 경세적인 주제의식이 뚜렷이 드러나 있다. 과거의 역사는 단지 소재로 이용되었을 뿐이고, 과거보다는 오히려 현실의 문제점을 비판하고 대안을 제시하는 작품들인 것이다.

이제 이서구의 백제의 망국, 임병양란을 소재로 한 시들을 차례대로 분석하여 그 주제의식을 살펴보기로 하자. 다음의 시는 「남부여회고(南扶餘懷古)」시 일곱 수이다. 이 시는 역사에 대한 회고의 정이 풍부할 뿐만이 아니라, 비판적 실증적 역사관도 보여주고 있다. 중국 문사 이조원은 이 시에 대해 "마땅히 시화에 뽑혀서 전고(典故)로 갖추어져야 한다"고 하였고, 또 "절묘한 궁사(宮詞)이다. 이런 시는 왕건(王建)[636]으로부터

---

636) 당 태종(太宗)·덕종(德宗) 때의 사람이다. 자는 중초(仲初)로 악부(樂府)에 능했다. 그가 지은 궁사백수(宮詞百首)가 인구에 회자되었다. 『왕사마집(王司馬集)』이 전한다.

터득한 것이다. 왕사정의 문집 안에서도 많이 볼 수는 없는 것이다"[637]
라고 극찬하였다.

> 一代興亡怨逝波　　홀러가는 물결 보며 일대흥망 슬퍼할 제
> 江頭初月似新羅　　강 위의 초승달은 신라와 닮았구나.
> 扶餘少妓猶情緒　　부여의 젊은 기생 아직 정이 남았는지
> 不唱當年絶影歌　　그 당시의 절영가를 부르지 않는구나.
> ─「남부여를 회고하는 시로 족숙 진사 이청을 보내며, 일곱 수
> [南扶餘懷古送進士族叔靑七首]」[638] 첫째 수

기구에서는 홀러가는 강물을 바라다보며 한 시대의 흥망성쇠(興亡盛
衰)를 슬퍼한다고 하였다. 어제의 그 물이 오늘의 물이 아니고 오늘의
그 물이 내일의 물이 아니듯, 한 시대의 흥망성쇠도 끊임없이 변하여 일
정함이 없음을 깨닫는 것이다. 이러한 무상감(無常感)은 승구에 이르러
백마강 위로 솟아 있는 초승달을 바라보며 구체화된다. 이는 『삼국사
기』의 기록 중 '신라여신월(新羅如月新)'이라 한 구절을 점화한 것이다.
의자왕 말년인 660(의자왕 20)년에 귀신이 나타나서 백제는 보름달처럼
현재는 흥성하나 다시 기울게 됨을, 신라는 초승달처럼 현재는 미약하
나 점차 흥성하게 됨을 예언하며 백제의 망국을 경계하였는데, 의자왕
이 그 의미를 곡해하여 결국 망국을 초래하였던 것이다.[639]

---

637) 李調元 評. "南扶餘詩, 當選入詩話, 以備典故."; "絶妙宮詞, 此等詩, 從王建得來,
漁洋集中, 亦不多得."(『詩集』)
638) 『席帽山人未定艸』(권3) 43장(24세 작). 『初集(坤)』 10장. 『강산시집』에는 이 작품이
누락되어 있다. 이 시에 이조원의 평이 붙어 있는 것으로 보아, 원래는 『시집』에도 수
록되어 있었을 터인데, 후대에 필사과정에서 누락된 것으로 여겨진다. 『초집』에는 제목
의 '族叔靑'이 '族叔主日'로 되어 있으나 오류이다. 『초집』에는 제4수의 '坮城'이 '臺
前'으로 제6수의 '喧說'이 '傳說'로 되어 있다.
639) 金富軾, 『三國史記』 권28 「百濟本紀」 제6 「義慈王」. "二十年 (……) 有一鬼, 入宮
中, 大呼百濟亡百濟亡, 卽入地. 王怪之, 使人掘地, 深三尺許, 有一龜. 其背有文曰:
'百濟同月輪, 新羅如月新.' 王問之, 巫者曰: '同月輪者, 滿也, 滿則虧, 如月新者, 未
滿也, 未滿則漸盈.' 王怒殺之. 或曰: '同月輪, 盛也, 如月新者, 微也, 意者, 國家盛,

여기에서의 달의 의미는 무상감을 제공하는 데에 머무르지 않고 독자로 하여금 의자왕에 대한 통렬한 비판의식을 유도하기도 한다. 성충(成忠)의 간언과 천지신명(天地神明)의 연이은 경고에도 아랑곳하지 않고, 황음탐락(荒淫耽樂)하여 술을 마시며 그칠 줄을 모르다가 망국을 초래하였던 의자왕의 돌이킬 수 없는 실정(失政)[640]을 은연중 비판하고 있는 것이다. 그러나 한편으로는 달의 차고 기움과도 같이 백제의 국운(國運)은 이미 예정되어 있었다는 운명론적 시각이 반영된 것이기도 하다.

그러나 이서구에게 있어서 백제망국의 사연은 그저 과거의 일로 묻어 둘 수 있는 성질의 것이 아니다. 이는 부여의 젊은 기생들이 아직 백제망국의 처절한 아픔을 망각하고 있지 않는지, 백제 당시의 절영가(絶影歌)를 차마 부르지 못하더라는 전·결구의 표현에 잘 나타나 있다. 전·결구는 진(陳) 후주(後主)가 「옥수후정화(玉樹後庭花)」를 연주하며 주색(酒色)에 빠졌다가 결국 수나라에 의해 망했는데,[641] 육조(六朝)의 옛 도읍지인 건강(建康)에서는 당말 목종(穆宗) 때까지도 기생들이 그 망국의 한을 망각하고서 「옥수후정화」 노래를 부르더라는 안타까운 사연을 염두에 두고 쓴 표현이다.[642]

그 옛날 의자왕이 나당연합군에게 패배하게 되자 무자비한 적들에게 쫓기어 낙화암에 올라 백마강에 투신하였던 백제의 꽃다운 궁녀(宮女)들이 있었다.[643] '절영가'란 아마도 그 당시 꽃잎처럼 사라져 간 궁녀들의 모습을 읊은 노래이리라. 그리고 지금의 부여 젊은 기생들은 백제궁녀

而新羅寖微者乎.' 王喜."

640) 金富軾,『三國史記』권28「百濟本紀」제6「義慈王」참조.
641)『隋書』권22. "禎明初, 後主作新歌, 詞甚哀怨, 令後宮美人, 習而歌之, 其詞曰 : '玉樹後庭花, 花開不復久.' 時人以歌讖, 此其不久兆也."
642) 杜牧 찬, 馮集梧 注,『樊川詩集注』권4「泊秦淮」. "煙籠寒水月籠沙, 夜泊秦淮近酒家, 商女不知亡國恨, 隔江猶唱後庭花." 이 시는 당나라 권문세족들의 무절제한 행동과 정치적 부패상을 풍자한 시로 두목의 애국충정이 반영되어 있다.
643)『新增東國輿地勝覽』권18「扶餘縣」「古跡」「落花巖」. "在縣北一里, 釣龍臺西, 有巨岩, 諺傳, 我義慈王, 爲唐兵所敗, 宮女奔迸, 登是岩, 自墮于江故名."

들의 후예에 해당하는 셈이다. 그러기에 그 기생들은 백제망국의 처절한 사연을 망각하지 않고 '절영가'를 부르지 못하는 것이다. 이는 단순히 기생들의 사연만을 말하고자 하는 의도에 그치지 않는다. 백제 망국의 사연을 망각하고서 탐음탐락에 빠져 있는 당대 위정자들에 대한 은연중의 질책일 수도 있다. 결국 이 시의 주제는 자연스럽게 백제망국의 사연과 그 망국의 한을 망각해서는 안 된다는 현재적 의미의 교훈으로 귀결되는 셈이다.

泗沘城前水拍天　사자성 앞 그 강물은 하늘을 칠 듯하고
皐蘭寺外少人烟　고란사 밖 저쪽으론 인가 연기 드물구나.
大王一去琴聲絶　대왕께서 가고 난 뒤 거문고도 안 울리고
百濟山河叫杜鵑　백제 땅 산하에는 두견새만 울부짖네.
　　　　─「남부여를 회고하는 시로 족숙 진사 이청을 보내며, 일곱 수
　　　　　　[南扶餘懷古送進士族叔靑七首]」둘째 수

사자성(泗沘城)[644]은 옛 백제의 도성인 반월성(半月城)을 가리키는 것이다. '사자성'은 부소산(扶蘇山)을 쌓아 안고 그 앞으로 고성진(古省津) 즉 사자하(泗沘河)가 흐르며, 고란사(皐蘭寺)는 부소산 안에 있다.[645] 사자하 북쪽 물가에 대왕포(大王浦)가 있는데, 법왕(法王)의 아들이자 의자왕의 아버지인 무왕(武王)이 636(무왕 37)년에 이르러 매양 여러 신하들을 거느리고 이곳에서 술을 마시고 즐기면서 술이 취해서는 반드시 거문고를 뜯으면서 스스로 노래하고, 시종하는 자들로 하여금 일어나서 춤추게 하였다고 한다.[646] 무왕은 누차에 걸쳐 신라를 공격하고 고구려의 남진

644)『新增東國輿地勝覽』권18「扶餘顯」「郡名」「泗沘」. "沘或作沁."
645)『新增東國輿地勝覽』권18「扶餘顯」「古跡」「半月城」. "石築, 周一萬三千六尺, 卽古百濟都城也. 抱扶蘇山, 而築兩頭抵白馬江, 形如半月故名. 今縣治, 在其內."
　　　『新增東國輿地勝覽』권18「扶餘顯」「山川」「古省津」. "卽泗沘河, 在扶蘇山下."
　　　『新增東國輿地勝覽』권18「扶餘顯」「佛宇」「皐蘭寺」. "在扶蘇山."
646) 金富軾,『三國史記』권28「百濟本紀」제5「武王」. "三十七年 (……) 三月, 王率左右臣寮, 遊燕於泗沘河北浦. 兩岸奇巖怪石錯立, 間以奇花異草, 如畫圖. 王餘酒極歡,

을 막았을 뿐만 아니라 왕흥사(王興寺)를 창건하고 또 관륵(觀勒)을 일본에 파견하여 천문·지리·역법 등에 대한 서적과 불교를 전달하게 하는 등 많은 치적을 남겼으나, 만년에 이르러 과도한 토목공사를 일으키고 사치와 유흥에 빠져 백제 멸망의 원인을 만들었다.[647]

이로 인해 이서구는 사자성 앞 강물은 예나 지금이나 하늘을 칠 듯 거대한 기세를 뿜낼 터인데, 옛적에 인가가 즐비하던 고란사 주위 성안에는 인가(人家) 연기조차 드물게 되었을 것이라 하였다. 수박천(水拍天)의 역동적인 기세는 무왕 치세기의 흥성했던 국운을, 소인연(少人烟)의 적막한 장면은 망국의 참혹한 결과를 상징하거니와, 이제는 흥청거리던 금성(琴聲) 대신 두견(杜鵑)의 한스러운 울부짖음만 가득할 뿐이다. 무왕의 흥청망청하던 거문고 소리가 결국 백제산하(百濟山河)에 가득한 망국의 울부짖음이 되어 돌아오고 말았다고 하였으니, 이서구의 비판정신이 참으로 통렬하다. 결국 그는 의자왕 때의 망국이 무왕 만년의 사치와 유흥에서부터 시작되었다고 지적한 셈이다. 이 역시도 과거의 사연을 통해, 당대 현실을 돌이켜보도록 유도하고 있는 것이다.

> 寒波嗚咽渚花紅　　찬 물결은 울부짖고 물가 꽃은 짙붉으니
> 故國風烟疁夢中　　옛 나라 그 풍광이 꿈속인 듯 놀라운데,
> 寂寞夫蘇山下路　　적막한 부소산의 그 아래 길에서는
> 行人指點義慈宮　　길가는 사람들이 의자왕궁 가리키네.
> ―「남부여를 회고하는 시로 족숙 진사 이청을 보내며, 일곱 수
> 　　　　[南扶餘懷古送進士族叔靑七首]」 셋째 수

鼓琴自歌, 從者屢舞. 時人謂其地爲大王浦."
『新增東國輿地勝覽』권18「扶餘縣」「山川」「大王浦」. "在縣南七里, 源出烏山, 西入白馬江. ○百濟武王, 每率羣臣, 遊泗沘河北浦, 宴飮以樂, 醉必鼓琴自歌, 令從者起舞. 時人因此, 稱爲大王浦."
　　自註: "泗沘河, 有武王鼓琴處, 命曰大王浦."(『初集』).
647) 金富軾, 『三國史記』권28「百濟本紀」제5「武王」참조

백마강의 찬 물결이 울부짖는 듯하고 그 물가의 꽃들은 붉다고 하였다. 한파(寒波)의 청각적 이미지와 저화(渚花)의 시각적 이미지가 중첩되며 강렬하다 못해 선뜻한 느낌마저 제공한다. 이는 이중구조의 시상으로 옛적 백마강에 몸을 던지던 궁녀들의 모습을 연상하게 해준다. 물리적 현상으로 보자면 울부짖는 '한파'와 붉은 '저화'가 공존할 수 없겠거니와, 시적인 비유로 보자면 '차가운 물결'은 망국의 소용돌이 속에서 울부짖던 백제의 역사요, '물가의 꽃송이'는 그 망국의 역사 속에서 하염없이 희생되어 갔던 비운의 궁녀들일 것이다. 이것이 곧 고국풍연(故國風烟)의 모습이니, 현실 속에서는 도저히 그려볼 수도 없는 그저 꿈속에서나 나올 법한 놀라운 장면이 아닐 수 없었을 것이다.

또한 옛적에는 인산인해를 이루었을 부소산 아래의 그 길도 이제는 적막하기 그지없고, 반월성 안에 높이 솟아 있었을 의자궁(義慈宮)의 화려함도 간 곳이 없다. 어디가 의자왕의 궁전인가 싶어 행인들에게 물어보니, 예전에 저기에 있었노라고 손가락으로 가리킬 뿐이다. 역사야 원래가 무상한 것이겠지만, 특히 망국의 역사는 비장한 느낌까지도 제공한다. 독자로 하여금 처절하기 그지없던 과거의 역사를 되새기게 하며 은연중 현실을 돌이켜보게 하고 있다.

白馬江通錦水湄	백마강은 금강 가와 소통되어 있는지라
風帆飛渡北來師	돛배로 날듯 건너 북쪽에서 군사 왔지.
可憐當日梟曳使	가련쿠나, 그 당시에 양에 갔던 백제 사신
却向坮城弔練兒	도리어 대성 향해 연아를 조문하니.

—「남부여를 회고하는 시로 족숙 진사 이청을 보내며, 일곱 수
[南扶餘懷古送進士族叔靑七首]」 넷째 수

남부여(南扶餘)의 역사가 시작되는 성왕(聖王) 때로 시선을 소급하고 있다. 기·승구는 성왕의 사자천도(泗沘遷都)를 읊은 것이다. 백마강(白馬江)은 금수(錦水) 즉 금강(錦江)의 하류이다.[648] 백제는 538(성왕 16)년 봄에 웅

진(熊津 : 현재의 공주)으로부터 사자(泗沘 : 현재의 부여)로 도읍을 옮기고 국호를 남부여라고 하였다.[649] 백제는 고구려 세력에 눌려 국세를 떨치지 못하다가 동성왕(東城王)·무녕왕(武寧王) 등의 노력으로 다시 국력을 회복하게 되고, 성왕 때에 이르러 새로운 발전의 터전을 마련하기 위해 웅진보다 터가 넓은 곳으로 천도하였던 것이다. 비도(飛渡)라고 한 표현을 통해서 천도를 통한 백제부흥의 꿈을 확인할 수 있다.

그러나 성왕의 꿈이 실현되기에는 당시의 국제정세가 너무나 급변하고 있었다. 당시 중국은 육조(六朝)의 격변기였던 바, 549년 동위(東魏)에서 양(梁)에 귀순하였다가 대승상(大丞相)이 된 후경(侯景)이 반란을 일으켜 수도 건강(建康)이 함락되었다. 그런데 549(성왕 27)년 겨울 성왕은 양에 후경의 난리가 있는 줄도 모르고 사신을 보냈는데, 사신이 당도하여 양의 성궐 대성(坮城)이 파괴된 것을 보고 성문인 단문(端門) 밖에서 목을 놓아 울며 연아(練兒)[650]를 조문하였다. 이에 백제 사신들은 그 광경을 전해 듣고 크게 노한 후경에게 잡혀 갇혀 있다가, 후경의 난리가 평정된 뒤에야 환국할 수 있었다.[651] 이렇듯 성왕은 격변하는 국제정세 속에서 백제부흥의 웅지를 펴 보지도 못하고 망국을 향해 치달아 가던 양의 왕을 조문하게 되었으니, 전구의 가련(可憐)이란 시어 속에 작자의 안타까운 마음이 잘 녹아 있다. 아울러 급변하는 국제정세 속에서의 외교가 얼마나 중요한지에 대해서도 강조되고 있는 것이다.

---

648) 『新增東國輿地勝覽』 권18 「扶餘縣」 「山川」 「白馬江」. "在縣西五里, 良丹浦及金鋼川, 與公州之錦江, 合流爲此江, 入林川郡界, 爲古多津."

649) 金富軾, 『三國史記』 권26 「百濟本紀」 제4 「聖王」. "十六年春, 移都於泗沘(一名所夫里), 國號南扶餘."

650) 양 무제(武帝)의 소자(小字).

651) 自註. "聖王時, 遣使如梁, 使者見城闕殘毀, 號泣端門外, 侯景怒囚之."(『初集』)
   金富軾, 『三國史記』 권26. "二十七 (……) 冬十月, 王不知梁京師有寇賊, 遣使朝貢. 使人旣至, 見城闕荒毀, 並號泣於端門外, 行路見者莫不灑淚. 侯景聞之大怒, 執囚之. 及景平, 方得還國."
   『梁書』 권54 「列傳」 제48 「百濟」. "太淸三年, 不知京師寇賊, 猶遣使貢獻, 旣至, 見城闕荒毀, 號慟涕泣. 侯景怒, 囚執之. 及景平, 方得還國."

黃奴餘恨接荒邱　　황노의 끼친 한과 무덤을 접하여서
風雨芒山幾度秋　　비바람 속 북망산서 몇 년이나 보냈던가.
一曲銷魂東去水　　한 굽이에 혼을 녹여 동류수를 따라가면
落花巖是景陽樓　　낙화암이 다름 아닌 경양전과 같으리라.
　　　　—「남부여를 회고하는 시로 족숙 진사 이청을 보내며, 일곱 수
　　　　　　　[南扶餘懷古送進士族叔靑七首]」다섯째 수

　　황노(黃奴)는 진 후주의 소자(小字)이다. 진 후주는 즉위한 뒤 정사는
돌보지 않고 비빈(妃嬪)·영신(佞臣)들과 잔치를 베풀어 시를 지으며 즐기
다가 수나라 군대가 침입하자 장비(張妃)·공비(孔妃)와 함께 경양전(景陽
殿)의 우물 속에 숨어 있다가 잡혀서, 죽은 뒤 낙양에 있는 북망산(北芒
山)에 묻혔다.[652] 의자왕도 진 후주처럼 향락만을 일삼다가 개국한 지
678년 만에 나라를 망치고서, 태자·왕자들, 대신(大臣)·장사(將士) 88명,
백성 1만 2천여 명과 더불어 당나라로 압송되어 결국 타국에서 병사하
였다. 죽은 뒤 오(吳)의 말제(末帝) 손호(孫皓)와 진 후주의 묘 옆에 나란히
묻히고 아울러 비가 세워졌다.[653]
　　이는 의자왕을 진 후주와 같은 망국의 군주로 영원히 낙인찍은 것과
다르지 않다. 그러나 이서구는 의자왕을 진 후주와 비기면서도, 한편으
로는 승구에서 보듯 타국에서 외롭게 죽어 간 그의 혼령에 대해 연민도
표현하고 있다. 한 굽이에 혼을 녹여 물결을 따라서 끝없이 동쪽으로 가
다 보면, 그곳이 곧 낙화암일 것이라고 하고 있는 것이다. 의자왕의 혼

---

652)『陳書』권6「本紀」제6「後主叔寶」. "後主聞兵至, 從宮人十餘, 出後堂景陽殿, 將
　　自投于井, 袁憲侍側, 苦諫不從, 後閤舍人夏侯公韻, 又以身蔽井, 後主與爭久之, 方得
　　入焉. 及夜, 爲隋軍所執 (……) 隋仁壽四年十一月壬子, 薨於洛陽, 時年五十二. 追贈
　　大將軍, 封長城縣公, 諡曰煬, 葬河南洛陽之芒山."
653) 金富軾,『三國史記』권28「百濟本紀」제6「義慈王」. "於時, 王及太子孝與諸城, 皆
　　降, 定方, 以王及太子孝王子泰隆演, 及大臣將士八十八人, 百姓一萬二千八白七人,
　　送京師 (……) 定方, 以所俘見上, 責而宥之. 王病死, 贈金紫光祿大夫衛尉卿, 許舊臣
　　赴臨, 詔薨孫皓陳叔寶墓側, 并爲竪碑."
　　自註. "義慈入唐死, 命葬陳叔寶墓側."(『初集』)

령이 그곳 낙화암 앞에 이르면 백마강에 투신하였던 백제 궁녀들의 원한 맺힌 혼령들과 조우할 것이다. 그러나 연민의 정도 여기서 그치고 만다. 의자왕의 혼령이 낙화암 앞 백마강에서 조우한다고 하더라도, 결국에는 궁인들과 더불어 경양전 앞 우물 속에 숨었던 진 후주와 다를 바 없다는 것이다. 이처럼 의자왕에 대한 작자의 감회는 연민의 정과 비판의식이 교차하는 미묘한 것이다.

蕪沒殘碑野草橫　　잡초 덮인 깨진 비석 들판 풀 속 누워 있어
書家喧說褚公名　　서가들이 저공 이름 시끄럽게 말하지만,
端知顯慶三年後　　바르게 알 것이니 현경 3년 그 이후로
此獠如何得再生　　이놈이 무슨 수로 다시 살 수 있었겠나?
　　　　　　—「남부여를 회고하는 시로 족숙 진사 이청을 보내며, 일곱 수
　　　　　　　　　　　　　　[南扶餘懷古送進士族叔青七首]」 여섯째 수

　　당유인원기공비(唐劉仁願紀功碑)[654] 사적과 관련하여, 그 글씨의 주인공에 대해 고증한 시이다. 이 비는 나당연합군이 백제를 침공할 때 당나라 장군 소정방(蘇定方)과 함께 원정을 와 백제 유민들의 부흥운동을 무산시킨 당장(唐將) 유인원의 공적을 기록한 것으로서 663년에 세워진 전공비이다. 『대동금석서(大東金石書)』에서는 이 비문을 유인원이 썼다고 하고 있으나, 현재 이 설은 받아들여지지 않고 있다. 비문의 필체는 저수량체(褚遂良體)의 해서(楷書)이며, 제액(題額)은 전서(篆書)로 양각되어 있다.[655] 잡초 더미 속에 파묻혀 있는 당유인원기공비의 글씨에 대해서, 당시 사람들 중에 하남군공(河南君公) 저수량(褚遂良)의 글씨라고 주장하는 경우가 많았던 듯하다. 비문의 필체가 실제로 저수량체의 해서체로

---

654) '당유인원기공비'는 부소산 남쪽 삼충사(三忠祠)의 뒤편에 세 조각으로 깨진 채 방치되어 있던 것을 그 자리에 비각을 세우고 복원해 두었다가, 해방 후 국립부여박물관에 옮겨 보존해 오고 있다. 1963년 1월 21일에 보물 제21호로 지정되었다.
655) '문화재청'과 '부여관광발전진흥회' 인테넷홈페이지 참조

되어 있으므로, 이런 주장이 제기되었을 터이다.

이에 대해 이서구는 저수량이 현경(顯慶) 3(658)년에 이미 죽었고, 그후 2년이 지난 뒤인 660년에야 백제가 평정되었기 때문에, 죽은 사람이 다시 살아나서 글씨를 썼을 리 없다고 단언하였다.[656] 물론 이서구도 그 글씨의 주인공이 명확히 누구인지에 대해서는 단언하지 않았다. 그러나 암묵적으로는 『대동금석서』에서 논한 바대로 유인원 자신의 글씨로 인정하였을 것이다. 『대동금석서』의 찬자가 다름 아닌 이서구의 5대조 이우이기 때문이다.

어쨌든 우리는 이 시를 읊고 있는 이서구의 심사가 곱지 않음을 느낄 수 있다. 이는 저수량을 하필 '차료(此獠)'[657]라는 어휘로 지칭하고 있는 데서 확인된다. 그러나 이서구가 정말로 매도하는 대상은 저수량이 아니라, 당유인원기공비가 저수량의 필체라며 시끄럽게 떠들어대는 서가(書家)들일 것이다. 나아가 '당유인원기공비' 자체가 곧 이서구의 심사를 뒤틀리게 하는 대상이었을 것이다. 유인원은 실상 우리민족의 적(敵)에 불과했기 때문이다. 이서구의 주체적 역사 인식 태도를 엿볼 수 있다.

> 石灘亭子大江涯　석탄의 그 정자가 큰 강 가에 있으리니
> 付與何人管物華　누구에게 부탁해서 물화를 맡겼던고?
> 野火連原鞭轂觫　들불이 들을 잇자 소를 몰아 채찍 하던
> 春風苦憶李長沙　봄바람에 그 이장사 몹시도 그렸었지.
> ―「남부여를 회고하는 시로 족숙 진사 이청을 보내며, 일곱 수
> [南扶餘懷古送進士族叔靑七首]」 일곱째 수

백마강 상류에 있는 석탄(石灘)에 정자를 짓고 은거하면서 백제의 망

---

656) 自註. "劉仁願紀功殘碑, 人皆此爲褚河南書, 按褚已沒于顯慶三年, 後二年, 百濟始平."(『初集』)
657) 『新唐書』 권105 「列傳」 제30 「褚遂良」. "遂良, 因致笏殿階, 叩頭流血曰 : '還陛下此笏, 乞歸田里.' 帝大怒, 命引出. 武氏, 從幄後呼曰 : '何不撲殺此獠.'"

국한에 대해 읊었던 고려 이존오(李存吾)와 이존오를 그리워했던 정몽주(鄭夢周)의 사연에 대해 읊음으로써 결미를 장식하였다. 이존오는 1366(공민왕 15)년 우정언(右正言)이 되어 신돈(辛旽)의 횡포를 탄핵하다가 왕의 노여움을 샀으나, 이색(李穡) 등의 변호로 장사감무(長沙監務)658)로 좌천되었고, 그 뒤에 이곳 석탄으로 옮겨 살면서 여울 가에 정자를 짓고 한가로이 시를 읊으면서 일생을 마쳤다. 정몽주는 석탄에 은거하는 이존오를 그리워하는 시를 지었다.

승구의 하인(何人)은 이존오를 지칭하는 것이다. 전구는 이존오의 시 중에 "들불이 들을 살라 바다처럼 평평한데, 때때로 소가 와서 묵정밭을 가는구나[野火燒原平如掌, 時有穀觫耕菑田]"라고 한 구절을 점화한 것이고, 결구는 정몽주가 이존오에게 준 시의 기구를 그대로 옮긴 것이다.659) 이 마지막 수의 시는 그 읊은 의도가 예사롭지 않다. 남부여를 회고하는 시에서 백제 말이 아닌 고려 말의 사연을 읊은 것도 특이하거니와, 하필 고려 말의 충신들인 이존오와 정몽주의 사연을 읊은 것도 문제시된다.

이장사(李長沙)·선실(宣室)660)과 같은 시어로 볼 때, 정몽주는 이존오

---

658) '장사'는 이조시대 무장현(茂長縣), 현 전라북도 고창군(高敞郡) 무장면(茂長面)에 속했던 곳이다.

659) 『新增東國輿地勝覽』권18 「扶餘縣」「山川」「石灘」. "在縣東十二里, 白馬江上流. ○ 高麗正言李存吾, 上書論辛旽, 貶長沙監務. 後居于此, 樓亭灘上, 優遊嘯詠, 以終其身. 嘗有詩曰: '百濟古國長江曲, 石灘風月關幾年, 野火燒原平如掌, 時有穀觫耕菑田, 我來構亭探勝景, 萬景媚嫵爭來前, 雲烟明滅蛟蛇窟, 山翠空蒙浮遠天, 白沙岸斷浦漖入, 傑石邐迤橫江邊, 扁舟南轉兀梟兌, 石欄桂柱臨澄淵, 石佛應見義慈代, 惟有野鶴來參禪, 憶昔唐將航海至, 雄兵十萬鼓淵淵, 都門一戰謾傾國, 君王拱手被拘攣, 神物慘溪亦不守, 石上遺蹤猶蜿蜒, 落花岩下波浩蕩, 白雲千載空悠然.' (……) 鄭夢周詩: '春風苦憶李長沙, 徙倚南樓日欲斜, 宣室承恩應未遠, 石灘明月不須誇.'"

　　　自註. "麗末, 李存吾, 貶長沙監務, 歸構石灘亭子于縣東, 嘗作詩云: '野火燒原平如掌, 時見穀觫料畬田.' 圃隱先生, 過其地, 亦有'春風苦憶李長沙'之句."(『初集』)

660) 위의 각주 정몽주 시 참조. 선실(宣室)은 한(漢) 미앙전(未央殿)의 정실(正室)이다. 한 무제(武帝)가 장사(長沙)에 귀양 갔던 가의를 불러와서 이곳에서 인견하였다(『史記』권84 「屈原賈生列傳」제24 「賈生」. "後歲餘, 賈生徵見. 孝文帝, 方受釐, 坐宣室. 上因感鬼神事, 而問鬼神之本, 賈生因具道 所以然之狀. 至夜牛, 文帝前席, 旣罷曰, '吾久不見賈生, 自以爲過之, 今不及也.' 居頃之, 拜賈生爲梁懷王太傅.").

를 한 문제(文帝) 때 박사(博士)에서 태중대부(太中大夫)가 되었으며, 장사왕(長沙王)의 태부(太傅)로 좌천되었다가 양회왕(梁懷王)의 태부가 되었던 가의(賈誼)에 비겨 표현한 것이 분명하다. 이러한 맥락에서 보면, 이서구도 자신을 이존오와 같은 충신으로 비기고 있는 셈이다. 이서구의 이 시가 지어진 때가 자신이 탄핵을 받아 은거하고 있을 때이니, 자신도 이존오와 같이 좌천된 신세로서 백제 망국의 역사를 읊고 있는 셈이다. 아울러 이서구는 정몽주가 이존오에게 '주상 은혜 받을 날이 응당 멀지 않았으니(宣室承恩應未遠)'라고 하였던 그 소망을 자신에게 적용시키고 있기도 하다. 또한 망국의 역사는 주로 국가 위난의 때에 읊어지듯, 이서구도 당대를 백제 말 혹은 고려 말과 같은 위난의 시기로 인식하고 있었음을 보여준다. 과거의 역사를 타산지석(他山之石)으로 삼아서 현재의 난국을 경계하려는 의식이 도사려 있음을 엿볼 수 있는 것이다.

이제 임병양란을 소재로 한 시들을 분석해 보자. 이서구는 문관이었으나, 그의 시에서는 전쟁과 관련된 소재를 전고로 수용한 것이 많다. 특히 임진왜란·병자호란과 관련된 역사적 사실을 많이 수용하였다. 임병양란을 통해 우리의 전 국토는 철저하게 유린되었고 백성들의 생활도 파탄에 이르렀으니, 그 전쟁의 참혹함은 굳이 말할 필요도 없을 것이다. 다음 시에 임진왜란의 참혹상이 잘 표현되어 있다.

尙憶東征日	동쪽 왜군 치던 날을 생각해보니
空悲古戰場	부질없이 옛 전쟁터 슬퍼지나니,
平蕪橋路斷	무성한 들 다릿길이 끊어져 있고
流水稻畦荒	물 질퍽한 벼논들은 황폐하구나.
壯士揮戈急	장사는 급박하게 창 휘둘렀고
將軍躍馬長	장군은 멀리까지 말 뛰게 했지.
虫沙三萬甲	죽은 장졸 삼만 명이 누웠던 이곳
春艸綠茫茫	봄풀만 푸르러서 아득도 하네.

— 「벽제에서 옛일을 생각하며[碧蹄懷古]」661)

지금의 경기도 고양군 소재 벽제(碧蹄)에서 임진왜란의 참상을 회고하였다. 경련의 장사(壯士)는 지휘사(指揮使) 이유승(李有昇)을, 장군(將軍)은 제독 이여송(李如松)을 의미하는 시어이다. 초목이 무성한 평원에는 다릿길이 끊겨져 있고, 물이 질퍽하게 흐르는 벼논은 황폐하기 그지없다. 바로 이곳에서 임진왜란 중이던 계사년(1593, 선조 26)에 명나라의 제독 이여송이 왜군과 맞서 싸웠다. 당시 얼음이 새로 풀려서 논이 모두 질퍽하여 말을 타고 싸우기에 어려웠는데, 이여송의 말이 다리를 지나다가 그만 넘어졌다. 왜군의 보병이 칼을 뽑아 이여송의 말을 베었다. 이여송이 몹시 위급하게 되었는데 지휘사 이유승의 구원으로 다행히 탈출하였으나, 이유승은 끝내 왜적에게 잡히어 죽고 말았다.[662]

이 작품에서 전쟁의 참혹함을 가장 극명하게 표현한 곳은 미련이다. 충사(蟲沙)는 충사원학(蟲沙猿鶴)의 준말로, 전사(戰死)한 장졸(將卒)들을 비유하는 시어이다. 이 곳 벽제에서 무려 3만 명에 이르는 장졸들이 부질없이 죽어 갔던 것이다. 그러나 봄풀은 그 날의 참상을 아는지 모르는지, 그 옛 전쟁터 위에 아득히 펼쳐져 있다. 이 시와 같은 장소, 같은 상황을 두고 읊어진 이덕무의 시가 전쟁의 참상을 이여송이라는 특수한 인물에 비추어서 보여준 것에 반하여,[663] 이서구는 3만 명에 달하는 이름 없는 장졸들에 비추어 보여주었다. 이러한 참혹한 전쟁이 완료형으로 끝나 버린 것이었다면, 다음에 든 시는 아예 지어지지 않았을지도 모른다. 당시의 조정이 임병양란의 참상을 교훈으로 삼아 군비(軍備)를 강화하여 국방에 심혈을 쏟았어야 하는데, 실제로는 그러지 못하였던 것이다.

---

661) 『惕齋集』(권3) 「5율」.
662) 自註. "碧蹄之役, 天兵陷稻畦中, 因此失利, 提督馬, 過橋而蹶, 麾下士李有昇, 力戰死, 賴楊元救兵至, 仍免."(『惕齋集』)
663) 李德懋, 『靑莊館全書』 권9 『雅亭遺稿』 1 「碧蹄店」. "天兵癸巳齒倭鋒, 鐵馬蹄勞膩土濃, 未抵輕儇蝴蝶陣, 臨風慟哭李如松."

彈琴臺下水㶁㶁　탄금대 그 아래로 물줄기가 맑고 맑아
往事凄凉閱幾春　옛적 일은 처량한 채 몇 번 봄을 겪었었나.
恨入江聲流不盡　강물 소리 한 스미어, 흘러가도 다 못 풀고
魂迷艸色碧無垠　풀빛에 혼 헤매어, 푸르름이 끝이 없네.
空聞突騎能輕敵　돌기병이 제압할 수 있다고만 괜히 듣고
却怪兵仙解誤人　장군께서 그르치랴 의심 어찌 했으리요.
聖代不忘陰雨戒　성대에도 난세 경계 잊지를 말 것이니
莫言長策在交隣　좋은 계책 교린에만 있을 거라 말을 마라.
—「달천에서 옛일을 조상하며[達川弔古]」[664]

임진왜란 때의 탄금대(彈琴臺) 전투를 회고하며 가슴아파하고 있다. 탄금대는 현 충청북도 충주시 대문산(大門山)을 중심으로 한 고적지이다. 남한강 상류와 달천(達川)이 합류하는 지점에 위치해 있다. 1592(선조 25)년 임진왜란 때 도순변사 신립(申砬)이 적은 병력으로 출전하여 이곳에 배수진을 치고 왜적 가등청정(加藤淸正)과 소서행장(小西行長)의 군대를 맞아 분전했으나, 중과부적으로 참패하고 부장(副將) 김여물(金如岉)과 함께 전사한 전적지이기도 하다. 그 옛날 핏빛으로 붉게 물들었을 그 강물이 이제는 맑게 흐르며, 수도 없는 세월을 거쳐 왔다. 강물 소리에는 그날의 한(恨)이 스며들어, 아무리 흘러가더라도 한은 여전히 서려 있고, 그 한을 풀지 못해 헤매는 혼들이 풀빛 속에 어리어 끝없이 푸르르다. 옛 유적지를 바라보며 느끼는 슬픔이 지극하다.

아울러 이서구는 역사의 회고적 감흥에만 빠지지 않고 그 날의 전투 상황에 대해 구체적으로 생각해본다. 경련은 부장인 김여물을 염두에 두고 쓴 표현으로, 김여물이 자신의 주장을 관철시키지 못했던 사실을 안타까워한 것이다. 당시 김여물이 우리의 적은 군대로 왜적의 대군을 방어할 지역은 마땅히 지역이 험한 조령(鳥嶺)뿐이라고 하였다. 그러나 신립은 그 말을 따르지 않고, 조령에서는 기병(騎兵)을 쓸 수 없으니 마

---

664) 『惕齋集』(권3) 「7율」.

땅히 평원에서 일전해야 한다고 주장하며, 마침내 탄금대에 배수진을 쳤다고 한다. 그러나 탄금대 앞에는 논이 많아서 말을 몰기에 불편하였다. 결과적으로 왜군에게 충주성을 빼앗기게 되고, 신립은 탄금대로 돌아와 부장 김여물과 함께 적병 수십 명을 사살한 뒤에 힘이 다하여 강물에 몸을 던져 자살하였던 것이다.

또한 이서구는 지금이 비록 태평성대라고는 하나, 난세(亂世)의 경계를 잊지 말아야 한다고 주장한다. 그 날의 뼈저린 아픔을 교훈으로 삼아 더 이상은 이런 아픔을 겪지 않아야 할 것이라는 것이다. 더 나아가 조정의 대신 및 군주에게도 한 마디 충고를 아끼지 않는다. 일본과의 외교 관계에서 교린(交隣)만이 상책이라고 여기지 말라는 것이다. 이는 궁극적으로 외교적 계책만이 아닌 내실 있는 군비의 강화를 주장한 것이다.

鴨綠江流氣不平	압록강 물결 기세 잔잔하지 아니한데
危樓徒倚一樽傾	높은 누각 기대어서 한 통 술을 기울이네.
林間獵火婆娑路	숲 사이엔 사냥불이 퍼져 가는 길이 있고
海口風帆泊汋城	해구에는 돛단배가 출렁대는 성이 있네.
千里提封空設險	천리 강역 공연히 요새만을 설치하고
百年廊廟罷談兵	백년토록 조정에선 전쟁 얘길 그쳤구나.
顯忠祠屋留天地	현충사 그 집채만 이 세상에 남겨져서
終古英雄涕淚橫	영원토록 영웅들이 눈물 마구 흘리리라.

— 「통군정에서[統軍亭]」[665]

의주의 통군정(統軍亭)에 올랐다. 통군정은 의주읍성에서 제일 높은 압록강 기슭 삼각산 봉우리에 자리를 잡고 있다. 의주 읍성의 북쪽 장대(將臺)로서 서북 방위의 거점이었던 의주성의 군사 지휘처로 쓰이던 곳이다. 통군정에 올라서 거세게 흘러가는 압록강의 물결을 바라보며 한 통의 술을 기울인다. 술을 기울이며 바라보니, 한 편으로는 숲 사이로는 사냥

665) 『惕齋集』(권3) 「7율」.

불이 퍼져 가는 듯한 길이 보이고, 서쪽 멀리로는 신의주·용암포 일대까지 내려다보인다. 누가 봐도 훌륭한 군사 요새지가 분명한 곳이다.

그러나 이서구는 천리 강역에 걸쳐 통군정과 같은 요새만 설치하면 뭐하겠느냐고 한탄한다. 병자호란이 끝난 후 우리 조정에서는 국방에 대한 논의가 완전히 사라져 버렸으니 말이다. 여기에는 국방에 대해 소홀한 현실과 그 현실에 대한 강렬한 비판의식이 담겨 있다. 의주 현충사(顯忠祠) — 일명 백마산성사(白馬山城祠) — 에는 황일호(黃一皓)·최효일(崔孝一)·차예랑(車禮亮) 등이 배향되어 있다. 이들은 모두 병자호란 후 청태종을 살해하고 명나라를 위하여 원수를 갚으려고 모의하다가 살육당한 의사들이다. 그러나 지금은 그들의 의로운 정신은 다 사라져 버리고 현충사 그 집채만이 외형적으로 남아 있을 뿐이다. 이러한 현실은 후대의 영웅(英雄)들로 하여금 끝없이 눈물을 흘리게 할 것이라고 하였다. 이는 국가 대계가 바로서지 못한 현실에 대해 마음 아파하는 것이다. 아울러 지금부터라도 국방을 강화하여 외침에 대비해야 한다는 강렬한 주장을 담은 것이기도 하다.

이서구는 위 시 외에도, 당시 우리나라의 허술한 국방을 지적하며 국방 문제에 대한 조정의 안이한 대처에 대해 비판하는 내용의 시를 여러 곳에서 남기고 있거니와,[666] 특히 인재 등용에 대해 관심을 기울였다.

邊郡豪俠兒	변방 고을 호탕하고 호협한 남아
力挽五石强	다섯 석을 당길 만큼 힘이 세어서,
躍馬臨荒磧	말을 몰아 자갈밭을 마주하고서
撫劒視天狼	칼 만지며 천랑성을 바라다보니,
此輩苟善用	이런 무리 진실로 등용 잘되면
一死報明王	한 번 죽어 밝은 왕께 보답할 테고,

---

666) 『惕齋集』(권2) 「5고」 「左峴城」에서 "(……) 自古關防地, 經畫信森羅, 但見開百雉, 未聞走六騾, 時淸壯士閑, 戍樓空枕戈, 昇平念艱虞, 廟略當如何"라 한 경우가 대표적이다.

要當激意氣	마땅히 의지·기상 떨치게 하면
不必憂封疆	강토 지킬 근심일랑 불필요하리.
君看車與崔	그대들은 보았는가, 차씨와 최씨
大義日月光	대의가 일월처럼 빛이 났으니,
奇材遇時見	기재가 때를 만나 나타나는 건
往往出尋常	이따금 평범한 곳 게서 나옴을.

— 「도중에 흥을 기록하다, 다섯 수[途中紀興五首]」[667] 넷째 수

변방 고을을 순행(巡行)하는 도중에 다섯 석의 쌀가마니를 들어올릴 만큼 힘이 센 젊은이를 보고서, 인재등용의 중요성을 설파하였다. 이 젊은이는 단순히 힘이 셀 뿐만 아니라, 말을 치켜 몰아 자갈밭을 마주하고서는 칼을 어루만지며 천랑성(天狼星)을 바라다본다. 칼을 어루만지며 야장(野將)으로 침략(侵掠)을 주관하는 별인 천랑성을 바라보는 이 행위는 외침에 대비해서 무공을 연마하고 있음을 뜻한다. 그야말로 초야에 묻힌 숨은 기재(奇材)인 것이다. 이 젊은이와 같은 인재가 중하게 쓰이면, 그 군주에게 보답하고자 목숨을 바칠 것이 분명하다. 또한 그 의지와 기상을 마음껏 떨치게 해주면, 외침으로부터 우리 강토를 지켜 낼 것이다. 그러나 앞에 든 시에서 말했듯이, 지금의 조정에서는 요새를 설치하는 것과 같은 비본질적인 방비만을 추구하고 있을 뿐, 국가 방비의 핵심 요소인 인재등용을 통한 국방 의지는 보여주지 않고 있다. 이서구에게 있어서는 통탄하지 않을 수 없는 현실이었던 것이다.

이서구는 신분의 고하를 떠난 참 인재의 등용을 주장하는 논거로, 병자호란 후 청 태종을 살해하고 명나라를 위하여 원수를 갚으려고 모의하다가 살육 당한 의사들 가운데 차예량과 최효일을 거명하고 있다. 차예량과 최효일은 모두 춘추대의를 위해 목숨을 바쳤던 이들인데, 이들 역시 평범한 곳에서 출세한 인물인 것이다. 차예량은 선천 출신이고 최

---

667) 『惕齋集』(권2) 「5고」.

효일은 의주 출신이다. 차예량과 최효일의 예에서 보듯이, 기이한 재주를 지닌 인재가 국가 전란의 때를 만나 홀연히 나타나는 것은 명문거족의 후예가 아닌 평범한 데라는 것이다. 그렇다면 이 변군(邊郡)의 호협아(豪俠兒)와 같은 무리도 또한 마땅히 등용되어 국가 변란의 난세에 대처하지 않을 수 없는 것이다. 이서구는 참 인재의 등용에 누차 강조하였다. 그는 능력을 기준으로 삼아 사람의 재주를 논해야 한다고 여겼다. 그러나 당시 우리나라에서는 오직 지분(地分)만을 인재등용의 잣대로 여겼던 것이 현실이다. 그러한 까닭에 문무(文武)를 두루 갖추고도 등용되지 못하는 인재들이 많았다. 이서구는 이와 같은 숨은 인재들을 발굴하여 그들을 재주를 효과적으로 써서 국가의 동량으로 삼고자 하였던 것이다.[668]

다음은 통영(統營)의 세병관(洗兵舘)에 가서, 임진왜란 때에 우리 민족을 위기로부터 구해낸 위대한 영웅 충무공 이순신(李舜臣)에 대해 읊은 시이다. 국가 전란 시 참 인재가 얼마나 중요한 역할을 하는지 잘 보여준다.

海國關防險	바닷가 요새지는 험준도 한데
樓船節制雄	다락배는 절제사의 웅장함이라.
旌旗明曉日	군대 깃발 새벽 해에 밝게 빛나고
鼓角動春風	군악 소린 봄바람을 일렁이누나.
寵錫仍開府	황제 은사 그것으로 관서를 두고
威名舊摠戎	위명으로 그 당시에 군 거느렸지.
至今朱鳥外	지금도 남쪽 지방 그 바깥에선
猶說伏波功	아직까지 복파 장군 공을 말하네.

— 「통영 세병관에서 이충무공을 그리며
[統營洗兵舘懷李忠武公二首]」[669] 첫째 수

668) 『惕齋集』(권1) 「7절」 「金君學基從余湖南幕府者三年歸路有詩見示和韻以贈二首」
(其一). "今世論才以地分, 翁歸誰識武兼文, 籠中蔘朮能爲用, 功業因人卽報君."

임진왜란이 발발한 1592(선조 25)년에 이순신 장군이 한산도(閑山島)에서 대첩을 한 뒤, 1593년에 삼도수군통제사(三道水軍統制使)의 통제영(統制營)을 한산도로 옮기며 이곳을 통영이라 부르게 되었다. 이곳 통영에 세병관이 있다. 통영에 있는 견내량(見乃梁)과 같은 해협은 예나 지금이나 수륙의 요충지이다. 이러한 험준한 요충지를 배경으로 군함이 웅장하게 서 있는데, 그 위용이 마치 삼도수군절제사 이순신의 위용인 양 웅장하다. 군대 깃발이 새벽 해에 밝게 빛나고 군악소리도 봄바람을 일으킨다. 이는 이서구가 직접 목도한 통영의 새벽 모습이다.

1593(선조 26)년에 이순신은 남해안 일대의 왜군을 완전히 소탕하고 한산도로 진을 옮겨 본영으로 삼는다. 그 공을 인정받아 명나라의 황제로부터 동관방귀도(銅關防鬼刀)·곡병뇨(曲柄鐃)·영패(令牌)·영기(令旗) 등을 하사받으며,670) 최초로 삼도수군통제사가 되어 삼도의 전 수군을 총괄하는 중임을 맡아 혁혁한 전공을 세우게 되었다. 그러한 까닭에 이서구 당시까지도 남쪽 지방인 통영에서는 복파(伏波)의 공을 말하더라는 것이다. '복파'란 한나라 무제 때 설치된 수군의 장군직으로, 후한 마원(馬援)의 칭호이기도 하다. 마원 장군은 남쪽으로 현재의 베트남 북부 통킹, 하노이 지방에 해당하는 교지국(交趾國)을 쳐서 이름을 떨쳤다. 이순신 장군의 공을 복파 장군에 비겨 칭송한 것이다.

世亂英才出	세상이 혼란하면 영재 나지만
如公更逸群	공만큼 다시금 뛰어나리오
七年成保障	칠년 동안 나라를 지켜 주었고
一死報明君	한 번 죽어 밝은 왕께 보답했으니,
雄劍收星彩	큰 칼에는 별빛들이 모여 들었고
靈旗閃海雲	영기에는 바다 구름 번뜩였도다.

---

669) 『惕齋集』(권3) 「5율」.
670) 自註. "公禦倭屢捷, 皇朝賜銅關防鬼刀曲柄鐃令牌各一令旗二面, 今尙留營中."(『惕齋集』)

遺祠迎送曲　　남은 사당 그 안에서 영송곡으로
重弔鄧將軍　　거듭해서 등장군도 조상하노라

　　　　　　　　　　　　　—「통영 세병관에서 이충무공을 그리며
　　　　　　　　　　　　　　[統營洗兵舘懷李忠武公二首]」둘째 수

　　세상이 혼란스러우면 뛰어난 영재(英才)가 출현하는 법이지만, 이순신 장군처럼 뛰어난 사람은 없을 것이라고 하였다. 임진왜란이 발발한 이후 7년 동안이나 왜적을 방어하는 보루와 장벽이 되었으니, 이 어찌 우연한 것이었으랴. 덕으로 군민(軍民)을 다스렸는지라 나라가 위급할 때에 군민이 스스로 보루가 되고 장벽이 되어 목숨을 바쳤기 때문에 가능했던 것이다. 또한 왜란이 다 끝나 가던 때인 노량해전에 임해서는 의연히 선두(船頭)에 나서서 전군을 지휘하다 적의 유탄에 맞아서 죽는 순간까지도 "싸움이 바야흐로 급하니 내가 죽었다는 말을 삼가라"고 하며 군사들을 독려하며 죽어서도 길이 군왕에게 보답하였던 것이다.

　　경련은 이순신 장군의 위대함과 장렬한 최후를 비유적으로 묘사한 것이다. 1598(선조 31)년 이순신 장군이 명나라 진린(陳璘)과 함께 퇴각하려는 적을 필사적으로 쫓다가 적의 유탄에 맞아 장렬하게 전사한 노량(露梁)에는 이순신 장군을 배향한 충렬사(忠烈祠)가 있다. 이 노량은 명나라 총병(摠兵) 등자룡(鄧子龍)이 이순신 장군과 함께 전사한 곳이기도 하다. 명나라에서는 이곳에 사당을 세우라고 명하였으나, 충렬사에는 이서구 당시 등자룡이 배향되어 있지 않았다. 이서구는 이를 거론하며 전범(典範)에 맞지 않다고 여겨,[671] 자신만이라도 영송곡(迎送曲)을 부르며 이순신 장군과 함께 등자룡도 조상(弔喪)한 것이다.

　　위에서 보듯 이서구는 신분고하를 떠난 참 인재의 등용을 강조하였다. 그러한 인재등용을 통해 이순신 장군과 같은 위대한 영웅도 나올 수

---

671) 自註. "露梁之役, 鄧摠兵子龍, 與公, 同時戰死. 皇朝, 命立祠本國, 而露梁之祠, 鄧公, 獨未暇享, 是爲闕典."(『惕齋集』)

있는 것이다. 그렇다면 이러한 인재의 등용은 종국적으로 무엇을 위한 것일까.

躋險苦未易	험지 오름 괴롭게도 쉽지 않은데
春風逗征旆	봄바람이 행차 깃발 맞이하누나.
身行萬木巓	나무 숲 꼭대기로 이 몸 가면서
目極飛鳥外	나는 새 저 밖으로 눈 치어 뜨네.
俯挹三江小	고개 숙여 작은 세 강 내려다보고
橫跨數郡會	고개 돌려 몇 고을을 돌아다보네.
遙看西蓋馬	저 멀리 서개마를 바라다보니
縹緲出雲靄	아득하게 구름 속에 솟아 있구나.
偉哉徐侍郞	위대하다, 그날의 서시랑이여
拓玆疆域大	이 강토를 넓혀서 개척했으니.
安得如此公	어찌하면 이와 같을 분을 얻어서
永使民國賴	영원토록 우리 백성 힘입게 할까?

— 「효성령에서[曉星嶺]」[672]

효성령(曉星嶺)을 넘어가며 고려의 서희(徐熙) 장군을 회상함과 아울러 인재등용의 중요성을 설파하였다. 험한 효성령 고개를 오르노라니 괴롭기 그지없었는데, 막상 정상으로 다가가니 행차 깃발을 맞이하는 듯 봄바람이 시원하게 불어오며 상쾌함을 선사한다. 정상에 올라 내려다보니 새가 날아가는 저 끝까지 환히 보인다. 아래로 세 갈래 강물이 보이는데 실개울처럼 조그맣게 보이고, 빙 둘러 여러 고을을 바라보는데, 그 많은 고을들이 옹기종기 모여 있는 듯하다. 공자가 동산(東山)에 올라 노(魯)나라 좁은 줄을 알았고 태산(太山)에 올라 천하 좁은 줄을 알았다고 한 그 정신적 경지를 맛보고 있다.

또한 저 멀리로 서개마(西蓋馬)를 바라다보니 아스라이 구름 속으로

---

672) 『惕齋集』(권2) 「5고」.

솟아 있다. 그가 보는 묘향산은 그가 직접 목도한 실경이자 한백겸(韓百謙)의 『동국지리지(東國地理志)』에 기록된 웅대한 우리의 산하이다.[673] 또한 이서구는 장엄한 우리의 강토를 바라보며 호연지기를 느껴 보는 데에 그치지 않는다. 993(성종 12)년에 대군을 이끌고 쳐들어온 거란의 장수 소손녕(蕭遜寧)과 담판하여 이를 물리치고, 994년부터 3년 동안 압록강 동쪽의 여진족을 축출하고 강동육주(江東六州)의 기초가 되는 성을 쌓고 우리 백성들의 생활권을 압록강까지 넓히는 데에 공헌한 서희 장군을 회고하고 있다.[674]

아울러 그는 역사적 인물을 회고하는 것에 머무르지 않고 한층 더 나아가 경세제민의 의지를 보여준다. 어떻게 하면 서희 장군과 같은 위대한 인재를 이 시대에 다시 얻어서 우리나라의 백성들이 영원토록 도움을 받을 수 있을까 하고 생각한다. 우리의 강역을 수호할 뿐만이 아니라 만주의 고토까지 모두 회복할 수 있는 훌륭한 인재를 얻어서, 백성들에게 도움을 줄 방도에 대해 생각하고 있는 것이다. 그의 인재등용을 통한 경세제민의 포부와 열망을 분명히 확인할 수 있다.

---

673) 自註. "韓百謙東國輿地志, 以妙香山, 爲西盖馬."(『惕齋集』)
674) 自註. "麗初, 安州以北, 沒於女眞, 徐熙始爲拓土置郡."(『惕齋集』)

제5장

이서구의 시문학의 본질

    이상에서 논한바 이서구란 인물의 학문 경향과 정치적 입장, 시학과 시작품의 경향에 대해서 정리하며, 그의 시문학의 본질에 대해 확인해 보기로 하자.

    이서구의 학문 경향은 경제실용(經濟實用)을 기반으로 하는 실학으로 정리된다. 가학(家學)을 기반으로 하는 학습을 통해 박학다식한 학문 영역을 섭렵하였고, 이덕무・박지원 등과의 폭넓은 교유를 통해 경제실용에 기반을 둔 실학적 학문 경향을 더욱 강화하였다. 아울러 정초(鄭樵)・마단림(馬端林)의 학풍에 힘입은 바 많아, 지리・역사・금석(金石)・육서(六書)・변핵(辨覈) 등의 분야에서 많은 성취를 이루었다. 이를 바탕으로 하여 출사(出仕)한 후에도 국책 편찬사업에 자주 참여하여 정조의 우문정치에 많은 기여를 하였다. 이서구의 문장관 역시도 경제실용의 학문 경향에 근거하여 도출되었다. 그의 문장관은 문학을 통한 사회적 실천의 측면을 중시하였다. 문장에서의 주제, 소재와 관련해서는 의리(義理)의 천명과 사실(事實)의 기록을 강조하였다. 의리와 사실의 중시는 곧 경제실용을 위한 것이었다.

이서구의 정치적 입장은 노론청류의 의리 고수, 경세제민의 실천으로 정리된다. 그는 정조 대에 시벽(時僻) 어느 쪽에도 가담하지 않고 중도적 입장에서 청류(淸流)로서의 근본 의리를 고수하였다. 청류의 공적(公的) 의리와 관련해서는 정조와 타협하지 않으면서도, 정조의 국정수행에는 탁월한 실무 능력을 바탕으로 하여 적극 이바지하였다. 순조 대에 이르러서는 사류(士流)와 외척(外戚)의 갈등구조 속에서 반외척세도의 상징적 인물로 부상하였으며, 그의 이러한 자세는 우국애민의 충정으로 표면화되었다. 그는 사전(死前)에 십수 년, 사후(死後)에도 수십 년 동안 벽파로 몰려 탄핵을 받는다. 그러나 순조나 효명세자 등에 의해 수차 변석되었던 것에서 보듯, 이는 그의 반외척세도의 태도에 대한 외척 세력의 모함이었다. 아울러 그가 보여주었던 인품과 탁월한 경륜은 당시의 산림(山林)·사대부·하층 백성 등에 의해 극도의 숭앙을 받았다. 그는 '당세(當世)의 유상(儒相)'으로 칭송받았을 뿐만 아니라, 당시의 국가적 난맥상을 해결하고 백성들을 갱생(更生)시킬 수 있는 경륜가로 인정되었다.

이서구의 시학(詩學)은 진경론(眞境論)과 채색설(彩色說)로 정리된다. 그는 우리나라가 당(唐)과 같지 않음을 뚜렷이 자각하였고, 이로 인해 우리나라 사람은 당시가 아닌 '우리 시[我詩]'를 지어야 한다고 생각하였다. 가까이로는 의고주의·모방주의를 극력 반대하는 박지원의 영향을 받고, 멀리로는 진경시 운동을 선도하였던 김창협·김창흡·이병연 등의 영향을 받아, 진경론에 기반을 둔 사실주의적 시세계를 주도하였던 것이다. '진경론'은 곧 시적 소재를 뭔가 특별하고 기이하게 보이는 것들에서 찾아내는 것이 아니라, 사물에 대한 예리한 인식을 통해서 우리의 생활공간 속에 존재하고 있으면서도 평소에 별로 관심을 기울이지 않던 것들에서 참된 경지를 찾아낸다는 의미를 내포한 소재론적 개념이다. 아울러 그는 진경론적 시론을 바탕으로 하여 왕사정의 신운설을 수용하여 결합한 시인이었다. 신운설을 수용하여 화법에서의 홍탁(烘托)에 근거한 채색설이란 이론으로 체화하여 기존의 진경시들이 가지는 밋밋한 느낌을 제거하였다. '채색설'은 곧 사물의 외적 묘사에 치중함으로 인해 다소 밋밋해질 수도 있는 시적 경지를 암시성·상징성이 깊고 여운미가 넘치는 정감적 세계로 고양시킨다는 의미를 지닌 표현론적 개념이라고 할 수 있다.

이서구의 시문학에 대한 제가비평(諸家批評)은 주로 그의 초기 시가 수록된 『한객건연집』과 『강산시집』에 대해 이루어진 것이다. 이 가운데 이서구의 오언고시를 도연명 등의 충담(沖澹)한 풍격의 시와 관련지은 경우들이 많은데, 이는 그의 초기 시 중에서도 은거 기간에 지어진 시들의 특성으로 한정시켜 이해하는 것이 타당하다. 이서구의 시를 왕사정의 시풍과 관련지은 경우들도 많은데, 그가 자신과 시대와 사정(事情)에 절실한 시 세계를 추구함으로 인해, 신운설이 초래할 수도 있는 공소성(空疎性)에는 빠지지 않았음을 유의해야 한다. 이서구의 율시를 송시 혹은 만당·북송의 시풍과 관련지은 경우들도 있는데, 그의 율시에 대한 비평은 그의 개별 시에 대한 다양한 평어들을 통해 보완될 필요가 있다. 이상 제가의 비평이 이서구 시문학의 전반적 특질을 대변해 주지는 못하는 것임을 알 수 있고, 그의 시문학적 특질을 현대적 관점에서 새롭게 추출해 보아야 한다는 점도 확인할 수 있다.

이서구 시문학의 전반적인 특질을 살펴보면 가공적(架空的) 세계를 노래하는 의고주의적 작품은 거의 보이지 않고, 작품 하나하나가 일상의 삶과 밀접하게 연관되어 있다. 일상적 삶의 모습을 읊은 경우에도 그 자신의 삶, 그 자신의 구체적 정서와 밀접하게 연관된 제재들만이 시화되었다. 그러므로 이서구 자신의 삶의 변화 과정은 시 세계에도 영향을 끼칠 수밖에 없었다. 그는 30세까지는 실학파 문인으로 활동하였고, 31세 이후로는 우국애민의 경세가로 자임하였다. 이는 30세 이전의 초기 시는 문학 내적 변혁운동의 측면에서, 31세 이후의 후기 시는 사회정치적 현실을 시 속에 어떻게 투영하였느냐의 측면에서 분석하는 것이 효과적임을 보여주는 것이다. 이러한 사실들을 바탕으로 본 논문에서는 이서구의 30세 이전 초기 시의 경향을 '사실적 표현미학'으로, 31세 이후 후기 시의 경향을 '경세적 주제의식'으로 규정하였음을 밝혔다.

이서구의 초기 시 경향은 '사실적 표현미학'으로 정리되며, 이는 '생활공간에서의 소재 수용', '시어 수용의 범위 확대', '시와 그림의 통합적 사고' 이상 세 가지 하위 범주로 나누어진다.

전대의 시인들은 우리의 자연을 읊으면서도 탈속적(脫俗的) 혹은 중국적 소재들을 동원하여 선경(仙境) 혹은 중국적 명승지로 조작해내는 경우가 많았는데, 이서구는 우리 식 소재들을 통해 우리 자연 그대로의 사실적인 모습으로 묘사하였다. 그는 이제까지 비루한 것으로 인식되어 온 우리 일상사의 생활공간 속에서 시적 소재들을 수용하였다. 그의 시에는 한강이든 청계천(淸溪川)이든 우리의 풍토 그대로 우리네 생활 풍속과 관련하여 묘사되어 있다. 국토산하 어디를 가든 그 곳에 깃든 우리 조상들의 숨결을 살려내고 있다. 우리네 농촌과 농촌에서의 삶의 모습들도 있는 그대로 가감 없이 수용하였고, 작자 자신의 이런저런 일상들도 가식 없이 소박하게 묘사되었다.

이서구는 자연경물을 구체적 사실적으로 묘사하기 위해서는 어휘력이 풍부해야 한다고 주장하였다. 시어에 대한 탐색 없이 종래의 답습적 어휘만을 구사하게 되면, 실재하는 대상과 시어 사이에서 심각한 분리현상이 발생하기 때문이다. 이에 따라 그는 기존의 관습적 틀을 깨고 폭넓은 문헌에서 시어를 탐색하였다. 『본초강목』・『모시초목조수충어소(毛詩草木鳥獸蟲魚疏)』・『예기』 등의 문헌을 이용하여 초목(草木)과 조수(鳥獸)의 이름을 징험하였고, 의서(醫書)・도서(道書)・불서(佛書)・악부(樂府) 등 전대의 시인들이 관심을 기울이지 않았던 문헌에서도 새로운 시어를 찾아내었다. 이러한 시어의 탐색은 단순히 새로운 시어의 발견에 그치지 않고, 시적 의미의 강화, 시적 수사도의 향상 등에서도 중요한 역할을 하였다.

이서구는 시의 회화성(繪畫性)에 대해 지대한 관심을 기울였다. 이는 인간 자신의 내적(內的) 정서가 아닌 객관적 세계에 대한 구체적 관심을 바탕으로 한 사실주의적 시세계를 염두에 둔 시도였다. 아울러 우리의 일상적 자연경관에 대한 인식을 새롭게 환기시키고자 한 시도였다. 그는 채색설을 바탕으로 하여 신운미가 가득한 회화적 시세계를 개척하였다. 그의 시가 회화적 요소를 강하게 함유하게 된 것은 그의 회화에 대한 수준 높은 식견이 작용하였기 때문이다. 그는 한·중의 회화사에 정통했을 뿐만 아니라, 이러한 식견을 바탕으로 하여 화보(畫譜)에 나오는 색채 이미지나 화법(畫法)과 관련된 용어를 다수 시어로 수용하였다. 또 실재하는 대상경물을 특정 그림의 한 장면으로 환치하여 묘사한 경우도 보여주었다.

이서구의 후기 시 경향은 '경세적 주제의식'으로 정리되며, 이는 '관료적 삶의 지향과 좌절', '우국애민(憂國愛民)의 충정', '역사의 반추를 통한 현실비판' 이상 세 가지 하위 범주로 나누어진다.

일반 사대부들은 실상 관료적 삶을 욕망하면서도 이에 대한 속죄심리로 은사적 삶을 동경하는 경우가 많았는데, 이서구는 관료적 삶을 적극 지향하고 그 지향이 좌절되는 과정을 읊은 시들을 많이 남겼다. 이는 일부 문학사에서 그의 시가 관조와 침잠의 경지를 읊었다고 규정한 것이 보편적 논리가 될 수 없음을 증명해 준다. 그의 출처 문제와 관련된 시에는 관료적 삶에 대한 지향이 강렬하게 표출되어 있으며, 이러한 사고의 심층에는 경세제민의 투철한 소명의식이 자리 잡고 있다. 사환기 이전부터 출사(出仕)를 통한 경세제민의 실천 의지를 읊었으며, 출사 후에도 관료로서의 입장을 적극 긍정하는 내용의 시를 읊었다. 이처럼 그는 순조 대 초반까지만 해도 백성들을 구제할 수 있다면 관료로서의 신고(辛苦)를 사양하지 않겠노라 읊었으나, 그의 의지는 끝내 참담한 좌절을 겪는다. 외척세도로 인한 피폐한 국가 현실에서는 경세제민의 의지를 펼칠 수 없었으며, 결국은 귀은(歸隱)을 노래하지 않을 수 없게 되었다.

이서구는 우국애민(憂國愛民)의 충정으로 일생을 보낸 경세가였으며, 그의 이와 같은 인물적 특성은 그의 시작(詩作)에도 고스란히 투영되어 있다. 그는 종종 탐관오리들의 가혹한 수탈로 인하여 질고(疾苦)를 겪고 있는 백성들에게 선정을 베풀고자 하는 목민관으로서의 포부와 다짐의 내용을 시화하였다. 자신뿐만 아니라 다른 목민관들에게도 선정을 독려·당부하는 시를 읊는다. 아울러 자신과 몇몇 사람들의 선정만으로는 치유 불가능한 사회현실에 대한 통렬한 고발이 이어졌다. 관리들의 가혹한 수탈과 백성들의 비참한 삶을 목도하며, 탐관오리의 해악을 발본색원할 방안에 대해 궁리하기도 하였고, 농민들의 참혹한 삶을 도외시하는 일반 사대부들의 관념적 유희를 꾸짖기도 하였고, 점차 망국(亡國)을 향해 치달아 가던 당시의 정치·사회적 대세에 대해 전망해보기도 하였다.

이서구는 춘추사관에 입각한 이조 후기의 대표적인 존주론자(尊周論者)이다. 당시의 존주론은 자칫 탁상공론의 공소한 관념으로 왜곡될 가능성을 강하게 내포하고 있었지만, 그의 민족의 지리·역사에 대한 지대한 관심과 당대 조정의 내수외양(內修外攘)의 소홀함에 대한 통렬한 비판을 보여주는 시들을 통해, 그의 존주론이 긍정적 의미를 지니고 있음을 보여주었다. 그는 역사를 소재로 한 시들을 통해 우리의 지리와 역사에 대한 지대한 관심을 보여주었거니와, 이 시들은 역사에 대한 엄정한 평가와 당대 현실에 대한 준엄한 비판으로 이어진다. 백제의 망국을 소재로 한 시들에서는 과거 역사에 대한 비판과 반성을 통해 은연중 현실을 경계하였다. 임병양란을 소재로 한 시들에서는 과거보다는 오히려 현실의 문제점을 비판하고 대안을 제시하는 내용을 읊었다. 또한 국방의 강화와 인재의 등용을 통해 우리의 백성들이 영원히 평안한 삶을 누릴 수 있기를 희구하였다.

정리하자면, 이서구는 이조 후기를 대표할 수 있는 진보적 사대부 중한 명이다. 가학(家學)의 계승과 삼가·박지원 등과의 교유를 통해 성취한 실학적 학문 경향을 토대로 삼아 정조의 우문정치에 수많은 기여를하였다. 또한 그는 정조·순조 대에 걸쳐 노론청류로서의 정치적 입장과 실학사상을 기반으로 하는 탁월한 경륜을 바탕으로 하여 경세제민의포부를 적극 실천함으로써, 위로는 산림(山林)으로부터 아래로는 하층민에 이르기까지 당대의 제 계층으로부터 숭앙을 받았다. 이조 후기 영·정조 대에 현실 정치에 적극 참여한 인물 가운데서는 이서구만큼 탁월한 경륜을 발휘하여, 그 능력을 인정 받은 인물도 드물 것이다. 다만 여러 가지 정치적 상황의 변화 과정 속에서 그의 탁월한 경륜과 업적이은폐되어져 왔던 것이 사실이다.

이서구의 실학파 문인이자 탁월한 경세가로서의 인물적 특성은 그의시문학 작품에도 고스란히 투영되어 있다. 초기 시에는 전대의 의고주의적 시작 태도를 일소하고 '우리 시'를 추구하고자 했던 실학파 문인들의시문학 자체의 변혁운동이 잘 반영되어 있다. 진경론과 채색설로 대표되는 시학을 바탕으로 삼아, 그는 우리의 생활공간에서 시적 소재를 찾음으로써 한시를 온전히 우리의 것으로 견인해 왔고, 전대의 시인들이 관심을 갖지 않았던 분야에서 새로운 시어를 탐색함으로써 시어와 실재하는 대상 사이에서 발생하는 분리현상을 해소시키고자 하였으며, 시와 그림을 통합적으로 사고함으로써 세계에 대한 객관적 시각을 확보함과 아울러 우리 자신의 자연경물을 소중한 것으로 인식하게 해주었다.

이서구의 후기 시에는 실학적 경륜을 바탕으로 하는 그의 경세가로서의 사상이 잘 반영되어 있다. 그의 후기 시에도 사실적 표현미학이 반영되어 있지 않은 것은 아니지만, 여기에는 경세적 주제의식이 더욱 두드러지게 나타나 있다. 관료적 삶의 지향과 좌절을 그린 작품들에는 백성들과 더불어 고통을 함께 나누고자 하였던 그의 현실 참여의식이 잘드러나 있고, 우국애민의 충정을 읊은 작품들에는 선정에 대한 포부 및 부조리한 현실상황에 대한 비판의식이 잘 드러나 있고, 역사적 사건을 소재로 한 작품들에는 역사의 반성을 통해 현실을 바로잡고자 하는 개혁의식이 잘 드러나 있다.

요컨대, 이서구는 실학사상을 바탕으로 삼은 진보적 경세가였고, 그의 이와 같은 인물적 특성은 시문학에도 고스란히 투영되어 있는 것이다.

이시영(李蓍永) 편

영조 30년[1] 갑술(1754년, 1세)

9월 14일 술시(戌時)에 서부(西部) 반석방(盤石坊)에 있는 외가에서 태어났다. 앞서 정언부군(正言府君)[2]이 연달아 세 따님만을 두고 아들이 없었는데, 이때에 이르자 부정부군(副正府君)[3]이 매우 기뻐하며 그의 소명(小名)을 갑경(甲慶)이라 짓고 설(說)을 지어서 기쁨을 기록하였다.

영조 31년 을해(1755년, 2세)

영조 32년 병자(1756년, 3세)

부군(府君)[4]은 자라면서 병에 잘 걸려 자주 죽을 뻔하다가 호전되곤 했다.

이때에 이르자 글자를 잘 알아서 유모의 품속에서 문득 손가락으로 허공에 글씨를 썼다. 창벽(牕壁) 사이에 발라진 오래된 종이를 볼 때마다 비록 획이 떨어진 반 토막 글자라도 가리켜서 알아봤는데 착오가 없었다. 부친 이원이 마침내 증왕고(曾王考)[5]가 찬(纂)한 『몽구(蒙求)』 1편과 당인(唐人)의 절구 몇 수를 가르쳐서 밤낮으로 외어 익혔다.

영조 33년 정축(1757년, 4세)

영조 34년 무인(1758년, 5세)

4월에 선부인(先夫人)[6]의 상(喪)을 당하고, 5월에 조부 이언소까지 세상을 떠났다.

---

1) 원문에는 '三十一年'으로 되어 있으나 오류임(영조 대의 경우 원문에는 모두 1년이 더해져 있는데, 이하 1년씩을 감하여 바로잡음).
2) 이서구의 부친 이원(李遠). * 이하 '부친 이원'으로 지칭함.
3) 이서구의 조부 이언소(李彦熽). * 이하 '조부 이언소'로 지칭함.
4) 이시영의 부친 이서구. * 이하 '이서구'로 지칭함.
5) 이시영의 증조부 이언소
6) 이서구의 모친 평산신씨(平山申氏). 부사(府使) 신사관(申思觀)의 따님. * 이하 '모친 신씨'로 지칭함.

때마침 내구(內舅) 신공(申公)7)이 간성군수(杆城郡守)로 부임하게 되었다. 외조모 임숙인(林淑人)이 이서구를 불쌍히 여겨 거두어서 함께 관아에 이르렀는데, 기르고 가르치는 것이 매우 지극하였다.

겨울에 비로소 외숙 신간에게 수업을 시작하였다. 모친 신씨가 일찍이 공에게 가르침을 부탁하였는데, 공 또한 우애가 돈독하고 지극하여 이서구를 가르침이 매우 부지런하였다. 3개월이 못되어 증선지(曾先之)의 『십팔사략(十八史略)』과 사마천의 『사기열전』을 모두 읽었다. 점차 시와 글을 지을 수 있게 되었다.

영조 35년 기묘(1759년, 6세)
여름에 천연두로 근심하다가 나았다.

영조 36년 경진(1760년, 7세)

영조 37년 신사(1761년, 8세)
잇달아 간성군에 있었다.

가을에 외숙 신간이 인천부사(仁川府使)로 옮겨 제수되자, 이서구도 따라서 서울에 이르러 계비(繼妣) 유부인(柳夫人)8)에게 처음으로 인사하였다.

한 달 가량 (서울에서) 거처하다가, 공을 따라 인천으로 가서 소학서(小學書)를 읽었다. 또 한유의 글 40여 편을 읽고, 유종원과 구양수의 글도 두루 섭렵했다. 도연명의 시 및 왕유, 위응물, 저광희, 맹호연의 고담(古澹)한 작품을 몹시 좋아하였다.

영조 38년 임오(1762년, 9세)
가을에 외숙 신간이 관직에서 파직되어 서울의 성동(城東) 셋집으로 돌아오게 되자, 이서구도 따라서 (성동 셋집으로) 돌아왔다.

영조 39년 계미(1763년, 10세)
8월에 외숙 신간이 임숙인을 모시고 안동(安東)의 구담(九潭)으로 가서 거처하게

---

7) 이서구의 외숙 신간(申暕). * 이하 '외숙 신간'으로 지칭함.
8) 이서구의 계모 진주유씨(晉州柳氏). 통덕랑(通德郎) 유한복(柳漢復)의 따님. * 이하 '계모 유씨'로 지칭함.

되었다.

이서구는 또 내형(內兄) 진사(進士) 신공(申公)[9]을 좇아 『통감강목(通鑑綱目)』을 배웠는데, 매일 외운 분량이 3백 행이었다. 외종형 신광려는 집안이 몹시 가난하여 사계절 내내 불을 못 때고 밥을 못 짓는 경우가 항상 며칠씩 되었었으나, 이서구는 이를 편안히 여기며 수업을 게을리 하지 않았다.

영조 40년 갑신(1764년, 11세)

영조 41년 을유(1765년, 12세)

가을에 외종형 신광려도 안동으로 돌아가자, 이서구는 비로소 본가로 돌아왔다. 이때부터 비로소 여러 경전을 읽었으나, 가르침을 번거롭게 받지는 않고 오로지 숙조(叔祖) 묵성당(默成堂) 선생[10]을 가끔 찾아가서 질문하였을 뿐이다.

영조 42년 병술(1766년, 13세)

영조 43년 정해(1767년, 14세)

12월에 관례(冠禮)를 하였다.[11]

영조 44년 무자(1768년, 15세)

정월에 선부인(先夫人) 신씨(申氏)[12]에게 장가들었다.

영조 45년 기축(1769년, 16세)

영조 46년 경인(1770년, 17세)

5월에 부친 이원이 소(疏)를 올려 시국(時局)에 대해 말하다가 남해(南海)로 귀양

---

9) 이서구의 외종형 신광려(申光呂). * 이하 '외종형 신광려'로 지칭함.
10) 이서구의 숙조 이언묵(李彦默). * 이하 '숙조 이언묵'으로 지칭함.
11) 빈객(賓客)은 효효재(嘐嘐齋) 김용겸(金用謙). 김용겸은 주부(主簿) 김창집(金昌緝)의 아들이자 영의정 김수항(金壽恒)의 손자임.
12) 이서구의 부인 평산신씨(平山申氏). 신경한(申景翰)의 따님. * 이하 '부인 신씨'로 지 칭함.

을 가게 되었다. 이윽고 개령(開寧)으로 양이(量移)되었다. 7월에 용서되어 돌아왔으나, 9월에 세상을 떠났다. 11월에 영평(永平)의 선영에 장사지냈다.

얼마 후 우제(虞祭)가 끝나자 중부(仲父) 통덕공(通德公)[13]도 세상을 떠났다.

영조 47년 신묘(1771년, 18세)

여름에 숙조 이언묵이 세상을 떠나자 이서구는 더욱 의지할 데가 없어졌다. 이때 종부제(從父弟) 가수공(嘉樹公) 이정구(李鼎九)[14]가 스스로 뛰어난 재주가 있는지라, 그와 더불어 강습(講習)하기를 그치지 않았다.

영조 48년 임진(1772년, 19세)

영조 49년 계사(1773년, 20세)

11월에 첫째 아들 이건길(李建吉)이 태어났으나, 이듬해에 요절하였다.

영조 50년 갑오(1774년, 21세)

8월에 정시병과(庭試丙科)의 제십육인(第十六人)으로 급제하였다. 고례(古例)에는 종척(宗戚)이 등과(登科)하면 사은숙배(謝恩肅拜)하는 날 단자(單子)를 갖추어 삼전(三殿)에 문후를 여쭈도록 되어 있는데, 이서구는 속적(屬籍)이 이미 멀어진지라 행하지 않았다.

급제자를 발표하고 나서 곧바로 한림권점(翰林圈點)에 참여하였고, 승문원(承文院)에 나누어 예속되었다.

10월에 기거주(起居注)를 섭행(攝行)하였으나 얼마 안 되어 체직되었다.

영조 51년 을미(1775년, 22세)

주상이 부친 이원을 생각하고는 애석하게 여겨 녹고(錄孤)의 명을 내렸다.

2월에는 친히 제문을 지어 밀양부군(密陽府君)[15]을 치유(致侑)하고, 특별히 이서구를 육품직(六品職)으로 조용(調用)하라 명하고는 여러 차례 연석(筵席)의 신하들에

---

13) 이서구의 중부 이규(李逵).
14) 이서구의 중부 이규의 자(子).
15) 이서구의 증조부 이완(李梡). * 이하 '증조부 이완'으로 지칭함.

게 이서구의 품행과 용의(容儀)에 대해 하문하였다.

3월에 성균관전적(成均館典籍)으로 제수되고, 4월에 예조정랑(禮曹正郞)으로 제수되고, 6월에 사간원정언(司諫院正言)으로 제수되었으나, 밖에 있으면서 숙배하지 않아 파직을 명하였다.

11월에 다시 정언(正言)으로 제수되었으나, 소16)를 올려 정세(情勢)를 진달(進達)하고는 체직되었다.

12월에 이조좌랑(吏曹佐郞)으로 임명되었다.

영조 52년 병신(1776년, 23세)

정월에 사헌부지평(司憲府持平)으로 임명되었다.

여름에 대신(臺臣) 이보온(李普溫)이 이서구의 과거합격이 사사로운 경로를 통하였다고 말하였는데, 대개 남의 지시를 받은 것이었다.

이서구는 평소에 어지럽고 화려한 것을 좋아하지 않고 또 세로의 험난함을 생각하여, 항상 경전을 궁구하고 옛것을 상고하며 글을 짓는 것으로서 스스로를 즐기고자 하였는데, 과거급제로 인해 그르치게 된 것을 깊이 후회하였다. 시(詩)를 지어 이르기를, '아직까진 세월 아직 안 늦었으니, 영수(潁水)로 갈 나의 행장 꾸려야겠네[迨玆歲未晏, 束我潁上裝]'라 하였다. 대개 이미 귀전(歸田)의 뜻이 있었던 것인데, 무릇 추악한 무욕(誣辱)에 걸리게 됨에 이르러 문을 닫고는 더욱 독서를 부지런히 하였다. 우연히 「위풍(衛風)」의 '맹시(氓詩)'를 읽고는 홀연 크게 경계하고 조심스러워하였다. 숲 속으로 물러나 살면서 오로지 『논어』, 『맹자』, 『중용』, 『대학』을 읽으니, 얼마 후 정화(精華)가 다 사라지고 심지(心地)가 편안해졌는지라, 대개 이를 즐기며 세상을 마치려고 하였다.

정조 1년 정유(1777년, 24세)

6월에 둘째 아들 이아농(李阿農)이 태어났으나, 이듬해에 요절하였다.

정조 2년 무술(1778년, 25세)

정조 3년 기해(1779년, 26세)

---

16) 『惕齋集』 권4 「疏啓」 「辭正言疏」.

정조 4년 경자(1780년, 27세)

5월에 셋째 아들 이증뢰(李曾賚)가 태어났으나, 이듬해에 요절하였다. 이서구가 지(誌)[17]를 지었다.

정조 5년 신축(1781년, 28세)

이서구는 병거(屛居)가 이미 오래되고 교유도 단절되어 단지 서적으로 스스로를 즐겼다. 그러나 명성이 알려져서 세상에서는 혹 그가 무고하게 벼슬길에 막혀 있음을 탄식하기도 하였다.

7월에 갑자기 전경문신(專經文臣)의 전강(殿講)에 참여하지 않아 심리(審理)에 처해졌다가 곧 풀려났다.

정조 6년 임인(1782년, 29세)

2월에 전망(前望)으로써 이서구를 특별히 정언(正言)으로 제수하였으나, 밖에 있다가 체직되었다.

8월에 또 전망(前望)으로써 지평(持平)으로 제수되었으나, 부름을 어겨 체직되었다.

정조 7년 계묘(1783년, 30세)

2월에 전망(前望)으로써 특별히 지평(持平)으로 제수하였으나, 소[18]를 진달하여 스스로의 마음을 밝혔다. 온비(溫批)를 받았으나, 곧 부름을 어겨 파직되었다.

6월에 다시 전망(前望)으로써 지평(持平)으로 제수되었다. 비로소 명에 숙배는 하였으나, 7월에 부름을 어겨 파직되었다.

가수공(종제 이정구)이 세상을 떠났다.

정조 8년 갑진(1784년, 31세)

이때 조정에 진퇴(進退)의 조짐이 나타났다. 주상의 뜻이 바야흐로 가리고 막혀 있던 인사들을 발탁하고자 하여 여러 차례 이서구의 이름을 거론하였다. 이것이 대신(大臣)과 전조(銓曹)에 이르게 되어 마침내 병조좌랑(兵曹佐郞)에 의망(擬望)되었다.

송재경(宋載經)은 부친의 친우이다. 물러나 향리에 거처하다가, 이때에 명을 받들

---

17) 『惕齋集』 권9 「行狀墓表墓碣墓誌」 「殤兒壙志」.
18) 『惕齋集』 권4 「疏啓」 「辭持平辨李普溫誣辱疏」.

어 상경하여 병조의 당상(堂上)으로 임명되게 되었다. 이서구를 궁궐에서 만나보고
는 조용히 며칠을 보내다가 사람들에게, "나는 이번에 제1인물을 볼 수 있었다"라고
말하였다. 당시 조정의 의론이 모두 이서구가 대간(臺諫)의 후보로 추천되기에 적합
하다고 여겼으나 아직 거론되지 않고 있었는데, 송재경이 전조(銓曹)로 들어오자 비
로소 정언에 의망되어 낙점을 입었지만, 곧 체직되었다.

얼마 후 강제문신(講製文臣)으로 초계(抄啓)되었다. 또 지평(持平)으로 임명되었으
나, 부름을 어겨 심리에 처해졌다가 체직되었다.

당시 송재경이 소통하고 막는 정사(政事)를 많이 행한다고 하여 시의(時議)의 거스
름을 입었는지라, 벼슬아치들이 일제히 모여서 그를 논핵하려 하였으나, 이서구는
홀로 서명하지 않았다. 이로 말미암아 좋아하지 않는 자들이 많아졌다.

정조 9년 을사(1785년, 32세)

2월에 시강원사서(侍講院司書)로 임명되었다.

3월에 강제(講製)의 역할을 맡아 금원(禁苑)에서 입시(入侍)하였다. 곧 연석에서 성
균관 유생의 전강고관(殿講考官)으로 임명되었다. 이서구가 정세(情勢)를 들어 명을
따르지 않자, 승지가 문비(問備)를 청하였다. 그러나 주상은 이서구의 뜻을 아름답게
여겨 허락하고는, 관보(官報)에 반포하라고 하였다. 이로부터 무릇 의롭게 처신한다
고 하여 문득 전량(典諒)을 입었다.

5월에 정언(正言)으로 임명되었으나, 부름을 어겨 심리에 처해졌다가 체직되었다.

6월에 사서(司書)로 임명되었다.

12월에 강제문신(講製文臣)의 반상(頒賞)과 진전(進箋)을 행하였는데, 이서구는 친
시(親試)에서 3등을 하여 호피(虎皮) 1령(領)을 하사 받고, 과시(課試)에서 2등을 하
여 표피(豹皮) 1령을 하사 받고, 과강(課講)에서 14등을 하여 지필묵을 하사 받았다.

정조 10년 병오(1786년, 33세)

2월에 홍문관록(弘文館錄)을 행하였는데, 이서구는 5점을 받았다. 얼마 후 도당록
(都堂錄)을 행하였는데 6점을 받았다.

시강원문학(侍講院文學), 홍문관교리(弘文館校理), 중학교수(中學敎授)로 임명되
었으나, 얼마 후에 체직되었다. 또 문학(文學)으로 임명되었다.

3월에 교리(校理)로 임명되었으나 체직되었다.

5월에 수찬(修撰)으로 임명되었으나 부름을 어겨서 파직되었고, 다시 교리(校理)로 임명되었다.

(5월) 11일에 문효세자(文孝世子)가 창경궁 별당에서 훙서(薨逝)하여 요화궁(瑤華宮)으로 그 관(棺)을 옮겨 받들었다. 이서구는 일찍이 춘방(春坊)을 거쳤기 때문에, 특교(特敎)로 인하여 모시고 따라간 것이다. 또 우제(虞祭), 졸곡제(卒哭祭), 소상제(小祥祭) 및 사시대제(四時大祭) 및 삭망제(朔望祭)에 모두 참여하였다.

7월에 『열성지장(列聖誌狀)』별편(別編)을 조사하여 등서(謄書)하는 역할에 참여하였다.

윤7월에 문신겸선전관(文臣兼宣傳官)으로 임명되었다.

8월에 동학교수(東學敎授), 수찬(修撰)으로 임명되었으나, 숙배하기 전에 체직되었다. 다시 수찬으로 임명되었으나, 부름을 어겨 파직되었다.

10월에 부수찬(副修撰)으로 임명되어 강제과시(講製課試)에서 6차에 걸쳐 수석을 차지하여 숙마(熟馬) 1필을 하사 받았으나, 금세 부름을 어겼다. 전지(傳旨)가 아직 내려오지 않은 까닭으로 과강(課講)에 응할 수도 없었는데, 특명으로 관직(館職)만 체직하였다.

이 달에 강제문신(講製文臣)의 반상(頒賞)을 행하였는데, 이서구는 모든 계획(計劃)에서 수석을 하였다. 진전(進箋)에서 또 친시(親試) 16등을 하여 지필묵을 하사 받고, 과시(課試) 2등을 하여 표피 1령을 하사 받고, 과강(課講) 1등을 하여 승서(陞敍)되었다.

11월에 교서관(校書館)에서 『송자대전(宋子大全)』을 교정하고, 금세 수어청(守禦廳)으로 옮겨 목록을 수찬하였다. 교리(校理)로 임명되었으나, 부름을 어겨 파직되었다.

12월에 국옥(鞫獄)이 있어서 문사낭청(問事郎廳)을 맡았다. 얼마 후에 수찬(修撰)으로 임명되었다. 금위영종사관(禁衛營從事官)을 맡았으나, 사양하여 체직되었다. 동학교수(東學敎授)로 제수되고 또 수찬(修撰)으로 제수되었으나, 얼마 후에 체직되었다.

정조 11년 정미(1787년, 34세)

정월에 교리(校理)로 제수되었으나, 부름을 어겨 파직되었다. 이때 국옥(鞫獄)이 있어서 문사낭청(問事郎廳)을 맡았다.

2월에 수빈(綏嬪)의 가례(嘉禮)에서 납채(納采)와 납폐(納幣)를 할 때에 교명문(敎

命文)을 받드는 관리를 맡아서 별궁(別宮)에서 예(禮)를 행하였다.

얼마 후에 영남안렴사(嶺南按廉使)로 명을 받들었다. 5월에 복명(復命)하였는데, 정찰하여 선악을 들추어낸 것이 매우 공평하였다. 통제사(統制使) 유진항(柳鎭恒)이 문효세자(文孝世子)의 상기(喪紀)가 아직 끝나지도 않았는데, 상원(上元) 밤에 가기(歌妓)를 불러 즐거움을 취하였는지라, 이 사실을 서계(書啓)에 올려 보고하였다. 그러자 유진항이 공초(供抄)하여 말하기를 이러한 사실이 없다고 하자, 이서구에게 함문(緘問)하라고 명하였다. 이에 본도(本道)에 내려가서 조사하여 아뢰었는데, 이서구의 말과 같았다.

9월에 서학교수(西學敎授)로 제수되고 또 부수찬(副修撰)으로 임명되었으나, 소[19]를 진달하여 체직되었다.

11월에 사헌부장령(司憲府掌令)으로 승진되었으나, 부름을 어겨 파직되었다.

강제문신(講製文臣)의 반상(頒賞)을 행하였는데, 이서구는 과시(課試)에서 2등을 하여 표피 1령을 하사 받고, 친시(親試)에서 9등을 하고 과강(課講)에서 4등을 하여 지필묵을 하사 받았다.

정조 12년 무신(1788년, 35세)

2월에 장악원정(掌樂院正)으로 제수되었으나 금새 갈렸다. 부수찬(副修撰)으로 제수되었으나, 부름을 어겨서 본관(本舘)의 아룀으로 인하여 체직되었다.

3월에 부수찬(副修撰)으로 제수되고, 4월에 교리(校理)로 제수되고, 또 수찬(修撰)으로 제수되었다. 5월에 부교리(副校理)로 제수되고, 6월에 응교(應敎)로 제수되고, 10월에 다시 교리(校理)로 제수되고, 12월에 부교리(副校理)로 제수되었으나, 모두 부름을 어겨 혹 파직되기도 하고, 혹 체직되기도 하였다.

이달 (12월)에 과시(課試)에서 잇달아 세 번 수석을 차지하여 통정대부(通政大夫)로 승자(陞資)되었다. 그리고 승정원동부승지(承政院同副承旨)로 발탁되었다. 과강(課講) 1등으로 숙마(熟馬) 1필을 하사 받고, 과시(課試) 2등으로 표피 1령을 하사 받고, 친시(親試) 3등으로 호피 1령을 하사 받았다.

이서구는 무릇 제수되거나 임명이 되더라도 모두 나아가 숙배하지 않고, 오직 왕역(往役)의 의리 때문에 향사(享祀), 강제(講製) 등의 역할에만 참여하였다.

이때에 이르러 갑진년(1784)에 선발되었던 강제문신(講製文臣)의 역할이 다 끝나

---

19) 『惕齋集』 권4 「疏啓」 「辭副修撰因嶺南御使時事引咎疏」.

초계문신(抄啓文臣)의 직함이 감하(減下)되었다. 이에 마침내 지붕을 수리한 시골집으로 물러나 돌아가려 했다. 그러나 주상의 관심이 이미 오래 되었고 총애로 발탁됨을 입은 데 이르렀기 때문에, 소[20]를 올려서 사사로운 의리 때문에 나가기 어려움을 진달하였다. 또한 비루한 곳을 떠나 존귀한 곳에 거처하면서 잠시 물러나 기회를 틈타 출세하려고 하지는 않겠다고 말하였는데, 말의 뜻이 매우 절실하였다.

주상이 그 말에 깊이 감격하여, 연석의 신하를 시켜 받들어 응할 것을 권하게 하고, 또 승지를 내려 보내 이효위충(移孝爲忠)의 의리로 깨우치는 데에 이르렀다. 또 연석에 오르게 하였는데, 말이 선친(先親)에 이르자 밝힘이 갖추어져 지극하였다. 이서구는 이로 말미암아 감격하여 명을 받들고는 감히 다시는 사양하지 않았다.

정조 13년 기유(1789년, 36세)

정월에 좌부승지(左副承旨)로 임명되었다. 주상은 이서구가 승정원의 업무에 익숙해지도록 승정원(承政院)의 직무에 오래 두고자 하여서, 연이어 추천하여서 좌승지(左承旨)에 이르게 되었다. 오위장(五衛將), 병조참지(兵曹參知), 예조참의(禮曹參議)가 되었으나, 모두 오래지 않아 체직되었다.

일찍이 궁궐에서 숙직할 때의 응제(應製)에서, 친히 권두(卷頭)에 '이조로 부치노라(付吏曹)'라는 세 글자를 쓰고는, "이것은 기사(器使 : 사람을 쓰는 데 재량을 헤아려 씀)하라는 뜻이다"라고 말하였다.

6월에 내각(內閣 : 규장각)에 『동국읍지(東國邑誌)』를 편찬(編纂)하라고 명하였다. 이서구는 여러 신하들이 나누어 편찬한 것들을 모아들여서 범례(凡例)를 발기(發起)하고 전서(全書)로 정리하여 만들었다. 교서관(校書館)을 개국(開局)하자 매일 나아가 교정하였다.

8월에 영우원(永祐園 : 사도세자의 원래 능원(陵園))을 장차 화성(華城)으로 천봉(遷奉)하고자 하여, 옛 능을 개장하는 날에 이르러 주상이 명정전(明政殿)에서 망곡례(望哭禮)를 하고는 이어 수복(受服)을 하였는데, 이서구는 백관을 따라 나아가서 참여하였다.

11월에 첫째 딸이 태어났다.

---

20) 『惕齋集』 권4 「疏啓」 「辭同副承旨疏」.

정조 14년 경술(1790년, 37세)

이서구는 잇달아 교정(校正)하는 곳에 있으면서 읍지(邑誌)를 배찬(排纂)하였던 까닭으로 오랫동안 승정원에 들지 못하였다. 주상이 그 책을 완성하는 것이 시일을 기약할 수 있는 것이 아님을 알아보고는, 2월에 좌부승지(左副承旨)로 명하라는 비답을 내렸다.

3월에 영변부사(寧邊府使)로 나갔다. 이때 서로(西路)에 크게 흉년이 들어 영변의 유민이 1,299명에 이르렀다. 이서구는 임지로 가서 오로지 진휼에 뜻을 두어 백성들이 모두 살아날 수 있었다. 또 영변부의 창고를 샅샅이 조사하고, 법을 세워 대조·조사하여 오래된 폐단을 모두 제거하였다.

9월에 이서구의 중제 정랑공(正郞公)과 계제 참봉공(叅奉公)[21]이 잇달아 증광소과(增廣小科) 회시(會試)에 합격하였다. 계모 유씨를 모시고 부(府)로 왔다.

정조 15년 신해(1791년, 38세)

3월에 첫째 딸이 부중(府中)에서 요절하였다.

4월에 묘향산을 유람하고 다시 평양으로 가서 연광정(練光亭)에 올랐다. 두루 성 밖에서 노닐다가, 성천부(成川府)로 들어와서 비류강(沸流江)에 배를 띄우고 강선루(降仙樓), 궁루대(窮樓臺)에 올라서 산수의 승경을 즐기다가 돌아왔다.

이달에 좌부승지(左副承旨)로 명하라고 비답이 내렸다.

5월에 조정으로 돌아왔다.

8월에 신기현(申驥顯)의 아들 신집(申㠍)이 식년초시(式年初試)에 응시하였는데, 강시관(講試官)인 윤영희(尹永禧)가 월생(越栍)하였다. 그러자 공의(公議)가 크게 일어나서 첩문(帖文)을 도로 빼앗고 방목(榜目)에서 탈락시켰다. 이에 홍문관과 양사(兩司)가 모두 연명차자로 신집을 죄 주라고 청하였다. 또 윤영희의 호역(護逆)을 논핵하였다. 이서구는 비록 금령(禁令)이 있기는 하나 대간(臺諫)의 차자(箚子)도 중요하다고 여겨 마침내 받아들였다. 엄한 교지가 거듭 내려 이서구를 울진현(蔚珍縣)에 유배하였다. 이미 배소에 도착하였을 때 도승지(都承旨) 서매수(徐邁修)가 소를 올려 그것이 과중하다고 말하였고, 또 병 때문에 시행하기가 어렵다고 말하여, 지평현(砥平縣)으로 이배(移配)하라고 명하였다.

---

21) 이경구(李經九)와 이소구(李韶九). * 이하 중제 이경구, 계제 이소구로 지칭함.

정조 16년 임자(1792, 39세)

3월에 양주목(楊州牧)으로 이배하여 『동국읍지(東國邑誌)』의 찬수(纂修)를 편하게
해주었다.

6월에 용서되어 돌아와서 또한 『규장전운(奎章全韻)』을 교정하였다.

9월에 병조참의(兵曹叅議)로 임명되었고, 얼마 후에 승지(承旨)로 임명되어 잇달
아 승정원에 있었다.

정조 17년 계축(1793, 40세)

정월에 승지(承旨)로 다시 임명되었다.

이때 개성유수(開城留守) 이가환(李家煥)이 소를 올려 그의 종조(從祖) 이잠(李潛)
을 위해 신변(伸辨)하자, 소본(疏本)을 들이라고 재촉하여 승정원을 경유하지 않고
곧바로 봉납(捧納)되게 되었다. 이서구가 이잠의 죄상을 소22)로 진달하고 또 이가환
을 조사하라고 청하니, 환급(還給)하라 명하였다.

그때 대사성(大司成)은 구임(久任)하는 규정으로 정해져 있었는데, 주상의 뜻은 이
서구에게 전속(專屬)하려 하였고 전신(銓臣)도 지지하였다. 그런데 때마침 성균관 유
생들에게 도기과(到記科)를 베풀었는데, 집책승지(執冊承旨)의 망단자(望單子)에 여
섯 승지 모두의 점(點)을 입었다. 그때 갑자기 바람에 말려 곧바로 하늘로 날아가 간
곳을 알 수 없어서 사람들이 기이하게 여기지 않음이 없었다. 주상이 풍헌(風憲)의
조짐이라고 여겨 특별히 이서구를 사헌부대사헌(司憲府大司憲)으로 발탁하였다.
소23)를 올려 사직하였으나, 허락하지 않아 끝내 부름을 어겨서 파직되었다.

6월에 대사성(大司成)으로 임명되었으나, 숙배하지 않았다.

8월에 전라도관찰사(全羅道觀察使)로 나갔다.

정조 18년 갑인(1794, 41세)

전 해부터 호남에 크게 흉년이 들어 창고와 녹봉을 모두 털어 진휼하여 온전히 살
아난 사람이 매우 많았다.

---

22) 『惕齋集』 권4 「疏啓」 「論李家煥事辭右承旨疏」.
23) 『惕齋集』 권4 「疏啓」 「辭大司憲疏」.

정조 19년 을묘(1795, 42세)

이 해에 역질이 크게 유행하여 사망자가 이어졌는데, 나주목사(羅州牧使) 조시순(趙時淳)이 즉시 그 시체를 묻지 않아 어사(御使)에게 적발되었다. 주상이 이서구가 신칙하지 않았다고 여겨, 연좌되어 영해부(寧海府)에 유배되었다.

11월에 용서되어 돌아왔다. 얼마 후에 대사성(大司成)으로 임명되었으나, 잇달아 부름을 어겼다.

정조 20년 병진(1796, 43세)

2월에 사역원제조(司譯院提調)로 제수되었다.

3월에 대사성(大司成)에서 체직되었다. 그때 이서구는 질병이 있어 직무에 이바지할 수 없어, 주상이 그 상태를 하문하고 비로소 체직을 허락한 것이다.

4월에 형조참판(刑曹參判)으로 임명되었다가, 승지(承旨)로 옮겨 제수되었다.

5월에 내각(內閣)으로 나아가 『장릉지(莊陵志)』를 교정하였다. 앞서 이서구가 명을 받아 『장릉지(莊陵志)』를 찬수하여 이미 이루어졌는데, 호남에 관찰사로 나갔다가 이때에 이르러 다시 교정하여 9일 만에 일을 끝내게 되었다. 동지의금부사(同知義禁府事)로 임명되었다.

6월에 한성부좌윤(漢城府左尹)으로 임명되었으나, 모두 곧 체직되고 승지(承旨)로 임명되었다. 그때 홍낙신(洪樂信)을 치부(致賻), 조제(弔祭), 녹고(錄孤)하라는 명이 있었는데, 이서구가 소[24]를 올려 그치기를 청하였으나, 환급하라 명하였다.

7월에 의주(義州)의 현충사(顯忠祠)에서 충렬공(忠烈公) 황일호(黃一皓)와 차예량(車禮亮) 등 일곱 의사를 추향(追享)할 때에, 주상의 하문이 그때의 사실(事實) 및 위차(位次)의 선후에 이르자 이서구가 갖추어서 대답하였다. 고려의 태사(太師) 강감찬(姜邯贊)을 유제(侑祭)하는 글[25]을 지어 올리라 명하였다. 또 선무사수개제문(宣武祠修改祭文)을 지어 올리라 명하였다. 『존주휘편(尊周彙編)』을 엮어서 영성(靈星), 수성(壽星)에 제사지낼 일에 대한 의론을 바치라고 명하였다. 형조참판(刑曹參判)으로 제수되었는데 때마침 형조의 하급관리가 백성을 구타하여 죽게 하여, 이에 연좌되어 삭직되어 이어 심리에 처해졌다가 용서되었다.

11월에는 대신(大臣) 윤시동(尹蓍東)의 상주로 인하여 승문원제조(承文院提調)로

---

24) 『惕齋集』 권4 「疏啓」 「請寢洪樂信隱卒恩典疏」.
25) 『惕齋集』 권9 「祭文」 「義州顯忠祠忠烈公黃一皓忠壯公崔孝一及六義士追享時諭祭高麗太師仁憲公姜邯贊文」.

차하(差下)되어 『동문휘고(同文彙考)』를 교정하고, 화성(華城) 방화수류정(訪花隨柳亭)의 상량문(上樑文)26)을 지어 올렸다.

12월에는 비변사의 제조(提調)를 맡고, 호조참판(戶曹參判), 병조참판(兵曹參判), 장악원제조(掌樂院提調)로 임명되었다.

『춘추좌씨전(春秋左氏傳)』을 편찬하라 명하니, 강목(綱目)을 나누어 세움에 주자의 『자치통감강목(資治通鑑綱目)』과 『사정전훈의자치통감강목(思政殿訓義資治通鑑綱目)』을 준거로 삼고 또 주석가들의 번잡한 것을 깎아 내어 간결함을 따르게 하였다.

이때 정호인(鄭好仁)과 성덕우(成德雨)를 친국하겠다는 명령이 있었다. 이서구를 사간원대사간(司諫院大司諫)으로 임명하니 나아가 참석하여, 널리 영예를 입어 관직만 빼앗는 데에 그친 명을 거두어들이라 청하였다. 그러나 이를 다 아뢰어 보지도 못하고 체직되었다.

정조 21년 정사(1797년, 44세)

정월에 예조참판(禮曹參判)으로 임명되었다. 비변사(備邊司)에서 유사당상(有司堂上)으로 임명하라 상주하였으나, 『춘추(春秋)』의 교열 작업 때문에 마침내 멈추었다. 경상도관찰사(慶尙道觀察使)로 임명되었으나, 두 번 소27)를 올려 해직을 빌었으나, 허락하지 않았다. 누차 부름을 어기니 의금부(義禁府)에 하옥하여 추고(推考)하게 하였다가, 얼마 후에 파직하였다.

4월에 다시 비변사당상을 맡았다.

6월에 정언(正言) 홍치영(洪致榮)이 소를 올려 비변사의 좌정에서 주색(酒色)을 평론(評論)한다고 말하였다. 대개 지목하는 사람이 있었던 것이다. 모든 당상들의 연좌 파직이 곧 시행될 참이었는데, 이서구가 소28)를 올려 체직을 비니, 비답에 이르기를, "경도 또한 뒤섞인 심문 대상에 포함되어 있는데도, 도리어 이와 같은 읍손지어(揖遜之語)가 있구나"라고 하였다. 대개 권장하는 것이었다.

윤6월에 비변사유사당상(備邊司有司堂上)을 맡았다. 당시 채제공(蔡濟恭)은 부친 이원이 일찍이 논핵한 사람인데, 비변사의 고사(故事)에는 혐피하는 바가 있으면 예수(禮數)를 행하지 않는 경우가 많았다. 이서구는 공무를 행함에는 힘썼지만 유사(有

---

26) 『惕齋集』 권9 「傳雜著」 「訪花隨柳亭上樑文」.
27) 『惕齋集』 권4 「疏啓」 「辭慶尙道觀察使疏・再疏」.
28) 『惕齋集』 권4 「疏啓」 「因臺言蒙罷收敍後辭備堂疏」.

司)의 일을 하는 데에는 제약이 많아서, 소[29]를 올려 힘껏 사양하였다. 그러나 주상은 격외(格外)라 하여 허락하지 않았다. 이서구가 부름을 어기고 비변사의 좌정에 문득 병을 핑계로 나아가지 않으니, 엄한 교시가 거듭 내려오고 대신(大臣)들도 죄를 주라고 청하였다. 마침내 직무에 나아가 주자소(鑄字所)에서 『춘추』의 인역(印役)을 감독하였다.

7월에 승지(承旨)로 임명되었으나, 인역(印役) 때문에 체직되었다. 대사성(大司成)으로 임명되었으나, 병 때문에 체직되었다. 다시 사역원제조(司譯院提調)로 임명되고 공조참판(工曹參判)으로 임명되었으나, 숙배하기 전에 체직을 명하였다.

11월에 '유사당상은 와서 대기하라'는 명이 있었는데 마침 지체하여 파직되었다. 심리에 처해졌다가 얼마 후에 용서되었다.

12월에 승지(承旨)로 임명되었다. 『춘추』의 인역이 끝났음을 고하고, 희정당(熙政堂)에 책을 진상하였다. 숙마(熟馬) 1필을 하사 받았다.

정조 22년 무오(1798년, 45세)

정월에 동지춘추관사(同知春秋館事)로 임명되었다. 경사고(京史庫)에 가서 『숙종조실록(肅宗朝實錄)』 속에 실린 장렬왕후(莊烈王后 : 인조(仁祖)의 계비)에게 병인년에 호(號)를 올린 일을 상고하여 아뢰었다.

정언(正言) 이덕현(李德鉉)이 말하기를, "북관(北關)의 군사조련 순점(巡點)은 무산(茂山) 이북은 봄에 실시하고 부령(富寧) 이남은 가을에 실시하도록 되어 있습니다. 그런데 작년 봄의 조련은 이북의 조련에만 관계되는 것입니다. 이남의 조련은 아직 행하지 않은 것이 여러 해입니다. 작년 북관의 가을 조련에 대해 취품(取稟)한 것에 대해 비변사(備邊司)에서 복계(復啓)한 것은 자세히 살피지 않았음을 면하지 못할 것입니다. 지금 여러 차례 그것을 하문하신 것에 대해 이북의 조련으로써만 장계(狀啓)를 발환(發還)하였는데, 이는 북관 전체에서 조련을 행한 증거로 인식하고서 우러러 대한 것입니다. 장차 저 유사(有司)를 어디에 쓰겠습니까. 청컨대 해당 당상(堂上)을 꾸짖어 파직하소서"라고 하니, 따랐다가 금세 용서되어 다시 맡았다. 대개 이덕현이 연석에서 아뢸 때에는 '저 유사를 어디에 쓰겠습니까'라고 한 말이 있지 않았는데, 뒤에 어떤 사람이 가르쳐줘서 그 말을 고친 것이다. 주상이 불러서 연석에 이르렀을 때, 이서구만이 오직 스스로 인의(引義)하였을 따름이다.

---

29) 『惕齋集』 권4 「疏啓」 「辭備局有司堂上疏」.

3월에 형조참판(刑曹參判)으로 임명되고 이윽고 강원도관찰사(江原道觀察使)로 임명되었는데, 비변사에서 조정의 업무 때문에 체직해서 바꿔주기를 아뢰어 청하니, 승지(承旨)로 옮겨 임명되었다. 얼마 후에 호남구관당상(湖南句管堂上)을 맡고, 동지중추부사(同知中樞府事), 부총관(副摠管)으로 임명되었다.

5월에 전(前) 호조판서(戶曹判書) 김화진(金華鎭)이 대전(大錢)을 만들기를 청하니, 이서구가 헌의(獻議)하여 말하기를, "대전(大錢)이 나오면 백성들이 반드시 먼저 고통을 받았다. 오늘날의 걱정은 전폐(錢幣)가 가벼운 데에 있지 않고 쓰임이 막히는 데에 있는 것이니, 오직 절도(制度)로써 절약하고 수입을 헤아려서 지출을 하여야 하는데, 어찌 다시 중폐(重幣)를 만들어서 그 근원을 흐리게 할 수 있겠는가"라고 하니, 일이 마침내 잠잠해졌다.

8월에 예조참판(禮曹參判)으로 임명되었다. 이 해에 흉년이 들어 대신(臺臣)이 금주(禁酒)를 청하였는데, 빈대(賓對)한 여러 신하들이 혹 불편하다고 말하기도 하였다. 이서구가 아뢰어 말하기를, "흉년에는 곡식을 낭비하는 것이 술이 가장 심합니다. 그런데 하물며 지금 대신(臺臣)의 글이 누차 올라오고 있고, 비지(批旨)가 이미 반포되어서 여항의 어리석은 백성들 또한 금령(禁令)이 장차 내려올 줄 아는 데에 있어서이겠습니까. 그러므로 기강이 확립되지 않아서 명령이 혹 행해지기 어렵다고 하여 늦추게 된다면, 백성들로 하여금 법을 알게 하는 방법이 아니어서 기강이 도리어 엄하지 않게 될 것입니다"라고 하니, 주상이 훌륭하다고 칭찬하였다.

11월[30]에 화성(華城)의 오색군(五色軍)을 조사하여 바로잡는 일로 여러 재상들의 회의가 오래도록 진행되었으나 실마리를 풀지 못하였다. 주상이 오직 이서구에게 명하여 정리하여 바로잡으라고 하니, 며칠 만에 성취하여서 관리와 백성들이 모두 편하게 여겼다. 주상이 연석에 임하여 대신들에게 교시하기를, "재주를 다른 시대에서 빌릴 수 없다는 말을 나는 모(某)에게서 보게 된다"고 하고는, 정족산성(鼎足山城)에 가서 열조(列朝)의 『실록(實錄)』 가운데에 실린 군제(軍制)에 대해 상고해 오라고 명하였다.

12월에 친정(親政)을 행하였다. 전신(銓臣)이 예문제학(藝文提學)을 의망하려고 하자, 주상이 급히 그만두게 하였다. 뒤에 연석에 올라 유시(諭示)가 이 일에 이르자 말하기를, "늦추고 늦추기를 또한 오래 하였으니, 이것은 경을 사랑하고 아꼈기 때문이다. 예전에 「방화수류정상량문(訪花隨柳亭上樑文)」을 지어 올리라고 했던 명은 이

---

30) 원문에는 '十二月'로 되어 있으나 오류임.

미 경에게 문임(文任)을 부탁하려는 뜻을 보였던 것이다"라고 하였다. 이서구는 이를 듣고 감읍하였다.

정조 23년 己未(1799년, 46세)

정사년(1797) 이후로 이서구가 이미 비변사의 당상을 맡아 왔다. 주상이 조정에서 세우는 국가대사(國家大事)의 계책(計策)들을 전적으로 책임을 지우는지라, 빈번히 부름을 받들어 접대하느라 거의 쉴 날이 없었다. 주상은 성체(聖體)가 점점 피로해질 때마다, 6·7년 정도의 민국대사(民國大事)를 순서에 따라 정돈하기를 기약하였는데, 일찍이 유시하여 이르기를, "내가 아는 사람은 오직 경 한 사람이다"라고 하였다.

이해 봄에 조정의 신하들이 많이 조락(凋落)하였고, 주상도 전(殿)에 납시지 못한 것이 수십 일이었다. 오직 이서구를 간간이 불러 보고 말하기를, "내가 승지 보기를 금옥(金玉) 같이 하니, 요사이 스스로 보중(保重)하라"고 하며, 매번 몸이 약하고 병에 잘 걸리는 것으로써 근심을 하였다.

이때 건륭(乾隆 : 청 고종(高宗))의 부음(訃音)을 알리는 칙사(勅使)가 장차 온다고 하자, 이서구를 사역원제조(司譯院提調)로 제수하였다.

이서구가 아뢰어 말하기를, "이번 칙행(勅行)과 비슷한 경우의 등록(謄錄)을 가져다가 상고해 보니, 패문(牌文)이 들어올 때 및 칙령(勅令)을 선포하는 날에 모두 거애(擧哀)를 하였습니다. 그러나 패문(牌文)은 칙사가 발행(發行)할 때에 쓰는 노인(路引)에 불과합니다. 이것을 보고 문득 거애를 하고, 칙령을 선포한 뒤에 또 거애를 하는 것은 매우 말할 수 없는 일입니다. 승정원의 일기(日記)에 보면 선조(先朝) 때에도 반상낙하(半上落下)로 하교하였으니, 청컨대 칙령을 선포한 뒤에 비로소 거애를 하소서"라고 하였다. 대신(大臣)과 예조(禮曹)의 당상(堂上)들도 모두 그러하다고 여겨, 그대로 따랐다.

또 말하기를, "고사(故事) 가운데 지난 신축년(1781, 정조 5)에 주상은 출궁(出宮) 때에 흑원령포(黑圓領袍)를 입으셨습니다. 이때는 기해년(1779, 정조 3)의 대상(大喪 : 원빈(元嬪) 홍씨(洪氏)의 상)이 아직 끝나지 않아서, 흑원령포가 곧 길례(吉禮)의 곤룡포(袞龍袍)에 해당하는 것이었습니다. 그 후로는 백포(白袍)를 사용하였으나 그 까닭을 모르겠습니다. 지금은 마땅히 곤룡포를 입고 출궁하소서"라고 하니, 그대로 따랐다.

또 말하기를, "칙령을 선포한 지 제4일째의 예(禮)를 행한 후에는 승정원의 이품 이상, 육조의 백관(百官), 종반(宗班)들의 문안(問安)은 지금 이미 안에서 예를 행하였으니, 교외(郊外)로 행차하였다가 환궁한 예(例)에 의거하여, 단지 약방(藥房), 내각(內閣), 정원(政院), 옥당(玉堂) 및 이품(二品) 이상만 구전(口傳)으로 문안하게 하소서"라고 하니 그대로 따랐다.

그때 이서구는 복제(服制)를 참최(斬衰)로 하는 것은 불가하므로 천담복(淺淡服)으로 예를 행하기를 청하였다. 주상은 세최(繐衰)는 성존(成尊)에 혐의가 있고 담복(淡服)은 멸례(蔑禮)에 가깝다고 여겨 끝내 달갑지 않은 뜻으로써, 우선 구례(舊例)를 따르라고 명하였다. 그러나 매번 이서구가 능히 자기의 견해를 세우는 것을 자못 칭찬하고 허여(許與)하는 뜻을 보였다. 그때 마침 변방에서 김충무(金忠武 : 요동백(遼東伯) 김응하(金應河))를 치유(致侑)하라는 명이 있어서 이서구가 가기를 청하였으나 주상이 웃으면서 허락하지 않았다. 예를 행하는 날에 이르러 승지로서 승정원을 지키게 하여 끝내 반열(班列)에 참여하지 아니하였다.

얼마 후에 정치달(鄭致達)의 처(妻)를 특별히 석방하는 일이 있어서, 이서구가 승정원의 동료들과 함께 연명(聯名)으로 소를 올려 쟁론(爭論)하다가 체직되었다.

3월에 형조참판(戶曹參判)으로 임명되었다가, 승지(承旨)로 옮겨 임명되었다.

4월에 겸세자우유선(兼世子右諭善)에 의망(擬望)되었으나, 대신(大臣)들이 또 이서구가 성균관대사성(成均館大司成)을 행하지 않았음을 말한 까닭으로 발망(拔望)을 명하였다. 어제수권제서시(御製手圈諸書詩)에 갱진(賡進)하였다. 이조참판(吏曹參判)으로 임명되었다. 소[31]를 올려 체직하기를 빌었으나 허락되지 않았다. 하루에 다섯 번이나 부름을 어겨서 의금부(義禁府)에 하옥되어 추고(推考)되었다가 얼마 후 분간(分揀)하라 명하였다. 다시 전망(前望)에 올리라고 비답이 내린지라, 이서구는 머뭇거리며 결국 사양할 수 없었다.

6월에 예조참판(禮曹參判)으로 옮겨 임명되었다가, 공조참판(工曹參判)으로 옮겼다. 이조(吏曹)로 임명된 것이 일곱 번이었고, 승지(承旨)로 옮겨 임명된 것이 일곱 번이었다.

정조 24년 경신(1800년, 47세)

정월에 승지(承旨)로 임명되었다. 이때 왕세자(王世子)가 책례(冊禮)를 행하게 되어 의절(儀節)을 거행하였다.

4월에 부친 이원의 면례(緬禮)를 영평(永平)의 남면(南面)에서 행하는지라 휴가를

---

31) 『惕齋集』 권4 「疏啓」 「辭吏曹參判疏」.

빌어 고향으로 돌아왔다.

이때 한 대신(臺臣)이 관서(關西) 환곡(還穀)의 폐단을 말하였다. 이서구가 호남(湖南)으로부터 돌아와서 매번 환곡(還穀)을 진분(盡分)하는 폐단을 말해왔고, 주상도 매번 바로잡아 고치는 방안을 강구하게 하였었다. 이서구가 드디어 여러 경로의 환곡 장부를 취하여 많고 적음을 비교하고 헤아려서 한 권의 책을 편성하였다. 여기에서 말하기를, "환곡을 꾸어 주거나 받아들임에 있어서 모곡(耗穀)을 취하여 수요(需要)에 따라 쓰는 것은 크게 떳떳한 법(法)이 아닙니다. 평상적으로는 삼분의 일을 모곡(耗穀)으로 취하였지만, 병자·정축년의 병화(兵火) 이후로는 대개 이룰 수 없었습니다. 그런데 지금 이에 명목(名目)도 없는 환곡을 더 설치하여 전체 모곡(耗穀)을 취하여 떳떳한 재용(財用)으로 삼고 있으니, 백성들이 어찌 곤궁하지 않겠습니까. 생재(生財)의 근본은 오직 절생(節省)에 있으니, 이것을 버리고 생재(生財)하였다는 것을 신은 들은 바가 없습니다"라고 하였더니, 주상이 문득 가납하였었다. 그런데 이때에 이르러 대신(臺臣)이 또 그것을 말한 것이다.

주상이, 관서(關西)는 곧 장용영(壯勇營)의 곡식이 있는 곳인지라, 이서구를 불러 하문하였다. 이서구가 그 요체(要諦)를 취하여 대답하기를, "병신년(1776) 이후로 경외(京外)에 더 설치한 것이 백여만 석인데, 그 중에서도 관서가 가장 많습니다"라고 하였다. 주상이 놀라 말하기를, "바로잡고자 한다면 마땅히 관서로부터 시작해야겠다"고 하였다.

며칠 후에 다시 불러 교시하기를, "듣건대 관서의 진분곡(盡分穀)은 본래 타사(他司)로 이속(移屬)되었고, 장용영에는 종전부터 원래 이 수효가 있었던 것이지 근일에 더 설치한 것은 아니라고 한다. 이 말은 어찌된 것인가"라고 하였다. 이서구가 대답하기를, "전의 환곡(還穀)은 이 수효에 그쳤을 뿐만은 아닌데, 탐관오리들이 간악한 범과(犯科)를 저질러서 조정에서도 알지 못하게 된 것이 또한 많습니다. 그러나 백성들도 매우 원망하는 것은 아니지만, 지금 이에 그것을 원망하는 것은 특별히 그 재물이 돌아간 곳을 본 까닭입니다. 폐단이 있으면 이에 그것을 고칠 따름이지 더 설치한 것의 오래되고 오래되지 않음은 논의할 필요가 없습니다"라고 하였다.

주상이 무릎을 치며 훌륭하다고 칭찬하였다. 그리고 한참 후에 말하기를, "경이 일을 논하는 것이 이와 같으니, 이것이 내가 훌륭하게 여기는 이유이다"라고 하였다.

이서구가 근밀(近密)로 출입한 지 13년인데 권주(眷注)가 더욱 융성해졌다. 그러나 항상 근신외약(謹愼畏約)하며 감히 한 번도 바깥일과 인물의 장부(臧否)에 대해 진술하지 않았는지라, 시기하고 질투하는 자들이 매우 많았다. 주상도 일찍이 그 견개

(狷介)함 때문에 온 세상의 고주(孤注)가 될까 근심하였다.

4월에 병조참판(兵曹參判)으로 임명되었다가, 얼마 후에 승지(承旨)로 옮겼다.

5월에 옥당(玉堂) 김이재(金履載)가 전신(銓臣)의 소장(疏章) 가운데 있는 말이 잘못되었다고 논핵하였는데, 주상이 크게 견책하여 벌을 주었다. 이서구는 서용보(徐龍輔)와 함께 처분이 지나침을 말하였다. 며칠 후에 주상이 대신(大臣) 중에 유사당상(有司堂上) 우상(右相) 이시수(李時秀), 유사당상 조진관(趙鎭寬) 및 서용보(徐龍輔)와 이서구를 불러 보고는 의리(義理)의 큰 근원과 병신년(1776) 이후 조정의 진퇴(進退) 연유를 부시(敷示)하였는데, 연속해서 이어지는 천만(千萬) 마디가 엄정하고도 슬펐다. 모든 신하들에게 마음을 다하여 심복할 것을 천명하라 명하였는데, 이서구는 이를 심하다고 여겼다. 곧 오회연교(五晦筵敎)이다.

이서구는 성의(聖意)의 기약(期約)이 어리석고 속된 자들을 인도하여서 두루 대도(大道)에 이르고자 함이 이와 같다고 여겨서, 한 마디 말로 대양(對揚)하지 않을 수 없었다. 그래서 마침내 시상(時象)을 논하여 소[32]를 진술하였다. 이에 주상은 우비(優批)로 가납하고 어시(御詩)를 하사하여 보여주고는 갱진(賡進)할 것을 명하니, 무리들의 노함이 이미 많아졌다.

6월에 주상이 창경궁(昌慶宮)에서 승하하였다. 왕대비전(王大妃殿 : 영조의 계비(繼妃) 정순왕후(貞純王后))에서 수렴청정(垂簾聽政)을 하였다. 이서구는 슬픔과 고통을 머금어 참으며 억지로 조정으로 갔다.

당시 조정의 의론(議論)이 혼란해지고 군국(軍國)의 폐단도 점점 고질화되어, 근신(近臣) 윤행임(尹行恁)이 기회를 틈타 권력을 농단하고 또 선왕의 유지(遺旨)를 교변(矯變)시켰다. 이서구가 이를 근심스럽게 여겨 여러 차례 대신(大臣)들에게 말하였다. 이로 말미암아 윤행임의 성냄이 심해져서 반드시 그를 중상하려 하였다.

8월에 형조판서(刑曹判書), 도총관(都摠管)으로 승진(陞進)되었다.

마침 인동(仁同)의 역도(逆徒) 장시경(張時景) 등이 관문(官門)을 침범하였으나, 일이 성사되지 않아 혹자는 죽고 혹자는 망하였다. 순찰사(巡察使) 김이양(金履陽)의 밀계(密啓)로 인하여 이서구에게 안핵사(按覈使)를 맡겨서 가서 조사하게 하였다. 이때 전 영남(嶺南)에 소동이 일어나 체포가 이어졌으나, 이서구의 안핵이 공평하여 연좌됨이 없이 그 수괴 3인을 주살하는 것에 그칠 수 있었다.

10월에 중비(中批 : 전조(銓曹)를 거치지 않고 특지(特旨)로 관원을 임명하는 일)로

---

32) 『惕齋集』 권5 「疏啓」 「筵敎頒示後言時事疏」.

호조판서(戶曹判書)가 되었다. 이서구는 힘써 사양하고자 하였으나, 계인(啓靷)한 지 단지 하루 만에 마침내 사무를 보았다. 그리고 칙사(勅使)가 또 이르렀는지라 11월에 조정에서 접빈(接賓)하는 일이 끝나고서야, 소를 올려 진달하고는 병을 핑계로 사무를 보지 않았다.

소[33])에서 말하기를, "구중궁궐 깊은 곳에 조용히 수렴하고 계시어 외정(外廷) 관료들의 장단과 능부(能否)에 대해 아직도 다 환히 통촉하지 못하심이 있을 것이니, 사봉묵칙(斜封墨勅)은 더욱 오늘날에 있어서는 안 되는 것입니다"라고 하였다. 왕대비전이 거듭 엄한 교지(敎旨)를 내려 이서구를 삭직하고 절도에 정배(定配)하라고 하였다. 처음에는 배소(配所)를 남해(南海)로 정했다가 곧 창원부(昌原府)로 개정(改定)하라고 명하였다. 여러 대신(大臣)들이 힘써 구원해 줌으로 인해서, 죄명의 분간(分揀)을 명하고는 다시 전임(前任)으로 제수하니, 이서구는 마침내 사양할 수가 없었다.

당시 윤행임이 오랫동안 근밀(近密)로 있었다. 젊어서부터 자기와 견해를 달리하는 사람이 있으면 문득 유언비어를 조작하여, 그 말에 오른 자가 천망(薦望)을 받으면 논박하여 배격하였다. 이서구가 전에 이미 대신(大臣)들에게 말하기를, "성상께서 충년(沖年)에 왕위를 이으셨으니, 이때 만약 어떤 한 사람이 원통한 일을 당한다고 하더라도 여러 공(公)들은 그 잘못을 말할 수 없을 것입니다"라고 하여 대신(大臣)들도 그러하다고 하였는데, 이때에 이르러서 서로 말하기를 원했지만 어찌할 도리가 없었다. 알지 못하는 자들은 문득 이서구를 지목하여 함께 그 일을 들었다고 하였는데, 이서구 역시 그것을 변명하지 않았다.

순조 1년 신유(1801년, 48세)

정월에 관상감제조(觀象監提調)와 지실록사(知實錄事)로 제수되었다.

2월에 지의금부사(知義禁府事)로 제수되어 사옥(邪獄)을 조사함에 매번 위관(委官)들과 말할 때에 평반(平反)할 것을 자주 주장하였다. 홍헌영(洪獻榮)이 용서를 입고 이기양(李基讓), 정약용(丁若鏞)의 죄가 찬배에 그친 것은 모두 이서구의 말 때문이었다.

이때 자교(慈敎)의 교령(敎令)이 국청(鞫廳)에 내려 추궁하여 다스리는 것이 엄격하지 않다고 책망하였다. 그래서 이서구를 체직시켰는데, 이는 위관(委官)들이 아뢰어 청하여서 그렇게 된 것이다.

---

33) 『惕齋集』 권5 「疏啓」 「辭戶曹判書疏(再疏)」.

5월에 내국제조(內局提調)로 제수되었다.

9월에는 전의제조(典醫提調), 동지성균관사(同知成均館事)로 제수되었다.

순조 2년 임술(1802년, 49세)

정월에 장용영(壯勇營)이 혁파되었다. 앞서 묘당(廟堂)에서 민국(民國)의 피해 때문에 혁파하기를 논의하였으나, 선조(先朝)에서 세운 것이라 처리하기가 어려워 오랫동안 해결하지 못하였다. 이서구도 일의 형편상 혁파하지 않을 수 없다고 여겨 힘써 그 의론을 주장하였는데, 이때에 이르러 대신(大臣)들이 비로소 혁파하기를 아뢴 것이다.

2월에 공시당상(貢市堂上)을 맡았다가 얼마 후에 이조판서(吏曹判書)로 임명되었다. 이서구는 항상 몸을 받들어 물러나고자 하였다. 승자(陞資)한 이후 계속해서 천섬(薦剡)에 속해 있었지만 서상국(徐相國 : 서용보(徐龍輔)를 지칭하는 것으로 보임)의 힘에 힘입어 다행히 검의(檢擬)를 면해 왔다. 그런데 이때에 이르러서는 서상국이 편지를 보내 위로는 하겠으나 일이 합당함을 얻지 못하였다고 하며 이미 힘써 응하라고 권하니, 이서구도 드디어 사양할 수가 없었다.

이미 전권(銓權)을 잡고는 한결같이 공의(公議)만 따르고 사사로운 청탁을 물리치니, 척리(戚里)들도 더욱 함부로 끼어들지 못하였다. 그런데 마침내 정언(正言) 강시환(姜時煥)의 아룀이 있기를, 김한동(金翰東)이 승선(承宣)의 망(望)에 있고 심규로(沈奎魯)가 군함(軍銜)을 부탁하였다고 하며 이서구를 배척하였다.

이서구가 소[34]를 진술하여 그만두기를 빌었으나, 허락되지 않았다. 드디어 양주(楊州)의 우이(牛耳) 해당촌(海棠村)으로 나가서 우거하였다. 주상이 여러 차례 불렀으나, 끝내 명에 응하지 않았다. 비변사의 아룀으로 인하여 파직되자 이서구는 영평(永平)의 묘사(墓舍)로 돌아왔다. 효원전(孝元殿)의 담사(禫事)가 장차 가까워지자 용서를 입었다.

8월에 서울로 돌아와서 봉상시제조(奉常寺提調), 지돈령부사(知敦寧府事)로 제수되었다가 공조판서(工曹判書)로 옮겨 제수되었다.

9월에 다시 호조판서(戶曹判書)로 옮겼는데, 자교(慈敎)로 명하기를, "내수사(內需司)의 노비공(奴婢貢)을 혁파한 후에 그 보(保)를 호조(戶曹)에 소속시킨 것을 다시 내수사로 환원하여라. 원역(員役) 무리의 요포(料布)를 마련해야 한다"고 하였다. 이

---

34) 『惕齋集』 권5 「疏啓」 「因正言姜時煥論斥辭職疏·再疏·三疏」.

서구가 대답하기를, "이것은 보(保)가 아니라 바로 복(復)입니다. 호조의 장부원결(帳付元結) 가운데에서 획급(劃給)했던 것은, 지금 내수사의 노비가 이미 혁파되었으니 마땅히 호조(戶曹)로 되돌려주어야 합니다. 선배들이 매양 내수사를 마땅히 혁파해야 한다고 말했습니다. 지금은 비록 어찌할 수 없더라도 수용(需用)이 어려운 것 때문에 도리어 호조의 경용(經用)에 손해를 끼칠 수는 없습니다"라고 하였다.

10월에 가례(嘉禮 : 순조의 국혼(國婚))에서 장로(匠勞)를 돈독히 하여 정헌대부(正憲大夫)로 승진하였다.

11월에는 불초(不肖)[35]를 후사를 삼는 문제로 소[36]를 올려 청하여 윤허를 받았다.

12월에는 자교(慈敎)로 숙선옹주방(淑善翁主房)의 전결(田結)이 다른 옹주(翁主), 군주방(郡主房)과 같지 않은 것 때문에 호조(戶曹)에 하문하였다. 이서구가 옛 사례를 인용하여 대답하기를, "신궁(新宮)의 이백결(二百結)은 조종조(祖宗朝)에서 정한 제도입니다. 또 말하자면 다른 옹주, 군주방의 전결이 많은 것은 격식 밖의 특은(特恩)에 연유하거나 또 혹은 유토(有土)를 무토(無土)로 혼동해서 삼은 데에 기인한 것 같습니다. 이는 오류를 답습한 결과를 그대로 따랐기 때문입니다"라고 하였다.

제1서자인 이연희(李然喜)가 태어났다.

순조 3년 계해(1803년, 50세)

2월에 이조판서(吏曹判書)로 옮겨 제수되었다. 이때 왜역(倭譯)들이 전(前) 호조판서(이서구)를 고발하여 이르기를, "조경(弔慶) 때문에 차왜(差倭)가 장차 이르렀는지라 별도로 인삼 24근을 교역하였는데, 연석(筵席)에서 아뢸 때에는 강주(江州 : 강화도(江華島)에 전적으로 책임지운다고 해놓고서, 묘당(廟堂)에서는 7근을 북관(北關)에 옮겨서 정해주었습니다"라고 하였다.

이서구는 항상 강화도 백성들이 인삼에 대해 곤란해 하였음을 생각하여, 호조(戶曹)의 인삼 장부를 낱낱이 살펴보고는, 비록 일 년 치를 공급하더라도 왜단(倭單)에는 오히려 남는 수효가 있는지라, 드디어 연석에서 강화도 인삼 중 아직 헌납(獻納)되지 않은 것 8근을 감해 달라고 아뢰었던 것이다.

또 대마도에서, 역관 김건서(金建瑞)가 인삼 70여 근을 장부에서 포탈한 것으로써 동래부(東萊府)에 투서하여, 동래부사가 비국(備局)에 보고했다. 이서구가 역관들의

---

35) 중제(仲弟) 이경구(李經九)의 제1자 이시영(李蓍永). * 이하 '아들 이시영'으로 호칭함.
36) 『惕齋集』 권5 「疏啓」 「陳情疏」.

방자함이 이러함을 알고, 그 인삼을 조작하는 간악함을 발견하여 모두 도태시켰다. 왜역(倭譯)들이 척리가(戚里家)에 가서 하소연하여 용서받고자 하였으나 할 수 없게 하였다. 척리가들 또한 노하거나 혹 의심하였다. 호조(戶曹)에서 물러난 것은 이러한 까닭으로 말미암은 것이었다.

이때 이서구는 세상에 거스름이 쌓여 고립되어 도와 줄 사람이 적었다. 열 번이나 소명(召命)을 어기고 세 번이나 사장(辭章)[37]을 올렸으나, 성비(聖批)가 더욱 엄해지고 위명(威命)이 거듭해서 내려오는지라 드디어 대궐문에서 머리를 조아리고 복죄(服罪)하였다. 연석에 오르기를 명하였는데, 이성(二聖 : 왕과 왕대비)이 동림(同臨)하여 사교(辭敎)가 지극히 엄한지라 어쩔 수 없이 (이조판서를 제수하는) 명을 받게 되었다.

3월에 칙사(勅使)가 오자 반송사(伴送使)로 의주(義州)에 이르렀다가 돌아왔다.

6월에 도목정사(都目政事)를 행하였다. 명리(名利)를 추구하는 자들을 물리치고 자격(資格)만을 따져서, 척리(戚里)가 가까이 하는 자는 단 한 명도 그 원하는 바를 이룰 수 없었다. 마침내 무리들의 노여움이 더욱 거세어졌다. 당시에는 박종경(朴宗慶)도 전지(銓地)에 들어올 수 없었고, 김관주(金觀柱)도 재상(宰相)이 되어 있었지만, 여러 조목의 건백(建白)에 불편함이 많았다. 이서구도 일찍이 그 행하기가 어려움을 말하였거니와 이러한 일들로 말미암아 크게 노하였던 것이다.

7월에 거듭 소[38]를 올려 체직될 수 있었다.

8월에는 형조판서(刑曹判書)로 임명되었다.

9월에는 빙고제조(氷庫提調), 호조판서(戶曹判書)로 임명되었다.

10월에 흉역(凶逆) 이경신(李敬臣)이 벼슬을 구하다가 이루지 못하자, 이서구에게 편지를 보내 북도(北道)의 능관(陵官)을 기롱하고 부인(富人)으로써 벼슬을 제수하였다고 하였다. 또 이조참판 이면긍(李勉兢)에게도 그 말을 알렸는데, 이조참판이 그 무례함에 놀라 그를 대망(臺望)에서 빼버렸다. 이경신이 더욱 성을 내며 전함관(前啣官)으로서 패려한 상소를 바쳐 이서구를 배척하였다. 이에 주상이 깊이 책망할 것도 못된다고 여기어 그를 향리로 방축해버렸다. 이서구가 소[39]를 진달하여 체직을 빌었으나, 허락하지 않았다. 결국 영평의 묘사(墓舍)로 돌아와 거듭된 봉장(封章)[40]을 올

37) 『惕齋集』 권5 「疏啓」 「辭吏曹判書疏・再疏・三疏」.
38) 『惕齋集』 권5 「疏啓」 「都政後辭職疏・再疏」.
39) 『惕齋集』 권5 「疏啓」 「李敬臣處分後請解本兼諸職疏・再疏」.
40) 『惕齋集』 권5 「疏啓」 「尋鄉後辭本兼諸任疏」.

려 체직되었다.

12월에 인정전(仁政殿)에 화재가 나서 이서구는 곧장 밤에 달려서 도성으로 들어가 위로하였다. 그때 척리(戚里)들 중에 그를 좋아하지 않는 자들은 이서구가 왕대비전(王大妃殿) 철렴(撤簾)의 기미를 보았기 때문에 피하여 향리로 숨었다고 말하였는데, 그가 반열에 참여함에 이르러 여러 척리들이 보는 자마다 놀라지 않음이 없었다.

이미 왕대비전이 철렴을 하게 되자, 이서구는 의리상 한 번 사양하지 않을 수 없다고 여겨 마침내 빈대(賓對)하고 나서 물러났다.

순조 4년 갑자(1804년, 51세)

정월에 지의금부사(知義禁府事)로 임명되었으나 부름을 어겨 체직되고, 또 지돈령부사(知敦寧府事)가 되었다.

2월에 사헌부대사헌(司憲府大司憲)으로 옮겨 임명되었다. 그때 대역부도한 죄인 오재영(吳載榮)의 변이 있었는지라 궁성(宮城)을 빙 둘러 호위하며 정국(庭鞫)을 베푸는 중에 명(命)을 내렸기 때문에 창졸간에 나아가 숙배한 것이다.

옥사(獄事)가 끝나자 성학(聖學)에 힘쓰라는 소[41]를 올리니 주상이 가납하였다. 한성부판윤(漢城府判尹)으로 옮기게 되자, 곧바로 상주문(上奏文)을 올리고는 고향으로 돌아왔으나, 한 달여를 직무에서 풀어 주지 않은 채 재촉하는 교령(教令)이 매우 엄하였다.

또한 유적(裕賊 : 권유(權裕))의 옥사(獄事)가 바야흐로 펼쳐지려 하여 마침내 도성으로 갔다. 그런데 위태로운 말이 날로 심해져서 권유(權裕)의 상소에 관계되어 있다고들 말하였다. 이서구는 본디 유적(裕賊)을 미워하여 일찍이 대혼(大婚)을 막으려고 한 그의 흉한 소를 공격하여 배척하였고, 재신(宰臣) 중에도 그 상황을 알아서 그를 위해 변명해주는 이가 있었다.

권유(權裕)도 또한 이서구가 사도시(司導寺)에서의 불법상을 조사하여 일기(日記)를 만들어 둔 것에 노하여 원한과 추욕(醜辱)이 끝이 없었다. 옥사(獄事)를 심리하는 여러 당상(堂上)들도 그 상황을 말하였다. 말하는 자들이 무고(誣告)로 얽는 것이 이와 같이 근거가 없었다.

마침 평양 관영에 불이 나서 길에 온통 환자들이어서, 관찰사 김문순(金文淳)이 체직되게 되었다. 상국(相國) 이시수(李時秀)가 이서구를 가엾게 생각하여 그의 갑작스

---

41) 『惕齋集』 권5 「疏啓」 「辭大司憲仍請勤學求治疏」.

러운 기미를 피하게 하고자 하여, 마침내 추천하여 대신하게 하였다.

임지로 가서 채 세 달도 못 되었는데 정언(正言) 이계(李啓)가 해서관찰사(海西觀察使) 이존수(李存秀)를 논박하였다. 원래는 척리재신(戚里宰臣)이 해서관찰사직을 얻고자 하였던 것인데, 이서구가 당시 전권(銓權)을 잡고 있으면서 이존수를 추천하여 그렇게 되었던 것이다. 그런데 이때에 이르러 이계가 이존수를 논핵하여 이르기를, "전가(銓家)의 한 자리에서 잠시도 떠나지 않은 채로 '입으로 등창을 빨고 치질을 핥아 독을 제거하는 식으로 윗사람에게 몹시 아첨하면서도[吮癰舌氏痔]' 태연스럽게 부끄러워하지 않았다"고 하였으며, 기타 아래에 이어쓴 말들도 매우 추악하였다.

이서구가 마침내 사삭(四朔) 동안 업무를 폐하고서 거듭해서 사소(辭疏)[42]를 진술하였다. 한결같이 사장(辭狀)을 올렸지만 묘당(廟堂)의 의론은 서쪽의 일이 바야흐로 어렵다고 여겨, 초기(草記)로 인하여 신칙(申飭)하는지라 마침내 부지런히 사무를 보게 되었다.

순조 5년 을축(1805년, 52세)

정월에 정순왕후(貞純王后)가 경복전(景福殿)에서 승하하여 관소(館所)에서 거애(擧哀)하였다.

3월에 대전(大殿)의 천연두 징후가 회복되어 관소에서 하례(賀禮)를 행하였다.

이로부터 공역(工役)을 감독하여 4월에 준공(竣工)을 고하였다. 창고의 돈 3만 민(緡)을 분할하여 화재를 입은 이민(吏民)들과 재목을 운송해준 고을에 나누어 주었다. 또한 도내(道內)에 저축해 놓은 것과 경외(京外)에 응하여 구입한 곡식 10여만 석을 상정법(詳定法)에 의해 가격을 절충하여 백성들의 곤궁함을 풀어 주었다. 또한 공사비용을 계획함에 있어서는 전 관찰사가 구획(區劃)하였던 것과 비교하여 십 분의 오륙을 남게 하였다. 아울러 타다 남은 은 15만 냥을 다시 녹여 은화를 만들어서 부고(府庫)를 채웠다. 그리고는 소장(疏章)을 올려서 체직을 빌려고 하였는데, 마침 칙사(勅使)가 장차 이르는지라 청할 수가 없었다. 수십 일이 지나 의주(義州)에서 칙사를 보내고 나서, 소[43]를 올려 계모 유씨의 회갑수일(回甲晬日)에 맞추어 벼슬에서 풀려나 돌아가 뵙기를 빌었는데, 은혜를 입어 체직될 수 있었다. 그리고는 유사당상

---

42) 『惕齋集』 권6 「疏啓」 「因正言李日啓疏引義辭職疏・再疏」.
43) 『惕齋集』 권6 「疏啓」 「陳懇乞解疏・再疏」.

(有司堂上)을 맡았다.

이경신(李敬臣)이, 이미 칙사가 강을 건너는 날에 또 소장(疏章)을 안고 궐문(闕門)을 지키고 있다가, 이서구가 유적(裕賊)의 와굴(窩窟)이라고 말하였다. 소가 올라가자 이경신은 사천현(泗川縣)에 정배되었다. 그러나 양사에서 이것에 대해 번갈아 발계(發啓)하여 (이서구를) 잡아다가 국문(鞫問)하여 엄하게 조사할 것을 청하였다.

이서구는 밤도 없이 달려 돌아와서 광호(廣湖)에서 대부인(大夫人)을 뵙고는, 금곡(金谷)으로 가서 머무르며 명을 기다리며 수십 일 동안을 기다리다가, 마침내 영평(永平)의 묘사(墓舍)로 완전히 돌아왔다.

10월에 또 홍명주(洪命周)의 소가 있었지만, 본 사건과 관련해서 실질적으로 제시된 것이 없었기 때문에 특별한 것을 얻을 수도 없었다.

순조 6년 병인(1806년, 53세)

3월에 양사에서 다시 번갈아가며 이경신(李敬臣)이 무고(誣告)하였던 말을 발고(發告)하였다. 또 이서구가 이전의 소에서 말한 적이 있는 '사봉묵칙(斜封墨勅)' 및 '장용영(壯勇營)을 혁파한 일'을 안건으로 삼으니, 화의 기미가 매우 급해졌다.

당시 한 척리재신(戚里宰臣)이 이서구를 극률(極律)로 처리하려 하였는데, 상국(相國) 이병모(李秉模)가 말하기를, "그렇게 할 수는 없습니다. 이 사람이 척리에게 아부하지 않는다고 하여 지금 그를 죽일 것 같으면, 공은 반드시 그런 평판을 들을 뿐입니다"라고 하여 일이 조금 풀렸다.

이서구는 문을 닫고서 길을 청소하는 것도 그만두고, 오직 경사(經史)를 애써 궁구하며 구업(舊業)을 익숙하게 하였다.

순조 7년 정묘(1807년, 54세)

순조 8년 무진(1808년, 55세)
큰 누이 숙인(淑人)이 세상을 떠났다.

순조 9년 기사(1809년, 56세)
9월에 서자(庶子) 이회영(李誨永)이 태어났다.

이 달에 담포(澹圃) 서미수(徐美修)가 세상을 떠났다. 이서구는 궁거(窮居)한 이후로 아는 사람이 모두 끊어져서 오직 공과 더불어서만 서로 의지를 삼아서 정호(情好)가 매우 돈독하였는데, 이미 부음을 듣게 되자 슬픔이 심하였다. 도시(悼詩)[44]가 남아 있다.

순조 10년 경오(1810년, 57세)

순조 11년 신미(1811년, 58세)

순조 12년 임신(1812년, 59세)

순조 13년 계유(1813년, 60세)
5월에 고양(高陽) 토당리(土堂里) 사미산(沙彌山)에서 조부 이언소의 면례(緬禮)를 행하였다. 처음에 양문(梁文)으로부터 가평(加平) 표길리(票吉里)로 개장(改葬)하였다가, 묏자리가 이롭지 않아 또다시 옮겨 면례를 행한 것이다.

순조 14년 갑술(1814년, 61세)

순조 15년 을해(1815년, 62세)
2월에 서자 이보영(李輔永)이 태어났다.
11월에 춘천(春川) 오금리(梧琴里)에서 부친 이원의 면례(緬禮)를 행하였다. 영평(永平) 남면(南面)의 묏자리가 이롭지 않아 널리 길한 자리를 구하다가 지금 비로소 옮겨 면례를 행한 것이다.
12월에 부인 신씨가 세상을 떠났다.

순조 16년 병자(1816년, 63세)
3월에 부인 신씨를 춘천(春川) 오금리(梧琴里)에 있는 부친 이원의 묘 아래에 장사 지냈다.

---

44) 『惕齋集』 권3 「詩五言律詩」 「哭澹圃」.

순조 17년 정축(1817년, 64세)

12월에 서녀(庶女)가 태어났다.

순조 18년 무인(1818년, 65세)

정월에 중제 이경구가 세상을 떠났고, 3월에 계제 이소구가 세상을 떠났다.

9월에 이서구의 대계(臺啓)가 비로소 정지되었다. 이때까지의 이서구의 병거(屛居) 기간은 15년이었다. 헐뜯는 말이 이미 사라지고 공의(公議)가 비로소 생겨난 것이다.

순조 19년 기묘(1819년, 66세)

6월에 형조판서(刑曹判書)로 특별히 임명되어 누차에 걸쳐 칙교(飭敎)를 받았다. 심리에 처해지는 데에 이르렀다가 용서를 입었다. 얼마 후 도총관(都摠管)으로 제수 되었으나 세 번이나 부름을 어겼다. 죄를 진 신하로서 소[45]를 올리고는 영평(永平)으로 돌아왔다.

순조 20년 경진(1820년, 67세)

3월에 특별히 전라도관찰사(全羅道觀察使)로 보임되었다. 숙배에 기한을 넘겨서 심리에 처해졌다가 곧 분간(分揀)을 입었다. 칙명(勅命)이 여러 차례 내려와서 곧 궐 하(闕下)로 가서 명을 기다렸다. 누차에 걸쳐 엄한 교지(敎旨)를 받다가 끝내 삼례역 (參禮譯)에 유배되게 되었다. 이미 배소에 당도하자 전직(前職)에 잉임(仍任)되었다. 또 업무를 그치고서 소[46]를 진달했으나, 허락되지 않았다. 결국 부득이하여 사무를 보게 되었다.

이서구는 재차 이 지방에 부임하는지라 익히 폐단의 근원을 알고 있어서 한결같이 모두 제거하고 정례(定例)를 갖추어 만들었다. 관리들로 하여금 간악한 착취를 용납 할 수 없게 하고, 백성들이 지나치게 세금을 내지 않도록 하였다. 여러 고을이 또한 본디 그의 위엄과 은혜를 알고 있는지라, 감히 털끝만큼도 소홀하게 속이거나 폐단 을 저지를 수 없었다. 백성들이 모두 노래하며 칭송하였다.

---

45) 『惕齋集』 권6 「疏啓」 「起廢對理後辭都摠管疏」.
46) 『惕齋集』 권6 「疏啓」 「全羅道觀察使外任被謫仍任後辭職疏」.

순조 21년 신사(1821년, 68세)

3월에 효의왕후(孝懿王后 : 정조의 비(妃))가 승하하여 관소(舘所)에서 거애(擧哀)하였다. 이때 건릉(健陵)을 국내(局內)로 옮겨서 부례(祔禮)를 행하였다. 이서구는 영(營)에 있으면서 글을 지어 진향(進香)하였다.

순조 22년 임오(1822년, 69세)

3월에 임기가 만료되어 체직되어 영평(永平)의 묘사로 돌아왔다.

윤3월에 대사헌(大司憲)으로 임명되었다.

7월에 광주유수(廣州留守)로 추천되어 임명되었다. 여러 차례 신칙하는 교지를 내리다가 묘당(廟堂)에서 파직하기를 청하니 허락되었다. 또 잉임(仍任)을 명하여 급히 숙배하게 하였다. 이서구가 소⁴⁷)로서 정세(情勢)를 진달하였다. 힘써 사양하는 상소를 모두 다섯 번을 올려서 10월에 이르러 은혜를 입어 체직되었다.

증조부 이완의 묘를 본리(本里) 가좌동(可佐洞)으로 옮겨 면례(緬禮)를 행하였다.

11월에 예문관제학(藝文館提學), 지중추부사(知中樞府事)로 임명되었으나, 모두 체직되었다.

순조 23년 계미(1823년, 70세)

9월에 세자좌부빈객(世子左副賓客)으로 임명되었다.

순조 24년 갑신(1824년, 71세)

2월에 한성부판윤(漢城府判尹)으로 임명되고, 4월에 대사헌(大司憲)으로 임명되고, 6월에 예문관제학(藝文館提學)으로 임명되었으나, 모두 은혜를 입어 체직되었다.

9월에 의정부우의정(議政府右議政)으로 임명되어 정경(正卿)이 명을 받아 함께 왔다. 여섯 번이나 돈유(敦諭)를 입고 일곱 번⁴⁸)이나 봉장(封章)⁴⁹)을 올려서 12월에 비로소 허락을 입었다. 판중추부사(判中樞府事)가 되었다.

---

47) 『惕齋集』권6「疏啓」「辭廣州留守疏·再疏·三疏」「勘罷仍任後辭免疏·再疏」.
48) 원문에는 '육상(六上)' 즉 여섯 번 올린 것으로 되어 있으나 오류임.
49) 『惕齋集』권6「疏啓」「辭右議政疏·再疏·三疏·四疏·五疏·六疏·七疏」.

순조 25년 을유(1825년, 72세)

2월에 좌의정(左議政) 이상황(李相璜)이 말하기를, "이서구가 명에 숙배하지도 않고 추은(推恩)하고자 하지도 않습니다. 그러나 추은(追恩)은 곧 상전(常典)입니다. 대신(大臣)은 또한 조정에서 추은으로 예우(禮遇)해야 합니다. 청컨대 전조(銓曹)에 명하여 비답을 내리소서"라고 하니 따랐다. 드디어 조부 이언소(李彦熽)는 의정부좌찬성(議政府左贊成)으로, 부친 이원은 영의정(領議政)으로 추증되었다.

9월에 계모 유씨의 상을 당하니, 그의 병세가 더욱 위독해졌다. 주상이 승지를 보내 위문하고 태의(太醫)가 또 약을 보내 병을 간호하였다. 29일에 아들 이시영 등을 버리고 양문(梁文)의 정침(正寢)에서 세상을 떠났다. 향년은 72세였다.

임종시에 유소(遺疏)50)를 올려 청하기를, "성지(聖志)를 분발하여 도모해 다스리기에 힘쓰시고, 어진 선비를 널리 뽑아 저궁(儲宮)을 보도(輔導)하게 하시며, 궁부(宮府)를 먼저 바로잡아 재용(財用)을 절약해서 민력(民力)을 아껴 양성하시고, 멀고 가까운 곳을 같이 보아 준재(俊才)를 모으소서"라고 하였다.

부고(訃告)가 올라가자 주상은 은졸(隱卒)하는 교지(教旨)를 내리고, 근시(近侍)를 보내 제사를 지내게 하였다. 동궁(東宮)도 또한 관리를 보내 조의를 표하였다. 주상은 이서구가 예장(禮葬)을 받아들이지 말라는 유명(遺命)을 남겼다는 말을 듣고는, 호조(戶曹)로 하여금 장구(葬具)를 넉넉하게 도와주고, 아들 이시영은 복제(服制) 벗기를 기다려서 조용(調用)하라고 명령하였다.

11월에 춘천(春川) 오금리(梧琴里)에 장사지냈다. 부인 신씨를 부좌(祔左)하였다.

---

50) 『惕齋集』 권6 「疏啓」 「遺疏」.

참고문헌

1. 자료

李書九,『薑山詩集』, 규장각, 古 3447-24.

＿＿＿,『薑山集』, 최철환(동국대 역경원) 소장본.

＿＿＿,『薑山初集』, 규장각, 古3447-29-1-2.

＿＿＿,『薑山筆多』, 규장각, 一蓑古 920.051-Y63g; 장서각, 貴 C14B 14; 존경각, B09C-0446.

＿＿＿,『薑山筆多』,『開新語文硏究』第12輯 收錄 影印本, 1995.

＿＿＿,『課講講義』, 규장각, 奎 12232.

＿＿＿,『丙戌記事』, 규장각, 古 4254-9.

＿＿＿,『席帽山人未定艸』, 규장각, 奎 7488.

＿＿＿,『自問是何人言』, 김윤조(계명대 교수) 소장본.

＿＿＿,『丁未傳信錄』, 규장각, 奎 4239.

＿＿＿,『惕齋讀詩記』, 규장각, 古 1324-2.

＿＿＿,『惕齋屛居錄』, 규장각, 古 0320-9.

＿＿＿,『惕齋書牘』, 규장각, 古 3438-8.

＿＿＿,『惕齋自述』, 규장각, 古 0320-8.

＿＿＿,『惕齋集』, 旿晟社, 1986.

＿＿＿,『惕齋集』, 民族文化社, 1980.

＿＿＿,『惕齋集』(『韓國文集叢刊』270), 민족문화추진회.

＿＿＿,『塔左從政志』, 규장각, 古 4254-8.

未　詳,『惕齋相公從政隨錄』, 규장각, 古 4254-10-1-3.

＿＿＿,『惕齋先生行錄摭遺』, 규장각, 古 4655-37-1-2.

＿＿＿,『惕齋先生行狀』, 규장각, 古 4655-9-.

姜斅錫,『大東奇聞』, 漢陽書院, 1925.

郭茂倩 편찬,『樂府詩集』, 里仁書局, 1984.

郭若虛,『圖畫見聞誌』(四部叢刊續編 50), 上海書店, 1984.

歐陽修 외, 『新唐書』(『二十四史』 11~12), 中華書局, 1997.

具義書 편, 『海東名家尺牘』, 光東書局, 1914.

金宗直, 『佔畢齋集』(『韓國文集叢刊』 12), 민족문화추진회.

金澤榮, 『金澤榮全集』, 아세아문화사, 1978.

金富軾, 辛鎬烈 역해, 『三國史記』, 동서문화사, 1978.

羅 湜, 『長吟亭遺稿』(『韓國文集叢刊』 28), 민족문화추진회.

藍芳威, 『朝鮮詩選』, 『중국 명말 청초인 朝鮮詩選集 연구』(朴現圭, 태학사, 1998)
　　　부록.

南龍翼, 『箕雅』(『韓國漢詩選集』 II), 아세아문화사, 1977.

陶 潛, 『陶靖節詩集』(『叢書集成初編』 2218), 中華書局, 1985.

杜牧 찬, 馮集梧 注, 『樊川詩集注』, 漢京文化事業有限公司, 1983.

杜 甫, 仇兆鰲 注, 『杜詩詳註』, 中華書局, 1979.

_____, 楊倫 注, 『杜詩鏡銓』, 華正書局, 1990.

柳琴 편, 『韓客巾衍集』, 연세대도서관·규장각 등 각처 소장.

未 詳, 『鷄鴨漫錄』(鄭明基 편, 『韓國野談資料集成』 8), 古文獻研究會, 1987.

朴齊家, 『貞蕤閣集』(『韓國文集叢刊』 261), 민족문화추진회.

朴齊炯, 『朝鮮政鑑(上)』, 韓國敎會史研究所, 1968.

朴宗采, 『過庭錄』, 규장각, 古 4650-45.

_____, 김윤조 역주, 『역주 과정록』, 태학사, 1997.

朴趾源, 『燕巖集』(『韓國文集叢刊』 252), 민족문화추진회.

班 固, 『白虎通(一)』(『叢書集成初編』 238), 中華書局, 1985.

_____, 『漢書』(『二十四史』 2), 中華書局, 1997.

房玄齡 외, 『晉書』(『二十四史』 4), 中華書局, 1997.

白斗鏞 편, 『箋註四家詩』, 翰南書林, 1921.

范 曄, 『後漢書』(『二十四史』 3), 中華書局, 1997.

司馬遷, 『史記』(『二十四史』 1), 中華書局, 1997.

蕭統 편, 『文選』(奎章閣所藏六臣注本), 다운샘, 1983.

嚴 羽, 『滄浪詩話』(『文淵閣四庫全書』 1480), 商務印書館, 1983.

_____, 裵奎範 역주, 『譯註 滄浪詩話』, 다운샘, 1997.

吳明濟 편, 祁慶富 校註, 『朝鮮詩選校註』, 遼寧民族出版社, 1999.

吳知泳, 『東學史』, 아세아문화사, 1973.

翁方綱,『復初齋文集』(『續修四庫全書』1455), 上海古籍出版社, 2001.

王士禎,『帶經堂詩話』(『續修四庫全書』1698・1699), 上海古籍出版社, 2001.

_____,『分甘餘話』(『文淵閣四庫全書』870), 商務印書館, 1983.

_____,『漁洋詩話』,『淸詩話』上(丁仲祜 編訂), 藝文印書館, 1977.

_____,『香祖筆記』(『文淵閣四庫全書』870), 商務印書館, 1983.

_____ 答, 劉大勤 問,『師友詩傳續錄』,『淸詩話』上(丁仲祜 編訂), 藝文印書館, 1977.

_____, 張明非 찬,『唐賢三昧集譯注』, 上海古籍出版社, 2000.

王 維, 趙殿成 注,『王右丞集箋注』(『文淵閣四庫全書』1071), 商務印書館, 1983.

姚思廉,『梁書』(『二十四史』6), 中華書局, 1997.

_____,『陳書』(『二十四史』6), 中華書局, 1997.

韋應物,『韋蘇州集』, 商務印書館, 1968.

魏徵 외,『隋書』(『二十四史』7), 中華書局, 1997.

柳得恭,『京都雜志』, 규장각, 가람古 951.053-Y9g.

_____,『泠齋集』(『韓國文集叢刊』260), 민족문화추진회.

柳夢寅,『於于野談』(『韓國文獻說話全集』6), 동국대 한국문학연구소

劉 勰, 崔信浩 역,『文心雕龍』, 현암사, 1975.

尹國馨,『甲辰漫錄』(『국역대동야승』XIV, 부록원문), 민족문화추진회.

李圭景,『詩家點燈』(『韓國漢詩選集』VII), 아세아문화사, 1977.

李 達,『蓀谷詩集』(『韓國文集叢刊』61), 민족문화추진회.

李德懋,『靑莊館全書』(『韓國文集叢刊』257~259), 민족문화추진회.

_____,『국역청장관전서』(민족문화추진회 편).

李 白,『李太白集』(『國學基本叢書』261), 商務印書館, 1968.

李睟光, 南晩星 역,『芝峯類說(下)』, 을유문화사, 1994.

李崇仁,『陶隱先生詩集』(『高麗名賢集』4), 성균관대 대동문화연구원.

李時珍,『本草綱目』(『文淵閣四庫全書』772~773), 商務印書館, 1983.

李延壽,『北史』(『二十四史』8~9), 中華書局, 1997.

李裕元,『林下筆記』, 성균관대 대동문화연구원.

李 珥,『栗谷全書』(『韓國文集叢刊』44~45), 민족문화추진회.

李夏坤,『頭陀草』(『韓國文集叢刊』191), 민족문화추진회.

李荇 외,『국역신증동국여지승람』, 민족문화추진회.

李希輔, 『安分堂詩集』(『韓國文集叢刊』 18), 민족문화추진회.

林億齡, 『石川先生詩集』(『韓國文集叢刊』 27), 민족문화추진회.

蔣 驥, 『傳神秘要』(『文淵閣四庫全書』 838), 商務印書館, 1983.

錢謙益, 『列朝詩集』, 규장각, 奎중 3246-1-25; 奎중 5117-1-30; 想白古 895.115-J46y-
        v.4(14).

_____, 『列朝詩集』(『詩歌總集叢刊』 明詩卷), 上海三聯書店, 1989.

錢 易, 『南部新書』, 中華書局, 2002.

鄭斗卿, 『東溟先生集』(『韓國文集叢刊』 100), 민족문화추진회.

鄭夢周, 『圃隱先生集』(『高麗名賢集』 4), 성균관대 대동문화연구원.

丁若鏞, 『牧民心書』(『與猶堂全書』 5, 『韓國文集叢刊』 285), 민족문화추진회.

正祖 命編, 『尊周彙編』(『朝鮮事大·斥邪關係資料集』 1·2), 驪江出版社, 1985.

趙敬菴 외, 『簡什通帖』, 규장각, 一蓑古 816.53-J567g-v.1-3.

趙執信, 『談龍錄』, 『淸詩話』 上(丁仲祜 編訂), 藝文印書館, 1977.

朱彝尊, 『明詩綜』, 규장각, 奎중 3673-1-40.

_____, 『明詩綜』(『四庫文學總集選刊』), 上海古籍出版社, 1993.

_____, 姚祖恩 편, 『靜志居詩話』, 人民文學出版社, 1998.

朱 熹, 『朱子語類』, 曹龍承, 1978.

蔡冠洛, 『淸代七百名人傳(文學家編)』, 中國書店, 1984.

崔慶昌, 『孤竹遺稿』(『韓國文集叢刊』 50), 민족문화추진회.

祝 穆, 『事文類聚』, 박이정, 1998.

脫脫 외, 『宋史』(『二十四史』 14~16), 中華書局, 1997.

許蘭雪軒, 『蘭雪軒詩』(『韓國文集叢刊』 67), 민족문화추진회.

洪直弼, 『梅山先生文集』(『韓國歷代文集叢書』 1061~1070), 경인문화사, 1994.

洪翰周, 『智水拈筆』(『西碧外史海外蒐佚本』 13), 아세아문화사, 1984.

黃 玹, 『梧下記聞』(『東學農民戰爭史料叢書』 1), 史芸硏究所, 1996.

『世宗實錄』; 『明宗實錄』; 『孝宗實錄』; 『顯宗實錄』; 『肅宗實錄』; 『英祖實錄』; 『正
        祖實錄』; 『純祖實錄』; 『哲宗實錄』; 『高宗實錄』.

『論語集註』; 『詩經集傳』; 『禮記』; 『道德經』; 『古文眞寶』(後集).

2. 단행본

姜周鎭, 『李朝黨爭史硏究』, 서울대 출판부, 1971.

고승제 외, 『傳統時代의 民衆運動』 下, 풀빛, 1981.

郭紹虞, 『中國文學批評史』, 上海古籍出版社, 1992.

金東福, 『朝鮮善政不忘碑群叢錄』, 이화문화사, 2000.

金明昊, 『熱河日記 硏究』, 창작과비평사, 1990.

_____, 『박지원 문학 연구』, 성균관대 대동문화연구원, 2001.

金文植, 『朝鮮後期經學思想硏究 - 正祖와 京畿學人을 중심으로』, 일조각, 1996.

金秉坤, 『李朝黨爭史話』, 삼중당, 1967.

金柄珉, 『朝鮮中世紀 北學派文學硏究』, 목원대 출판부, 1992.

金成潤, 『朝鮮後期 蕩平政治 硏究』, 지식산업사, 1997.

金榮振, 『韓國口碑文學大系』 3-4(忠淸北道 永同郡篇), 한국정신문화연구원, 1980.

金鎭宇, 『人間과 言語』, 집문당, 1992.

金台俊, 『朝鮮漢文學史』(朝鮮語文學會, 1931), 民族文化社 影印本, 1991.

金興圭, 『朝鮮後期의 詩經論과 詩意識』, 고려대 민족문화연구소, 1982.

김하명, 『조선문학사』 5, 과학백과사전종합출판사, 1994.

譚旦冏 편, 金基珠 역, 『中國藝術史 - 繪畵篇』, 열화당, 1985

文勇植, 『朝鮮後期 賑政과 還穀運營』, 경인문화사, 2001.

박광용, 『영조와 정조의 나라』, 푸른역사, 1998.

朴順浩, 『韓國口碑文學大系』 5-7(全羅北道 井邑郡篇), 한국정신문화연구원, 1980.

朴現圭, 『중국 명말 청초인 朝鮮詩選集 연구』, 태학사, 1998.

潘天壽, 『中國繪畵史』, 上海人民美術出版社, 1983.

빅토르 어얼리치, 박거용 역, 『러시아形式主義』, 문학과지성사, 1983.

徐大錫, 『韓國口碑文學大系』 4-3(忠淸南道 牙山郡篇), 한국정신문화연구원, 1980.

孫八洲, 『申緯硏究』, 태학사, 1983.

宋載邵, 『茶山詩硏究』, 창작사, 1986.

宋寯鎬, 『柳得恭의 詩文學 硏究』, 태학사, 1985.

安大會, 「18세기 한국한시사 연구』, 소명출판, 1999.

_____, 『조선후기시화사』, 소명출판, 2000.

_____, 『韓國 漢詩의 分析과 視角』, 연세대 출판부, 2000.

鈴木虎雄,『支那詩論史』, 홍문당, 1927.

위르겐 트라반트, 안정오·김남기 역,『훔볼트의 상상력과 언어』, 인간사랑, 1998.

유봉학,『燕巖一派 北學思想 硏究』, 일지사, 1995.

_____,『조선후기 학계와 지식인』, 신구문화사, 1998.

유홍준,『조선시대 화론 연구』, 학고재, 1998.

李丙疇,『韓國 漢詩의 理解』, 민음사, 1987.

李丙疇·李鍾燦·金光淳·宋寯鎬·金甲起·尹光鳳 공저,『韓國漢文學史』, 반
    도출판사, 1994.

이성무,『조선시대 당쟁사』2, 동방미디어, 2000.

李成茂·鄭萬祚 외저,『朝鮮後期 黨爭의 綜合的 檢討』, 한국정신문화연구원,
    1992.

이성준,『훔볼트의 언어철학』, 고려대 출판부, 1999.

이종찬·김갑기 편,『조선후기 한시 작가론』2, 이회문화사, 1998.

李昌培,『二十世紀 英美詩의 形成』, 민음사, 1979.

李泰鎭 편,『朝鮮時代 政治史의 再照明』, 범조사, 1985.

이태호,『조선후기 회화의 사실정신』, 학고재, 1996.

李鉉洙,『韓國口碑文學大系』6-5(全羅南道 海南郡篇), 한국정신문화연구원, 1980.

任晳宰 편,『韓國口傳說話』(全羅北道 篇I, 任晳宰全集 7), 평민사, 1989.

임형택,『실사구시의 한국학』, 창작과비평사, 2000.

_____,『韓國文學史의 視角』, 창작과비평사, 1984.

張少康·劉三富,『中國文學理論批評發展史』, 北京大學出版社, 1995.

張乙炳 외,『우리시대 민족운동의 과제』, 한길사, 1986.

張正體·張婷婷 공저,『詩學』, 臺灣商務印書館, 1975.

전형대·정요일·최웅·정대림,『한국고전시학사』, 홍성사, 1979.

鄭良婉 외,『朝鮮後期漢文學作家論』, 집문당, 1994.

정옥자 외,『정조시대의 사상과 문화』, 돌베개, 1999.

趙東一,『(제2판)한국문학통사』3, 지식산업사, 1989.

_____,『한국설화와 민중의식』, 정음사, 1985.

朱光潛, 鄭相泓 역,『詩論』, 동문선, 1991.

車相轅,『中國古典文學評論史』, 汎學圖書, 1975.

車柱環,『中國詩論』, 서울대 출판부, 1989.

崔來沃, 『韓國口碑文學大系』 5-3(全羅北道 扶安郡篇), 한국정신문화연구원, 1980.

崔炳植, 『東洋繪畵美學』, 동문선, 1994.

崔海鍾, 『槿域漢文學史』, 청구대학, 1958.

F. 니체, 김대경 역, 『비극의 탄생, 바그너의 경우, 니체 대 바그너』, 청하, 1982.

한국역사연구회 19세기정치사연구반, 『조선정치사 1800~1863(상)』, 청년사, 1990.

한정희, 『한국과 중국의 회화─관계성과 비교론』, 학고재, 1999.

홍기문, 『박지원 작품 선집 1』, 국립문학예술서적출판사, 1960.

華正書局 편집부, 『中國文學發展史』, 華正書局, 1977.

黃永武, 『中國詩學』, 巨流圖書公司, 1976.

3. 논문

金王奎, 「惕齋 李書九의 詩文學 硏究」, 단국대 석사논문, 1988.

____, 「惕齋 李書九의 詩世界─表現·修辭의 特性을 中心으로」, 『漢文學論集』 7집, 檀國漢文學會, 1989.11.

金允朝, 「薑山李書九論」, 『조선후기 한시 작가론』 2(이종찬·김갑기 편), 이회문화사, 1998.

____, 「薑山 李書九의 生涯와 文學」, 성균관대 박사논문, 1991.9.

____, 「薑山 李書九의 學問傾向과 經學觀」, 『韓國漢文學硏究』 17집, 韓國漢文學會, 1994.

____, 「文體策 硏究」, 『韓國漢文學硏究』 18집, 韓國漢文學會, 1995.

____, 「李書九 관계 說話의 樣相과 意味」, 『語文學』 63, 韓國語文學會, 1998.

____, 「이서구 산문 연구─새로 발견된 작품을 중심으로」, 『語文學』 76, 韓國語文學會, 2002.

____, 「李書九의 초기 문학론과 學問 경향─새로 발견된 자료를 중심으로」, 『語文硏究』 제30권 제3호 통권 115호, 韓國語文敎育硏究會, 2002.

南在澈, 「薑山 李書九 詩에 있어서 '眞實'의 문제」, 『韓國漢詩硏究』 5, 韓國漢詩學會, 1997.

____, 「薑山 李書九의 初期詩 硏究─『韓客巾衍集』을 중심으로」, 연세대 석사논문, 1996.12.

____, 「四家의 交遊樣相과 그 詩의 연구」, 『淵民學志』 7집, 淵民學會, 1999.

_____, 「李書九 詩에 나타난 經世濟民 의식」, 『漢文學報』 6집, 우리한문학회, 2002.6.

_____, 「이서구 시에 수용된 우리 전고(典故)에 대한 검토」, 『연세학술논집』 30집, 연세대 대학원총학생회, 1999.8.

_____, 「이서구 시의 개작에 대한 연구」, 『동방고전문학연구』 2, 동방고전문학회, 2000.8.

朴光用, 「정조년간 時僻당쟁론에 대한 재검토」, 『韓國文化』 11, 서울대 韓國文化研究所, 1990.12.

_____, 「蕩平論의 展開와 政局의 變化」, 『朝鮮時代 政治史의 再照明－士禍·黨爭篇』(李泰鎭 편), 범조사, 1985.

朴珠喜, 「李書九 傳說 研究」, 충남대 석사논문, 1998.10.

孫八洲, 「申緯의 詩論」, 『한국의 漢文學』 제3권(李丙疇 편), 민음사, 1991.

宋基淑, 「한국설화에 나타난 민중혁명사상－선운사 미륵비결 설화와 동학농민전쟁의 민중적 전개」, 『우리시대 민족운동의 과제』, 한길사, 1986.

宋寯鎬, 「선비精神의 시학」, 『민족문화』 제5집, 민족문화추진회, 1979.12.

_____, 「蓀谷 李達 詩 研究」, 『東方學志』 64집, 연세대 國學研究院, 1989.

_____, 「우리 漢詩의 解釋과 飜譯을 위한 몇 가지 提要」, 『人文科學』 78집, 연세대 人文科學研究所, 1997.12.

_____, 「朝鮮朝後期四家詩에 있어서 實學思想의 檢討」, 『淵民李家源先生七秩頌壽紀念論叢』, 정음사, 1987.

辛鍾遠, 「李遠과 그 子 李書九 墓碑」, 『江原史學』 1집, 강원대 史學會, 1985.

安大會, 「白塔詩波의 研究」, 연세대, 석사논문, 1987.6.

_____, 「한국 蟲魚草木花卉詩의 전개와 특징」, 『한국문학연구』 제2호, 고려대 민연 한국문학연구소, 2001.12.

安東奎, 「惕齋 李書九의 詩文學 研究」, 영남대 석사논문, 1993.11.

오수창, 「정국의 추이」, 『조선정치사 1800~1863(상)』(한국역사연구회 19세기정치사연구반), 청년사, 1990.

吳仁淑, 「李書九의 詩 研究」, 충남대 석사논문, 1994.10.

유봉학, 「惕齋 李書九의 學問과 政治的 志向」, 『韓國文化』 12, 서울대 韓國文化研究所, 1991.12.

_____, 「楓皐 金祖淳 연구」, 『韓國文化』 19, 서울대 韓國文化研究所, 1997.6.

俞賢淑, 「李書九의 詩世界」, 『睡蓮語文論集』 13집, 부산여대 國語敎育科, 1986.3.

尹基洪, 「朴趾源과 後期四家의 文學思想 硏究」, 연세대 박사논문, 1988.12.

李庚秀, 「漢詩四家의 淸代 詩 受容 硏究」, 서울대 박사논문, 1993.2.

李 焄, 「薑山 李書九의 初期詩 硏究－『席帽山人未定艸』를 中心으로」, 강원대 석사논문, 2000.12.

鄭良婉, 「朝鮮朝後期漢詩硏究－特히 四家詩를 中心으로」, 서울대 박사논문, 1983.

정 민, 「18세기 지식인의 玩物 취미와 지적 경향」, 『고전문학연구』 23집, 2003.06

鄭奭鍾, 「洪景來亂」, 『傳統時代의 民衆運動』 下(고승제 외), 풀빛, 1981.

정옥자, 「정조시대 연구 총론」, 『정조시대의 사상과 문화』(정옥자 외), 돌베개, 1999.

鄭雨峰, 「李書九論」, 『朝鮮後期漢文學作家論』(鄭良婉 외), 집문당, 1994.

趙東一, 「진인출현설의 구비문학적 이해」, 『한국설화와 민중의식』, 정음사, 1985.

崔鳳永, 「壬午禍變과 英祖末・正祖初의 政治勢力」, 『朝鮮後期 黨爭의 綜合的 檢討』(李成茂・鄭萬祚 외), 한국정신문화연구원, 1992.

崔三龍, 「全羅監司 李書九의 人物과 說話에 대한 硏究」, 『全羅文化論叢』 4집, 전북대 전라문화연구소, 1990.12.

인터넷, http://www.hamyang.go.kr>문화관광>문화유산>문화유산>전설>휴천면> 여장군 넋을 달랜 이서구 군수(담이 큰 선비의 모험).

_____, http://www.pcs21.net/sub03/download/sul8.hwp.